21世纪全国高等院校旅游管理系列实用规划教材

旅游企业财务管理

周桂芳　主编

中国林业出版社
China Forestry Publishing House
北京大学出版社
PEKING UNIVERSITY PRESS

内容简介

本书是21世纪全国高等院校旅游管理系列实用规划教材之一。全书共分14章，分别介绍了旅游企业财务管理总论；旅游企业财务管理的环境、制度与管理机制；旅游企业财务管理的价值观念；旅游企业筹资管理；旅游企业投资管理；旅游企业流动资金管理；旅游企业固定资产管理；无形资产、长期待摊费用及其他资产管理；旅游企业外汇管理；旅游企业营业收入管理；旅游企业成本费用管理；旅游企业利税管理；旅游企业财务预算；旅游企业财务分析等内容。每章都设置有本章概要、学习目标、关键性术语、章首案例、思考题、经验性训练、案例分析、本章推荐阅读书目等栏目。本书的最大特色是案例，大大小小的几十个经典案例穿插在各个章节中，帮助读者理解有关理论和观点。本书既可作为高等院校旅游管理专业教材，也可作为旅游企业管理人员的培训教材，还可以作为其他相关业务人员、科研人员和有关企业经营管理者的参考用书。

图书在版编目（CIP）数据

旅游企业财务管理/周桂芳主编. —北京：中国林业出版社；北京大学出版社，2008.9（2015.12重印）
（21世纪全国高等院校旅游管理系列实用规划教材）
ISBN 978-7-5038-5302-9

Ⅰ.旅… Ⅱ.周… Ⅲ.旅游业-企业管理：财务管理-高等学校-教材 Ⅳ.F590.66

中国版本图书馆CIP数据核字（2008）第133175号

书　　名：旅游企业财务管理
著作责任人：周桂芳　主编
总　策　划：牛玉莲　林章波
策 划 编 辑：郑铁志
责 任 编 辑：郑铁志　徐　凡

出　版　者：中国林业出版社（地址：北京市西城区德内大街刘海胡同7号　邮编：100009）
网址：http：//www.cfph.com.cn　E-mail：jiaocaipublic@163.com
电话：编辑部83220109　营销中心83227711
北京大学出版社（地址：北京市海淀区成府路205号　邮编：100871）
网址：http：//www.pup.cn　http：//www.pup6.cn　E-mail：pup_6@163.com
电话：邮购部62752015　发行部62750672　编辑部62750667　出版部62754962
印　刷　者：北京市昌平百善印刷厂
发　行　者：中国林业出版社　北京大学出版社
经　销　者：新华书店
版 次 印 次：2008年9月第1版　2015年12月第3次印刷
开　　本：850mm×1168mm　16开本　19印张　446千字
定　　价：32.00元

21世纪全国高等院校旅游管理系列实用规划教材
编写指导委员会

编写人员名单

主　编：周桂芳

副主编：赵玉霞

矫丽会

刘红芳

编　委：（按姓氏笔画排序）

田月红（河南理工大学经济管理学院）

刘红芳（许昌学院历史文化与旅游学院）

毕　剑（河南理工大学经济管理学院）

周桂芳（平顶山工学院）

郑媛媛（宁波大学文学院）

赵玉霞（平顶山工学院管理系）

矫丽会（山西运城学院经济管理系）

序

1845年，托马斯·库克成立世界上第一家旅行社，标志着世界旅游业的出现。但是作为真正意义上的现代旅游业，则始于20世纪50年代的欧美。从那时至今，旅游从少数上层阶层所能享受的活动发展到现今大众旅游和社会旅游时代，仅经历了50多年的时间。在这短短50多年的历程中，世界旅游业发展大大超出世界经济总体发展速度，成为世界上最大的产业之一。世界旅游组织的统计数字显示，2005年国际旅游人数首次突破8亿人次，全球平均增长率高达5.5%；2006年国际旅游人数达到8.42亿万人次，同比增长4.5%，超出了旅游业的预期。世界旅游组织预测，到2010年，全世界每年将有10亿多人出国旅游。旅游不仅对世界各国的经济发展产生积极而深远的影响，同时它已成为人们生活中的一部分，还是影响人们生活方式和生活观念的一个重要因子。

中国是一个旅游资源大国，有着得天独厚的自然旅游资源和人文景观优势。上下几千年的文明沉淀，方圆960万km^2的国土，使中国的旅游资源在世界上无与伦比。尽管我国旅游业起步于20世纪80年代初，但经过30余年的发展，中国正从一个旅游资源大国走向旅游接待大国，旅游业在国民经济中的地位和作用日益凸显，其强劲的发展势头受世界关注。2006年，我国国内旅游人数13.94亿人次，入境旅游人数12 494万人次，全国旅游外汇收入339.49亿美元，出境旅游总人数为3452.36万人次。世界旅游组织预测，到2015年中国将成为世界上第一大入境旅游接待国和第四大出境旅游客源国。届时中国入境旅游人数可达2亿人次，国内旅游人数可达26亿人次以上，出境旅游人数可达1亿人次左右，游客市场总量可达30亿人次左右，居民人均出游可达2次，旅游业总收入可达2万亿元人民币左右。“十一五”期间中国旅游业将每年新增直接就业70万人、带动间接就业350万人。到2015年，中国旅游直接拉动和间接就业总量将达1亿人左右。

蓬勃发展、无限生机的旅游业，给旅游教育，尤其是高等旅游教育带来了巨大的机遇和挑战。旅游管理是工商管理下面的一个小学科，却面向的是大产业，如何使旅游学科做大做强，更好地为旅游产业服务，为21世纪旅游业发展培养所需各类人才，是每一个旅游教育工作者所要思考的问题。做大做强旅游学科，使旅游教育要与旅游产业的发展同步，就必须加大旅游学科建设的力度，其中之一就是要搞好旅游教材的建设，因为，教材是体现教学内容和教学方法的知识载体，是进行教学的基本工具，也是深化教育教学改革，全面推进素质教育，培养创新人才的重要保证。中国林业出版社、北京大学出版社组织全国部分高校编写“21世纪全国高等院校旅游管理系列实用规划教材”就是推动旅游教学改革与教材建设的重要举措。

在本套教材的编写过程中，我们力求系统地、科学地介绍旅游管理专业的基本理论，基本知识和基本技能（“三基”），同时也力求将以下理念融入到教材的编写中：一是教育创新理念。

即以培养创新意识，创新精神、创新思维、创造力或创新人格等创新素质以及创新人才为目的的教育活动融入其中。二是现代教材观理念。传统的教材观以师、生对教材的“服从”为特征，由此而生成的对教学矛盾的解决方式表现为“灌输式”的教学关系。现代教材观是以教材“服务”师生，即将教材定义为“文本”和“材料”，提供了编者、教师、学生与真理之间的跨越时空的对话，为师生创新提供了舞台。三是培养大学生“四种能力”的理念。教材的编写充分体现强化学生的实践能力、创造能力和就业能力、创业能力的建设需要，以适应旅游业的快速发展对旅游人才的新要求。四是教材建设服从于精品课程建设的理念。精品课程是具有一流教师队伍、一流教学内容、一流教学方法、一流教材、一流教学管理等特点的示范性课程。精品课程建设是高等学校教学质量与教学改革工程的重要组成部分。本套教材的编写力求为精品课程建设服务，能够催生出一批旅游精品课程。

本套教材不仅是全国高等院校旅游管理专业教育教学的专业教材，而且也可作为旅游管理部门、旅游企业专业人员培训及参考用书。我们希望本套教材能够为培养21世纪旅游创新人才作出贡献。

最后，借此机会感谢北京大学吴必虎教授、青岛大学旅游学院马波教授对本套教材的指导，感谢中国林业出版社和北京大学出版社对本套教材所付出的辛勤劳动以及各位参与编写的专家和学者对本套教材所付出的心血！

编委会

2007年10月

前　言

随着我国改革开放政策的深入，各项事业飞速发展，旅游事业也得到了长足进步和快速发展，旅游业作为一种新兴产业在社会经济体系中已经占据了越来越重要的地位。

伴随着旅游产业的发展，市场竞争越来越激烈，企业理财环境更加复杂。为了增强旅游企业在市场竞争中的优势，使企业在激烈的竞争中站稳脚跟并不断发展壮大，必须加强内部管理，降低成本，提高经济效益，为此，加强旅游企业财务管理人才培养至关重要。我们编写《旅游企业财务管理》这本教材的初衷，就是为加强旅游管理人才培养，为旅游企业的发展壮大培养大批合格的旅游管理人才。

本教材有3个特点：一是新颖性。体现在本书的编写思路新、内容新和体例新。例如，在教材编写中我们吸收了最新的《公司法》《企业会计准则》等最新的法律法规的规定；引进了旅游企业财务管理的最新研究成果；体例方面在每章开始都配有本章概要、学习目标等，每章结束配有思考题、案例分析等，使学前有目标，学后有总结，便于巩固提高。二是实用性。本教材实用性较强，体现在本书理论知识丰富翔实、案例分析切中关键，理论与实践结合密切，学以致用。三是全面性。本教材立足于本科教学，全面、系统地论述了企业财务管理的相关理论知识，通过本教材的学习，使每位学生对财务管理知识有一个全面、系统的把握。

本书根据我国旅游企业的特点，借鉴、吸收了国内外先进的企业财务管理理念，以旅游企业资金运动顺序为主线，全面、系统、综合地介绍了旅游企业财务管理的基本知识，企业的投融资活动和成本费用、收益的管理活动。本书共分14章，第1~3章概要介绍了企业财务管理的概念、管理目标、管理内容、原则和方法、财务管理的环境、制度与管理机制以及资金的时间价值和投资的风险价值。前3章是本书的理论基础。

第4~5章主要论述了企业有关筹资和投资管理内容。企业的筹资和投资活动是企业资金运动的起点，也是企业财务管理活动的前提。企业筹资要考虑筹资成本和筹资风险，企业投资要考虑预期报酬率，筹资成本低、筹资风险小、预期报酬率高的投资项目才是企业主选的投资项目。

第6~9章论述了旅游企业的资产管理问题，包括流动资产、固定资产、无形资产、长期待摊费用及其他资产和外汇资产的管理。资产是企业实现财务管理目标的物质基础。企业资产要合理配置，提高资产的利用效率。

第10~12章论述了旅游企业在经营和提供服务过程中实现的收入、产生的成本费用和税金、实现的利润及其分配。企业要扩大收入、降低成本费用、按时缴纳税金，对实现的利润要进行分配。

第13~14章论述了旅游企业的财务预算和财务分析。财务预算是对企业经营活动做出的事前计划，财务分析是对企业经营活动的事后分析，为企业的财务管理决策提供依据。

本书既可以作为高等院校旅游专业财务管理课程的教学用书，也可用于旅游企业管理人员的培训和自学用书，同时也可以作为旅游企业财务工作者、管理者及相关科研人员的参考用书。

本书由周桂芳担任主编，负责设计编写教材大纲和全书的修改和统稿工作。副主编为赵玉霞、矫丽会、刘红芳。各章执笔人员如下：第 1 章，郑媛媛；第 2 章和第 14 章，毕剑；第 3 章和第 13 章，田月红；第 4 章、第 5 章和第 8 章，周桂芳；第 6 章和第 7 章，赵玉霞；第 9 章和第 10 章，刘红芳；第 11 章和第 12 章，矫丽会。

本书编写过程中参考了有关教材、文献、论著和资料，在此谨向各编著者表示衷心的感谢。由于作者水平有限，编写时间较紧，我们虽尽了最大努力，书中难免有浅陋和不妥之处，恳请读者及同仁批评指正。

编　者

2008 年 7 月

目　录

第 1 章
总　论

【本章概要】

本章就旅游企业财务管理的基本知识、旅游企业的目标、财务管理目标以及社会责任、财务管理的具体内容和财务管理应遵循的原则进行了阐述，重点讲解了旅游企业财务管理的概念、目标、筹资管理等内容。

【学习目标】

- 了解旅游企业财务管理的概念；
- 了解资金运动及财务关系；
- 了解财务管理的任务；
- 了解财务管理的目标；
- 掌握财务管理的内容；
- 掌握财务管理的原则和方法。

【关键性术语】

资金运动、财务关系、企业价值最大化。

【章首案例】

财务管理的重要性

刘佳作为财务总监受聘于一家四星级酒店。当刘佳跨入酒店的第一天，她满怀兴奋的心情向总裁索取上一年度的财务报告，想了解一些酒店的基本财务状况。然而，总裁的回答令她吃惊，“这正是我们需要你的原因”。“酒店的入住率不低，主营业务发展不错，也不断地有些新项目，酒店各部门都显得忙忙碌碌，看上去很赚钱”，刘佳对旅行社最初的印象就是如此。但是，当所有账目结果出来后却让她震惊，酒店的账面上几乎都是应收账款和库存，根本没有盈利，这是刘佳万万没有预料到的。

究其原因，就是以前酒店几乎没做过全面预算管理。所以，没有人知道目标利润，没人知道花了多少钱，也没人去想做这些事情能给酒店带来什么。融资来的1000万元什么时候花完、花完了怎么办、能否给投资人带来什么回报，以后能否吸引更好的投资等问题，大家好像都忙得顾不上这些，但这些恰恰是一家企业运作中最核心的问题。

为什么有的企业看上去很好，顾客盈门，生意兴隆，却在一夜之间突然倒闭？深究其原因，往往都是财务管理不力惹的祸。财务管理是目前大多数旅游企业普遍存在的薄弱环节，也成为限制旅游企业进一步发展的瓶颈。加强财务管理，平衡企业资金收支状况，增强企业抗风险能力，是我们旅游企业进一步发展壮大的前提。

经过改革开放30年的发展，我国已经形成了众多不同组织形式、不同规模、不同经营范围的现代旅游企业，主要包括旅行社、旅游饭店类企业、旅游景区景点类企业、旅游车船公司、旅游商品生产经营企业、游览娱乐企业、旅游（集团）公司以及饭店管理公司等。

旅游企业财务是客观存在于旅游企业生产经营活动中的一种资金运动。旅游企业财务管理是旅游企业管理的一个组成部分，是有关资金的获得和有效使用的一项经济管理活动，在旅游企业管理中占有重要的地位。

1.1 旅游企业财务管理概述

1.1.1 旅游企业财务管理的概念

旅游企业财务管理是组织企业财务活动，处理财务关系的一项经济管理工作。商品经济条件下，社会产品是使用价值和价值的统一体。企业开发旅游产品和提供旅游服务的过程也表现为使用价值的生产和交换过程及价值的形成和实现过程的统一。在这个过程中，劳动者将生产中所消耗的生产资料的价值转移到产品中去，并且创造出新的价值，通过实物商品的出售，使转移价值和新创造的价值得以实现。企业资金的实质是开发旅游产品和提供旅游服务过程中运动着的价值。

在企业开发旅游产品和提供旅游服务过程中，实物商品不断地运动，其价值形态也不断地发生变化，由一种形态转化为另一种形态，周而复始，不断循环，形成了企业资金运动。所以，企业的旅游产品开发和旅游服务提供过程，一方面表现为实物商品和服务商品的运动过程；另一方面表现为资金的运动过程或资金运动。资金运动不仅以资金循环的形式而存在，而且伴随旅游企业经营过程不断进行，因此，资金运动也表现为一个周而复始的周转过程。资金运动使企业经营活动的价值表现，以价值形式综合地反映着企业的生产经营过程。企业的资金运动，构成企业开发旅游产品和提供旅游服务的一个独立方面，具有自己的运动规律，这就是旅游企业的财务活动。旅游企业的资金运动，从表面上看是钱和物的增减变动，其实，钱和物的增减变动都是由人与人之间的经济利益关系引起的。

总之，旅游企业财务是指企业在开发旅游产品和提供旅游服务过程中客观存在的资金运动及其所体现的经济利益关系。

旅游企业财务管理是基于旅游企业经营过程中客观存在的财务活动和财务关系而产生的。它是利用价值形式对企业经营过程进行的管理，是企业组织财务活动、处理与各方面财务关系的一项综合性管理工作。因此，要理解什么是旅游企业财务管理，必须先分析旅游企业的财务活动和财务关系。

1.1.2 旅游企业的财务活动

旅游企业的财务活动是企业再生产过程中的资金运动，是以现金收支为主的企业资金收支活动的总称。旅游企业为了向旅游者提供产品和服务，首先必须采用各种方式，通过不同的渠道，筹集到一定数量的资金，用于必要的投资，例如，购入固定资产、无形资产和日常流动资金的准备等。在生产经营过程中，旅游企业还需要购入原材料、支付员工工资、支付各种费用等。随着企业生产的产品或提供的服务销售出去，以货币资金或应收账款的形式取得收入，用收入补偿企业的各项支出后，剩余部分就是企业的利润。旅游企业将实现的利润在国家、企业、员工和投资者之间进行合理的分配，从而使国家的财政收入、企业的长远发展、员工的利益、投资者的合法权益得到保证。这一切构成了旅游企业的资金运动。

旅游企业的经营活动不断进行，也就会不断产生资金的收支，企业的资金处于不断运动中。旅游企业资金运动构成了企业经济活动的一个独立方面，即财务活动。具体来说，旅游企业的财务活动包括以下内容。

(1) 旅游企业筹资引起的财务活动

在社会主义市场经济条件下，旅游企业要想从事经营，首先必须筹集一定数量的资金。旅游企业通过吸收直接投资、发行股票、发行债券、向银行借款等方式筹集资金。在筹资活动中，采用不同的方式从各种渠道筹集的资金形成了旅游企业的资金收入；旅游企业按合同或协议规定偿还借款，支付利息、股利以及付出各种筹资费用等，表现为企业资金的支出。这种因为资金筹集引起的资金收支，便是由旅游企业筹资引起的财务活动。

(2) 旅游企业投资引起的财务活动

旅游企业筹集资金的目的是为了把资金用于生产活动以便取得盈利。旅游企业把筹集到的资金投资于内部购置固定资产、无形资产等，并主要依靠企业自身的业务经营实现收益，便形成旅游企业的对内投资；旅游企业把筹集到的资金投资于购买其他企业的股票、债券或与其他企业联营进行投资，便形成旅游企业的对外投资。旅游企业无论对内投资还是对外投资，都需要支出资金，而当旅游企业利用投资取得利润或投资收益时，则会产生资金的收入。这种因旅游企业投资而产生的资金收支，便是由投资而引起的财务活动。

(3) 旅游企业日常经营引起的财务活动

旅游企业在日常经营活动中，会发生一系列的资金收支。首先，旅游企业要采购原材料或商品，以便从事生产和销售活动；同时，要支付员工工资和其他的费用；其次，当旅游企业把产品或服务销售出去后，便取得了收入，收回了资金；再次，如果旅游企业现有资金不能满足经营的需要，还要采取商业信用等方式来筹集所需资金。上述的各方面都会产生旅游企业资金的收支，这便是旅游企业经营引起的财务活动。

(4) 旅游企业利润分配引起的财务活动

旅游企业在经营过程中取得利润，也可能会因对外投资而分得利润，这表明旅游企业有了资金的增值或取得了投资报酬。旅游企业的利润要按法律规定的程序进行分配。首先要缴纳所得税；其次要用来弥补亏损，提取公积金和公益金；最后要向投资者分配利润。这种因利润分配而产生的资金收支便是属于由利润分配而引起的财务活动。

上述旅游企业财务活动的 4 个方面，不是相互割裂、互不相关的，而是相互联系、相互依存的。以上相互联系又相互区别的 4 个方面，共同构成了完整的企业财务活动。

1.1.3 旅游企业的财务关系

旅游企业在组织财务活动过程中必然要与各有关方面发生经济关系。如何处理好旅游企业的财务关系，构成了旅游企业财务管理的另一重要内容。旅游企业的财务关系可概括为以下几个方面。

(1) 旅游企业与其所有者之间的财务关系

这种关系主要是指旅游企业所有者向企业投入资金，企业向所有者支付投资报酬所形成的经济关系。旅游企业的所有者要按照有关合同、协议、章程的约定履行出资义务，以便及时形成企业的资本金。旅游企业利用投资者投入的资本金进行生产经营，实现利润后，按出资比例或合同、章程的规定，向其所有者分配利润。旅游企业同其所有者之间的财务关系，体现着所有权性质，反映的是经营权和所有权的关系。

(2) 旅游企业与其债权人之间的财务关系

这种关系是旅游企业向债权人借入资金或在经营过程中发生的临时性负债，旅游企业按借款合同或信用原则要求偿还债务所形成的经济关系。旅游企业除利用资本金进行生产经营外，还要借入一定数量的资金，以便降低企业资金成本，扩大生产经营规模。旅游企业利用债权人的资金后，要按约定的利息率及时向债权人支付利息，债务到期时，要按时向债权人归还本金。旅游企业与其债权人的关系，体现的是债务与债权的关系。

(3) 旅游企业与其被投资企业之间的财务关系

这种关系是旅游企业将其闲置的资金以购买股票或直接投资的形式向其他单位投资所形成的经济关系。旅游企业对其他单位进行的投资活动是资本经营活动，企业通过资本经营，参与被投资单位的利润分配。旅游企业与被投资单位之间的关系，体现的是一种所有权性质的投资和被投资关系。

(4) 旅游企业与其债务人之间的财务关系

这种关系是旅游企业将其资金以购买债券、提供借款或商业信用等形式借给其他企业所形成的借贷经济关系。旅游企业将其资金借出后，有权要求其债务人按约定的条件支付利息和归还本金。旅游企业与其债务人的关系，体现的是债权与债务关系。

(5) 旅游企业与税务机关之间的财务关系

这种关系是旅游企业按税法的规定依法纳税而与国家税务机关所形成的经济关系。任何企业都应按照国家税法的规定缴纳各种税款，以保证国家财政收入的实现。及时、足额地纳税是旅游企业对国家的贡献，也是对社会应尽的义务。因此，旅游企业与国家税务机关之间的财务关系，体现的是依法纳税和依法征税的权利义务关系。

(6) 旅游企业内部各单位之间的财务关系

这种关系是旅游企业内部各个单位之间在生产经营各环节中互相提供产品或劳务所形成的经济关系。在实行内部独立经济核算制的条件下，旅游企业内部的各个单位之间相互提供产品或劳务，要实行计价结算，这样就会引起资金在不同单位之间的转移。在旅游企业内部形成的这种资金结算关系，体现的是旅游企业内部各单位之间的利益关系。

(7) 旅游企业与其内部职工之间的财务关系

这种关系是旅游企业向其职工支付劳动报酬过程中所形成的经济关系。职工为旅游企业创造财富，旅游企业要通过支付工资、奖金、提供社会保险、养老金等形式，支付给职工相应的报酬。这种旅游企业与其内部职工之间的财务关系，体现的是一种对劳动成果的分配关系。

综上所述，旅游企业财务管理的概念概括为：旅游企业财务管理就是按照资金运动规律，根据国家财经法规制度，组织旅游企业财务活动，处理财务关系的一项经济管理工作。

1.2 旅游企业财务管理目标

旅游企业财务管理的目标是旅游企业在规划和控制资金运动过程中所要实现的目标，是财务管理工作所要达到的最终目的。明确财务管理目标，是有效组织财务管理工作的前提，旅游企业财务管理是旅游企业管理的重要组成部分，因此，旅游企业财务管理的目标和总目标具有一致性。

1.2.1 旅游企业的目标

在社会主义市场经济体制中，旅游企业是在国家宏观调控下，按照市场需求，提供旅游产品或服务，自主经营、自负盈亏的经济组织，其出发点和最终目标都是盈利。但在当前激烈的市场竞争中，企业的盈利是以生存和发展为前提的。现代旅游企业一开业就会面临竞争，并在经营过程中始终处于生存或倒闭、发展或衰落的矛盾之中。旅游企业必须生存下去才可能获利，只有不断发展才能更好地生存。因此，旅游企业管理的总目标可以概括为生存、发展和盈利。

(1) 生存

旅游企业首先要生存才有可能盈利。在市场经济中，旅游企业要想生存，就要提供满足社会需求的适销对路的旅游产品或服务，不断扩大收入，降低成本费用；否则，收不抵支，长期亏损，旅游企业就会面临破产和倒闭。另外，企业如果有大量的债务到期不能偿还，也会面临破产的风险。所以，旅游企业要想盈利就要首先获得生存权，也就是要具备以收抵支和到期偿还债务的能力，努力规避破产的风险，这是旅游企业盈利的起点。

(2) 发展

在当前激烈的市场竞争中，旅游企业是在竞争中求发展，在发展中求生存的。旅游企业必须根据市场需求，不断推出更好、更受顾客欢迎的旅游产品或服务，才能不断扩大收入，才能在市场中立足。这就需要筹集到足够的资金，以改善和更新旅游企业的硬件设施，加强员工培训，提高旅游企业的服务质量，同时加大宣传力度，扩大企业影响，拓宽企业销路，增加企业的收入，为企业发展铺平道路。

(3) 获利

任何一个旅游企业都是以盈利为目的的，不盈利，企业就没有生存和发展的必要和可能。盈利就是使资产获得超过其投资的回报。企业要盈利，就要使资金得到合理、有效的利用，从中获取回报。这就要求企业要加强营运资金的管理，加速货币资金的回笼；加强固定资产的管理，提高固定资产的利用率；加强成本费用的管理，降低企业的成本费用；加强企业收益的管理，扩大企业的收入，使企业能够盈利并实现企业的最终目标。

1.2.2 旅游企业财务管理的目标

旅游企业财务管理目标是在特定的理财环境中，通过组织财务活动，达到财务管理的目的，它与旅游企业的总体目标具有一致性。如何科学地设置财务管理最优目标，对于研究财务管理理论，确定资本的最优结构，有效地指导财务管理实践具有一定的现实意义。

不同的财务管理目标，会产生不同的财务管理运行机制。根据国内外现代旅游企业财务管理理论和实践，旅游企业财务管理目标主要有下面3种观点。

（1）以利润最大化为目标

这种观念认为：利润代表了企业新创造的财富，利润越多则企业财富增加得越多，越接近企业的目标。

以利润最大化作为财务管理的目标有其合理的一面。旅游企业追求利润最大化，就必须讲求经济效益、加强管理、提高产品和服务质量，降低成本。这些措施都有利于资源的合理配置和有效利用，有利于经济效益的提高。

以追逐利润最大化作为财务管理的目标，其主要原因有三：① 人类从事生产经营活动的目的是为了创造更多的剩余产品，在商品经济条件下，剩余产品的多少可以用利润这个价值指标来衡量；② 在自由竞争的资本市场中，资本的使用权最终属于获利最多的企业；③ 只有每个企业都最大限度地获得利润，整个社会的财富才可能实现最大化，从而带来社会的进步和发展。在社会主义市场经济条件下，企业作为自主经营的主体，所创利润是企业在一定期间全部收入和全部费用的差额，是按照收入与费用配比原则加以计算的。它不仅可以直接反映企业创造剩余产品的多少，而且也从一定程度上反映出企业经济效益的高低和对社会贡献的大小。同时，利润是企业补充资本、扩大经营规模的源泉。因此，以利润最大化为理财目标是有一定的道理的。

但如果将利润最大化这一目标绝对化就会出现许多问题，单纯追求利润会忽略对风险的评估，对短期利润的过多强调会影响长期利润的实现，甚至影响到企业发展。具体来讲，以利润最大化作为财务管理目标存在如下缺点：① 利润最大化没有考虑利润实现的时间，没有考虑资金时间价值。例如，旅游企业5年后获利1000万元与5年中每年末获利200万元相比，如果仅从利润最大化目标考虑，而不考虑货币的时间价值，无法真正地评价企业利润是否符合企业目标。② 利润最大化没有有效地考虑风险问题。这可能会使决策者不顾风险的大小去盲目追求最大的利润。③ 利润最大化往往会使企业财务决策带有短期行为的倾向，即只顾实现目前的最大利润，而不顾企业的长远发展，如忽视产品开发、人才开发、生产安全、生活福利和履行社会责任等。④ 利润最大化没有反映创造的利润与投入的资本之间的关系，因而不利于不同资本规模的企业或同一企业不同时期的比较。将利润最大化作为企业财务管理的目标，只是对经济效益的浅层次的认识，存在一定的片面性。所以，现代财务管理理论认为，利润最大化并不是财务管理的最优目标。

（2）以股东财富最大化为目标

股东财富最大化是指通过财务上的合理运营，为股东带来更多的财富。在股份公司中，股东财富由其所拥有的股票数量和股票市场价格两方面共同决定。在股票数量一定时，当股票价格达到最高时，股东财富也达到最大。所以，股东财富最大化，又演变为股票价格最大化。股东财富最大化目标可以理解为最大限度地提高现在的股票价格。

与利润最大化目标相比，股东财富最大化目标有其积极的方面，这是因为：① 股东财富最大化目标考虑了风险因素，因为风险的高低，会对股票价格产生重要影响；② 股东财富最大化在一定程度上能够克服企业在追求利润上的短期行为，因为不仅目前的利润会影响股票价格，预期未来的利润对企业股票价格也会产生重要影响；③ 股东财富最大化目标比较容易量化，便于考核和奖励。

但是，股东财富最大化目标同样也存在一些缺点：① 它只适用于上市公司，对非上市公司则很难适用；② 它只强调股东的利益，而对企业其他关系人的利益重视不够；③ 股票价格受多种因素影响，并非都是公司所能控制的，把不可控制因素引入理财目标是不合理的。尽管股东财富最大化存在上述缺点，但如果一个国家的证券市场高度发达，市场效率极高，上市公司可以把股东财富最大化作为财务管理的目标。

（3）以企业价值最大化为目标

企业价值是指企业全部资产的市场价值，它是以一定期间企业所取得的报酬（按净现金流量表示），按与取得该报酬相适应的风险报酬率作为贴现率计算的现值来表示的。企业价值最大化是指通过企业的合理经营，采用最优的财务政策，在考虑货币的时间价值和风险报酬的情况下，不断增加企业财富，使企业总价值达到最大化。企业价值不是账面资产的总价值，而是企业全部财产的市场价值，它反映了企业潜在或预期获利能力。投资者在评价企业价值时，是以投资者与其投资时间为起点的，并将未来收入按预期投资时间的统一口径进行折现，未来收入的多少按可能实现的概率进行计算。可见，这种计算方法考虑了资金的时间价值和风险问题。企业所得的收益越多，实现收益的时间越近，应得的报酬越确定，则企业的价值或股东财富越大。

以企业价值最大化作为财务管理目标，具有以下优点：① 企业价值最大化目标考虑了取得报酬的时间、风险与报酬的关系，并用时间价值的原理进行了计量。有利于统筹安排长短期规划、合理选择投资方案、有效筹措资金、合理制定股利政策等。② 企业价值最大化反映了企业资产保值增值的要求，从某种意义上说，股东财富越多，企业市场价值就越大，追求股东财富最大化的结果可促使企业资产保值或增值。③ 企业价值最大化能克服企业在追求利润上的短期行为和片面性，因为不仅目前的利润会影响企业的价值，预期未来的利润对企业价值的影响所起的作用更大。④ 企业价值最大化有利于社会资源合理配置。社会资金通常流向企业价值最大化或股东财富最大化的企业或行业，有利于实现社会效益最大化。

以企业价值最大化作为财务管理目标也存在以下问题。

第一，对于股票上市企业，虽可通过股票价格的变化揭示企业价值，但是股票价格是受多种因素影响的结果，特别在即期市场上的股价不一定能够直接揭示企业的获利能力，只有长期趋势才能做到这一点。

第二，为了控股和稳定购销关系，现代企业不少采用环形持股的方式，相互持股。法人股东对股票市价的敏感程度远不及个人股东，对股价最大化目标没有足够的兴趣。

第三，对于非股票上市企业，只有对企业进行专门的评估才能真正确定其价值。而在评估企业的资产时，由于受评估标准和评估方式的影响，要真正做到客观和准确，有一定的难度，这也导致企业价值确定的困难。

尽管如此，企业价值最大化有其一定的优越性，本书以企业价值最大化作为财务管理目标。

进行企业财务管理，就是要正确权衡报酬与风险之间的平衡关系，努力实现二者之间的最佳平衡，使企业价值达到最大。企业价值最大化目标不仅综合考虑了风险与报酬的关系，还将影响企业财务管理活动及各利益关系人的关系协调，使企业所有者、债权人、职工和政府都能够在企业价值的增长中使自己的利益得到满足，从而使企业财务管理和经济效益进入良性循环状态；使企业的价值最大化与社会财富的积累和最大化相一致。因此，企业价值最大化的观点，体现了对经济效益的深层次认识，它是现代企业财务管理的最优目标。

1.2.3　财务管理目标的协调

企业财务管理目标是企业价值最大化。根据这一目标，财务活动所涉及的不同利益主体如何进行协调是财务管理必须解决的问题。

(1) 所有者与经营者的矛盾与协调

企业价值最大化直接反映了企业所有者的利益，与企业经营者没有直接的利益关系。对企业所有者来讲，他所放弃的利益也就是经营者所得的利益。在西方，这种被放弃的利益也称为企业所有者支付给经营者的享受成本。但问题的关键不是享受成本的多少，而是在增加享受成本的同时，是否更多地提高了企业价值。因而，经营者和所有者的主要矛盾就是经营者希望在提高企业价值和股东财富的同时，能更多地增加享受成本；而所有者和股东则希望以较小的享受成本支出带来更高的企业价值或股东财富。为了解决这一矛盾，应采取让经营者的报酬与绩效相联系的办法，并辅之以一定的监督措施。

解聘　这是一种通过所有者约束经营者的办法。所有者对经营者的工作绩效予以监督，如果经营者未能使企业价值达到最大，就解聘经营者。为此，经营者会因为害怕被解聘而努力工作，实现财务管理目标。

接收　这是一种通过市场约束经营者的办法。如果经营者经营决策失误、经营不力，未能采取一切有效措施使企业价值升高，该公司就可能被其他公司强行接收或吞并，相应经营者也会被解聘。为此，经营者为了避免这种接收，必须采取一切措施提高股票市价。

激励　即将经营者的报酬与其绩效挂钩，以使经营者自觉采取能满足企业价值最大化的措施，激励有2种基本方式：一是“股票选择权”方式。它是允许经营者以固定的价格购买一定数量的公司股票，当股票的价格高于固定价格越多时，经营者所得的报酬就越多。经营者为了获取更大的股票涨价益处，就必然主动采取能够提高股价的行动。二是“绩效股”形式。它是公司运用每股利润、资产收益率等指标来评价经营者的业绩，视其业绩大小给予经营者数量不等的股票作为报酬。如果公司的经营业绩未能达到规定目标时，经营者也将部分丧失原先持有的“绩效股”。这种方式使经营者不仅为了多得“绩效股”而不断采取措施提高公司的经营业绩，而且为了使每股市价最大化，也采取各种措施使股票市价稳定上升。

(2) 所有者与债权人的矛盾与协调

企业所有者的财务目标可能与债权人期望实现的目标发生矛盾。首先，所有者可能要求经营者改变举债资金的原定用途，将其用于风险更高的项目，这会增大偿债的风险，债权人的负债价值也必然会实际降低。若高风险的项目一旦成功，额外的利润就会被所有者独享；但若失败，债权人却要与所有者共同负担由此而造成的损失，这对债权人来说风险与收益是不对等的。其次，所有者或股东可能未征得现有债权人同意，而要求经营者发行新债券或举借新债，致使新债券或老债券的价值降低（因为相应的偿债风险增加）。

为协调所有者与债权人的上述矛盾，通常可采用以下方式：

第一，限制性借债，即在借款合同中加入某些限制性条款，如规定借款的用途、借款的担保条款和借款的信用条件等。

第二，收回借款或停止借款，即当债权人发现公司有侵蚀其债券价值的意图时，采取收回债权和不给予公司增加放款，从而来保护自身的权益。

1.3 旅游企业财务管理内容

旅游企业财务管理的对象是经营过程中的资金运动，因此，财务管理的内容反映企业资金运动的全过程。旅游企业资金运动包括资金的筹集、资金的投放和使用、资金的耗费、资金的回收和分配4个环节。相应的旅游企业财务管理包括筹资管理、投资管理、资产管理、成本费用管理、收益和利润分配管理等内容。了解财务管理的内容，旅游企业可以根据资金运动的客观规律，结合企业特点，对资金运动及其引起的财务关系实施有效的管理。

1.3.1 筹资管理

现代旅游企业为了保证正常经营或扩大经营的需要，必须具有一定数量的资金用于购买生产资料、支付职工工资和其他费用开支等。因此，旅游企业筹集资金，保证企业经营活动的正常进行，构成了财务管理的重要内容。

旅游企业可以采用多种方式筹集不同来源渠道的资金。不同的资金来源，可使用的时间长短、附加条款的限制和资金成本的大小各不相同。这就要求旅游企业在筹资时不仅需要从数量上满足经营的需要，而且要考虑筹资组合以及筹资方式给企业带来的资金成本的高低、财务风险的大小，以便选择最佳的筹资方式，合理安排企业的资金来源，以优化企业的资本结构，降低企业的筹资成本，控制企业的筹资风险。

1.3.2 投资决策管理

现代旅游企业筹集的资金只有投资到旅游活动中，才能在经营中产生增值，取得盈利。因此，如何选择投资方向、如何适时投资、投资金额多少的确定，投资风险的规避，投资的收益是否达到预期目标，就构成了投资管理的重要内容。

旅游企业的投资包括固定资产投资、流动资产投资、证券投资以及对其他企业的投资。任何投资决策都带有一定的风险性。因此，旅游企业在投资时必须认真分析影响投资决策的各种因素，科学地进行可行性研究。对于新增的投资项目，一方面要考虑项目建成后给企业带来的投资报酬；另一方面也要考虑投资项目给企业带来的风险，正确地把握和控制投资的收益和风险，选择最佳的投资方案，才能实现较好的投资收益。

1.3.3 资产管理

旅游企业的对内对外投资就形成了旅游企业的固定资产、流动资产、无形资产和其他资产。这些资产构成了企业日常财务管理的重要内容。旅游企业资产管理的重点是固定资产和流动资产的管理。

旅游企业特别是旅游饭店，固定资产一般在总资产中占有较高的比例，只有深入了解旅游企业固定资产的特性，合理计提固定资产折旧，加强固定资产的日常管理，不断挖掘固定资产的使用潜力，才能提高固定资产的利用效果。旅游企业的流动资产在总资产当中占有一定的比例，它好比企业的血液，只有严格加强对流动资产的管理，加速流动资金的循环周转，不断扩大企业的营业收入，减少企业的资金占用，才能最大限度地发挥资产效益。

1.3.4　成本费用管理

旅游企业的成本费用是指企业在提供产品或服务的过程中发生的各项直接支出和耗费。成本费用反映了企业经营过程中资金的耗费，成本费用的管理也就是对资金耗费的管理。严格地进行成本费用的控制，合理降低成本费用是增加盈利的根本途径，因此成本费用管理是旅游企业财务管理的重要内容。

旅游企业的成本费用按经济内容可以分为营业成本、销售费用、管理费用和财务费用四大部分。旅游企业要进行成本费用的管理，首先要确定成本费用的管理目标，在此基础上编制出成本费用预算，明确成本费用的管理方向。为了保证成本费用预算的实现，企业还要进行成本费用的控制，并对成本费用实际耗费情况进行考核分析，发现问题，及时纠正，最终保证企业成本费用达到企业的预算目标。

成本费用管理是一项全员、全过程、全方位的综合性管理。因此，要做好成本费用管理就要要求企业内部各部门、每个人都要参与到成本费用管理中，对成本费用进行全方位、全过程管理。

1.3.5　收益和利润分配的管理

旅游企业运用筹集的资金进行经营活动，随着企业经营活动的进行，会逐渐引起企业的资金耗费，同时还会从经营活动中取得收入。这种收入按照经济核算的原则，首先要补偿企业的经营耗费，缴纳营业税金和附加，再加减投资收益和营业外支出，最终形成企业的利润。企业实现利润后，要按照国家的有关规定，向国家交纳所得税，剩余部分就形成了企业的净利润。净利润要在企业、职工、投资者之间进行分配，企业要提取法定的盈余公积金，用于弥补亏损和转增资本；还要提取法定的公益金，用于职工福利和奖励，改善职工集体福利设施等支出；其余利润进行投资者的收益分配或暂时留存企业作为投资的追加投资。这一切就构成了旅游企业收益和利润分配的管理。

1.4　旅游企业财务管理的原则和方法

旅游企业要完成财务管理任务，实现财务管理目标，必须遵循财务管理的原则，采用科学的财务管理方法。

1.4.1　旅游企业财务管理的原则

财务管理原则是企业组织财务活动，处理财务关系必须遵循的基本准则，它是从企业理财实践中总结出来并在实践中证明是正确的行为规范，它反映着理财活动的内在要求。旅游企业财务管理原则一般包括以下6项。

（1）依法理财的原则

世界各国都有自己的经济法规，约束它的企业守法经营。我国随着市场经济的不断发展和完善，也建立了与之相适应的法律、法规和制度。旅游企业必须以这些法律规范为依据，建立健全企业内部的财务管理制度，依法合理筹集资金、有效投资、高效使用资金，严格遵守各项财务开支范围和规定，正确计算企业的财务成果，处理好财务活动中的各种关系，按照国家规定合理进行利润的分配。

（2）成本效益原则

在市场经济条件下，企业的目标是为了获取收益，为此它必须投入各种资源，而资源的取得必然要形成企业的耗费。如果企业成本发生以后未取得收益，或发生的成本大于收益，则企业就无法获得收益。因此，成本效益原则是指企业在成本一定的条件下应取得尽可能大的效益，或是在收益一定的条件下应最大限度地降低成本以保证企业财务管理目标的实现。成本效益原则是投入产出原则的价值体现，是企业进行再生产活动得以延续和发展的基本条件。作为旅游企业在资金的筹集、投入和使用过程中应充分考虑到这一原则，以降低成本、提高资金效益。

（3）风险与效益均衡原则

在市场经济中，旅游企业任何经营活动的开展都存在着一定的不确定性和不可预测性。随着企业市场竞争的加剧，旅游企业在获取收益的同时也会面临更大的风险。风险与收益均衡原则是指企业不能承担超过收益限度的风险，在收益一定的条件下，应最大限度降低风险。因为通常风险越大，收益可能也越高；风险越小，收益必然也会越低。但这种因果关系是指一种可能性，而非完全直接相等的一种关系。这就要求企业在财务管理过程中，要考虑收益与风险的对应关系，在收益既定的情况下，应尽量规避风险，适度地承担一定的风险，以使企业获取更大的收益。

（4）资产合理配置原则

企业资产不同的配置会给企业带来不同的效益。资产合理配置是指旅游企业的各项资产在结构、比例上应合理安排，保证财尽其能、人尽其才、物尽其用。合理配置资产，使有效的资产发挥最大的效用，从而为企业带来预期的经济效益。资产的合理配置，对企业来说非常重要，因此这一原则对旅游企业财务管理有着重要的意义。

（5）利益关系协调原则

企业在资金的运动过程中，会与投资者、债权人、国家、职工乃至客户和供应商之间发生关系，这种关系说到底是一种经济利益关系。这种关系因种种原因经常会出现不协调甚至矛盾的情况，如果不能及时解决，轻则会影响各方的积极性，重则对各方的经济利益产生不利的影响。利益关系协调原则是指旅游企业在财务管理过程中要妥善协调、处理国家、企业、职工、投资者、债权人、客户、供应商等各方的经济利益关系，维护有关各方的合法权益。这一原则就要求各方从全局出发，正确处理各方的利益关系，使之协调、互利，以促进各方协调发展。

（6）国际惯例原则

国际惯例原则是指旅游企业在实际财务管理工作中，在遵守我国现行法律、法规的前提下，还要遵循国际惯例的原则。例如，外商投资企业，可以按国际惯例，在当地和国际金融市场筹集资金，可以根据企业实际经营需要，自主使用资金。可以借鉴国外先进的管理方式和财务管理方法，进行企业的管理。在费用管理、会计核算等实际工作中，也可以参照执行国际公认的会计准则和国际惯例。遵循这一财务管理原则，可以使我国的财务管理工作与国际接轨，促进企业朝国际化方向发展。

1.4.2 旅游企业财务管理方法

财务管理方法是为了实现财务管理目标，完成财务管理任务，组织财务活动，处理财务关系时所采用的各种技术和手段。旅游企业财务管理的方法很多，根据财务管理的环节，财务管理可以分为财务预测、财务决策、财务预算、财务控制和财务分析等方法。

（1）财务预测

财务预测是指企业在认识和掌握资金运动规律的基础上，根据有关历史资料和收集的各种经济信息，结合企业内外部的现实条件，运用科学的预测方法，对企业未来财务活动及其发展趋势所做的预计和测算。财务预测是财务决策的基础，也是编制财务预算的前提。

财务预测要预测各项生产经营方案的经济效益，为决策提供可靠的依据；预计财务收支的发展变化情况，以确定经营目标；测定各项定额和标准，为编制计划、分解计划指标服务。其具体内容包括：资金预测，如资金需要量及其来源的预测、资金市场预测、投资收益预测等；成本费用预测，如营业成本预测、期间费用预测等；收益预测，如销售预测、盈利预测等。

财务预测的方法一般分为定性预测法和定量预测法。定性预测法主要依据直观资料和个人知识、经验，通过综合分析，主观地对事物未来的情况及趋势做出预测。这种方法主观性较强，一般在企业缺乏完备、准确的历史资料的情况下采用。定量预测法主要是根据大量历史数据资料，根据变量之间的数量关系建立数学模型来进行预测的方法。在实际工作中，这2种方法各有优劣，应结合起来运用。

（2）财务决策

财务决策是指财务人员在财务目标的总体要求下，利用专门的方法从备选方案中选择最优方案的分析判断过程。财务决策是财务管理的核心，决策正确与否直接影响旅游企业的生存和发展。财务决策主要包括筹资决策、投资决策、成本费用决策、收益决策等，其中最重要的是筹资决策和投资决策。

财务决策一般包括以下步骤：首先，根据财务预测的信息提出问题；其次，确定解决问题的备选方案；然后，分析、评价、对比各种方案；最后，拟订择优标准，选择最佳方案。

财务决策的方法主要有2类：一类是经验判断法，是根据决策者的经验来判断选择，常用的方法有淘汰法、排队法、归类法等；另一类方法是定量分析法，是应用决策论的定量方法进行方案的确定、评价和选择，常用的方法由数学分析法、数学规划法、概率决策法、效用决策法、优选对比法等。

（3）财务预算

财务预算就是以财务决策的结果、财务预测情况为依据，运用科学的方法，以货币为主要量度，对旅游企业未来财务活动的发展状况，按照事物发展趋势进行合乎客观规律的规划，以指导企业经营活动的开展。

旅游企业在制定了财务目标后，首先要在全企业内部建立财务预算体系，并根据各种预测信息和各项财务决策确立财务预算的指标和编制财务计划。预算体系的建立和财务预算的编制是实现企业财务目标乃至实现企业整体战略目标的出发点和基础，也是控制财务活动的依据。旅游企业财务预算的主要内容包括：经营性预算、资本性预算、现金收支预算等内容。财务预算的具体编制方法有平衡法、推算法、比例法、定额法等。

（4）财务控制

财务控制是在财务管理过程中，以财务预算指标和各项定额为依据，利用有关信息和措施，对预算和计划的执行进行追踪监督、对执行过程中出现的问题进行调整和修正，以保证预算的实现。财务控制的方法主要有以下3种。

防护型控制 它是指在财务活动发生之前，制定一系列制度和规定，把可能产生的差异或目标的偏离予以排除的一种控制方法。例如，旅游企业制定现金的使用范围、费用开支标准等。

前馈型控制 它是指通过对实际财务系统运行的监视，运用科学的方法预测可能出现的偏差，采取一定措施，使差异得以消除的一种控制方法。例如，在控制企业短期偿债能力时，要密切注意流动资产与流动负债的对比关系，预测这一比例的发展趋势。当预测到这一比率将变得不合理时，就要采用一定方法对流动资产或流动负债进行调整，使它们的对比关系保持在合理水平。

反馈型控制 它是在认真分析的基础上，发现实际与计划之间的差异，确定差异产生的原因，采取切实有效的措施，调整实际财务活动或调整财务计划，使类似差异得以消除或避免出现的一种控制方法。财务活动受外部环境的干扰较大，因此，在财务控制中，反馈控制法是最常用的控制方法。

（5）财务分析

财务分析是运用财务报表及其他相关信息，运用特定的方法，评价旅游企业过去的财务状况和经营成果，并揭示其未来财务活动趋势及规律的一种方法。通过财务分析，可以掌握各项财务计划指标的完成情况，评价财务状况，研究和掌握企业财务活动的规律性，改善财务预测、决策、计划和控制，改善企业的管理水平。财务分析的方法比较多，常用的财务分析方法有对比分析法、比率分析法、趋势分析法和因素分析法，其具体内容在后面章节中说明。

【思考题】

1. 什么是旅游企业财务管理？旅游企业财务管理包括哪些内容？
2. 简述旅游企业的资金运动。
3. 为什么说“企业价值最大化”是旅游企业财务管理的最优目标？
4. 旅游企业财务管理应遵循哪些原则？
5. 旅游企业财务管理的方法主要有哪些？

【经验性训练】

旅游企业财务管理对企业组织财务活动的重要性

【概述】

结合旅游企业的经营特点，寻找不同的案例，具体分析旅游企业理财活动中哪些行为是违背财务管理基本原则的，它们给旅游企业经营带来了什么后果。

【步骤】

1. 5位学生一组，并选举小组长一名。以小组为单位来完成该项训练。
2. 各小组在小组长的带领下，根据训练要求分别搜集资料。
3. 各小组对搜集到的资料进行讨论分析总结。
4. 各小组根据小组讨论的结果，提交书面的案例分析报告。

【案例分析】

旅游投资开发 如何共赢

黄河石林景区位于甘肃省景泰县中泉乡龙湾村境内，因其独特地质构造和奇妙的自然景象而享誉海内外，被誉为西部旅游的一颗璀璨明珠。黄河石林于2000年正式进行旅游开发，设立了黄河石林景区，县政府投入4000万元，先后建设了景区道路、地质博物馆、停车场等一批基础设施。2005年7月，正式成立了黄河石林景区管理委员会和黄河旅游开发总公司对景区进行日常经营和管理。县政府的苦心经营和倾情打造，唤醒了沉睡千万年的黄河石林。石林的光环吸引了人们的眼球。短短三四年光景，前来这里观光的游客人数累计超过10万人次，旅游业收入突破千万元大关。

黄河从龙湾村边流过，水势平缓，而黄河石林最精彩的主景区——雅丹峰林奇观正好位于村子下游的饮马大峡谷内，天造地设，构成了黄河石林景区丰富的内涵。生活在黄河石林脚下的龙湾村人，也发挥民风民俗的潜力，以农家乐、毛驴车、羊皮筏子的特色游招待天南地北的客人，在增加游客趣味的同时，最先尝到了旅游业带来的甜头。游客去饮马大峡谷，可顺水乘羊皮筏子漂流而下，也可坐电瓶车或“驴的”（毛驴车）直达，然后或骑马或坐“驴的”，往返于大峡谷，一饱眼福。返回时，不走水路只能从陆路返回，许多游客更多的是选择坐“驴的”。几年来，景区内水路交通与陆路交通并存，经营户也都是龙湾村村民。由于游客增长很快，羊皮筏子、“驴的”的生意都非常火爆。

为了丰富黄河石林景区内涵，县政府决定招商引资，加快景区开发建设。2005年5月，县黄河石林开发建设领导小组与景泰县民营企业平贵公司达成了协议，管委会封闭旱路，只开水路，平贵公司投资购买游轮，经营黄河石林水上项目。面对这样的优惠政策，平贵公司投资420万元，7月份购买了6艘游轮，意欲参与石林景区的水上交通，但由于种种原因，迟迟没有投入运营。

为了尽快让平贵公司投入运营，管委会便下了《告村民书》，并于9月1日在豹子沟口设卡封路。《告村民书》上写道，“因景区内豹子沟口至饮马大峡谷长期存在不安全隐患，为了确保广大游客与龙湾村村民的人身安全，防止旅游意外事件的发生，经黄河石林开发建设领导小组2005年8月8日会议研究，并经县政府同意，决定封闭该路段。游客通过水上游轮到饮马大峡谷口。封闭时间为2005年9月1日起永久性封闭。”同时还规定。“严禁观光电瓶车以外的车辆在景区内运输游客，严禁畜力车、单骑在饮马大峡谷以外拉运游客。”村民们说，被封闭的豹子沟口至饮马大峡谷路段，是“驴的”载客从景区返回的必经之地。封闭该路段后，原先跑这条线路上的电瓶车能在景区内继续运营，而将“驴的”的运营范围限定在了饮马大峡谷内，这实质上是一种不公平行为，意味着很多“驴的”将彻底失去生意。因此，这份《告村民书》刚一张贴出来，立即在村上引发了一场轩然大波，村民们认为设卡封路，就是卡住了他们的脖子，断了他们的财路，由此表示出了强烈的不满情绪。但村民们的意见并没有引起有关方面的重视。

2005年9月10日清早，与此同时，平贵公司派人到豹子沟口，守卡强行堵路，由此引发了与村民之间的冲突。致使黄河石林景区基本上陷入了瘫痪状态。这次冲突中，管委会的一纸《告村民书》，改变了景区以往的游戏规则。根据管委会的规定，这一路段封闭后，游客从景区入口到饮马大峡谷往返，只有一条水路通行，游客可选择羊皮筏子和游轮下行，回来则只能坐游轮。从9月10日起，管委会还将景区门票价格进行了调整，开始出售系列套票，其中包括门票30元、观光车票30元（含景区大门口到地质博物馆乘大巴车的20元和乘电瓶车到码头的10元），再就是游轮或羊皮筏子40元。

村民说，景区位于龙湾村，他们应该有合法经营创收的权利。而管委会下发通知，事先不征求他们的意见，事后又不满足他们的要求，相反还默许平贵公司采取过激行为，导致了双方冲突。对外来客商投资参与旅游开发，村民们说他们拍手欢迎，并不怕客商抢生意，更不会故意排斥刁难；前年台湾投资商在村里建了一座宾馆，与村民们的农家乐也争客源，但大家公平竞争，双方相安无事，关系处得还很融洽。

冲突发生之后，村民和平贵公司都暂停了经营活动，村子里没有了往来频繁的“驴的”。村民们说，这几天游人明显少了许多。双方的冲突给美丽的黄河石林蒙上了一层阴影，既给游人带来不便，也损害了苦心打造起来的石林形象。

【案例思考题】

1. 黄河石林景区的旅游开发涉及哪些组织的利益？这些组织关心的利益点是什么？

2. 以平贵公司为例，谈谈在旅游开发投资项目的理财过程中，处理不好各种财务关系会产生什么后果？

3. 黄河石林景区管委会下的《告村民书》是否合理？如果你是黄河石林景区管委会的主要负责人，在引进平贵公司时，你会采取什么样的措施来协调它们的利益？

【本章推荐阅读书目】

1. 旅游企业财务管理．张玉凤．北京大学出版社，2006.
2. 现代旅游企业财务管理．龚韵笙．东北财经大学出版社，2007.
3. 财务管理学．荆新，王化成，刘俊彦．中国人民大学出版社，2007.

第 2 章

旅游企业财务管理的环境、制度与管理机制

【本章概要】

本章主要阐述了企业财务管理的宏观环境和微观环境、行业财务制度以及旅游企业财务管理组织机构等内容。

【学习目标】

- 了解旅游企业财务管理的宏观与微观理财环境；
- 掌握旅游企业的财务管理制度；
- 了解企业财务管理组织机构的内在联系及组织形式。

【关键性术语】

财务管理环境、财务管理制度、财务组织机构。

【章首案例】

首都机场部分商品降价　最大降幅达50%

今天，首都国际机场大部分商店租期到期，机场将收回经营权，商品价格大幅下跌。昨天，记者看到首都机场的“商品降价分析表”，68 种日用商品的价格降幅为 12.5% ~50%。

昨天下午，记者在北京首都国际机场候机楼见到不少商店打出“合同到期，清仓甩卖”的标牌。经营者告诉记者，他们还可以经营到“十一”后。首都机场股份有限公司商贸分公司吴经理说，因为合同规定，商户租期到期后还有 3 ~10 天的“清退期”，因此从 10 月 10 日起，首批 20 多家商店将正式由商贸公司接管，届时开始执行新价格。

据了解，首次降价主要针对日常消费品、工艺品等，奢侈品不在调价范围内。在降价表上，记者看到，可乐、芬达等饮料都是 3 元，各种品牌的方便面也改为 5 ~7 元不等。吴经理表示，新价格的制定参考了北京火车站、市内一些商场的商品价格，兼顾机场的利润和社会效益。

此前有人指出，机场收回经营权后，商品价格可能“先降后升”，吴经理对此表示，普通商品价格决不会反弹。降价确实会损失一部分收益，但由于首都机场客流吞吐量近年以 12% 左右的数字增长，新商店有信心以薄利保持利润。

据介绍，与首都机场签订租赁协议的商户有 40 多家，其中 80% 商户的租期到今年 9 月 30 日到期，2004 年 4 月 10 日最后一批商户租期到期。此前，首都机场普通商品价格昂贵引起乘客的批评，这也是首都机场决心收回经营权的重要原因，今年 8 月份，专门负责经营的北京首都国际机场股份有限公司商贸分公司成立。

【案例思考题】

1. 首都机场部分商品降价的宏观环境是什么？
2. 首都机场部分商品降价的微观环境是什么？

2.1 旅游企业财务管理环境

2.1.1 旅游企业财务管理的宏观理财环境

影响旅游企业财务管理的宏观理财环境是对财务管理有重要影响的宏观方面的各种因素，如国家政治经济形势、经济发展水平、金融市场状况以及旅游产业政策等。宏观环境的变化，一般对各类企业的财务管理均产生影响，由于旅游业务发展具有敏感性，所以宏观环境对旅游企业也产生直接的、明显的影响。以下是宏观环境的一些重要因素。

2.1.1.1 经济环境

经济环境是指影响企业财务管理的各种经济因素，也是对旅游企业影响最大的因素，主要包括经济周期、经济发展水平、经济政策等。

(1) 经济周期

市场经济条件下，经济发展与运行具有一定的波动性。这种波动呈现出周期性，大体上经历复苏、繁荣、衰退和萧条4个阶段，并且循环往复。这种循环叫作经济周期。旅游企业的筹资、投资和资产运营等理财活动都要受这种经济波动的影响。如在萧条阶段，旅游需求不够旺盛，旅游企业往往压缩投资，调整旅游产品结构，加强债权债务管理；在繁荣阶段，旅游需求旺盛，旅游企业会迅速筹集资金，增加固定资产投资，扩张旅游业务。此外，随着经济全球一体化趋势的不断深入，其他国家的经济周期也会在不同程度上波及我国的经济运行。

(2) 经济发展水平

经济发展水平是促进财务管理水平提高的重要因素。国民经济的飞速发展，给旅游企业扩大规模、调整方向、打开市场以及拓宽财务活动领域带来了机遇。同时，我国经济持续快速发展，资金的大量需求和资金稀缺之间的矛盾将长期存在，这又给企业的财务管理带来了挑战，要求旅游企业适应经济发展水平的需要，保证经营目标和经营战略的实现。

(3) 经济政策

经济政策对旅游企业财务管理的影响也很明显。金融政策中货币的发行量、信贷规模都将影响企业投资的资金来源和投资的预期收益；财税政策影响到旅游企业的资金结构和投资项目的选择等；价格政策影响并决定企业资金的投向、投资回收期及预期收益等。因此，国家宏观政策的调整和变化，对旅游企业财务管理的影响非常大。这就要求旅游企业的财务管理人员必须学习和掌握国家相关经济政策，使企业的理财活动适应国家经济政策的调整和变化。

我国开始实行市场经济体制以来，企业筹资和投资的权利逐渐加大，旅游企业也在根据自身条件和外部环境制定财务决策，财务管理的内容越来越丰富，方法越来越复杂。

还有一些具体的经济因素也对财务管理产生重要影响，如利息率、汇率、金融政策、产业政策、对外经贸政策等。

2.1.1.2 法律环境

财务管理的法律环境是指企业和外部发生经济关系时所应遵守的各种法律、

法规和规章制度。企业的理财活动，无论是资金投放与运用，还是资金筹措与分配，都必须遵守有关的法律规范，否则就要受到法律的制裁，从而危及企业生存与发展。对企业财务管理活动有影响的法律规范很多，主要有以下4个方面。

（1）企业组织法律法规

企业必须依法成立。组建不同的企业，要依照不同的法律规范。它们包括《公司法》《全民所有制工业企业法》《外资企业法》《中外合资经营企业法》《中外合作经营企业法》《私营企业条例》《合伙企业法》等。这些法律规范既是企业的组织法，又是企业的行为法。

《公司法》对公司企业的设立条件、设立程序、组织机构、组织变更和终止的条件和程序等都做了规定，包括股东人数、法定资本的最低限额、资本的筹资方式等。只有按其规定的条件和程序建立的企业，才能称为“公司”。《公司法》还对公司生产经营的主要方面做出规定，包括股票的发行和交易、债券的发行和转让、利润的分配等。公司一旦成立，其主要的活动，包括财务管理活动，都要按照《公司法》的规定来进行。因此，《公司法》是公司企业财务管理最重要的强制性规范，公司的理财活动不能违反该法律，公司的自主权不能超出该法律的限制。

不同组织形式的企业所适用的法律是不同的，按国际惯例，企业划分为独资企业、合伙企业和公司制企业。

独资企业　是由业主个人出资兴办，完全归个人所有和控制的企业。其出资人既是所有者，也是管理者。其特点是结构简单，易于设立和解散，经营方式灵活多样，利润独享，限制较少等，但出资人对企业的债务须承担无限责任。这类企业财务管理的内容比较简单，资本的投入和抽回也比较方便。由于只有一个出资人，财力和信用有限，银行和其他投资者都不愿意冒险借钱给独资企业，其利用借款筹资的能力十分有限，企业主要利用业主自己的资本和供应商提供的商业信用筹资。

合伙企业　是由2个或2个以上的投资人共同出资兴办，联合经营，共负盈亏的企业。合伙企业往往采用书面协议的形式明确收益分享和亏损分担的责任。合伙企业较之独资企业扩大了筹资来源和信用能力，使经营风险分散化；合伙人各显其能，有利于提高企业的竞争能力和扩大发展规模的可能性。合伙企业具有开办容易，信用相对较好的优点，但存在责任无限，合伙人对合伙企业的债务需承担无限连带责任，权力不易集中，有时决策过程较长等缺点。在合伙企业中，财务管理活动比独资企业复杂，企业的资本来源比独资企业要广，信用能力比独资企业有所增强，盈余分配也更加复杂。

公司制企业　公司的设立必须符合《公司法》的有关规定。公司制企业是由2个以上的股东共同出资，每个股东以其认缴的出资额或认购的股份对公司承担有限责任，公司是以其全部资产对其债务承担有限责任的法人企业。现代公司包括有限责任公司和股份有限公司2种形式。

第一，有限责任公司是指有50个以下股东出资，股东以其所认缴的出资额为限对公司承担有限责任，公司以其全部资产对公司债务承担责任的企业法人。其特点为：公司资本不分为等额股份；公司向股东签发出资证明书而不发行股票；公司股份的转让有严格的限制；股东人数受到限制；股东以其出资比例享受权利，承担义务；公司以其全部资产对公司债务承担有限责任。

第二，股份有限公司是指其全部资本分为等额股份，股东以其所持股份为限对公司承担责任，公司以其全部资产对公司的债务承担责任的企业法人。其特点是：公司资本平均分为金额相等的股份；公司的股份采取股票的形式，股票是公司签发的证明股东所持股份的凭证；同股同权，同股同利，股东出席股东大会，所持每一股有一表决权；股东可以依法转让所持有的股份；股东人数没有上限限制；股东以其所持股份为限对公司债务承担有限责任；股份公司要定期公布经注册会计师审查验证的财务报告。

可见，有限责任公司和股份有限公司都是依法集资、联合组成、有独立的注册资本、自主经营、自负盈亏的股权式法人企业。公司的股东作为出资人按投入公司的资本份额享有所有者的资产收益、重大决策和选择管理者的权利，并以其出资额或所持股份为限对公司承担有限责任。公司的最大优点是可以通过发行股票、债券，迅速筹集大量的资本，这比独资企业和合伙企业有更大发展的可能性。在公司制企业，企业不仅要争取获得最大的利润，还要谋求股东财富最大化；企业盈余分配也要考虑企业内部和外部等各种因素。

（2）税务法律法规

税法是由国家机关制定的调整税收征纳关系及其管理关系的法律规范的总称。税收是国家凭借政治权力参与社会产品分配的重要形式，具有无偿性、固定性和强制性。国家财政收入的主要来源是企业所缴纳的税金，而国家财政状况和财政政策对于企业资金供应和税收负担有着重要的影响，任何企业都有法定的纳税义务。另外，国家税种的设置、税率的调整，具有调节生产经营的作用。因此，企业的财务决策应当符合税收政策的导向，合理安排资金投放，以追求最佳经济效益。税负是企业的一种费用，会增加企业的现金流出，对企业理财有重要影响。企业无不希望在不违反税法的前提下减少税务负担。税负的减少，只能靠精心安排和筹划投资、筹资和利润分配等财务决策，而不允许在纳税行为已经发生时去偷税漏税。精通税法，对财务主管人员有重要意义。

税收环境是企业在决策过程中所考虑的重要方面，它还可能影响企业的组织结构和财务制度。对税务的筹划与安排，是旅游企业财务管理的一项重要任务。

我国有关税收的立法分为 3 类：所得税的法规、流转税的法规和其他地方税的法规。我国实行所得税和流转税为主，其他地方税收为补充的税制模式。

财务人员应当熟悉国家税收法律的规定，不仅要了解各种税种的计征范围、计征依据和税率，而且要了解差别税率的制定精神，减税、免税的政策规定，自觉按照税收政策导向进行经营活动和财务活动。

（3）财务法律规范

我国的财务会计法规主要包括《会计法》《企业会计准则》《企业财务通则》以及《企业会计制度》等。《会计法》是我国会计工作的根本大法，是我国进行会计工作的基本依据，对会计核算、会计监督、会计机构和会计人员以及法律责任等都做了规定。《会计法》在我国会计法规体系中处于最高层次，居于核心地位，是制定其他会计法规的基本依据。

会计准则是我国会计核算工作的基本规范，对会计核算原则和业务处理方法做出了规定。它以《会计法》为指导，同时又驾驭会计制度，是会计制度制定的依据。《企业会计制度》是我国企业会计核算工作的具体规范。它以《会计法》为依据，根据会计准则的要求而制定，直接对企业的会计核算工作发挥规范作用。

除上述法律规范外，与企业财务管理有关的其他经济法律规范还有许多，包括各种证券法律规范、结算法律规范、合同法律规范等。财务人员要熟悉这些法律规范，在守法的前提下完成财务管理的职能，实现企业的财务管理目标。

2.1.2 旅游企业财务管理的微观理财环境

微观经济环境是指影响企业财务活动的各种微观经济因素，例如，企业组织形式、生产状况、产品销售市场状况、资本供应情况、管理者水平，等等。微观环境是作为企业内部的、影响企业财务活动的客观条件。微观环境的变化一般只对特定的相关旅游企业的财务管理活动产生具体影响。

2.1.2.1 自然地理环境

自然地理环境是指自然、地理因素对旅游企业经营管理活动的影响，包括自然环境、气候条件、经济资源、风土人情和民族宗教等因素。由于旅游行业的特殊性，旅游行为的季节性，旅游企业要结合各地的地域特性，如各地由于自然环境、气候条件、经济资源等的不同，会使各地的风俗习惯、消费理念存在差异，产业结构也各有不同，这些都会直接或间接地影响企业的经营活动，进而影响企业的财务活动。这就要求企业根据各地自然环境条件，结合物资供应和消费需求情况，对其成本费用支出和收入利润的产生进行分析，在不同地区采取不同的投资结构方案，为实现财务管理目标打好基础。

2.1.2.2 企业经营环境

旅游企业经营环境是指各种因素对企业生产经营活动的影响。主要包括经营规模、生产技术、物资供应、经营特色、理财能力等。这些都会对企业的财务管理产生影响。

旅游企业经营规模主要是指人员规模、产品规模等；经营特色是指旅游企业的主要经营方向是什么，以什么样的特色招睐客人，为游客都提供什么样的特色服务等；生产技术中主要包括生产能力、生产环境、技术装备、产品研发等，都是影响旅游企业持续发展的重要因素，也是影响旅游企业资本运营的重要因素。在物资供应方面，企业一般面临供过于求和供不应求 2 种情况。在供过于求时，企业可在市场上随时买到所需的物资，企业可减少物资储备，从而减少资金占用，提高资金使用效率；在供不应求时，为保证企业正常经营，防止因物资短缺给企业造成损失，应提高缺货物资的储备量，这就使储备资金数量增加，应加强资金筹集，保证资金供应。在营销状况方面，企业一般面临以下 4 种营销环境：一是完全竞争市场。在这种情况下，产品差异小，但生产者和消费者较多，销售量容易产生波动，产品的价格也会随之变动，企业只能接受市场价格。这时，企业应慎重使用债务资金以减少财务风险。二是不完全竞争市场。在这种情况下，产品供应充足，生产厂家较多，但对市场影响较大的是一些著名厂家。三是寡头垄断市场。这时生产者较少，他们控制着市场上产品的销售和价格。在以上营销环境下，企业应加强宣传力度，增强企业的知名度，加大资金投入力度，提高产品和服务质量，创造出有特色的名牌产品。四是完全垄断市场。对于关系国计民生或有战略意义的行业，一般由政府组建，企业在政府宏观指导下决定产品生产数量与价格，进行垄断经营。企业经营风险小，利润较稳定，企业可以考虑较多使用债务资金。在理财能力方面，主要包括聚财、用财和生财能力。企业应从降低资金成本，优化资本结构出发，重点考虑筹资渠道、筹资方式、筹资数量、投资回报率、资金周转速度、利润水平和增长速度等。

2.1.2.3 企业管理环境

企业管理环境是指影响企业管理活动的各种因素。主要包括企业组织结构、内部管理制度、管理经验和企业文化、人员环境等。企业组织结构和内部管理制度是企业有效运作的基本保证，旅游企业由于涉及的外部部门和机构较多，因此合理搭建自己的组织结构和设计自己的管理制度显得尤为重要。管理经验和企业文化则对旅游企业凝聚力的提升及工作效率的提高都大有益处。企业财务管理最终处理的是人与人之间的经济关系，因此，人员环境对理财的影响很大。

2.2 旅游企业财务管理制度

旅游企业财务管理制度包括企业资本金制度、固定资产折旧制度、成本开支范围制度、利润分配制度等。

2.2.1 建立企业资本金制度

企业资本金即企业所有者的权益资本，是指企业在工商行政部门登记的注册资金，是各种投资者以实现盈利和社会效益为目的，用以进行企业生产经营、承担有限民事责任而投入的资金。企业资本金制度是企业财务改革的产物，是1993年实施《企业财务通则》以后正式建立起来的。资本金如同企业的“血液”。旅游企业只有拥有充足而鲜活的资本，才能产生、生存和发展。如果说资本金是企业的“血液”，那么资本金制度就构成企业的“心脏”。

企业资本金制度是国家针对企业资本金的筹集、管理和核算以及所有者的责、权、利等方面所做的法律规定。它主要包括资本金筹集制度和资本金管理制度。资本金筹集制度其实就是对旅游企业资本金的筹集过程进行有效干预和调控的一种规范。旅游企业和普通企业一样，要想快速占领旅游市场，就必须进行资本金的有效筹集。但由于目前很多企业在发展中伴随有诸多不规范的资本运作行为，致使企业的资本金在筹集和使用过程中存在较多弊端，因此建立和健全企业资本金的管理制度是目前旅游企业发展的关键。资本金筹集制度规定：① 企业可以采取国家、企业、个人及外商独资的方式筹集资本金，也可以采取与外商合资、合作经营及股份制的方式筹集资本金，但都必须明确产权关系。企业可以采用吸收直接投资，如吸收货币资金投资，吸收实物、无形资产投资，还可以通过发行股票等方式筹集资本金。但都必须符合国家有关法律、法规的规定。② 企业应当按照法律、法规和合同、章程等有关规定及时筹集资本金。投资者未按投资合同、协议、章程的约定履行出资义务的，企业或其他投资者可以依法追究其违约责任。③ 企业可以吸收实物、工业产权、非专利技术、土地使用权等出资，但必须评估作价，核实财产，不得高估或低估。吸收投资者的无形资产（不包括土地使用权）

出资不得超过企业注册资金的20%；因情况特殊，需要超过20%的，须经有关部门批准，但最高不得超过30%。企业不得吸收投资者已设有担保物权及租赁资产的出资。④ 企业筹集的资本金，必须聘请中国注册会计师验资并出具验资报告，由企业据以发给投资者出资证明书。

企业资本金管理制度是指在所有权和经营权相分离的旅游企业中，明确企业投资者和经营者的正当权利和义务，确保经营者相对独立地经营，并在经营过程中实现和保证投资者投入的资本金保值、增值的一种资本金管理办法。资本金管理制度规定：① 为保证资本的保值与不断增值，企业在生产经营过程中必须盈利。② 投资者必须按照规定比例出资，并分享利润和承担风险及亏损。企业应根据资本金管理制度的要求，明确企业筹集资本金的方式、渠道、数额、登记制度和保全要求等。实行企业资本金制度可使国家对企业资本金的管理更趋规范化和合理化。

现在很多旅游企业实行的都是所有权和经营权的分离，特别是近几年国有景区的经营权转让问题就对我国旅游企业的资本金的筹集和管理提出了更高的要求，对参与投资的私有企业资本金不做要求和不做评估的做法都是有悖于现代旅游企业资本金制度的。

2.2.2 建立固定资产折旧制度

固定资产折旧是现代企业会计核算理论与实务的重要内容，固定资产折旧的实质，即会计将物化为固定资产的那部分价值耗费，在预期可收回经济利益的多个期间内分期确认为费用。建立固定资产折旧制度即为旅游企业合理有效地对固定资产进行适度调控的一种积极手段。旅游企业的固定资产折旧包括三大要素：计量模式、折旧计算方法、折旧政策。建立固定资产折旧制度可以明确固定资产划分标准、计价方式、固定资产计提折旧的范围、折旧年限、计提方法等。

固定资产折旧制度的具体规定为：① 计提折旧的固定资产包括房屋及建筑物；在用的机器设备、仪器仪表、运输车辆、工具器具；季节性停用和修理停用的设备，以经营租赁方式租出的固定资产，以融资租赁方式租入的固定资产。不得计提折旧的固定资产除房屋、建筑物以外的未使用的、不用的固定资产，以经营租赁方式租入的固定资产。已提足折旧仍继续使用的固定资产，按照规定提取维修费的固定资产，破产、关停企业的固定资产，以及以前已经估价单独入账的土地等。② 企业固定资产的折旧方法一般采用平均年限法。企业专业车队的客、货运汽车，大型设备，可以采用工作量法。一些在国民经济中具有重要地位、技术进步较快的生产企业及经财政部批准的特殊行业，其机器设备可以采用双倍余额递减法或年数总和法。折旧方法和折旧年限已经确定，不得随意变更。需要变更的，须报主管财政机关批准。③ 企业固定资产的折旧按月计提。月份内增加的固定资产，当月不计提折旧，从下月起计提折旧。月份内减少或停用的固定资产，当月仍计提折旧，下月起停止计提折旧。提足折旧的逾龄固定资产不再计提折旧。提前报废的固定资产，其净损失计入企业营业外支出，不得补提折旧。④ 企业按照规定提取的固定资产折旧，计入成本费用中，不得冲减资本金。

固定资产的折旧额是企业本期费用的重要构成因素，直接影响企业利润、期末资产和所有者权益。固定资产的折旧过程，是企业一定数量的资金由实物形态向货币形态转换的过程，也是固定资产实物更新前的货币准备过程。因此，固定资产折旧制度可以看成是为旅游企业有效发展、健康发展所提供的必要规范。

2.2.3　建立成本开支范围制度

成本费用管理是企业财务管理的主要内容之一。国家为了加强对成本的有效监管，同时也是为了能正确核算成本，防止滥挤成本、乱摊费用，造成旅游企业对国家政策产生隐性对抗，因此对计入产品成本的各项费用做出统一规定，以求能对各旅游企业的成本开支规定一个合理的范围，为其经济利益的最大化提供一个可供参考的标准。加强成本费用管理，对企业节约各项开支，提高经济效益有着重要意义。

成本开支范围是国家根据成本的客观经济内涵、国家的分配方针和企业实行独立经济核算要求而统筹规定的。各旅游企业必须严格遵守国家规定的成本开支范围，以保证成本计算的正确性、可比性。

建立成本开支范围就是要明确企业成本的列入范围和计算方法、各项费用的开支范围及开支标准。旅游企业成本、费用按经济内容分：① 营业成本，指企业在业务经营过程中发生的各项直接支出；② 销售费用，指销售部门在销售过程中发生的各项费用；③ 管理费用，指企业为组织和管理业务经营活动而发生的应由企业统一负担的费用；④ 财务费用，指企业经营期间发生的利息净支出、汇兑净损失、银行手续费等。旅游企业不得以计划成本、估计成本、定额成本代替实际成本。旅游企业的下列支出，不得计入成本费用：为购置和建造固定资产、无形资产和其他资产所发生的支出；对外投资的支出；被没收的财物；支付的滞纳金、罚款、违约金、赔偿金以及企业赞助、捐赠支出；国家规定不得列入成本、费用的其他支出。

2.3　旅游企业财务管理组织机构

2.3.1　企业组织机构

关于企业组织的概念，《中国企业管理百科全书》的定义是：从事生产、流通等经济活动，为满足社会需要并获取盈利，进行自主经营、实行独立核算、有法人资格的基本经营单位。江绍伦等人认为“企业组织是一类通过生产、流通商品或提供服务，以获取利润为主要目标的组织”。赵慧英认为“企业组织是由2个或更多的个人在相互影响和相互作用的情况下，为完成企业共同的目的而组合起来的一个从事经营活动的单位”。

旅游企业组织作为企业组织中的一员，既有企业组织的共性特征，也有旅游行业的特点。本书根据对企业组织概念的理解，结合旅游企业特点，将旅游企业组织定义为：通过对旅游企业资源的合理配置，从而实现高效率生产、流通旅游产品或提供服务，以获取利润为主要目标的人和物的有机组合体。这一概念体现了以下2个方面的内涵。

旅游企业组织构成要素包括人和物　旅游企业组织是以人为主体，辅之以物质基础的系统结构。人员是指有一定旅游企业管理与服务能力，拥有相应的专业知识与技能，能从事相应岗位工作的人。例如，一家旅行社的人员组成包括：经理、计调人员、导游员、营销人员等，他们在旅游企业组织活动中通过专业化分工建立起协作关系。物质基础指构建旅游企业组织所必需的物质资源，例如，办公场所、设施设备等。不同专长的人员与物质资源的有机结合，构成了旅游企业组织系统。

旅游企业的组织目标是满足社会需求并盈利　旅游企业组织活动是经济、社会、文化、政治等多种因素相结合的结果，因而其组织目标也是综合性的目标。既包括满足人民群众日益增长的物质文化需求，向旅游者提供旅游产品和服务，以满足他们多样化的旅游消费需求；又包括通过一系列旅游经济活动，如旅游产品或服务的开发设计、生产、营销等，以获取最大的利润，从而为旅游企业可持续发展以及为社会主义建设积累资金。

2.3.1.1　设置企业组织机构的原则

从组织角度考虑，合理的组织结构和高效的组织管理是支撑一个旅游企业快速发展的关键性因素。旅游企业组织结构建立起来以后，考虑有效的组织管理以提高企业组织运作效率将是每一位管理者的责任。虽然任何有效的组织管理都会因为旅游企业所处的发展时期、外部环境等不同而有所不同，但是它也有普遍遵循的管理原则。

（1）适用原则

企业的组织机构，要服从企业经营的需要。企业营业部门和管理部门的设置，完全根据企业业务状况而定。

（2）效率原则

企业的组织机构设置，要根据各项工作量的大小，本着节约的精神，因事设职（岗）、因职（岗）设人，人尽其力，提高效率。

（3）统一领导、分级管理原则

为了协调各部门各职工的工作，企业要统一指挥、统一命令，个人服从集体，下级服从上级。反对多头指挥，各行其是。如实行总经理负责制，统一领导。同时还要在企业管理中，从总经理、部门到班组等各级部门，都应有自己明确的管理权责，这样才能发挥各自的积极性。

（4）分工协作原则

分工就是按照提高管理专业化程度和工作效率的要求，把旅游企业总目标分成各层次、各部门以至各人的目标和任务；协作则包括部门之间的协作和部门内部的协作，协作可以提高效益。分工协作原则是指企业组织结构各部门之间有效的衔接与协调。分工协作原则要求旅游企业组织在结构上应该具有管理层次的分工（即分级管理）、部门的分工（即部门划分）和职权的分工，以保证企业业务经营活动顺利进行。

2.3.1.2　企业组织机构形式

随着旅游企业的产生和发展及领导体制的演变，旅游企业组织结构经历了由简单的、三维的到复杂的、多维的发展变化过程。目前旅游企业组织结构主要的形式有：直线制、职能制和直线职能制等。

(1) 直线制

直线制是一种最早也是最简单的组织形式。它是按直线垂直领导的组织形式，从上到下实行垂直领导，企业的命令和信息是从企业的最高层到最低层垂直下达和传递，下属部门只接受一个上级的指令，各级管理人员集各种必须的管理职能于一身，统一指挥，兼顾多种业务。企业不另设专门的职能机构，一切管理职能基本上都由行政主管自己执行。图2－1是一家小型旅行社的组织结构图，它就是一个典型的直线制组织形式。总经理直接领导各业务部门，部门领导对其部门业务全权负责。例如，外联部主要负责设计和销售旅行社产品；计调部负责接待服务的计划工作和一切关系的调度；接待部负责接待计划的确定与落实，为旅游团队提供导游和陪同服务；综合业务部门负责散客旅游业务和票务工作。

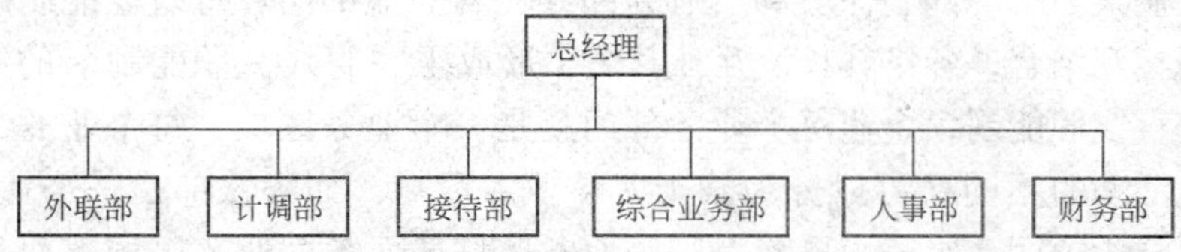

图2－1　旅行社的直线制组织结构

直线制组织结构的优点在于组织结构简单，权责分明，命令统一，信息传递快，决策迅速，工作效率较高。其缺点在于它对领导者的知识和能力要求较高，企业主要管理人员应通晓必需的各种专业知识，亲自处理各种业务。这种组织结构由于受领导者能力的限制，管理幅度不可能宽，因而企业的规模不可能大，只适于小型旅游企业。

(2) 职能制

职能制也称多线制，它的特点是采用按职能实行专业分工，即在总经理下面设立职能机构和人员，把相应的管理职责和权力交给这些职能机构，各职能机构在自己的业务范围内可以向下级单位下达命令和指示，直接指挥下级单位，如图2－2所示。

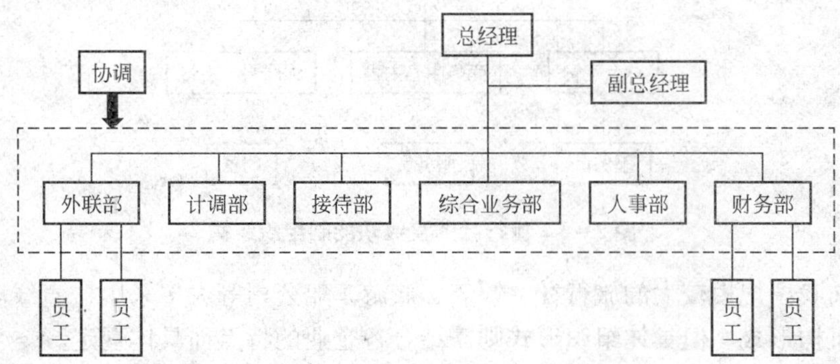

图2－2　旅行社的职能制组织结构

职能制组织结构的优点是：能够适应现代组织技术比较复杂和管理分工精细的特点，能发挥职能机构的专业管理作用，减轻上层主管人员的负担。其缺点是：它妨碍了组织必要的集中领导和统一指挥，造成多头领导。不利于明确划分直线人员和职能科室的职责权限，容易造成管理的混乱。职能部门之间需要有较长时间的磨合，人与人之间要有较强的协作和服务意识。例如，在销售旺季，前厅部、客房部、餐饮部接待量特别大，需要临时聘用大量的季节工以备急用，而人事部、办公室等辅助部门相对轻松，但他们缺乏协助其他部门做好服务的意识或者不具备提供相关服务的能力。

（3）直线职能制

直线职能制也称业务区域制。其特点是把企业所有的机构和部门分为两大类：一类称业务部门，一类称职能部门（如图2-3所示）。业务部门可以独立存在并有自身特定的业务内容。业务部门按管理层次实行直线指挥，责权分明，效率较高，但缺点是不利于横向多维联系。如饭店的前厅部、客房部、餐饭部、商品部、工程部等均属于业务部门。职能部门不能独立存在，其职能就是为业务部门服务，要履行其管理职能和服务职能。职能部门按分工和专业化的原则执行某一项管理职能。企业人力资源部、保安部、财务部等均属职能部门。直线职能制是直线制和职能制相互结合，各扬其长，互补其短，形成了“直线-职能制”的组织机构形式。按直线职能制，企业每个业务部门就是一个业务区域，每个业务部门下面根据业务活动的不同又可以分为若干实体业务区域。如餐饮部是一个业务区域，其下又可分为餐厅、厨房、采购保管等业务区域。而餐厅业务区域下面又可分为中餐厅、西餐厅等业务区域。采用直线职能制组织机构形式时要注意几点：① 企业各级指挥人员下达命令按管理层次直线进行。② 职能部门领导是直线指挥人员的参谋和助手，只能对下级对口业务部门进行业务指导，监督、督促其他部门执行管理职能，但不能指挥其他部门。③ 职能部门拟订的计划、决策、方案、制度等，由总经理批准执行。如果涉及各部门的，则由各部门经理对该部门进行直线指挥下达执行命令。总之，在对企业进行管理时，既要使职能部门有效地发挥管理职能的作用，同时又避免多头领导、多头指挥。

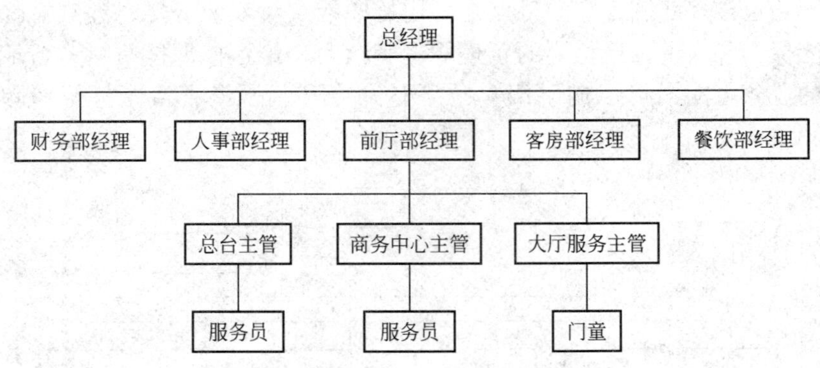

图2-3 旅行社的直线职能制组织结构

目前我国规模较大的旅行社、饭店、旅游车船公司等大多采用“直线职能制”的组织机构形式。但具体组织形式则需结合各企业的特点而具体规定。

2.3.2 企业财务管理组织机构

企业财务管理制度是确定企业内部各有关方面的财务权限、财务责任和物质利益关系的基本制度。它是以企业财务部门为主体，处理财务部门与企业内部各职能部门、各层次、各员工之间财务关系的制度。企业财务管理组织机构是组织履行财务管理职能、执行财务管理制度的机构。

（1）管理层次

财务管理是整个企业管理的核心，企业实行全面财务管理，每个管理层都有财务管理任务，但不是每个管理层都设置专职财务管理岗位，配备专业财务管理人员。根据企业组织机构设立原则和组织机构的形式，企业财务管理组织系统采用直线式设置，一般旅游企业从上到下分设以下层次。

总经理 应对企业财务成果负责，并对企业财务活动进行统一指挥，带头执行并监督财务机构贯彻执行财经法规、财务制度和会计制度；研究、审批和签发企业财务管理制度和方案，审阅各种财务报表等。

总会计师（或财务总监） 在总经理的领导下，组织本单位执行国家有关财经法律、法规、方针、政策和制度，维护国有财产的增值保值。组织领导本单位的财务管理、成本管理、预算管理、会计核算和会计监督等方面的工作，参与本单位重要经济问题的分析和决策。负责计算和审查企业财务成果，设计和审查企业财务会计事项等。拟订资金筹措方案，开辟财源，有效使用资金；进行成本费用预测、计划、控制、核算、分析和考核，督促本单位有关部门降低消耗、节约费用、提高经济效益；建立、健全经济核算制度，利用财务会计资料进行经济活动分析。

财务部经理 在总会计师或财务总监的领导下，具体负责组织企业财务会计的日常管理工作。

财务会计主管 在财务部经理的领导下，财务会计主管具体负责财务会计某方面的日常管理工作。

财务会计人员 在财务会计主管领导下，会计人员具体完成某项财务会计工作。

（2）指挥形式

- 制定企业财务规范，要求各级、各岗位按照财务管理规范搞好财务管理工作；
- 制定财务预算，要求认真贯彻执行财务预算；
- 定期召开财务分析会；
- 不定期召开财务专题会；
- 下达财务问题的书面或口头命令。

（3）企业财务管理组织形式

企业财务管理组织形式一般有以下2种形式。

财务采供一体式 即财务部门不仅负责会计核算和财务管理工作，同时还承担企业物资的采购与保管（如图2-4所示）。

其主要优点是有利于财、物统管，可以减少资金的占用，尤其有利于储备资金的管理和控制，提高资金利用率。但这种组织形式对财务部经理素质要求很高，尤其是对那些财务、采购工作量很大的企业，财务部经理不仅要有较高的专业素质，还要有较高的组织、协调能力。一般，财务及采购工作量都很大的企业难以采用这种形式。

财会一体式 即财务工作和会计工作统一由财务部负责，物资采购供应由另外一个职能部门负责。这种组织形式的主要优点是管理专业化，财务部经理可集中精力搞好本专业工作。其缺点是财务部对采供环节资金占用难以控制，容易使采供环节的资金占用过大造成浪费，或资金供应不及时而影响业务开展。所以有些企业又将采供部放于总会计师（或财务总监）的领导之下，以求加强对采供资金的控制（如图2-5）。

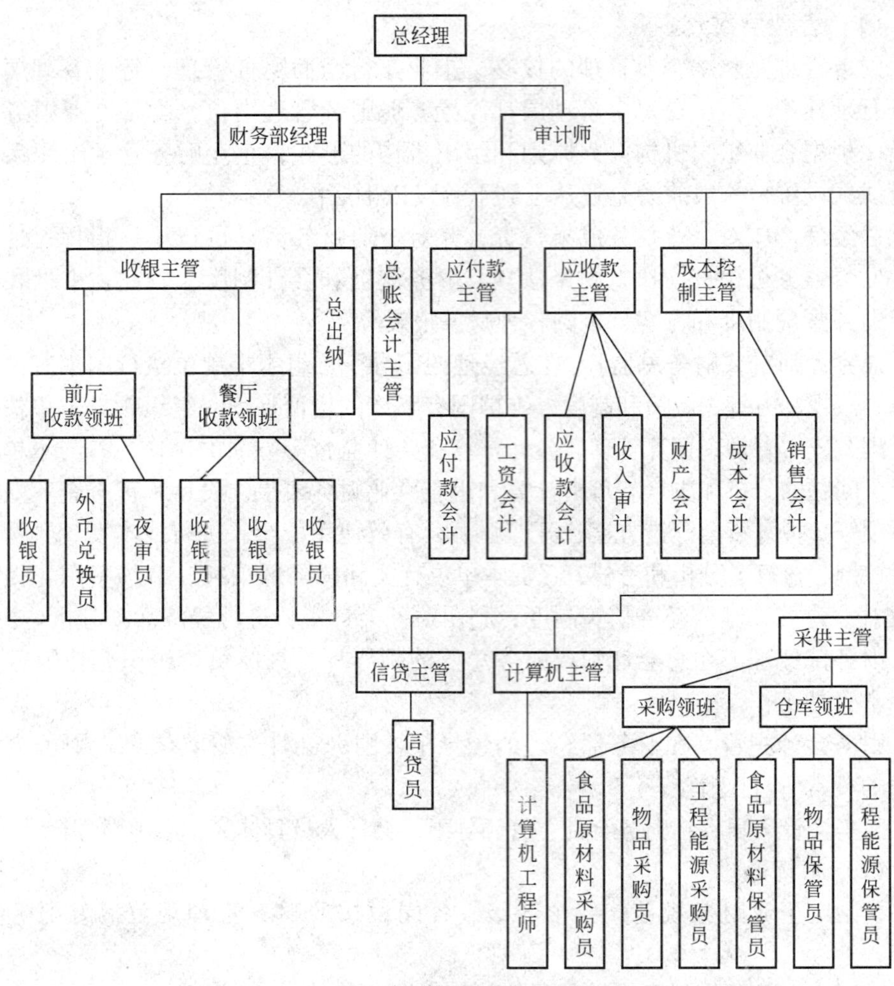

图2-4　财务采供一体式框架图

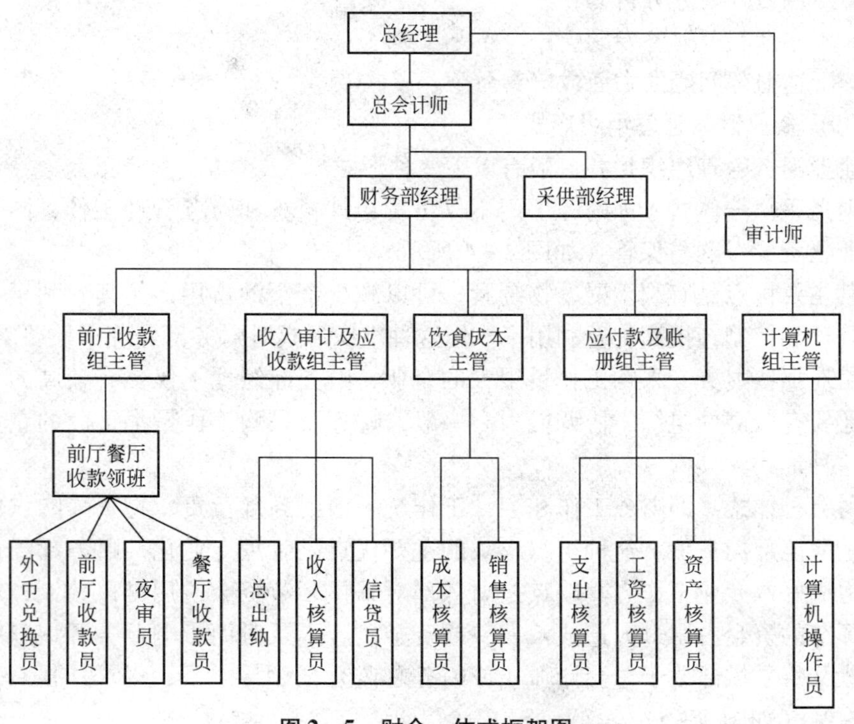

图2-5　财会一体式框架图

【思考题】

1. 旅游企业的财务管理环境有哪些？

2. 什么是旅游企业的固定资产折旧制度？

3. 旅游企业机构组织原则是什么？

4. 旅游企业的财务管理组织形式有哪些？

【经验性训练】

对实习酒店现有财务管理环境和管理制度进行评价。

【概况】

以自己所实习酒店为例，探讨该酒店的财务管理环境、财务管理制度、财务管理组织机构，以培养学生对相关知识的综合应用能力。

【步骤】

1. 根据学生所实习的酒店情况，对全班同学进行分组。

2. 各小组选举产生小组长。小组长组织小组成员根据已经掌握的资料和兴趣，分别列出自己所实习酒店的财务管理制度包括哪些方面？财务管理组织部门有哪些？酒店所处的财务管理环境如何？

3. 各小组内部先进行讨论，参考多数同学的意见，确定该酒店的财务管理制度、财务管理组织等相关信息，并对酒店的财务管理环境进行评价。

4. 班级全体同学对每组的讨论结果进行集体探讨，最终给出一个满意结果，由学习委员汇总上交一份比较完善的讨论报告。

【案例分析】

景区想提高散客市场收入　众多旅游景区门票看涨

春天来临，市民踏青春游的队伍逐渐庞大起来，国内多个春游热门景区景点纷纷传出涨价的消息，计划去这些地方游玩的游客得多花钱了。从本月起，包括庐山、泰山、崂山、敦煌等著名景区在内的景区门票连连暴涨。记者了解到，忙于编排国内线路报价的旅行社不断接到来自全国各地的调价通知单，无一例外，只涨不跌。

据悉，国内除了九寨沟、黄龙等一些景区已从淡季票价涨至旺季票价外，泰山景区的门票上涨了35元，孔庙等三孔景点涨了25元，崂山景区门票全线上调20元。此外，敦煌景点首次实行淡旺季价格，由过去的120元上调到160元；新疆千佛洞的价格上涨25元。另据报道，杭州周边景区门票也在4月份上扬。其中临安柳溪江竹筏漂流涨价30元，桐庐垂云通天河景区门票涨价10元，余杭双溪漂流门票涨价20元……

按照国家发改委的新版“限价令”，票价50元以下的景区一次提价幅度不得超过原价的35%，50～100元涨幅不得超过30%，100～200元不得超过25%，200元以上不得超过15%。尽管这些景区的票价涨幅大都在限涨范围内，但对消费者来说，结果只有一个，门票全涨上去了，想游玩就得多掏腰包。一位旅行社经理告诉记者，今春景区涨价风气比较明显，跟风涨价的景点不在少数，价格变化非常随意，想涨就涨。涨价后的费用将转嫁到游客身上，像京城旅行社推出的泰山双汽三日游的价格将从598元上涨到660元。

针对涨价，有业内人士指出：疯狂涨价背后的真正原因，是很多景区急切地想提高散客市场的收入，而这种“自杀性”的涨价必将自食其果。如果某些景区景点一味地因想多赚钱而提高门票，很有可能遭到旅行社以及游客的抵制。

【分析】

景区门票涨价一直是旅游者普遍关注的话题。随着散客旅游者的逐年增多及旅游企业管理成本的增加，今年春天许多景区门票纷纷涨价。尽管涨价对景区后续的发展带来了较多不可预知的影响，但涨价也的确对景区营业收入的暂时上升起到了很大的推动作用。这次涨价风波中，以知名和有特色的景区、景点居多，且涨幅较大。合理的涨价对景区的发展、旅游业的整体发展都有益处，但跟风式、大范围、大幅度的景区门票涨价行为则对我国旅游业的整体会带来较多不利影响。

【本章推荐阅读书目】

1. 旅游企业财务管理. 师萍. 旅游教育出版社，2004.
2. 旅游企业财务管理实务. 杨敏，段九利. 清华大学出版社，2006.
3. 旅游企业财务管理. 何惠. 郑州大学出版社，2002.

第3章

旅游企业财务管理的价值观念

【本章概要】

资金的时间价值和投资风险价值是财务活动中客观存在的经济现象，也是现代财务管理的2个基本概念。本章主要介绍资金时间价值和投资风险价值的基本概念和基本计算方法。

【学习目标】

- 了解资金时间价值和作用；
- 理解风险和报酬的相互关系；
- 掌握单利终值和现值的计算方法；
- 掌握复利终值和现值的计算方法；
- 掌握年金终值和现值的计算方法。

【关键性术语】

资金时间价值、单利、复利、终值、现值、年金、风险。

【章首案例】

拿破仑给法兰西的尴尬

拿破仑1797年3月在卢森堡第一国立小学演讲时说了这样一番话："为了答谢贵校对我，尤其是对我夫人约瑟芬的盛情款待，我不仅今天呈上一束玫瑰花，并且在未来的日子里，只要我们法兰西存在一天，每年的今天我将亲自派人送给贵校一束价值相等的玫瑰花，作为法兰西与卢森堡友谊的象征。"时过境迁，拿破仑穷于应付连绵的战争和此起彼伏的政治事件，最终惨败而流放到圣赫勒拿岛，把卢森堡的诺言忘得一干二净。可卢森堡这个小国对这位欧洲巨人与卢森堡亲切、和谐相处的一刻念念不忘，并载入他们的史册。1984年底，卢森堡旧事重提，向法国提出违背"赠送玫瑰花诺言案"的索赔：要么从1797年起，用3个路易作为一束玫瑰花的本金，以5厘复利（即利滚利）计息全部清偿这笔玫瑰案；要么法国政府在法国各大报刊上公开承认拿破仑是个言而无信的小人。起初，法国政府准备不惜重金赎回拿破仑的声誉，但却又被计算机算出的数字惊呆了；原本3个路易的许诺，本息竟高达1 375 596法郎。经冥思苦想，法国政府斟词酌句的答复是："以后，无论在精神上还是物质上，法国将始终不渝地对卢森堡大公国的中小学教育事业予以支持与赞助，来兑现我们的拿破仑将军那一诺千金的玫瑰花信誉。"这一措辞最终得到了卢森堡人民的谅解。（摘自《读者》2000年第17期P49）

【案例思考题】

为什么每年一束价值3路易的玫瑰花，经过187年后总价值竟高达100多万法郎？

3.1 资金的时间价值

资金的时间价值是现代财务管理的基础观念之一，不仅用于投资分析，在其他方面也有广泛的用途。企业的财务活动，都是在特定的时空中进行的，不考虑资金的时间价值，就无法正确计算不同时期的财务收支，也无法正确核算企业盈亏。资金时间价值原理，正确地揭示了不同时点上资金价值之间的换算关系，是财务决策的基本依据。为此，财务人员必须了解资金时间价值的概念和计算方法。

3.1.1 资金时间价值的基本概念

资金的时间价值是指货币经历一定时间的投资和再投资所增加的价值，也称货币的时间价值。

在市场经济中有这样一种现象，即一定量的货币资金在不同的时点上具有不同的价值。比如，现在的1元钱与1年后的1元钱相比，其经济价值是不相等的，前者要比后者的经济价值大一些，在没有通货膨胀时也是如此。例如，将现在的1元钱存入银行，假设存款利率为10%，1年后可从银行取出1.1元。这1元钱经过1年时间的投资增加了0.1元，这就是货币的时间价值。再如，某企业拟购买一台设备，如采用现付方式，其价款为25万元，如延期到5年后付款，则价款为35万元。采用哪种付款方式合算呢？如果不懂或不考虑时间价值，显然是现付方式合算；如果考虑时间价值，采用现付方式却不一定是合算的。假定该企业将可用于现付的25万元存入银行，银行的五年期存款利率为10%，即使按单利计算，5年后的本利和可达到37.5万元，支付35万元设备款后，还有2.5万元剩余，显然延期到5年后付款比现付合算。这里，37.5万元超过25万元的差额12.5万元就是时间价值。

须知，货币的时间价值不是由时间本身形成的，单纯的货币也不会产生时间价值。货币之所以具有时间价值，根源在于其在再生产过程中的运动和转化，它是生产的产物，是劳动的产物。具体来说，并不是所有货币都有时间价值，只有将货币投入到再生产过程中去，即转化为生产资金，并且再生产活动能够正常运作，时间价值才会产生。正如马克思所说："作为资本的货币的流通本身就是目的，因为只是在这个不断更新的运动中才有价值的增值。""如果把它从流通中取出来，那它就凝固为贮藏货币，即使藏到世界末日，也不会增加分毫。"（《马克思全集》第23卷，第173~174页）。在社会主义市场经济条件下，货币的时间价值实际是资金的时间价值。因此，我们可以将时间价值定义为：资金在周转使用中由于时间因素而形成的价值差额。价值的时间差是时间价值的表现形式，资金周转使用形成价值差额才是时间价值的实质。随着时间的推移，资金不断周转使用，时间价值随之不断增大。

从量的规定性来看，资金时间价值应取决于社会平均资金利润率。这是因为，在市场经济条件下，各行业、各企业投资项目的资金利润率有高有低。由于竞争的存在，各部门的投资利润率会趋于平均化，每个企业投资项目时至少要求取得社会平均利润率，否则就会投资于其他项目或其他行业。因此，在确定时间价值时，应以社会平均的资金利润率或平均投资报酬率为基础。当然，在市场经济条件下，投资都或多或少地带有风险，通货膨胀也是客观存在的经济现象。因此，投资报酬率或资金利润率除包括时间价值以外，还包括风险报酬和通货膨胀贴水。在计算时间价值时，不应包括这 2 部分，即时间价值是扣除风险报酬和通货膨胀贴水后的真实报酬率。

时间价值有 2 种表现形式：一种是绝对数表现形式，称为时间价值额，它是资金在周转使用中产生的真实增值额；另一种是相对数表现形式，称为时间价值率，是扣除风险报酬和通货膨胀贴水后的真实报酬率。由于时间价值率常以各种利率的形式表现（如银行存款利率、贷款利率、债券利率、股利率等），故人们常将它与利率相等同，实际上二者有明显的差别，即利率包含有风险因素和通货膨胀因素，而时间价值则不包含。只有在没有风险和没有通货膨胀的情况下，时间价值才与利率相等。

西方国家关于时间价值的概念，大致可以表述如下：投资者要进行投资就必须推迟消费，对投资者推迟消费的耐心应给予报酬。这种报酬的量应与推迟的时间成正比。因此，单位时间的这种报酬对投资的百分率称为时间价值。不难看出，这种解释只看到表象，未抓住实质，既不全面，也不确切。

首先，这种解释未能说明时间价值的实质。其一，如果说推迟消费就能取得报酬，那么货币所有者把钱闲置不用或者埋入地下保存是否能得到报酬呢？显然不能。时间价值只有在生产经营的周转使用中才能产生。其二，时间价值的量如何确定，西方学者往往用边际效用论来解释，似乎人们有一种对时间的偏好，时间价值的量就是根据人们对时间的偏好这种心理因素确定的。它完全否定了社会平均资金利润率这个决定因素，因而是不科学的。

其次，这种解释限制了时间价值发生作用的范围。从现象上看，只有当货币资金流入、流出时才有可能计算时间价值。事实上，当货币资金用以购买原材料或固定资产以后，时间价值依然会发生作用。原材料积压，企业就会因延误原材料使用而丧失一定的价值；设备利用率提高，企业就会因为充分利用设备而获得更高的价值。可见，具有时间价值的，不仅是货币资金，而且还有物质形态的资金。全部生产周转中的资金都具有时间价值，这是资金运动的一种客观规律性。

时间价值在企业财务管理中具有十分重要的意义，主要表现在以下 2 个方面。

时间价值是评价投资方案是否可行的基本依据 因为时间价值是扣除风险报酬和通货膨胀等因素后的社会平均资金利润率，它应是企业投资报酬率的最低限度。由此，以时间价值作为尺度对投资方案进行衡量、取舍，就成为评价投资方案的基本依据。如果投资方案的报酬率低于时间价值，则该方案的经济效益不佳，方案不可行；如果投资方案的报酬率高于时间价值，则该方案的经济效益良好，方案可行。

时间价值是评价企业收益的尺度 企业作为营利性的经济组织，其主要财务目标是实现企业价值最大化，不断增加股东财富。为此，企业的经营管理者必须充分调动和利用各种经济资源去实现预期的收益，这个预期的收益水平应以社会平均资金利润率为标准。因此，时间价值又成为评价企业收益水平的基本尺度。

例如，已探明一个有工业价值的矿藏，目前立即开发可获得利润 100 亿元，若 5 年后开发，由于价格上涨可获得利润 160 亿元。如果不考虑资金的时间价值，根据 160 亿元大于 100 亿元，可以认为 5 年后开发更有利。如果考虑资金的时间价值，现在获得的利润 100 亿元可用于其他投资机会，如果平均每年获利 15%，则 5 年后将有资金 201 亿元（$100 \times 1.15^5 = 201$）。因此，可以认为目前开发更有利。

由上例可以看出，现在的1元钱与将来的1元钱经济价值不相等。所以，不同时间的资金收支不宜直接进行比较，需要把它们换算到相同的时间基础上，然后才能进行大小的比较和比率的计算。由于资金随时间的增长过程与利息的增值过程在数学上相似，因此，为便于研究问题，通常在讲述资金时间价值的计算时都采用抽象分析法，即假设没有风险和通货膨胀，以利息率代表资金时间价值率。本章也是以此假设为基础的，在计算资金时间价值时广泛使用计算利息的各种方法。

3.1.1.1 利息和利息率

利息是使用资金的成本，是资金时间价值的绝对数；利息率是一定时期内利息与本金的比例，是资金时间价值的相对数，一般称之为利率。在金融市场上，资金的供应者和需求者以资金这一特殊商品为交易对象，利率就是金融市场上进行资金交易的价格。利率的高低对投融资双方的利益有重要的影响，它直接影响到融资者的资金成本和投资者的收益。因此，企业在理财时应注意研究理财环境中利息率变动的影响。

(1) 利率的种类

利率有多种表现形式，可以按照不同的标准进行分类。

基准利率和套算利率 利率按照基本确定方式，可分为基准利率和套算利率。基准利率又称基本利率，是指在多种利率并存的条件下起决定作用的利率。基准利率变动，其他利率也相应变动。了解基准利率的变动趋势，也就可以了解整个利率体系的变动趋势。在西方国家，基准利率通常是中央银行的再贴现率；在我国，基准利率是中国人民银行对专业银行贷款的利率。套算利率是在基准利率的基础上，各个金融机构根据借贷款项的特点换算出的利率。

实际利率和名义利率 利率按照是否考虑通货膨胀因素，可分为实际利率和名义利率。实际利率是指物价不变、货币购买力不变条件下的利率，或者是在物价变化时扣除通货膨胀补偿后的利息率。名义利率是指包括对通货膨胀风险补偿的利息率。名义利率包含了通货膨胀因素的影响，实际利率则剔除了通货膨胀因素的影响。市场中表现出来的各种利率一般都是名义利率。在通货膨胀的条件下，实际利率等于名义利率与通货膨胀率之差，在已知名义利率的情况下，可根据这一关系推算实际利率。

固定利率和浮动利率 利率按照在借贷期内是否可以调整，可分为固定利率和浮动利率。固定利率是指在借贷期内不进行调整的利率。这种利率在整个借贷期内都保持固定不变，有利于借贷双方计算资金成本和投资收益。但是，在借款期限较长或市场利率变动较快的情况下，借款人或贷款人要承担利率变动的风险。浮动利率是指在借贷期内随市场利率变化而定期调整的利率。浮动利率的调整期限和所依据的市场利率，一般是在借贷关系发生时由借贷双方协商确定的。采用浮动利率可以降低借贷双方所承担的利率变动风险，但利率的确定和利息的计算则比较繁杂。

市场利率和官定利率 利率按照变动与市场的关系，可分为市场利率和官定利率。市场利率是指随着市场规律而变动的利率。官定利率是指由政府金融管理部门或中央银行确定的利率，它体现了政府调节经济的意向。在市场经济发达的西方国家，一般以市场利率为主，同时也有官定利率。

（2）影响利率的因素

在金融市场上，利率受多种因素的影响而不断地变动。一般情况下，主要有以下几种影响利率的因素。

资金的供求关系 是影响利率的最基本因素。在金融市场上，当资金供大于求时，利率下降；当资金供不应求时，利率上升；当资金供求达到新的平衡时，决定了新的市场利率。

经济周期 经济周期的不同阶段对市场利率产生不同的影响。在经济周期的复苏和高涨阶段，资金需求增加会使利率水平上升；在经济周期的萧条和衰退阶段，资金需求减少会使利率水平下降。

通货膨胀 持续的通货膨胀会引起货币贬值，使投资人的实际报酬下降。为补偿投资人因通货膨胀而遭受的损失，必须通过提高利率给予必要的补偿。一般情况下，利率随通货膨胀的提高而提高。

国家的财政和货币政策 国家的财政和货币政策影响金融市场的利率。例如，直接通过货币政策调节利率；通过制定有关利息、股息的税收政策影响利率；通过发行国家债券影响利率等。

除上述影响利率的主要因素外，还有其他因素也会影响利率水平，如国际市场利率水平及其变动趋势、外汇汇率的变动等。

（3）利率的构成

一般情况下，资金的利率由3部分组成，即纯利率、通货膨胀补偿和风险报酬。利率的计算公式可表示如下：

$$利率=纯利率+风险报酬+通货膨胀补偿$$

纯利率 是指无通货膨胀、无风险情况下的平均利率。例如，在没有通货膨胀时，国库券的利率可视为纯利率。纯利率的高低受平均利润率、资金供求关系、政府政策调整的影响。

首先，利息是利润的一部分，因此，利息率的高低依赖于利润率，并受平均利润率的制约。一般来说，利息率随着平均利润率的提高而提高，但最高不能超过平均利润率，否则，资金需求方就不会借入资金；同样，利息率最低也要大于零，否则，资金供应方也不会供应资金。

其次，在平均利润率不变的情况下，金融市场上资金的供求关系决定着市场利息率水平。在资金供应量一定的条件下，资金需求量上升，则利息率上升；反之，利息率下降。

再次，政府出于货币政策调整、控制信贷规模等原因而进行的利率调整，也会影响到利息率的变化。

风险报酬 是指投资者因冒风险投资而要求得到超过时间价值的额外报酬。风险报酬包括3项具体内容，即违约风险报酬、流动性风险报酬和期限风险报酬。违约风险是指借款人无法按期支付利息或偿还本金而给投资人带来的风险，为弥补这种风险所提高的报酬就是违约风险报酬。流动性风险是指由于投资人所持有的证券流动性差而产生的风险，为弥补这种风险所提高的报酬就是流动性风险报酬。期限风险是指由于期限较长相应的不确定性增加而导致的风险，为弥补这种风险所提高的报酬就是期限风险报酬。

通货膨胀补偿 在通货膨胀的情况下，由于货币贬值，使得投资者的真实收益下降。为了弥补由于通货膨胀造成的货币购买力下降，因而投资者会要求通过提高利率来补偿因通货膨胀带来的损失。所以，无风险证券的利率可以看作是纯利率加上通货膨胀补偿。

3.1.1.2 单利和复利

单利是只对本金计算利息而利息部分不再计息的一种方式。其含义是本金在整个投资期中获得利息，不管投资期多长，所产生的利息均不加入本金重复计算利息。这里，本金指的是进行投资以收取利息的原本金额。利息是进行投资所获得的超过本金的部分，也就是投入资金所得到的回报。

复利是指在整个投资期内，不仅对本金计算利息，而且利息在下期则转为本金与原来的本金一起计息的一种方式。按照这种方法，每经过一个计息期，要将所产生的利息加入本金再计算利息，逐期滚算，俗称“利滚利”。这里所说的计息期，是指相邻2次计算利息的时间间隔，如年、月、日等。一般来说，除非特别指明，计息期为1年。

3.1.1.3 终值和现值

终值是指现在的一笔资金按照规定的利率计算的，在未来某一时点的价值。

现值又称本金，是指未来某一时点上的一定量现金，折合到期初的价值。

3.1.1.4 年金

年金是指在相同的时间间隔内收入或支付的系列等额款项，比如，按照直线折旧法提取的折旧、住房按揭还贷、定期零存整取的银行存款等。其中，有2点非常重要：一是相等的时间间隔；二是金额相同。例如，1年内，你每个月收到50元就属于年金问题。每月收到50~100元不等，这一系列收入则不属于年金范畴；偶然的几个月收到50元也不能称为年金。

根据资金收入或支出时间点的不同，年金可以分为普通年金、预付年金、递延年金和永续年金。

普通年金又称为后付年金，是指发生在每期期末的现金流量。例如，在4年中，每年年末收到100元，这就是一个四年期年金问题。在财务管理中，普通年金是最常用的，没有特别指出的年金均指普通年金（如图3-1所示）。

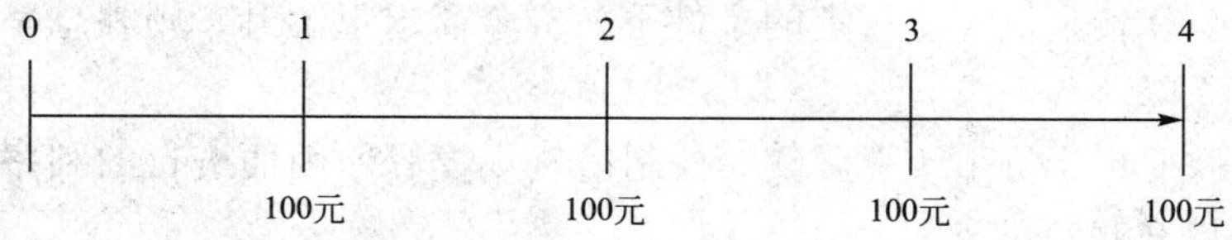

图3-1 普通年金

预付年金又称为先付年金，指发生在每期期初的系列等额现金流量。图3-2显示了连续4年每次年初付款100元的四年期先付年金的时间线。

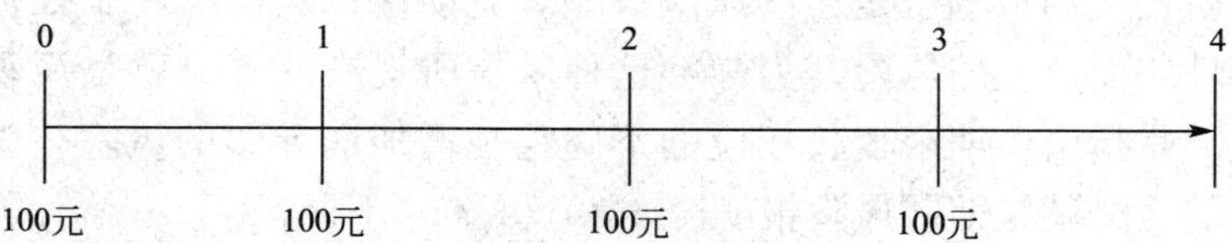

图3-2 先付年金

预付年金与普通年金的区别仅在于付款时间的不同。实务中，普通年金形式比较多见，所以年金的终值和现值系数表都是按普通年金编制的。因而，预付年金的终值和现值可以利用同期普通年金的终值和现值系数调整计算而得。

先付年金与普通年金在收付时间上不同，见图 3-3。这就造成了普通年金与先付年金的终值及现值计算会有差异。在解决问题时，一定要分析清楚正在处理的是哪一类年金问题。

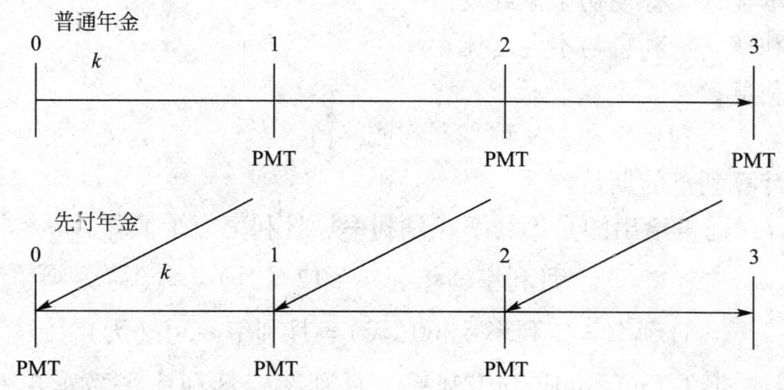

图 3-3 普通年金与先付年金的比较

递延年金是指在最初若干期（m 期，$m \geqslant 1$）没有收付款项的情况下，随后若干期（n 期）等额的系列收付款项。递延年金的款项收付如图 3-4 所示。

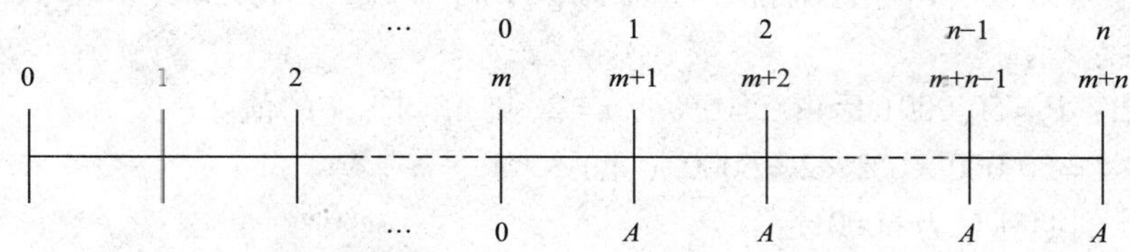

图 3-4 递延年金示意图

由图 3-4 可以看出，递延年金终值的计算方法与普通年金终值的计算方法相似，其终值的大小与递延期限无关，只与等额系列收付款项的期数有关。

永续年金是指无限期支付的年金，如优先股股利。实际经济生活中并不存在永续年金，但可以把利率较高、持续期间较长的年金视同为永续年金。由于永续年金持续期无限，没有终止时间，因此没有终值，只有现值。永续年金可视为普通年金的特殊形式，即期限趋于无穷大的普通年金。

3.1.2 货币时间价值的计算

在企业财务管理中，为了正确使用资金时间价值观念进行各种决策，必须弄清楚不同时点上收到或付出的资金价值之间的数量关系，掌握资金时间价值指标（如终值、现值）的计算方法。

为了便于说清问题，通常在讲述资金时间价值指标的计算时都采用抽象分析法，即假设没有风险和通货膨胀，以利率代表时间价值率。同时，由于时间价值的增值过程与利息的增值过程在数学上相似，故可借用利息率的有关计算来说明时间价值指标的计算。

3.1.2.1　单利的终值和现值

单利是计算利息的一种常用方法。按照这种方法，只有本金在贷款期限内获得利息，前期利息只有在提取出后再以本金形式投入才能生利。

（1）单利利息的计算

在利息计算中，经常使用到的概念和符号有：

P——本金，又称期初金额或现值；

i——利率，指利息与本金之比；

I——利息；

F——本金与利息之和，又称本利和或终值；

n——计算利息的期数。

利率（i）通常给出的是年利率，月利率、日利率应予换算。

$$月利率=年利率\div 12（月）$$

$$日利率=年利率\div 360(天)=月利率\div 30（天）$$

计算利息期数（n）也应与年利率、月利率、日利率一致。单利利息计算公式

$$I=P\times i\times n$$

即

$$利息=本金\times利率\times计息期数$$

例3－1　某公司存入银行50 000元，年利率6%，存期2年。2年后到期利息是多少？

已知：$P=50\ 000$(元)；$i=6\%$；$n=2$(年)，求：I的值。

解：$I=50\ 000\times 6\%\times 2=6000$（元）

答：到期利息为6000元。

（2）单利终值的计算

单利终值是指用单利方法计算的一定期限的本利和。其计算公式为

$$\begin{aligned}F&=P+I\\&=P+P\times i\times n\\&=P\times(1+i\times n)\end{aligned}$$

例3－2　某人于年初在工商银行以活期存款方式存入10 000元，假定储蓄利率为3.15%，则

存期1年的终值(本利和)$=10\ 000\times(1+3.15\%\times 1)=10\ 315$（元）

存期2年的终值(本利和)$=10\ 000\times(1+3.15\%\times 2)=10\ 630$（元）

存期3年的终值(本利和)$=10\ 000\times(1+3.15\%\times 3)=10\ 945$（元）

（3）单利现值的计算

在现实经济生活中，往往需要根据终值来确定其现在的价值，即现值，这种计算方法叫作贴现。例如，财政部发行的国库券，有时采用贴现发行的方式，即以低于面值的价格发行，到期时按面值偿还，其差额即为购买人的利息收益。这时国库券的面值就相当于终值，面值与发行价之间的差额即为利息，发行价格即为现值。发行价格的确定，就是已知终值和利率求现值的过程。

单利的现值就是指用单利方法对终值进行贴现，计算出的现值。其计算公式为

$$
\begin{aligned}
P &= F - I \\
&= F - F \times i \times n \\
&= F \times (1 - i \times n)
\end{aligned}
$$

例 3－3 财政部用贴现发行方式发行一年期的国库券，贴现率为 2%，那么面值为 1000 元的国库券的发行价格应为多少？

解：

$$
\begin{aligned}
\text{发行价格} &= 1000 - 1000 \times 2\% \times 1 \\
&= 1000 \times (1 - 2\% \times 1) \\
&= 980 \text{（元）}
\end{aligned}
$$

3.1.2.2 复利的终值和现值

复利是计算利息的另一种方法。按照这种方法，每经过一个计息期，要将所生利息加入上期本金，从下一个计息期始也计利息，如此逐期滚算。财务管理实务中所用的时间价值指标通常应按复利方式计算。

（1）复利终值的计算

复利终值是指用复利方法计算的－定期限的本利和。其计算公式为

$$F = P \times (1 + i)^n$$

式中 F 为终值；P 为现值；n 为计息期数；$(1+i)^n$ 为复利终值系数，代表 1 元的复利终值，可用符号（F/P，i，n）表示。如（F/P，10%，5）表示利率为 10% 的五年期复利终值系数。于是复利终值的计算公式亦可写为如下形式

$$F = P \times (F/P,\ i,\ n)$$

在实际工作中，为简化复利终值系数的计算，可以查阅“复利终值系数表”。如查表可知，（F/P，10%，5）＝1.6105，即在利率为 10% 的情况下，现在的 1 元和 5 年后的 1.6105 元在经济上是等效的。根据这个系数表可以把现值换算成终值。

例 3－4 某企业投资 1 000 000 元，若年报酬率为 10%，每年取得的收益用于追加投资。试求：该企业的这笔投资 5 年后可增值到多少？

解：

$$
\begin{aligned}
F &= P \times (F/P,\ i,\ n) \\
&= 1\,000\,000 \times (F/P,\ 10\%,\ 5) \\
&= 1\,000\,000 \times 1.6105 \\
&= 1\,610\,500 \text{（元）}
\end{aligned}
$$

在财务管理工作中，利用复利终值的计算公式 $F = P \times (F/P,\ i,\ n)$，不仅可以将现值 P 换算成终值 F，而且可在已知（F/P，i，n）和 n 时求出 i，或在已知（F/P，i，n）和 i 时求出 n。

例 3－5 某企业现有资金 2000 万元，欲在 4 年后使其增值到原来的 2 倍，那么该企业选择投资机会时最低可接受的报酬率是多少？

解：由题意可求出 $F = 2000 \times 2 = 4000$（万元）

即：$4000 = 2000 \times (F/P,\ i,\ 4)$

则：$(F/P,\ i,\ 4) = 2$

然后，查“复利终值系数表”，在 $n = 4$ 的一行中找到最接近 2 的系数为 2.005，该系数对应的 i 为 19%，即该企业选择投资机会时最低可接受的报酬率是 19%。

例 3－6 某企业现有资金 1200 万元，拟投资于报酬率为 8% 的项目，经过多

少年可使现有资金增加 1 倍?

解：由题意可求出 $F = 1200 \times 2 = 2400$（万元）

即：$2400 = 1200 \times (F/P, 8\%, n)$

则：$(F/P, 8\%, n) = 2$

然后，查“复利终值系数表”，在 $i = 8\%$ 的一列中找到最接近 2 的系数为 1.9990，则该系数对应的 n 为 9，即该企业经过 9 年可使现有资金增加 1 倍。

(2) 复利现值的计算

复利现值是指未来一定时间的资金按复利计算的现在价值，或者说是为取得将来一定的本利和而现在所需要的本金。它是复利终值的逆运算。其计算公式为

$$P = F/(1+i)^n = F \times (1+i)^{-n}$$

上式中的 $(1+i)^{-n}$ 称为复利现值系数，代表 1 元的复利现值，可用符号 $(P/F, i, n)$ 表示。如 $(P/F, 10\%, 5)$ 表示利率（贴现率）为 10% 的五年期复利现值系数。于是复利现值的计算公式亦可写为如下形式

$$P = F \times (P/F, i, n)$$

在实际工作中，为方便计算，可以查阅“复利现值系数表”。

例 3-7 某公司投资某项目的目标是 6 年后本利和达到 800 万元，预计投资报酬率为 12%，那么，该公司现在需要投入资金多少元?

解：$P = 800 \times (P/F, 12\%, 6)$

$= 800 \times 0.5066$

$= 405.28$（万元）

运用复利现值系数表也可以在已知 $(P/F, i, n)$ 和 i 的情况下求出 n；或在已知 $(P/F, i, n)$ 和 n 的情况下求出 i。

例 3-8 王先生现有资金 15 000 元，希望通过银行储蓄让这笔资金翻一番。假设目前储蓄存款的利率为 8%，且每年实现的利息及时转存为本金。那么，现有资金需要几年才能翻一番?

解：由题意可知：$F = 15\,000 \times 2 = 30\,000$（万元）

即：$15\,000 = 30\,000 \times (P/F, 8\%, n)$

则：$(P/F, 8\%, n) = 15\,000 \div 30\,000 = 0.5$

查复利现值系数表，与利率 8% 相对应的计息期中，九年期的系数为 0.5002，最接近 0.5，因此，王先生的现有资金需要 9 年才能翻一番。

例 3-9 某人将 100 元现金存入银行，10 年后可获本利和 259.4 元，问银行存款的利率是多少?

解：由题意可知：$100 = 259.4 \times (P/F, i, 10)$

则：$(P/F, i, 10) = 100 \div 259.4 = 0.3855$

查复利现值系数表，与 10 年期相对应的贴现率中，10% 的系数为 0.3855，因此，该笔银行存款的利率为 10%。

3.1.2.3 名义利率、实际利率的换算

当利息在一期内（一般为 1 年）多次计息，年利率就有了名义利率和实际利率之分。其公布的年利率为名义利率；按复利次数实际得到的利率称为实际利率，即在 1 年内实际所得利息总额与本金之比。

例3－10　本金1000元，投资5年，年利率8%，每年复利一次，本利和及利息是多少？每季复利一次，本利和及利息是多少？

解：每年复利一次：
$$
\begin{aligned}
F &= 1000\times(1+8\%)^5\\
&= 1000\times(F/P,\ 8\%,\ 5)\\
&= 1000\times1.4693\\
&= 1469.3\ (\text{元})
\end{aligned}
$$
$$I = 1469.3 - 1000 = 469.3\ (\text{元})$$

每季复利一次，每季度利率 $=8\%\div4=2\%$

计息期数 $=5\times4=20$
$$
\begin{aligned}
F &= 1000\times(1+2\%)\\
&= 1000\times(F/P,\ 2\%,\ 20)\\
&= 1000\times1.4859\\
&= 1485.9\ (\text{元})
\end{aligned}
$$
$$I = 1485.9 - 1000 = 485.9\ (\text{元})$$

例3－11　李先生准备在第五年底从银行取出本息1000元。假定年存款利率为10%，试求：① 如果每年计息一次，现在应存入多少钱？② 如果每半年计息一次，现在应存入多少钱？

解：每年计息一次：
$$
\begin{aligned}
P &= 1000\times(P/F,\ 10\%,\ 5)\\
&= 1000\times0.6209\\
&= 620.9\ (\text{元})
\end{aligned}
$$
$$I = 1000 - 620.9 = 379.1\ (\text{元})$$

每半年计息一次：每半年利率 $=10\%\div2=5\%$，计息期数 $=5\times2=10$
$$
\begin{aligned}
P &= 1000\times(P/F,\ 5\%,\ 10)\\
&= 1000\times0.6139\\
&= 613.9\ (\text{元})
\end{aligned}
$$
$$I = 1000 - 613.9 = 386.1\ (\text{元})$$

由上述2例可见，同一笔资金，在年利率和年限一定的情况下，一年复利多次比一年复利一次计算的利息要高。习惯上，当一笔资金在一年内要复利几次时，给出的年利率叫作名义利率；而每年只复利一次的年利率才是实际利率。换句话说，当一笔资金在一年内要复利几次时，实际达到的利率要高于名义利率。实际年利率同名义年利率之间的关系可用下式表示

$$i = \left(1+\frac{r}{m}\right)^m - 1$$

式中　i——实际利率；

r——名义利率；

m——每年复利次数。

例3－12　某项计算给定的年利率为12%，但按季计息。试求其实际利率是多少？

解：
$$
\begin{aligned}
i &= \left(1+\frac{12\%}{4}\right)^4 - 1\\
&= 1.1255 - 1\\
&= 12.55\%
\end{aligned}
$$

3.1.2.4　年金终值和现值的计算

(1) 普通年金终值和现值的计算

普通年金是指一定时间内每期期末等额发生的系列性收支款项。

普通年金终值的计算　普通年金终值是指一定时间内每期期末等额发生的收付款项的复利终值之和。其计算方法如图3－5所示。

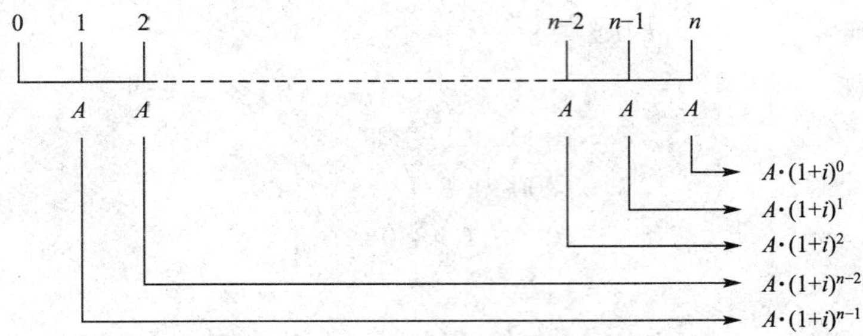

图3－5　普通年金终值计算示意图

在图3－5中，A代表年金。可以看出，普通年金终值的计算公式应为：

$$F = A\times(1+i)^0 + A\times(1+i)^1 + A\times(1+i)^2 + \cdots\cdots + A\times(1+i)^{n-2} + A\times(1+i)^{n-1} \tag{1}$$

将（1）式两边同时乘上（$1+i$）得：

$$F\times(1+i) = A\times(1+i)^1 + A\times(1+i)^2 + A\times(1+i)^3 + \cdots\cdots + A\times(1+i)^{n-1} + A\times(1+i)^n \tag{2}$$

将（2）式减去（1）式得：

$$F\times i = A\times(1+i)^n - A$$

$$F\times i = A\times[(1+i)^n - 1]$$

$$F = A\times\left[\frac{(1+i)^n-1}{i}\right]$$

式中方括号中的数值，通常称作利率为i，期数为n的年金终值系数，记作（F/A，i，n）。当本金为1的时候，利率为i，期数为n的年金终值等于$\frac{(1+i)^n-1}{i}$，因此又称为1元年金终值。通常可直接查阅“年金终值系数表”求得。普通年金终值的计算公式也可写作

$$F = A\times(F/A, i, n)$$

例3－13　假设某投资项目在3年建设期内，每年年末向银行借款200万元，借款年利率为6%，问该项目竣工时应付银行的本息总额是多少？

解：$F = 200\times(F/A, 6\%, 3)$

$= 200\times3.1836$

$= 636.72$（万元）

在理财实务中，常会碰到已知年金终值F，求出年金A的计算。比如，为了在约定的未来某一时点清偿某笔债务，需要提前分次等额计提偿债基金。这里，未来某一时点要偿付的债务相当于年金终值F，分次等额计提的偿债基金相当于年金A。也就是说，偿债基金的计算实际上是年金终值的逆运算。其计算公式为

$$A = F \times \left[\frac{i}{(1+i)^n - 1} \right]$$

或
$$A = F \div (F/A, i, n)$$
$$= F \times (A/F, i, n)$$

式中方括号中的数值称作“偿债基金系数”，记作（A/F，i，n），可利用年金终值系数的倒数计算出来。

例 3－14 某企业有一笔 4 年后到期的借款，数额为 1000 万元，为此设置偿债基金，年利率为 10%，到期一次还清借款。问：从今年起，每年年末应存入银行的金额是多少？

解：$A = 1000 \times \dfrac{10\%}{(1+10\%)^4 - 1}$

$= 1000 \times (A/F, 10\%, 4)$

$= 1000 \times 0.2155$

$= 215.5$（万元）

普通年金现值的计算 普通年金现值是指一定时间内每期期末等额发生的收付款项的复利现值之和。其计算方法如图 3－6 所示。

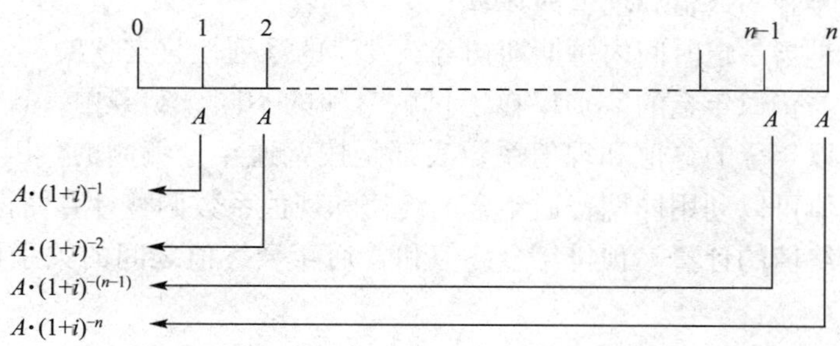

图 3－6 普通年金现值计算示意图

从图 3－6 可以看出，普通年金现值的计算公式应为：

$$P = A \times (1+i)^{-1} + A \times (1+i)^{-2} + A \times (1+i)^{-3} + + \cdots\cdots + A \times (1+i)^{-(n-1)} + A \times (1+i)^{-n} \quad (1)$$

将（1）式两边同时乘上（$1+i$）得：

$$P \times (1+i) = A + A \times (1+i)^{-1} + A \times (1+i)^{-2} + + \cdots\cdots + A \times (1+i)^{-(n-2)} + A \times (1+i)^{-(n-1)} \quad (2)$$

将（2）式减去（1）式得：

$$P \times i = A - A \times (1+i)^{-n}$$
$$P \times i = A \times [1 - (1+i)^{-n}]$$
$$P = A \times \frac{1 - (1+i)^{-n}}{i}$$

式中 $\dfrac{1-(1+i)^{-n}}{i}$ 称作利率为 i，期数为 n 的年金现值系数，记作（P/A，i，n），当本金为 1 的时候，利率为 i，期数为 n 的年金现值等于 $\dfrac{1-(1+i)^{-n}}{i}$，因此，又称为 1 元年金现值。通常可直接查阅“年金现值系数表”求得。普通年金现值的计算公式也可写作

$$P = A \times (P/A,\ i,\ n)$$

例3－15　某投资项目从今年投产起每年可得收益40 000元，按年利率6%计算，今后10年收益的现值是多少?

解：$P = 40\,000 \times (P/A,\ 6\%,\ 10)$

$= 40\,000 \times 7.3601$

$= 294\,404$（元）

实务中，也常会遇到年金现值的逆运算，即已知年金现值P，求年金A。

例3－16　某企业从银行取得1000万元的按揭贷款，期限10年，年利率5%，全部本息在每年末均匀偿还。问：每年应付的金额是多少?

解：由题意可知：$1000 = A \times (P/A,\ 5\%,\ 10)$

即：$A = 1000 \div (P/A,\ 5\%,\ 10)$

$= 1000 \div 7.7217$

$= 129.5$（万元）

普通年金现值系数的倒数$\frac{i}{1-(1+i)^{-n}}$，可以把普通年金现值折算为年金，称作投资回收系数。

（2）预付年金的终值和现值的计算

预付年金是指一定时间内每期期初等额发生的系列性收支款项。

预付年金与普通年金的区别仅在于付款时间的不同。实务中，普通年金形式比较多见，所以年金的终值和现值系数表都是按普通年金编制的。因而，预付年金的终值和现值可以利用同期普通年金的终值和现值系数调整计算而得。

预付年金终值的计算　预付年金终值和普通年金终值之间的关系可用图3－7表示。

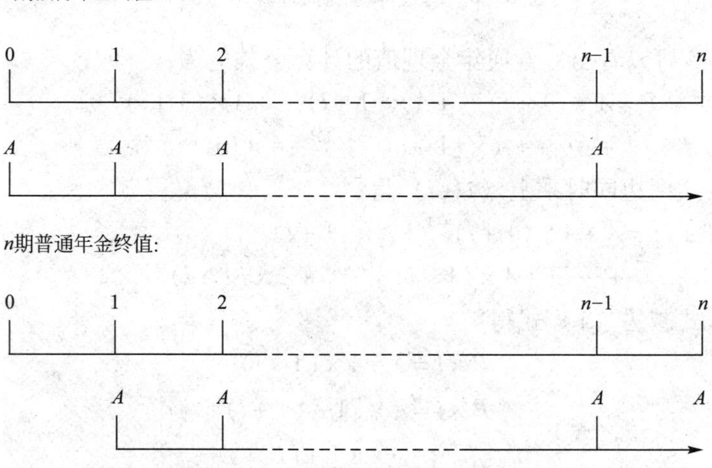

图3－7　预付年金终值计算示意图

从图3－7可以看出，n期预付年金和n期普通年金的付款次数相同，但由于付款的时点不同，n期预付年金终值比n期普通年金终值多计算一期利息。换言之，n期预付年金与$n+1$期普通年金的计息期相同，但比$n+1$期普通年金少付一次款。所以，只要将$n+1$期普通年金的终值减去一期付款额A，便可求出n期预付年金终值。计算公式为

$$F = A \cdot \left[\frac{(1+i)^{n+1} - 1}{i} - 1 \right]$$

式中的$\left[\frac{(1+i)^{n+1} - 1}{i} - 1 \right]$是预付年金终值系数，或称1元的预付年金终值。也可表示为$[(F/A, i, n+1) - 1]$，并可利用“年金终值系数表”查得$(n+1)$的值，减去1后得出1元预付年金终值。

例3-17 王先生每年年初存入银行1000元，年利息率为8%，第10年末的本利和应为多少？

解：$F = 1000 \times [(F/A, 8\%, 10+1) - 1]$

$= 1000 \times [16.645 - 1]$

$= 15645$（元）

预付年金现值的计算 预付年金现值和普通年金现值之间的关系可用图3-8示意。

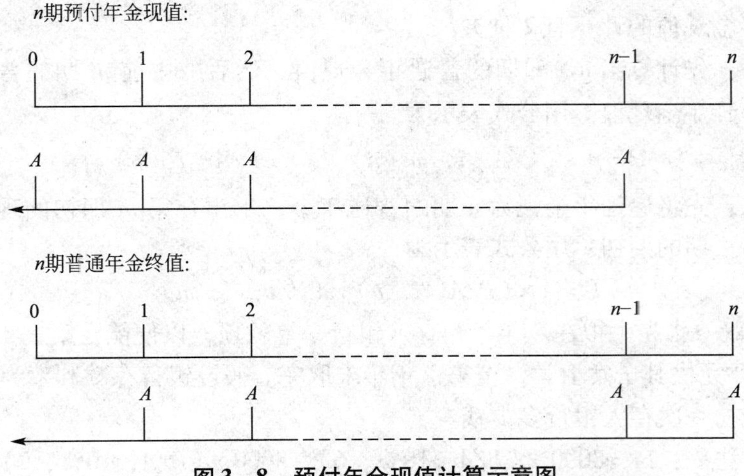

图3-8 预付年金现值计算示意图

从图3-8可以看出，n期预付年金和n期普通年金的付款次数相同，但由于n期普通年金是期末付款，n期预付年金则是期初付款，在计算现值时，n期普通年金现值比n期预付年金现值多贴现一期。换言之，n期预付年金与$n-1$期普通年金现值的贴现期数相同，但n期预付年金与$n-1$期普通年金多一期不用贴现的付款A。所以，可先计算$n-1$期普通年金的现值，然后再加上一期不需要贴现的付款A，便可求出n期预付年金的现值。计算公式为

$$P = A \cdot \left[\frac{1 - (1+i)^{-(n-1)}}{i} + 1 \right]$$

式中$\left[\frac{1 - (1+i)^{-(n-1)}}{i} + 1 \right]$为预付年金现值系数，或称1元的预付年金现值，可计作$[(P/A, i, n-1) + 1]$。可利用“年金现值系数表”查得$(n-1)$期的值，然后加1，得出1元的预付年金现值。

例3-18 某企业租用一设备，在10年租期中每年年初要支付租金5000元，年利息率为8%，这些租金的现值是多少？

解：$P = 5000 \times [(P/A, 8\%, 10-1) + 1]$

$= 5000 \times [6.2469 + 1]$

$= 36\ 234.5$（元）

(3) 递延年金终值和现值的计算

递延年金是指首次等额收付款发生时间不在第一期期末，而是隔若干期后才开始等额发生的系列性收支款项，它是普通年金的特殊形式，凡不是从第一期开始的普通年金都是递延年金。其发生形式如图3-9所示。图中 m 为递延期数；n 为年金期数。

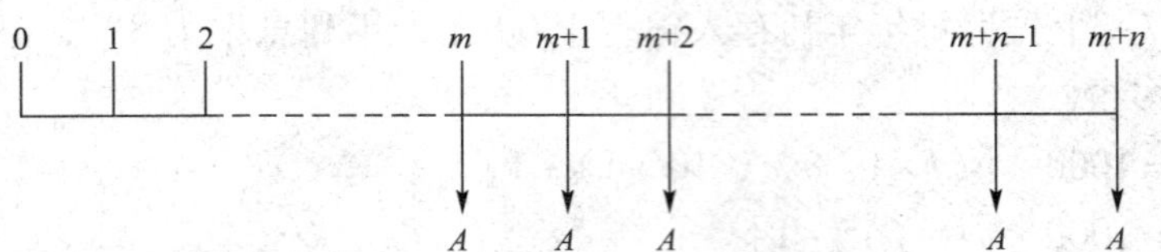

图3-9 递延年金发生形式示意图

从图3-9可以看出，递延年金终值的大小与递延期无关，故计算方法与普通年金终值相同。

递延年金现值的计算有2种方法。

方法一：先计算出 $m+n$ 期的普通年金现值，然后减去前 m 期的普通年金现值，即得递延年金现值。用公式表示为

$$P = A\times(P/A,\ i,\ m+n) - A\times(P/A,\ i,\ m)$$

方法二：先将递延年金视为 n 期的普通年金，求出在第 m 期初的现值，然后再折算到第一期的期初。用公式表示为

$$P = A\times(P/A,\ i,\ n)\times(P/F,\ i,\ m)$$

例3-19 张先生拟在今年年初存入银行一笔款项，以便能在第三年年末起每年取出8000元供其子女上学，至第六年年末取完。假设银行存款利率为10%，张先生应在最初一次存入银行多少钱?

解：方法一：$P = 8000\times(P/A,\ 10\%,\ 6) - 8000\times(P/A,\ 10\%,\ 2)$

$= 8000\times4.3553 - 8000\times1.7355$

$= 34\ 842 - 13\ 884$

$= 20\ 958.4$（元）

方法二：$P = 8000\times(P/A,\ 10\%,\ 4)\times(P/F,\ 10\%,\ 2)$

$= 8000\times3.1699\times0.8264$

$= 20\ 956.8$（元）

(4) 永续年金终值和现值的计算

永续年金是指无限期等额收付的特种年金，可视为普通年金的特殊形式，即期限趋于无穷的普通年金。西方国家有些债券为无限期债券，这些债券的利息可视为永续年金；优先股因为有固定的股利而无到期日，因而，优先股股利有时也可以看作永续年金。

永续年金由于持续期无限，没有终止的时间，因而没有终值，只有现值。通过普通年金现值计算可推导出永续年金现值的计算公式为

$$P = A/i$$

例3-20 某企业持有A公司的优先股6000股，每年可获得优先股股利1200元。若利息率为8%，则该优先股股利的现值应为多少?

解：$P = 1200/8\% = 15\ 000$（元）

3.1.2.5 资金时间价值计算中的几个特殊问题

（1）不等额系列收付款项现值的计算

在经济活动中，往往会发生每次收付款项金额不相等的系列收付款项，并需要计算这些不等额系列收付款的现值之和。不等额系列收付款项又有2种情况：全额不等额系列收付款、年金和部分不等额系列付款。下面分别说明其现值的计算方法。

全部不等额系列收付款现值的计算 为求得不等额系列收付款的现值之和，可先计算每次收付款的复利现值，然后加总。其计算公式为

$$P_R = R_0 + \frac{R_1}{1+i} + \frac{R_2}{(1+i)^2} + \frac{R_3}{(1+i)^3} + \cdots\cdots \frac{R_n}{(1+i)^n}$$

$$= \sum_{t=1}^{n} \frac{R_t}{(1+i)^t}$$

式中 R_0——第1期期初收付的款项，

R_t——第 t（$1 \leqslant t \leqslant n$）期末收付款项。

例3－21 某系列收款数额如表3－1所示。假设贴现率为5%。求这系列收款的现值。

表3－1 某系列收款数额表 单位：元

t	0	1	2	3	4
R_t	1000	2000	1500	3000	4000

解：求此项不等额收款的现值，应先求出不同时点的收款额的现值，然后再求和，即：

$$P_R = 1000 + \frac{2000}{1+5\%} + \frac{1500}{(1+5\%)^2} + \frac{3000}{(1+5\%)^3} + \frac{4000}{(1+5\%)^4}$$

$$= 1000 + 2000 \times 0.9524 + 1500 \times 0.9070 + 3000 \times 0.8638 + 4000 \times 0.8227$$

$$= 10\ 147.50\ （元）$$

年金和不等额收付款混合情况下的现值计算 在年金和不等额收付款混合情况下，能用年金公式计算现值便用年金公式计算，不能用年金计算的部分使用复利公式计算，然后把它们加总，便得出年金和不等额收付款混合情况下的现值。

例3－22 某系列付款数额如表3－2所示，贴现率为9%，求这一系列付款的现值。

表3－2 某系列收款数额表 单位：元

t	1	2	3	4	5	6	7	8	9	10
R_t	1000	1000	1000	1000	2000	2000	2000	2000	2000	3000

解：本例中，1～4年的付款是相等的，可以看作是求四年期的年金现值，5～9年的付款也相等，也可以看作是一种年金，且是递延年金，第十年可按复利求现值。故上述系列付款的现值可计算如下：

$$P_R = 1000 \times (P/A,\ 9\%,\ 4) + 2000 \times (P/A,\ 9\%,\ 5) \times (P/F,\ 9\%,\ 4) + 3000 \times (P/F,\ 9\%,\ 10)$$

$$= 1000 \times 3.2397 + 2000 \times 3.8897 \times 0.7084 + 3\ 000 \times 0.4224$$

$$= 10\ 017.83\ （元）$$

（2）贴现率（i）的推算

在计算资金的时间价值时，如果已知现值（P）、终值（F）、年金（A）和期数（n），求贴现率（i），就要利用已有的公式推算。

对于一次性收付款项来说，由复利终值计算公式 $F = P(1+i)^n$ 或复利现值计算公式 $P = \frac{F}{(1+i)^n}$，可推出贴现率 i 的计算公式为

$$i = \sqrt[n]{F/P} - 1$$

对永续年金来说，由永续年金现值的计算公式 $P = A \times \frac{1}{i}$，可推出贴现率的计算公式为

$$i = \frac{A}{P}$$

但对于年金问题和不等额系列收付款来讲，则无法直接套用公式，必须利用有关的系数表或经过测算，最后应用内插法才能求出贴现率 i。现以普通年金为例，说明贴现率 i 的推算步骤和方法。

如已知 P，A，n，求 i，可按下列程序进行：

第一，计算 P/A 的值，设 $P/A = C$（C 为一实数）。

第二，根据 C 与（P/A，i，n）数值的关系，查年金现值系数表。沿着已知 n 行上查找，若能正好找到某一数值等于 C，则该数值所在列数所对应的利率便为所求的利率 i。

第三，若无法找到等于 C 的值，则应在表中 n 行上找到最为接近 C 的 2 个上下临界系数值，设为 m_1、m_2，（它们满足 $m_1 > C > m_2$，或 $m_1 < C < m_2$）。读出 m_1、m_2 对应的临界利率 i_1、i_2，然后进一步应用内插法。

第四，内插法的原理是假设利率 i 与相关的系数在较小的范围内呈线性联系，因此所求的 i 可根据 2 组临界系数 m_1、m_2 和临界利率 i_1、i_2 的关系（如图 3－10 所示）计算出来。

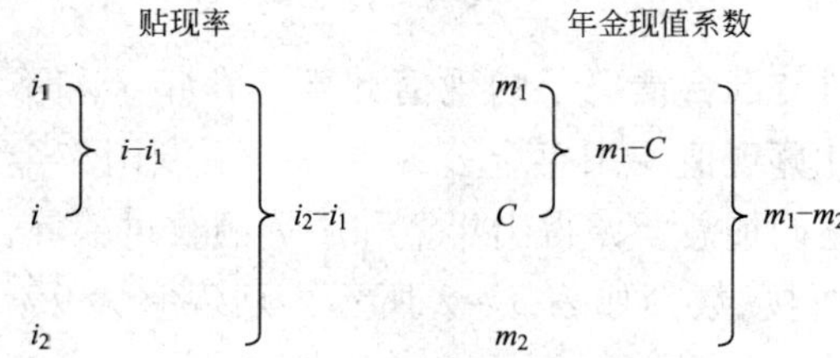

图 3－10 内插法原理示意图

由于
$$\frac{i - i_1}{i_2 - i_1} = \frac{m_1 - C}{m_1 - m_2}$$

所以，贴现率 i 的计算公式为

$$i = i_1 + \frac{m_1 - C}{m_1 - m_2}(i_2 - i_1)$$

例 3－23 某企业于第一年年初借款 10 000 元，每年年末还本付息 2000 元，连续 10 年还清。问这笔借款的实际利率是多少？

解：依题意，计算该借款的实际利率，就是计算使连续 10 期等额支付（普通

年金）的现值等于借款本金的贴现率。已知 $P=10\,000$，$n=10$，$A=2000$。由普通年金现值的计算公式得

$$(P/A,\ i,\ 10)=\frac{P}{A}=\frac{10\,000}{2000}=5$$

查年金现值系数表，在 $n=10$ 这一行上无法找到系数为 5 的值，但可以找到大于 5 和小于 5 的临界系数值：$m_1=5.0188>5$，$m_2=4.8332<5$，相应的临界利率为 $i_1=15\%$，$i_2=16\%$。由此可利用内插法计算该借款的实际利率为

$$i=i_1+\frac{m_1-C}{m_1-m_2}(i_2-i_1)=15\%+\frac{5.0188-5}{5.0188-4.8332}\times(16\%-15\%)$$
$$=15.10\%$$

（3）期数的推算

期数 n 的推算原理及步骤与贴现率 i 的推算相同。现以普通年金为例，说明在 P、A 和 i 已知的情况下，推算期数 n 的基本步骤。

第一，计算 P/A，设为 $P/A=C$。

第二，据 C 与（P/A，i，n）数值的关系，查年金现值系数表。沿着已知 i 查找，若能正好找到某一数值等于 C，则该数值所在行对应的期数便为所求的期数 n。

第三，若无法找到等于 C 的值，则应在表中 i 上找到最为接近 C 的 2 个上下临界系数值，设为 m_1、m_2，（它们满足 $m_1>C>m_2$，或 $m_1<C<m_2$）。读出 m_1、m_2 对应的临界期数 n_1、n_2，然后进一步应用内插法求 n。计算公式为

$$n=n_1+\frac{m_1-C}{m_1-m_2}(n_2-n_1)$$

例 3-24 某公司拟对某设备进行更新，预计需现在一次支付 40 000 元，每年可节约运行成本 10 000 元，该公司要求的最低投资报酬率为 8%，则这项新设备至少使用多少年才合算？

解：依题意，计算新设备的最低使用年限，就是计算使节约的成本的现值之和等于原始投资额的期限。已知 $P=40\,000$，$A=10\,000$，$i=8\%$。由普通年金现值的计算公式为

$$(P/A,\ 8\%,\ n)=\frac{P}{A}=\frac{40\,000}{10\,000}=4$$

查年金现值系数表，当利率 $i=8\%$ 时，不能找到一个系数等于 4，但可以找到大于 4 和小于 4 的临界系数值，对应的系数为 $m_1=3.9927<4$，$m_2=4.6229>4$，对应的临界期数为 $n_1=5$，$n_2=6$。

由公式 $n=n_1+\dfrac{m_1-C}{m_1-m_2}(n_2-n_1)$ 可得出

$$n=5+\frac{3.9927-4}{3.9927-4.6229}\times(6-5)=5.01\text{（年）}$$

计算结果表明，这项新设备至少使用 5.01 年才合算。

3.1.3 几项约定

对货币时间价值的计算和财务决策分析做一些约定，了解这些约定对正确理解课程内容是非常重要的。

● 现金流量发生于每一计息期间的期末。除非有特殊的说明，现金流量发生

于每一计息期间的期末。

● 现金流出是负价值。从投资决策者的立场来看，正的现金流量是流入，负的现金流量是流出。

● 决策点为 $t=0$。除非有特殊说明，“现在”是指在 $t=0$ 的一瞬间。这样，$t=0$ 的现金流量实际是将要发生的。

● 复利的次数与利息支付的次数相一致。如果利息是按月支付，则复利是按月计算的。

3.1.4　资金时间价值的应用

资金时间价值的计算具有非常重要的现实意义，在财务管理中有广泛的用途。树立资金时间价值观念，能够帮助企业做出正确的经济决策。在项目投资决策中，使企业采用合理的投资评价方案，做出正确的投资决策；在证券投资决策中，使企业债券、股票进行合理估价；在企业购并时对被购并企业进行科学的企业价值的评估；在企业筹集资金时判断资金成本的高低；帮助企业进行税务筹划、协助确定固定资产租金的高低，等等。

3.1.4.1　在项目投资决策中的应用

由于不同时点上的资金实际经济价值不等，必须对投资项目全过程内的现金流量进行科学预测，考虑现金流量发生的不同时点，采用动态评估法来评价投资项目。

例3－25　兴达公司拟开发一旅游矿藏，据预测，5年后价格将一次性上升30%。因此，该公司要对现在开发还是5年后开发做出决策。假定不论何时开发，初始投资相同，建设期为1年，第二年初投产运营，预计矿藏在投产后4年全部开采完毕。有关资料见表3－3。

表3－3　兴达公司投资开发时机决策资料　　单位：元

投资与回收		收入与成本	
固定资产投资	1 200 000	年产销量	2 000t
营运资金垫支	100 000	现在开采每吨售价	1 000
固定资产残值	0	5年后开采每吨售价	1 300
资金成本率	10%	每吨付现成本	400
		所得税税率	30%

解：第一步，计算现在开发的净现值。

现在开发的营业现金流量：

年销售收入＝2000×1000＝2 000 000（元）

每年应提折旧＝1 200 000÷4＝300 000（元）

每年付现成本＝2000×400＝800 000（元）

每年营业现金净流量＝(2 000 000－800 000－300 000)×(1－30%)＋300 000
＝930 000（元）

现在开发的净现值：

现在开发的净现值＝930 000×(P/A，10%，4)(P/F，10%，1)＋100 000×
×(P/F，10%，5)－100 000×(P/F，10%，1)－1 200 000
＝930 000×3.1699×0.9091＋100 000×0.6209－100 000×
×0.9091－1 200 000＝1 451 213（元）

第二步，计算5年后开发的净现值。

5年后开发的营业现金流量：

年销售收入 $=2000\times1300=2\ 600\ 000$（元）

每年应提折旧 $=1\ 200\ 000\div4=300\ 000$（元）

每年付现成本 $=2000\times400=800\ 000$（元）

每年营业现金净流量 $=(2\ 600\ 000-800\ 000-300\ 000)\times(1-30\%)+300\ 000$
$=1\ 350\ 000$（元）

5年后开发的净现值：

5年后开发的净现值 $=[1\ 350\ 000\times(P/A,\ 10\%,\ 4)\times(P/F,\ 10\%,\ 1)+100\ 000\times$
$\times(P/F,\ 10\%,\ 5)-100\ 000\times(P/F,\ 10\%,\ 1)$
$-1\ 200\ 000]\times(P/F,\ 10\%,\ 5)$
$=[1\ 350\ 000\times3.1699\times0.9091+100\ 000\times0.6209-$
$-100\ 000\times0.9091-1\ 200\ 000]\times0.6209$
$=1\ 652\ 556.84$（元）

2个方案的现金流量计算表如表3－4所示。

表3－4 兴达公司投资开发事件决策资料 单位：元

方案		时间 t（年）					
		0	1	2	3	4	5
现在开发	固定资产投资	－1 200 000					
	营运资金垫支		－100 000				
	营业现金净流量			930 000	930 000	930 000	930 000
	营运资金收回						100 000
	现金流量	－1 200 000	－100 000	930 000	930 000	930 000	1 030 000
5年后开发	固定资产投资						－1 200 000
	营运资金垫支						
	营业现金净流量						
	营运资金收回						
	现金流量						－ 1 200 000

方案		时间 t（年）				
		6	7	8	9	10
现在开发	固定资产投资					
	营运资金垫支					
	营业现金净流量					
	营运资金收回					
	现金流量					
5年后开发	固定资产投资					
	营运资金垫支	－100 000				
	营业现金净流量		1 350 000	1 350 000	1 350 000	1 350 000
	营运资金收回					100 000
	现金流量	－100 000	1 350 000	1 350 000	1 350 000	1 450 000

经计算对比，5 年后再开发的净现值大于现在马上开发的净现值，在其他条件不变的情况下，5 年后开发从经济上更加可行。

3.1.4.2 在证券估价中的应用

从资金筹集的角度出发，如果旅游企业需要通过发行证券从资本市场上筹集资金，首先要对发行的证券的价格进行确定。一旦定价不准确，将对企业的资金筹集带来负面影响。从资金投放的角度考虑，如果旅游企业将资金用于证券投资，那么，证券的价值就决定着投资是否成功。因此，在证券投资中，需要利用资金时间价值的计算对证券价值做出正确评估。

例 3-26 甲企业于 2005 年 1 月 1 日以 1100 元的价格购入 A 公司新发行的面值为 1000 元、票面年利息率为 10%、每年 1 月 1 日支付一次利息的 5 年期债券。部分资金时间价值系数如表 3-5 所示。

表 3-5 资金时间价值系数

i	$(P/F, i, 5)$	$(P/A, i, 5)$
7%	0.7130	4.1002
8%	0.6806	3.9927

要求：

- 计算该项债券投资的直接收益率；
- 计算该项债券投资的到期收益率；
- 假定市场利率为 8%，根据债券投资的到期收益率，判断甲企业是否应当继续持有 A 公司债券，并说明原因。

解：

其一，直接收益率 $=1000\times10\%/1100\approx9.09\%$

其二，设到期收益率为 i，则有：

$$NPV=1000\times10\%\times(P/A,\ i,\ 5)+1000\times(P/F,\ i,\ 5)-1100=0$$

当 $i=7\%$ 时

$$\begin{aligned}NPV&=1000\times10\%\times(P/A,\ 7\%,\ 5)+1000\times(P/F,\ 7\%,\ 5)-1100\\&=1000\times10\%\times4.1002+1000\times0.7130-1100\\&=23.02>0\end{aligned}$$

当 $i=8\%$ 时

$$\begin{aligned}NPV&=1000\times10\%\times(P/A,\ 8\%,\ 5)+1000\times(P/F,\ 8\%,\ 5)-1100\\&=1000\times10\%\times3.9927+1000\times0.6806-1100\\&=-20.13<0\end{aligned}$$

$$\text{到期收益率}\ i=7\%+\frac{23.02-0}{23.02+20.13}\times(8\%-7\%)=7.53\%$$

其三，甲企业不应当继续持有 A 公司债券。

理由是：A 公司债券到期收益率 7.53% 小于市场利率 8%。

资金时间价值的本质是资金增值。企业在整个生产经营过程中，包括投资活动、购买原材料、组织生产、销售、处理闲置资产等各个环节都要占用一定的资金，占用资金越多，支付的财务费用越多；占用的时间越长，付出的代价越高。因此，必须增强资金的时间价值观念，在实际生活中自觉运用资金时间价值原理来科学预测、评价、考核各种经济活动，提高资金的使用效益．以促进企业的经济效益的提升。

3.1.4.3 在企业价值评估中的应用

在现代财务管理理论中，企业财务管理的目标是企业价值的最大化。即通过合理经营，充分考虑资金时间价值和风险之后，在保证企业长期稳定发展的基础上使企业总价值达到最大。企业价值的大小要通过市场进行评价后确定其市场价值。企业价值是该企业未来在市场上能够带来的预期收益，可以通过计算其未来现金流量的现值来衡量。

$$企业价值 = \sum_{i=1}^{n} \frac{未来现金净流入量}{(1+WACC)^{i}}$$

式中 $WACC$——加权平均资金成本。

对企业价值的衡量在企业兼并中的作用尤其重要。在并购过程中，对被并购企业的价值评估成为并购的关键。被并购企业的估价取决于并购企业对其未来收益的大小和收益实现时间的预期，这就需要在考虑货币时间价值的基础上确定企业未来现金流量的现值。

3.1.4.4 在筹资决策中的应用

企业在资金的筹集过程中，除关注个别资金成本和加权平均资金成本以及风险外，资金时间价值也是筹资活动要考虑的一个关键因素。比如，在选择利息支付方式的时候，资金时间价值就有着不可忽视的作用。

例3－27 某企业计划从银行取得10万元借款，期限3年，银行借款年利率8%。如果每年支付一次利息，则需要支付利息的现值为：

$$P_1 = 100\,000 \times 8\% \times \frac{1}{1+10\%} + 100\,000 \times 8\% \times \frac{1}{(1+10\%)^2} + 100\,000 \times 8\% \times \frac{1}{(1+10\%)^3}$$

$$= 8000 \times 0.9091 + 8000 \times 0.8264 + 8000 \times 0.7513$$

$$= 19\,894.4 \text{（元）}$$

如果每季度支付一次利息，每季度利息为 $100\,000 \times \frac{8\%}{4} = 2000$，利率为 $\frac{8\%}{4} = 2\%$，3年支付利息的次数为12次，则需要支付利息的现值为：

$$P_2 = 2000 \times (P/A,\ 2\%,\ 12) = 2000 \times 10.5753 = 21\,150.6 \text{（元）}$$

由计算结果可以看出，由于支付利息的频率不同，需要付出的资金总量也不相同，这就是资金时间价值的作用。

3.1.4.5 在纳税筹划中的应用

支付税金属于企业的一项现金流出，资金具有时间价值。因此，企业应通过合法、合理调整当期收入和成本费用来降低当期应税所得额，尽量减少企业前期税金的缴纳，从而达到降低现金流出现值的目的，相当于企业每期都获得了一笔无息贷款。

3.2 投资的风险价值

企业的财务活动经常是在有风险的情况下进行的。因此，进行财务管理必须研究风险、计量风险并设法控制风险，以求最大限度地实现风险价值。

3.2.1 风险的含义

风险是指在一定条件和一定时期内可能发生的各种结果的变动程度，也可以说是未来收益与预期收益的偏离程度。风险是客观存在的，是现代企业财务管理的一个重要特征，在企业财务管理的每一个环节都不可避免地要面对风险。

风险，在大家的理解中，一般都认为是会带来损失的，这是对风险的片面理解。事实上，风险可能使未来收益高于预期收益；也可能使未来收益低于预期收益，甚至带来损失。因此，风险有可能是危险，也有可能是机会，危险与机会并存。

在激烈的市场竞争中，由于市场经营环境的变化和旅游企业经营决策的原因，企业的经营活动面临着难以预料或无法控制的因素，实际收益与预计收益之间会发生背离，可能使企业蒙受经济损失。为此，企业财务管理人员要正确对待风险，应充分估计企业可能发生的风险，运用科学的手段衡量和分析风险，尽量规避风险。

3.2.2 风险的分类

站在不同的角度，企业财务管理中的风险有不同的分类。

3.2.2.1 市场风险和公司特有风险

从个别投资主体的角度看，风险可分为市场风险和公司特有风险。

(1) 市场风险

市场风险是指影响所有公司的因素引起的风险。例如，国家宏观经济政策的变动、战争、经济衰退、通货膨胀、高利率等因素几乎能使所有企业的财务受到损失。这类风险涉及所有的投资对象，不能通过多角化投资来分散，因此也称不可分散风险或系统风险。

(2) 公司特有风险

公司特有风险是指发生于个别公司的特有事件造成的风险。例如，罢工、新产品开发失败、没有争取到重要合同、无力偿还到期债务、诉讼失败等。这类事件是随机发生的，因而可以通过多角化经营来分散，因此也称为可分散风险或非系统风险。

3.2.2.2 融资风险、投资风险和收益分配风险

从公司本身的财务活动来看，风险可分为融资风险、投资风险和收益分配风险。

(1) 融资风险

融资风险是指由于举债经营以及资金结构的选择而给企业经营带来的不确定性。企业举债经营，全部资金中除自有资金外还有一部分借入资金，这会对自有

资金的盈利能力造成影响；同时，借入资金要定期还本付息，如果企业到期不能还本付息，就会面临诉讼、破产等威胁，遭受严重损失。这种风险程度的大小受借入资金对自有资金比例的影响，借入资金比例越大，风险程度随之增大；借入资金比例越小，风险程度也随之减少。对融资风险的管理，关键是要保证有一个合理的资金结构，维持适当的负债水平，既要充分利用举债经营这一手段获取财务杠杆收益，提高自有资金盈利能力，同时要注意防止举债过度而引起的财务风险的加大，避免陷入财务困境。

（2）投资风险

投资风险是指对于不同投资项目和投资方案的选择引起的投资结果的不确定性。如果选择了适当的项目和合理的方案，就会实现预期的投资报酬率，即投资成功；反之，如果选择了不适当的项目和不合理的方案，就无法实现预期的投资报酬率，甚至会亏损。对投资风险的管理，关键要掌握和运用科学的投资决策方法，充分调查研究，杜绝盲目决策。

（3）收益分配风险

收益分配风险是指对于不同收益分配方案的选择引起的财务结果的不确定性。例如，分配过多，满足了投资人的利益要求，但可能引起企业现金的不足，导致企业资金周转困难，也影响企业的长期发展；分配过少，会挫伤投资人的积极性，引起投资人的积怨，导致企业再融资时出现困难。对收益分配风险的管理，关键是要正确处理企业与投资人之间的财务关系，正确处理短期利益与长期发展之间的关系。当然，其前提是加强全面管理，实现最大的盈利。

财务管理中风险到处存在，因此，加强风险管理对于企业具有十分重要的意义。为此，财务管理人员应对风险持有正确态度，掌握风险管理的基本策略。

由于企业的经济实力和经营状况不同，投资者对风险的态度也存在一定的差异，任何企业或个人投资者，从本质上看都是风险的厌恶者。从厌恶程度进行分析，一般将风险厌恶者分为3种类型：极度厌恶者、一般厌恶者和冒险者。

企业对待风险的态度不同，从而对具体投资方案所做出的风险决策也不相同。在财务管理中，了解对待风险的态度主要是为把握投资机会，并更好地做出风险决策。

3.2.3 风险管理的程序

所谓风险管理，就是通过一系列的措施和办法，对证券、资产或项目投资实施风险管理，努力实现收益一定下的风险最小化或者风险一定下的收益最大化。风险管理的基本程序如下。

第一，确定风险。明确可能发生的风险性质和风险类型，并确定风险发生的可能性。

第二，设立目标。对可能发生的风险进行分析研究，分析其影响程度和影响范围，并在此基础上设立风险管理的目标。

第三，制定策略。为保证风险管理目标的实现，应针对风险的性质、种类及其影响，制定相应的风险管理策略，以避免可能出现的各种损失。

第四，实施评价。定期或经常地进行检查，并对风险管理工作的绩效进行评价和考核。

3.2.4 风险与报酬的关系

通常风险越高，投资者要求的风险报酬也越大，风险越低风险报酬相应也就越低。风险和期望的投资报酬率之间的关系表示为

$$期望投资报酬率 = 无风险报酬率 + 风险报酬率$$

即
$$K = K_f + K_R$$

式中 K——期望投资报酬率；

K_f——无风险报酬率；

K_R——风险报酬率。

3.2.5 风险的衡量

为了有效地做好财务管理工作，必须掌握风险价值的衡量，掌握风险与报酬的关系，熟悉风险报酬的计算方法。

3.2.5.1 确定投资报酬的概率分布

概率是指这一事件可能发生的可能性。例如，一个企业的利润有60%的机会增加，有40%的机会减少。如果把所有可能的事件或结果都列示出来，且每一事件都给予一种概率，把他们列示在一起，便构成了概率的分布。其概率分布详见表3-6。

表3-6 概率分布表

可能出现的结果（i）	概率（P_i）
利润增加	0.6=60%
利润减少	0.4=40%
合 计	1.00=100%

概率分布必须符合以下2个要求：

● 所有的概率，即 P_i 都在0和1之间，即 $0 \leqslant P_i \leqslant 1$；

● 所有结果的概率之和应等于1，即 $\sum_{i=1}^{n} P_i = 1$，这里，n 为可能出现结果的个数。

3.2.5.2 计算投资报酬的期望值

预期收益率是指各种可能的结果按其各自的概率进行加权平均得到的平均收益率，是反映集中趋势的一种量度，计算公式为

$$\overline{E} = \sum_{i=1}^{n} P_i X_i$$

式中 $\overline{E}$——期望值；

X_i——第 i 种可能结果的报酬率；

P_i——第 i 种可能结果的概率；

n——可能结果的个数。

例3-28 ABC公司和XYZ公司股票的报酬率及其概率分布情况详见表3-7，试计算2个公司的期望报酬率。

表 3-7　ABC 公司和 XYZ 公司股票报酬率的概率分布

经济情况	该种经济情况发生的概率（P_i）	报酬率（K_i）%	
		ABC 公司	XYZ 公司
繁荣	0.20	40	70
一般	0.60	20	20
衰退	0.20	0	-30

下面，根据上述期望报酬率公式分别计算 ABC 公司和 XYZ 公司的期望报酬率。

解：

ABC 公司：$\overline{E} = P_1 \times X_1 + P_2 \times X_2 + P_3 \times X_3$

$= 40\% \times 0.2 + 20\% \times 0.6 + 0\% \times 0.2$

$= 20\%$

XYZ 公司：$\overline{E} = P_1 \times X_1 + P_2 \times X_2 + P_3 \times X_3$

$= 70\% \times 0.2 + 20\% \times 0.6 + (-30\%) \times 0.2$

$= 20\%$

2 个公司股票的期望报酬率都是 20%，但 ABC 公司各种情况下的报酬率比较集中，而 XYZ 公司却比较分散，所以 ABC 公司的风险小。这种情况可通过图 3-11 来说明。

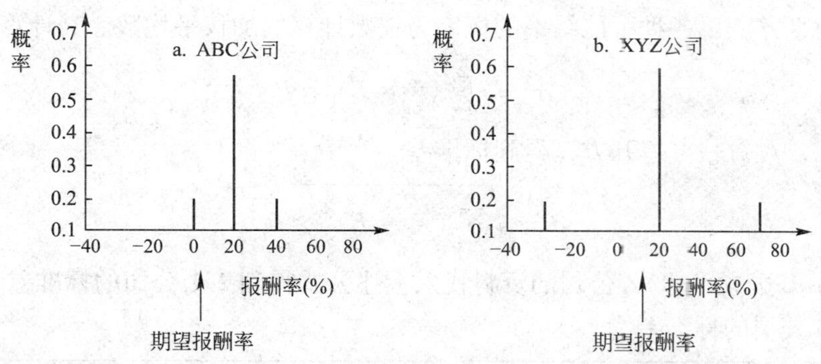

图 3-11　ABC 公司与 XYZ 公司报酬率的概率分布图

以上只是假定经济存在繁荣、一般和衰退 3 种情况。实践中，经济状况可以在极度衰退和极度繁荣之间发生无数种可能的结果。如果对每一可能的经济情况都给予相应的概率（概率的总和要等于 1），并对每一种可能的经济情况都给予相应的报酬率，把他们绘制在直角坐标系中，便可得到连续的概率分布，如图 3-12 所示。

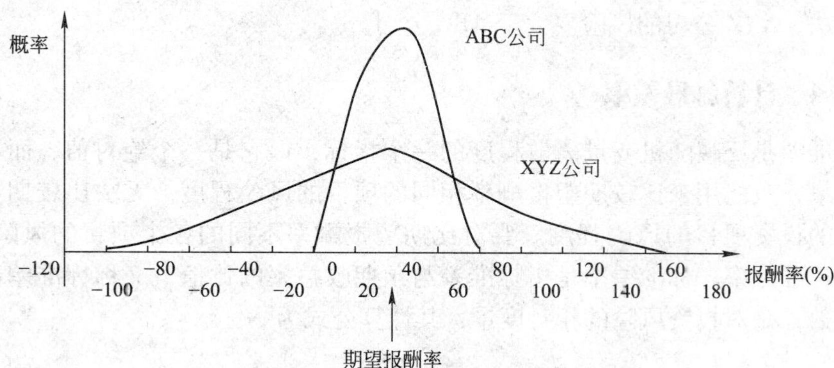

图 3-12　ABC 公司与 XYZ 公司报酬率的连续分布图

3.2.5.3 计算标准差

各种可能结果与期望值的偏离程度的高低反映了投资风险的大小。这种偏离程度用标准差来衡量，是反映离散度的一种量度，是对投资风险绝对值的度量，用 σ 表示。

通常在期望值相同的情况下，标准差越大，风险越大；反之，风险越小。计算公式如下

$$\sigma = \sqrt{\sum_{i=1}^{n} (X_i - \overline{E})^2 \times P_i}$$

具体来讲，计算标准差的程序如下。

第一，计算期望报酬率。

$$\overline{E} = \sum_{i=1}^{n} P_i X_i$$

第二，把期望报酬率与每一结果相减，得到每一种可能结果与期望报酬率的差异。

$$D_i = X_i - E_i$$

第三，计算每一差异的平方，再乘以与其有关的结果发生的概率，并把这些乘积汇总，得到概率分布的方差。也就是说，方差是各种可能结果值与期望报酬率之差的平方，以各种可能结果的概率为权数计算的加权平均数。其计算公式为

$$\sigma^2 = \sum_{i=1}^{n} (X_i - \overline{E})^2 \times P_i$$

第四，对每一方差开方，得到标推差。

$$\sigma = \sqrt{\sum_{i=1}^{n} (X_i - \overline{E})^2 \times P_i}$$

将ABC公司和XYZ公司的资料代入上述公式得到2个公司的标准差：

ABC公司的标准差为

$$\sigma = \sqrt{(40\% - 20\%)^2 \times 20\% + (20\% - 20\%)^2 \times 60\% + (0\% - 20\%)^2 \times 20\%}$$
$$= 12.65\%$$

XYZ公司的标准差为

$$\sigma = \sqrt{(70\% - 20\%)^2 \times 20\% + (20\% - 20\%)^2 \times 60\% + (-30\% - 20\%)^2 \times 20\%}$$
$$= 31.62\%$$

标准差越小，说明离散程度越小，风险也越小；反之，风险越大。根据这种测量方法，XYZ公司的风险要大于ABC公司。

3.2.5.4 计算标准差率

标准差是反映随机变量离散程度的一个指标，但它是一个绝对值，而不是一个相对量，只能用来比较期望报酬率相同的项目的风险程度，无法比较期望报酬率不同的投资项目的风险程度。要对比期望报酬率不同的各个项目的风险程度，应该用标准差率。标准差率是指标准差与预期收益率的比值，又称标准差系数或变异系数，是对投资风险的相对度量，其计算公式为

$$V = \frac{\sigma}{\overline{E}}$$

式中 V——标准差率。

本例中，ABC 公司的标准差率为

$$V=\frac{12.65\%}{20\%}\times100\%=63.25\%$$

XYZ 公司的标准差率为

$$V=\frac{31.62\%}{20\%}\times100\%=158.10\%$$

当然，在本例中，2 个公司的期望报酬率相等，可以直接根据标准差来比较风险程度。但如果期望报酬率不等，则必须计算标准差率才能对比风险程度。例如，假设 ABC 公司和 XYZ 公司股票报酬的标准差仍为 12.65% 和 31.62%，但 ABC 公司股票的期望报酬率为 15%，XYZ 公司股票的期望报酬率为 40%，那么，究竟哪种股票的风险更大呢？这时则不能用标准差作为判别标准，而要使用标准差率。

ABC 公司的标准差率为

$$V=\frac{12.65\%}{15\%}\times100\%=84.33\%$$

XYZ 公司的标准差率为

$$V=\frac{31.62\%}{40\%}\times100\%=79.05\%$$

这说明，在上述假设条件下，ABC 公司股票的风险要大于 XYZ 公司股票的风险。

3.2.5.5 计算风险报酬率

标准差率虽然能正确评价投资风险程度的大小，但这还不是风险报酬率。要计算风险报酬率，还必须借助于一个系数——风险报酬系数。风险报酬率、风险报酬系数和标准差率之间的关系，可用公式表示如下

风险报酬率 = 风险报酬系数 × 风险程度 = 风险报酬系数 × 标准差率

即

$$K_R=bV$$

式中 b——风险报酬系数。

3.2.5.6 计算总的期望投资报酬率

期望投资报酬率 = 无风险报酬率 + 风险报酬率（风险价值），表示为

$$K=K_f+K_R=K_f+bV$$

无风险报酬率就是加上通货膨胀贴水以后的货币时间价值，西方一般把投资于国库券的报酬率视为无风险报酬率。

风险报酬系数是将标准差率转化为风险报酬率的一种系数，假设 ABC 公司的风险报酬系数为 5%，XYZ 公司的风险报酬系数为 8%，则 2 个公司股票的风险报酬率分别为

ABC 公司：
$$\begin{aligned}K_R&=bV\\&=5\%\times63.25\%\\&=3.16\%\end{aligned}$$

XYZ 公司：
$$\begin{aligned}K_R&=bV\\&=8\%\times158.10\%\end{aligned}$$

$$=12.65\%$$

如果无风险报酬率为10%，则2个公司股票的投资报酬率分别为

$$\begin{aligned}\text{ABC 公司：} K &= K_f + K_R = K_f + bV \\ &= 10\% + 5\% \times 63.25\% \\ &= 13.16\%\end{aligned}$$

$$\begin{aligned}\text{XYZ 公司：} K &= K_f + K_R = K_f + bV \\ &= 10\% + 8\% \times 158.10\% \\ &= 22.65\%\end{aligned}$$

计算出风险报酬率后，再计算风险报酬额就很容易。即

$$\text{风险报酬额} = \text{计划投资额} \times \text{风险报酬率}$$

上述计算过程和结果都表明：风险和报酬之间的基本关系是风险越大，要求的报酬率越高，这是市场竞争的必然结果。如果不论风险高低，报酬率都相等，那么所有的企业都会选择风险较低的项目进行投资，结果是风险低的项目竞争激烈，反而风险增加，报酬率下降；而高风险的项目则由于竞争激烈程度较低，反而风险下降，报酬率增加。于是，高风险的项目必然伴随着较高的期望报酬率，低期望报酬率的项目也必然伴随着较低的风险。财务管理人员进行投资决策总的原则应该是，期望报酬率越高越好，风险程度越低越好。但事实上这样两全其美的项目（或方案）是很难碰到的，而可能的情况是以下几种：① 如果2个项目（或方案）的期望报酬率基本相同，应当选择标准差率较低的那一个；② 如果2个项目（或方案）的标准差率基本相同，应当选择期望报酬率较高的那一个；③ 如果甲项目（或方案）的期望报酬率和标准差率都高于乙项目（或方案），则取决于投资者对风险的态度。有的投资者愿意冒较大的风险，以追求较高的报酬率，可能选择甲项目（或方案）；有的投资者则不愿冒较大的风险，宁愿接受较低的报酬率，可能选择乙项目（或方案）。但如果甲项目（或方案）的期望报酬率高于乙项目（或方案）的程度大，而其标准差率高于乙项目（或方案）的程度小，则选择甲项目（或方案）可能是比较适宜的。

应当指出，上述风险价值计算的结果具有一定的假定性，并不十分精确。研究投资风险价值原理，关键是要在进行投资决策时，树立风险价值观念，认真权衡风险与报酬的关系，选择有可能避免风险、分散风险，并能获得较大报酬的投资方案。我国有些企业在进行投资决策时，往往不考虑多种可能性，更不考虑失败的可能性，孤注一掷，盲目引进设备、扩建厂房、增加品种、扩大生产，以致造成浪费，甚至面临破产。这种案例屡见不鲜，实当引以为戒。因此，在投资决策中应当充分运用风险价值原理，充分考虑市场和经营中可能出现的各种情况，对各种方案进行权衡，以求实现最佳的经济效益。

【思考题】

1. 怎样理解资金的时间价值？
2. 什么是复利？复利和单利有何区别？
3. 什么是年金？年金可分为哪几种？如何计算年金的终值和现值？
4. 什么是风险？风险可分为哪几种？
5. 如何衡量风险的大小？
6. 风险和报酬的关系如何？如何计算风险报酬？

【经验性训练】

请你帮中原旅游公司作决定

2007 年 7 月 1 日，中原旅游公司向中国农业银行河南分行贷款 5000 万元为新兴市场业务拓展费。与银行签订的贷款协议规定，贷款年利率为 10%，贷款期限为 10 年。鉴于银行提出贷款可以自行选定偿还贷款的方式，该公司的经理正在考虑用哪种方式偿还这笔贷款才对公司最有利，以便与银行正式签订合同。

银行提出的可供选择的方式有如下 5 种方式：

1. 每年只付利息，到期付清本金；
2. 全部本息到债务期末一次还清；
3. 债务期间每年均匀偿还本利和；
4. 债务期间，除每年偿还利息外，按 10% 偿还本金，余额债务期末一次付清；
5. 债期过半后再均均偿还本利和。

假如你是中原旅游公司的经理，将选用哪种方式偿还这笔贷款？

【思考】

1. 5 种偿还方式下，偿付本金与利息的现金流怎样？这 5 种方式支付的金额是否等值？
2. 决定债务偿还的方式应考虑哪些因素？从借款企业角度分析，最主要的因素是什么？
3. 试分析企业在怎样的经济环境下，采用如何方式最为有利？
4. 作为经理，应怎样对待借债和还债？

【提示】 利用资金时间价值原理计算出各种偿还方式下的 A 或 F。

【案例分析】

利民公司货币时间价值的计算

资料一：利民公司 2005 年 1 月 5 日向沈阳信托投资公司融资租赁一台万能机床，双方在租赁协议中明确：租期截止到 2010 年 12 月 31 日，年租金 5600 元，于每年年末支付一次，沈阳信托投资公司要求的利息及手续费率通常为 5%。

资料二：利民公司 2008 年 3 月拟在东北某大学设立一笔“劲成奖学基金”。奖励计划为：每年特等奖 1 人，金额为 1 万元；一等奖 2 人，每人金额 5000 元；二等奖 3 人，每人金额 3000 元；三等奖 4 人，每人金额 1000 元。目前银行存款年利率为 4%，并预测短期内不会发生变动。

资料三：利民公司 2003 年 1 月 1 日向工行沈阳分行借入一笔款项，银行贷款年利率为 6%，同时利民与沈阳分行约定：前 3 年不用还本付息，但从 2006 年 12 月 31 日起至 2010 年 12 月 31 日止，每年末要偿还本息 2 万元。

要求：

1. 根据资料一计算系列租金的现值和终值。如果年租金改按每年年初支付一次，再计算系列租金的现值和终值。

2. 根据资料二分析利民公司为设此项奖学基金，应一次性存入银行多少钱？

3. 根据资料三分析利民公司当初向工行沈阳分行借入多少本金？至 2010 年 12 月 31 日共向工行沈阳分行偿还本息是多少？

分析如下：

1. 根据资料一计算系列租金的现值和终值。如果年租金改按每年年初支付一次，再计算系列租金的现值和终值。

年末支付时 $F=A\times(F/A,\ 5\%,\ 6)=5600\times6.802=38\,091.20$（元）

$P=A\times(P/A,\ 5\%,\ 6)=5600\times5.076=28\,425.60$（元）

年初支付时 $F=A\times[(F/A,\ 5\%,\ 7)-1]-5600\times(8.142-1)$

$=39\,995.20$（元）

或： $F=A\times(F/A,5\%,6)\times(1+5\%)=5600\times6.802\times1.05$

$=39\,995.76$（元）

$P=A\times[(P/A,5\%,5)+1]=5600\times(4.329+1)$

$=29\,842.4$（元）

或： $P=A\times(P/A,5\%,6)\times(1+5\%)=5600\times5.076\times1.05$

$=29\,846.88$（元）

2. 根据资料二分析利民公司为设此项奖学基金，应一次性存入银行多少钱？

$$A=10\,000+10\,000+9000+4000=33\,000\text{（元）}$$

$$P=33\,000/4\%=825\,000\text{（元）}$$

3. 根据资料三分析利民公司当初向工行沈阳分行借入多少本金？至2010年12月31日共向工行沈阳分行偿还本息是多少？

$$P=20\,000\times(P/A,6\%,5)=20\,000\times4.212=84\,240\text{（元）}$$

$$F=20\,000\times(F/A,6\%,5)=20\,000\times5.637=112\,740\text{（元）}$$

【本章推荐阅读书目】

1. 旅游企业财务管理. 田岗，常永翔，薛永刚. 中国市场出版社，2005.
2. 旅游企业财务管理. 曹军辉. 湖南人民出版社，2004.
3. 旅游企业财务管理. 何惠. 郑州大学出版社，2002.
4. 现代旅游企业财务管理. 龚韵笙. 东北财经大学出版社，2002.
5. 财务管理. 谢邦柱，沈烈. 湖北科学技术出版社，2006.
6. 财务管理. 李艳萍. 经济科学出版社，2006.

第 4 章

旅游企业筹资管理

【本章概要】

本章就旅游企业筹资原则、筹资分类、筹资渠道、筹资成本和旅游企业财务风险等内容进行了阐述和分析，重点讨论了负债筹资、发行股票筹资以及资金成本和企业财务风险等内容。

【学习目标】

- 了解旅游企业筹资的必要性；
- 了解旅游企业筹资原则、筹资分类、筹资渠道等内容；
- 掌握筹资成本的计算；
- 掌握最佳资本结构的确定方法。

【关键性术语】

企业筹资、筹资分类、筹资渠道、资金成本、资本结构、财务杠杆、财务风险、最佳资本结构。

【章首案例】

国内旅行社对上市融资充满迫切希望

2002 年 8 月 13 日，以“国旅假期”为统一品牌的广东国际旅行社股份有限公司正式挂牌，该公司董事长刘建新称，“国旅假期”将朝上市融资、实现战略扩张的方向发展。广东铁青则宣称其目标是组建广铁旅游集团，进而组建广东铁青股份有限公司并进一步朝上市融资的目标迈进。这样位列 2001 年度全国百强国际旅行社前 10 家中的 4 家——广东中旅、广东国旅、深圳口岸、广东铁青已全部成为股份制企业。其中，广东中旅已完成为期 1 年的上市期，准备上报上市材料，等待审批。全国百强第 11 位的广之旅早在几年前就已经完成股份制改造，计划将注册资金增加到 5000 万元，以达到上市公司所需的最低资金限额。

旅游企业上市融资前景如何未可知。一位投资银行的人士认为“从现在开始筹备上市，就算进展顺利也需要 3 年左右的时间。在目前上市通道不很畅通的情况下，盘子小且成功把握不大的旅游企业很难引起券商的兴趣，众多旅游企业实现上市梦的条件还不成熟。”但“国旅假期”市场部经理对上市融资却充满信心，认为上市不是唯一途径，但显然是比较理想的融资渠道，旅游企业克服困难朝着这个方向努力。

【案例思考题】

旅游企业上市融资的困难在哪里？为何旅游企业都愿意通过上市融通资金？

4.1 旅游企业筹资概述

资金筹集是旅游企业根据经营需要，通过金融市场，采用合理的融资方式，获得企业所需资金的一种财务活动。筹集适当的资金是旅游企业生存和发展的基础。对于新创建的旅游企业来说需要筹集一定量的资金用于新建（如客房、餐厅等）建筑物，购买旅游设备设施以及维持旅游企业经营周转的原材料、商品等物资，需要垫付员工薪金，并需要支付企业创建期的各种创办费用；对于现存旅游企业维持正常经营来说，需要筹集一定量的资金用于不断更新固定资产，以维持或扩大企业的经营规模，需要储备足够的原材料、商品并支付职工工资薪金，为客户提供服务，及时清偿债务，以维持企业的信誉等。

4.1.1 企业筹资的原则

企业资金筹集要根据企业经营管理的需要，遵循下列6项基本原则。

(1) 数量适度原则

企业筹资要确定合理的资金需要量，企业要根据经营情况合理预测资金需要量。资金不足，将会影响企业正常的经营，资金过剩，闲置不用，又会增加企业资金成本，影响企业资金使用效率。所以，适度筹资，既能保证企业经营需要，又能提高企业资金使用效率。

(2) 筹措及时原则

旅游企业是季节性经营企业，在旅游旺季，企业对资金的需要量较大，而在旅游淡季，企业对资金的需要量可能相对较小。为此，企业在筹资过程中，需要对资金供求状况进行深入细致的调查研究，合理预测企业资金供需状况，及时筹措所需资金，以满足企业经营所需。

(3) 使用效益原则

企业筹资必须讲求效益，以尽可能小的成本，取得尽可能大的投资收益。这要求企业一方面尽量选择资金成本低的筹资渠道和筹资方式，降低资金综合成本；另一方面合理确定资金投资方向，使有限的资金获取最大的投资收益。

(4) 结构合理原则

企业筹资必须考虑各种筹资渠道和筹资方式的合理比例结构，注意举债规模与资本结构和偿债能力相适应，避免不应有的财务风险。为此，企业需要从全局出发、从长远考虑，根据资金使用计划和筹资数额，合理安排企业的资本结构，既充分利用现有资金，又尽可能在合理的范围内利用社会资金，扩大企业经营规模。

(5) 方式经济原则

企业筹集资金要付出一定的代价，不同筹资方式下的资金成本有高有低。为此，就需要对各种筹资方式进行分析、对比，选择经济、可行的筹资方式。与筹资方式相联系的问题是资金结构问题，企业应确定合理的资金结构，以便降低成本，减少风险。

(6) 来源合法原则

企业筹资要遵循国家法律法规，尤其是在向社会筹资时，要严格按国家规定执行，严格申报程序和操作规程，严禁违法筹资，保障国家金融秩序的稳定。

4.1.2 企业筹资的种类

企业可以依据不同的标准，对筹资进行分类。

（1）按筹资的使用时间分，可以分为短期筹资和长期筹资

短期筹资 是企业为了满足经营过程中临时资金需要而筹集的资金，筹资期限较短，一般在1年以内。

长期筹资 是企业为了长期发展所需筹集的、使用期限较长（一般在1年以上）的资金。

将企业资金筹集划分为短期筹资和长期筹资，有利于企业从经营周转和发展需要，决定所筹资金的使用和偿还，并制定相应的财务政策。

（2）按筹资活动是否通过金融机构，分为直接筹资和间接筹资

直接筹资 是指资金供求双方通过一定的金融工具直接形成债权债务关系或所有权关系的筹资形式。直接筹资的工具主要是商业票据、股票、债券。直接筹资有利于资金的快速合理配置和提高使用效益。

间接筹资 是指资金供求双方通过金融中介机构间接实现资金融通的活动，如向银行借款。间接筹资的优点在于灵活便利、规模经济。

（3）按筹集对象的范围分，可以分为内部筹资和外部筹资

内部筹资 包括公司通过发行股票、吸收直接投资、内部积累等方式筹集的资金，又称权益筹资。通过权益筹资筹集的资金，一般不用还本，财务风险小，但支付的资金成本相对较高。

外部筹资 是公司通过发行债券、向银行借款、融资租赁等方式筹集的资金，又称债务筹资。通过债务筹资筹集的资金，到期要归还本金和利息。公司采用借入资金的方式筹集资金，一般承担较大的财务风险，但相对而言，付出的资金成本较低。

4.1.3 企业筹资的渠道

企业筹资活动需要通过一定的渠道来完成。旅游企业作为市场经济中的一类经济实体，其筹集资金的渠道主要有金融机构、非金融机构或单位、社会居民、企业内部4条渠道。

（1）金融机构

金融机构是旅游企业筹集资金的主渠道，主要有以下3种。

国内商业银行 主要有中国工商银行、中国银行、中国建设银行、招商银行、深圳发展银行等。

国内非银行金融机构 主要有城市信用社、信托投资公司、证券公司、保险公司等。

国际金融机构 如世界银行、亚洲开发银行、世界证券交易机构等。国内企业在国际上筹资，通常要由国家有关部门帮助，以国家作为担保人，才能实现融资。

（2）非金融机构或单位

国家财政 包括中央财政和地方财政。国家财政资金是指国家以财政拨款、财政贷款、国有资产入股等形式向企业投入的资金。它是中国国有企业的主要资金来源。旅游企业是我国较早对外开放的产业，随着国家政府职能的转变，国家正实施“国退民进”的策略，国有资本逐步退出旅游企业，而将民营资本引入旅游企业，依靠国家财政筹集资金的数额正在减少。但随着国家开发西部经济政策的实施，国家将大力扶植西部旅游业，其西部旅游企业通过国家财政筹集资金的数额将会有所增加。

其他企业 包括国内外其他企业。企业在生产经营过程中，往往形成部分暂时闲置的资金。为了一定的目的，企业将暂时闲置的资金进行相互投资；另外，企业间的购销业务可以通过商业信用方式来完成，从而形成企业间的债权债务关系，形成债务人对债权人的短期信用资金占用。企业间的相互投资和商业信用的存在，使其他企业资金也成为企业资金的一项重要来源。

(3) 社会居民

企业职工和居民个人将游离于银行及非银行金融机构等之外的个人结余资金对企业进行投资，形成民间资金来源渠道。

民间资金是旅游企业筹集资金的另一重要渠道，企业可以通过发行股票、债券等方式向社会居民筹集资金。

(4) 企业内部

企业主要通过内部积累筹集部分经营所需资金，包括从税后利润中提取的盈余公积金和未分配利润以及通过计提折旧费而形成的固定资产更新改造资金。这些资金的主要特征是，无需通过一定的方式去筹集，而是直接由企业内部自动生成或转移。

4.1.4 企业筹资方式

旅游企业筹集资金可以通过权益筹资和负债筹资2种方式进行。权益筹资方式主要有留存收益、吸收直接投资、发行股票等几种。权益筹资所筹集到的资金属于企业的自有资金，能增强企业的偿债能力，而且支付报酬的方式较为灵活，通常是企业经营状况好，支付的报酬多；企业经营状况不好，则可以少支付甚至是不支付报酬，有利于降低企业的财务风险；但权益筹资支付的报酬由于是在税后支付的，一般资金成本较负债融资高，而且股权过于分散，原股东容易丧失对企业的控制权。

负债筹资方式主要有发行债券、借款、融资租赁、商业信用等几种。负债融资的利息是在税前支付的，资金成本相对较低，当企业投资收益率大于负债筹资利息率时，扩大负债融资的比率，能提高企业自有资金利润率，同时负债筹资能使股东保留对企业的控制权；但负债筹资需要定期偿还本金和利息，财务风险较高，而且筹资时受限制的条款较多，筹资额有限。

企业筹资时需要综合考虑各种因素如资金成本、资金结构等，权衡利弊，正确选择筹资渠道，比较各种筹资方式的资金成本，使筹资成本尽量降低、筹集资金能及时到位、资本结构逐步优化，并尽量避免所有权或控制权发生变更。

4.2 旅游企业资金需要量预测

旅游企业筹集经营所需资金，必须以对资金需要量的合理预测为基础。尤其是旅游企业属季节性经营企业，旅游淡季和旅游旺季对资金的需要量差异较大。只有合理预测企业各个时期资金需要量，才能适时保障企业经营所需资金。企业筹集过多资金，会造成资金的浪费，增加企业不必要的费用开支，资金筹集量过低，不能满足企业经营所需资金，影响企业经营过程中的正常资金周转。

4.2.1 旅游企业资金需要量预测基本步骤

(1) 销售量及销售收入预测

旅游企业资金需要量的预测以旅游企业销售预测为基础。以旅游饭店销售预测为例，饭店的餐饮、商品以及其他各营业部门的销售都以饭店客房销售为基础，所以旅游饭店预测资金需要量，必须以旅游饭店的客房销售预测为起点。预测旅游饭店客房销售，需要以饭店近年来的客房销售以及销售变动趋势为基础，综合考虑各种外部及内部因素对其产生的影响。影响饭店销售变动的各种外部因素有：国家宏观经济形势、饭店所处城市及城区经济发展趋势、突发事件、客源结构的变化、旅游消费模式的转变等。影响饭店销售变动的内部因素有：广告的投放及其产生的效应、促销手段的实施、定价策略等。饭店客房销售预测确定以后，按照客房销售与其他各营业部门销售之间的比例关系，确定其他各营业部门销售额，并根据现销与赊销比、收账政策等，确定饭店的现金流入量。

与旅游饭店销售预测相类似，旅游企业销售预测也需要以近年来销售状况及销售变动趋势为基础，综合考虑内部及外部因素的影响。

(2) 预计企业投资数额

旅游企业增加投资数额主要从两方面考虑：旅游人数的增加对旅游企业规模的扩大产生的影响；企业服务质量提高对旅游企业软硬件设施建设产生的影响。

随着社会政治经济的发展和人们生活水平的提高，人们可用于自由支配的收入稳定增加，尤其我国“清明节”“五一”“中秋节”“十一”等假期以及带薪休假制度的实行，为我国假日旅游经济的蓬勃发展创造了条件，促使旅游热点地区的企业扩大经营规模。旅游企业的建设规模取决于计划接待的旅客人数、旅客平均滞留天数、预计年销售量等因素。用公式表示为

$$\text{旅游企业建设规模} = \frac{\text{旅游企业预计年接待人数} \times \text{平均每人滞留天数}}{\text{旅游企业预计年销售量}}$$

(3) 预计成本费用开支

旅游企业成本费用依据于企业销售量与成本费用间的数量关系。旅游企业成本费用可以分为固定费用和变动费用。合理预计企业销售量指标后，可以依据变动费用与销售量之间的函数关系合理确定变动费用的开支，并逐项分析固定费用的影响因素，确定固定费用的开支范围。从而预计企业成本费用的开支数。

(4) 预计利润和留存收益

利用企业销售收入和成本费用开支的预计，可以测算出企业利润。利用测算的企业利润和企业股利支付政策，可以确定企业的留存收益。留存收益是企业的自有资金，是企业筹集资金的来源之一。

(5) 预测筹资金额

企业依据预测销售收入、预测投资量、预测成本费用以及留存收益预测结果，就可合理预测所筹资金数额。用公式表示为

$$\text{所筹资金数额} = \text{预测投资量} + \text{预测成本费用} - \text{预测销售收入} - \text{留存收益}$$

4.2.2 企业预测资金需要量的常用方法

(1) 定性预测法

定性预测法主要是利用有关资料，依靠个人专业知识和经验，对预测对象的

发展趋势和现存状态进行主观分析、判断，预测企业未来资金需要量的一种方法。这种方法一般是在企业缺乏完备、准确的历史资料的情况下采用的。其主要预测过程如下：① 由熟悉企业财务情况和旅游行业投资规模、发展趋势的专家，根据以往所积累的经验进行分析判断，提出初步的预测意见；② 再通过召开座谈会或发出各种表格征求意见等形式，对预测的初步意见进行修正补充。这样进行一次或几次之后，意见基本趋于一致，这时的意见就是预测的最终结果。

定性预测法是十分有用的一种资金预测方法，它的特点是简便易行，不需经过复杂的计算。但它不能很好地揭示资金需要量与有关因素之间的数量关系。因此，企业在历史、现状的数据资料比较完备的情况下，应尽量采用各种定量预测法预测资金需要量。

(2) 定量预测法

定量预测方法是根据历史和现在的统计资料，应用数学方法对预测对象的发展变化趋势进行预测，从而预测资金需要量的方法。常用的定量预测方法有现金收支法、简单平均法、移动平均法、指数平滑法、销售百分比法等。下面主要介绍现金收支法和销售百分比法。

现金收支法 利用现金收支法预测资金需要量，是通过预测企业现金的流入量、现金的流出量来预计企业现金的多余或不足，从而确定企业是否需要筹集资金以及所筹资金的数额。

预测企业的现金流入量 首先合理预计企业的营业收入，依据企业的赊销政策估计可能获得的现金流入，并对变卖固定资产变价收入等非营业现金收入做出估测，以此计算出企业的现金流入量。

预测企业的现金流出量 预计企业成本费用的开支及赊购政策对现金流出的影响，计算企业的现金流出量。

确定计划期现金的多余或不足 利用预计的现金流入量与流出量之间的配比，计算出企业预测期内现金的多余或不足。

现金不足时需要利用合理的筹资方式补足现金，保障企业经营顺利进行；现金多余则需有效利用现金进行投资或偿还债务，提高现金使用效率。

销售百分比法 销售百分比法是根据资产负债表中各个项目与销售收入总额之间的比例关系，按照计划期销售额的增长情况来预测资金需要量的一种方法。其步骤如下。

第一步，分析基期资产负债表各个项目与销售收入总额之间的依存关系，计算各敏感项目的销售百分数。

在资产负债表中，有一些项目会因销售额的增长而相应地增加，通常将这些项目称为敏感项目，如现金、应收账款、存货、应付账款和其他应付款等。而其他如对外投资、固定资产净值、短期借款、长期负债、实收资本等项目，一般不会随销售额的增长而增加，因此将其称为非敏感项目。

第二步，计算预测期内各项目预计数并填入预计资产负债表，确定需要增加的资金额，计算公式为

$$某敏感项目预计数 = 预计销售额 \times 某项目销售百分数$$

第三步，确定对外界资金需求的数量。

上述预测过程可用下列公式表示

$$对外筹资需要量 = \frac{A}{S_0}\Delta S - \frac{B}{S_0}\Delta S - S_1 PE$$

式中 A——随销售变化的资产（变动资产）；

B——随销售变化的负债（变动负债）；

S_0——基期销售额；

S_1——预测期销售额；

ΔS——销售的变动额；

P——销售净利率；

E——收益留存比率。

例 4－1 某企业 2007 年 12 月 31 日的资产负债表如表 4－1 所示。

表 4－1 2007 年 12 月 31 日的资产负债表

资　产	金额/元	负债与所有者权益	金额/元
货币资金	10 000	短期借款	80 000
应收账款	24 000	应付票据	8000
存　货	50 000	应付账款	20 000
长期待摊费用	4 000	应付利息	4 000
固定资产净值	212 000	长期借款	50 000
		实收资本	128 000
		留存收益	10 000
资产总额	300 000	负债与所有者权益总额	300 000

该企业 2007 年的销售收入为 200 000 元，税后净利为 20 000 元，销售净利率为 10%，已按 50% 的比例发放普通股股利 10 000 元。目前企业尚有剩余生产能力，即增加收入不需要进行固定资产方面的投资。假定销售净利率仍保持上年水平，预计 2008 年销售收入将提高到 240 000 元，年末普通股股利发放比例将增加至 70%，要求预测 2008 年需要增加资金的数量。

解：

第一，根据 2007 年资产负债表编制 2008 年预计资产负债表如表 4－2 所示。

表 4－2 2008 年预计资产负债表

资　产			负债与所有者权益		
项　目	销售百分数/%	预计数/元	项　目	销售百分数/%	预计数/元
货币资金	5	12 000	短期借款	—	80 000
应收账款	12	28 800	应付票据	4	9 600
存　货	25	60 000	应付账款	14	33 600
长期待摊费用	2	4 800	长期借款	—	60 400
固定资产净值	—	212 000	实收资本	—	113 600
			留存收益	—	10 000
			追加资金		10 400
合　计	44	317 600	合　计	18	317 600

第二，确定需要增加的资金。① 可根据预计资产负债表直接确认需追加的资金额。表中预计资产总额为 317 600 元，而负债与所有者权益为 307 200 元，资金占用大于资金来源，则需追加资金 10 400 元；② 也可通过分析测算需追加的资金

额。表4－2中销售收入每增加100元，需增加44元的资金占用，但同时自动产生18元的资金来源。因此，每增加100元的销售收入，必须追加资金26元。在本例中，销售收入从200 000元增加到240 000元，增加了40 000元，按照26%的比率可测算出将增加10 400元的资金需求。

第三，确定对外界资金需求的数量。上述10 400元资金需求可通过企业内部筹集和外部筹集2种方式解决，2008年预计净利润为24 000（240 000×10%）元，如果公司的利润分配给投资者的比率为70%，则将有30%的利润（即7200元）被留存下来，从10 400元中减去7200元的留存收益，则还有3200元的资金必须从外界融通。

此外，也可根据上述资料采用公式求得对外界资金的需求量。

对外筹集资金额＝44%×40 000－18%×40 000－240 000×10%×30%＝3200（元）

4.3 旅游企业权益资本的筹资

4.3.1 留存收益

留存收益是企业的自有资金，是企业在经营过程中通过积累形成的，包括企业在税后利润中按规定比例提取的法定盈余公积金、任意盈余公积金和未分配利润等。企业的留存收益可供企业扩大再生产和经营周转使用。

4.3.2 吸收直接投资

吸收直接投资是指企业按照“共同投资、共同经营、共担风险、共享利润”的原则，以协议等形式吸收国家、个人和法人等组织投入资金的一种筹资方式，是旅游企业资金来源的重要渠道之一。吸收直接投资的出资者都是企业的所有者，他们对企业具有经营管理权。企业经营状况好，盈利多，各方可按出资比例分享利润，但如果企业经营状况差，连年亏损，甚至被迫破产清算，则各方要在其出资的限额内按出资比例承担亏损。按不同的标准直接投资可分为下列几种。

4.3.2.1 按投资主体

按投资主体不同可分为：国家投资、法人投资和个人投资。

（1）国家投资

国家投资是指有权代表国家投资的政府部门或机构以国有资产投入旅游企业。这是我国国有企业和部分合资企业筹集自有资金的主要方式。但我国旅游企业是国家实行对外开放较早的行业，随着经济体制改革的进一步深化，国有资本逐步退出竞争性行业，旅游企业吸收国有资本投资的比例会逐步减少。

（2）法人投资

法人投资是指法人单位以其依法可以支配的资产直接投入旅游企业。吸收法人投资形成的资金叫法人资本金。

（3）个人投资

个人投资是指社会个人或本企业内部职工以个人合法财产直接投入旅游企业。

4.3.2.2 按出资方式

按出资方式不同，分为货币资金投资、实物投资、工业产权和非专利技术投资、土地使用权投资

(1) 货币资金投资

货币资金投资是企业吸收直接投资中重要和常用的出资形式。只有筹集一定量的货币资金，企业才可能用于购买或租赁财产物资、雇用人力资源，开发及维护旅游景区景点、开展旅游住宿、餐饮及其他服务项目，创造企业价值。有了货币资金，便可获取任何经营所需资源。因此，企业应尽量动员投资者采用货币资金方式出资。

(2) 实物投资

实物投资是指以房屋及建筑物、设备等固定资产或以企业经营过程中所需的原材料、商品等流动资产对旅游企业进行的投资。这种出资比现金出资手续复杂，必须经中国注册会计师对拟投资实物进行评估确认，以评估价进行计价。企业吸收实物投资应符合以下条件：

- 企业生产、经营、科研开发等所需要的；
- 技术性能良好的；
- 作价公平合理的。

(3) 工业产权和非专利技术投资

工业产权投资是指以专有技术、专利权、商标权等无形资产对旅游企业进行的投资。目前旅游企业，尤其是旅游饭店集团化发展，采取连锁经营、特许经营、战略联盟等形式，使旅游饭店市场竞争能力增强。企业吸收的工业产权和非专利技术应符合以下条件：

- 有助于企业研究、开发和生产新的、适销对路的高科技产品；
- 有助于企业改进产品质量和服务质量，提高服务效率；
- 有助于大幅度降低各种消耗；
- 作价比较合理。

值得注意的是，企业在吸收工业产权和非专利技术投资时，应进行周密的可行性研究，认真分析其先进性、效益性和技术更新的速度，并合理作价，以免使吸收的投资在短期内就发生明显的贬值。因为以工业产权和非专利技术投资实际上是把有关技术资本化，把技术的价值固定化，而技术实际上贬值的速度很快，其价值在不断减少甚至完全丧失。

(4) 土地使用权投资

企业吸收土地使用权投资应符合以下条件：

- 适合企业科研、生产、销售活动的开展；
- 交通、地理条件对企业经营业务的开展比较有利；
- 作价公平合理。

4.3.3 发行普通股票筹资

根据《公司法》的规定，目前我国的公司只包括有限责任公司和股份有限公司2种。有限责任公司是只有2个以上股东共同出资，每个股东以其认缴的出资额对公司承担责任，公司不能对外发行股票，股东的出资不能随意转让。股份有

限公司是指全部资本由等额股份构成并通过发行股票筹集资本，股东以其所认购股份对公司承担责任，股票可自由转让。只有股份有限公司才可以发行股票。

4.3.3.1 普通股的种类

股份有限公司为筹集资金所发行的股票，按不同分类标准可以划分为不同的种类。

（1）按股东权利不同分为普通股和优先股

普通股　是股份有限公司发行的无特别权利的股份。普通股股东享有表决权、选举权、优先认股权、股份转让权、盈余分配请求权、对公司账目和股东大会决议的审查权、对公司事务的质询权、剩余财产分配权等。

普通股是构成股份公司最基本的股份，普通股持有人是公司的最终所有者。我国发行的股票大多数为普通股。

优先股　是股份有限公司在筹集资金时给予投资者某些优惠特权的股票。优先股含有债券的某些特征，如定期支付固定股利、剩余财产优先清偿、在规定条件下可以赎回、股东无权参与公司决策等。优先股又可以分为累积优先股、非累积优先股、参与优先股、非参与优先股、可转换优先股、累积可转换优先股、可收回优先股等。

（2）按股票有无记名分为记名股票和不记名股票

记名股票　是在股票票面上记载股东姓名或名称的股票。这类股票除了股票上记载的股东外，其他人不得行使其股权，且股份的转让有严格的法律程序与手续，需办理过户。我国《公司法》规定，向发起人、国家授权投资的机构、法人发行的股票，应为记名股票。

不记名股票　是票面上不记载股东姓名或名称的股票。这类股票的持有人即股份的所有者，具有股东资格，股票的转让比较自由、方便，无需办理过户手续。我国《公司法》规定，公司对社会公众发行的股票，可以为记名股票，也可以为无记名股票。

（3）按投资主体不同分为国家股、法人股和个人股

国家股　是指有权代表国家投资的部门或机构以国有资产向公司投资而形成的股份。

法人股　是指企业法人依法以其可支配的财产向公司投资而形成的股份，或具有法人资格的事业单位和社会团体以国家允许用于经营的资产向公司投资而形成的股份。

个人股　是指社会个人或公司内部职工以个人合法财产投入公司而形成的股份。

（4）按发行对象和上市地区不同分为A股、B股、H股、N股

A股　是供我国大陆地区个人或法人买卖的，以人民币标明票面金额并以人民币认购和交易的股票。

B股　在国内证券交易所上市，以人民币表明面值，以外币认购和买卖的股票。发行对象为：① 外国的自然人、法人和其他组织；② 中国港、澳、台地区的自然人、法人和其他组织；③ 定居国外的中国公民；④ 境内居民个人；⑤ 中国证监会规定的其他投资人。

H股　注册地在中国内地、上市地在香港交易所的外资股。香港的英文是

Hong Kong，取其字首，成为 H 股。

N 股 注册地在境内、上市地在纽约证券交易所的存托凭证。

4.3.3.2 股票发行

我国《公司法》规定，公司发行股票必须接受国务院证券监督管理机构的管理和监督。股票发行实行公开、公平、公正的原则，必须同股同权、同股同利。

（1）股票发行的规定与条件

我国《公司法》规定，股份有限公司发行股票，应符合以下规定与条件。

每股金额相等 同次发行的股票，每股的发行条件和价格应当相等。

股票发行价格 可以按照票面金额，也可以超过票面金额，但不得低于票面金额。

股票主要事项 应该载明公司名称、公司登记日期、股票种类、票面金额及代表的股份数、股票编号等主要事项。

关于记名股票与无记名股票 向发起人、国家授权投资机构、法人发行的股票，应当为记名股票；对社会公众发行的股票，可以为记名股票，也可以为无记名股票。

发行方应注意事项 公司发行记名股票的，应当置备股东名册，记载股东的姓名或名称、住所、各股东所持股份、各股东所持股票编号、各股东取得其股份的日期；发行无记名股票的，公司应当记载其股票数量、编号及发行日期。

公司发行新股必须具备的条件 ① 前一次发行的股份已募足，并间隔一年以上；② 公司在最近 3 年内连续盈利，并可向股东支付股利；③ 公司在 3 年内财务会计文件无虚假记载；④ 公司预期利润率可达同期银行存款利率。

公司发行新股应由股东大会做出决议：新股种类及数额；新股发行价格；新股发行的起止日期；向原有股东发行新股的种类及数额。

（2）股票发行的程序

股份有限公司在设立时发行股票与增资发行新股，程序上有所不同。

股份有限公司设立时发行股票的程序：

- 提出募集股份申请；
- 公告招股说明书，制作认股书，签订承销协议和代收股款协议；
- 招认股份，缴纳股款；
- 召开创立大会，选举董事会、监事会；
- 办理设立登记，交割股票。

股份有限公司增资发行新股的程序：

- 股东大会做出发行新股的决议；
- 由董事会向国务院授权的部门或省级人民政府申请并经批准；
- 公告新股招股说明书和财务会计报表及附表，与证券经营机构签订承销合同，定向募集时向新股认购人发出认购公告或通知；
- 招认股份，缴纳股款；
- 改组董事会、监事会，办理变更登记并向社会公告。

（3）股票的发行方式

股票发行方式是指公司通过何种途径发行股票。股票发行方式一般有公开间接发行和不公开直接发行 2 类。

公开间接发行　指通过中介机构，公开向社会公众发行股票。我国股份有限公司采用募集设立方式向社会公开发行新股时，由证券经营机构承销的做法，属于股票的间接发行。这种发行方式的优点在于发行范围广、发行对象多；易于足额募集资本；股票的变现性强，流通性好；股票的公开发行有助于提高发行公司的知名度、扩大公司的影响力。但这种发行方式的不足在于发行手续繁杂、发行成本高。

不公开直接发行　指不公开对外发行股票，不需经中介机构承销，只向少数特定的对象直接发行。我国股份有限公司采用发起设立方式和以不向社会公开募集的方式发行新股的做法，就属于股票的不公开直接发行。这种发行方式的优点在于弹性大，发行成本低；但这种发行方式的发行范围小、股票变现性差。

(4) 股票的销售方式

股票销售方式是指股份有限公司向社会公开发行股票时所采取的股票销售方法。股票销售方式一般有自销和承销2种。

自销方式　指发行公司自己直接将股票销售给认购者。这种销售方式可由发行公司直接控制发行过程，实现发行意图，并可以节省发行费用；但往往筹资时间长，发行公司要承担全部发行风险，并需要发行公司有较高的知名度、信誉和实力。

承销方式　指发行公司将股票销售业务委托给证券经营机构代理。这种销售方式是发行股票所常用的方式。我国《公司法》规定，股份有限公司向社会公开发行股票，必须与依法设立的证券经营机构签订承销协议，由证券经营机构承销。股票承销又分为包销和代销2种。

包销　是指根据承销协议商定的价格，证券经营机构一次性全部购进发行公司公开募集的全部股份，然后以较高的价格出售给社会上的认购者。对发行公司来说，包销可以及时筹足资金，不承担未募足股款的风险；但包销会使发行公司损失部分股票溢价。

代销　是指证券经营机构仅替发行公司代售股票，并收取一定的佣金，但不承担未募足股款的风险。

(5) 股票的价值与价格

股票价值　是指股票所代表的企业资产价值。在不同场合，股票具有不同价值。

票面价值　股票作为一种有价证券，本身并无价值。此处票面价值是指每股股票票面所记载的金额。我国《公司法》规定，上市公司发行的股票票面价值为每股1元。上市公司发行股票所筹集的资金中相当于股票票面价值的资金额构成公司的实收资本。

账面价值　账面价值是指在会计账面上每股普通股股票所代表的公司净资产的价值。用公式表示为

$$\text{每股股票账面价值}=\frac{\text{会计账面上净资产总额}-\text{流通在外的优先股总额}}{\text{公司普通股票总额}}$$

股票的账面价值可作为公司发行股票、增发新股或配股分红时确定有关价格的依据，也是投资者购买股票决策的依据。

市场价值　市场价值是股票在金融市场上的实际价值。市场价值受公司净资产、证券市场上资本供求关系和投资者的投资偏好等因素的影响，是筹资公司发

行股票确定发行价格、投资者购买股票决定购买价格时做出投资决策的主要依据，是股票价格在交易市场波动的轴心。

清算价值　清算价值是指公司清算时，每股股票所代表的公司剩余财产净值。清算价值是投资者在公司清算时实际能得到的金额，是投资者购买股票时需要考虑的因素之一。

股票价格　是指股票价值的货币表现。

发行价格　是筹资公司发行股票时的出售价格或委托出售价格。发行价格是筹资公司计算可获得筹资额的主要依据，也是投资者认购股票时所支付的价格。股票发行价格通常由发行公司根据股票面额、股市行情和其他有关因素决定。以募集设立方式设立公司首次发行的股票价格，由发起人决定；公司增资发行新股的股票价格，由股东大会做出决议。

股票的发行价格一般有等价、时价和中间价 3 种。等价，即以股票的票面金额为发行价格；时价，即以本公司股票在流通市场上买卖的实际价格为基准确定的股票发行价格；中间价，是以时价和等价的中间值确定的发行价格。

我国《公司法》规定，股票的发行价格可以等于票面金额（等价），也可以高于票面金额（溢价），但不能低于票面价值（折价）。

交易价格　交易价格是金融市场上股票买卖双方成交的股票价格。在股票交易市场，股票交易价格可能高于也可能低于发行价格。

股票交易价格在交易市场的波动，受投资者对股票价格变动的预计、对上市公司现状及前景的认识、风险偏好程度、证券市场整体发展水平、国家以及国际政治经济发展等因素的影响，是供求双方各自决策均衡的结果，也是上市公司经济实力和商业信誉在金融市场的体现。

4.3.3.3 股票上市

股票上市是指股份有限公司公开发行的股票经批准在证券交易所进行挂牌交易。我国《公司法》规定，股东转让其股份，即股票进入流通，必须在依法设立的证券交易场所进行。

(1) 股票上市的目的

股份有限公司申请股票上市，其目的一般在于：① 资本大众化，分散风险。股票上市后，会有更多的投资者认购公司股份，公司则可将部分股份转售给这些投资者，再将得到的资金用于其他方面，以分散公司的风险。② 提高股票的变现力。股票上市后便于投资者购买，自然提高了股票的流动性和变现力。③ 便于筹集新的资本金。股票上市必须经过有关机构的审查批准并接受相应的管理，执行各种信息披露和股票上市的规定，这大大增强了社会公众对公司的信赖，使之乐于购买公司的股票。同时，由于一般人认为上市公司实力雄厚，也便于公司采用其他方式（如负债）筹措资金。④ 提高公司知名度，吸引更多顾客。股票上市公司为社会所知，并被认为经营优良，会带来良好声誉，吸引更多的顾客，从而扩大销售量。⑤ 便于确定公司价值。股票上市后，公司股价有市价可循，便于确定公司的价值，有利于促进公司财富的最大化。

但股票上市对公司也有不利的方面。上市公司将负担较高的信息披露成本；各种信息公开的要求可能会暴露公司的商业秘密；股价有时会歪曲公司的实际状况，丑化公司形象；可能会分散公司的控制权，造成管理上的困难。

（2）股票上市的条件

我国《公司法》规定，股份有限公司申请股票上市，必须符合下列条件：① 股票经国务院证券管理部门批准向社会公开发行，不允许公司在设立时直接申请股票上市。② 公司股本总额不少于人民币5000万元。③ 开业时间在3年以上，最近3年连续盈利：属国有企业依法改建而设立股份有限公司的，或者在《公司法》实施后新组建成立，其主要发起人为国有大中型企业的股份有限公司，可连续计算。④ 持有股票面值人民币1000元以上的股东不少于1000人，向社会公开发行的股份达公司股份总数的25%以上；公司股本总额超过人民币4亿元的，其向社会公开发行股份的比例为15%以上。⑤ 公司在最近3年内无重大违法行为，财务会计报告无虚假记载。⑥ 国务院规定的其他条件。

具备以上条件的股份有限公司经申请，由国务院或国务院授权的证券管理部门审核批准，其股票方可上市。股票上市公司必须公告其上市报告，并将其申请文件存放在指定的地点供公众查阅。股票上市公司还必须定期公布其财务状况和经营情况，每一会计年度内半年公布一次财务会计报告。

（3）股票上市的暂停与终止

股票上市公司有下列情形之一的，由国务院证券管理部门决定暂停其股票上市：① 公司股本总额、股权分布等发生变化，不再具备上市条件（限期内未能消除的，终止其股票上市）。② 公司不按规定公开其财务状况，或者对财务报告作虚假记载（后果严重的，终止其股票上市）。③ 公司有重大违法行为（后果严重的，终止其股票上市）。④ 公司最近3年连续亏损（限期内未能消除的，终止其股票上市）。另外，公司决定解散、被行政主管部门依法责令关闭或者宣告破产的，由国务院证券管理部门终止其股票上市。

1993年6月7日上海新锦江大酒店股份有限公司首开我国旅游企业股票上市交易之先河，发展至今我国已在境内发行A股的旅游上市公司超过25家，其中主营饭店业务的有：ST明珠、锦江酒店、西藏圣地、首旅股份、罗顿发展、美都控股、西安饮食、亿城股份、ST东海A、西安旅游、建投能源、东方宾馆、华天酒店、新都酒店等家；主营旅行社的有：锦江投资、国旅联合、中青旅、ST京西、华侨城A等；主营旅游胜地的有：大连圣亚、中国卫星、黄山旅游、桂林旅游、峨眉山A、张家界等。

4.3.3.4　股票融资的特点

（1）股票融资的优点

可以获得长期使用的资金　通过发行普通股筹集的资金，具有永久性，在公司的存续期内不需归还。

分散了公司的经营风险　公司通过发行股票筹集资金，是公司的基本资金来源，反映了公司的实力，可为公司按期偿还债务提供保障；公司一旦出现经营风险，风险的承担者实际上是股东，尤其是普通股股东。

筹资风险小　由于普通股没有固定到期日，不用支付固定的利息，此种筹资实际上不存在不能偿付的风险，因此风险较小。

（2）股票融资的缺点

资金成本高　股票发行过程中的手续繁杂，发行费用较高；股东需分担公司的经营风险，要求的投资报酬率也相对较高；另外，股利是从公司税后利润中发放的，不具有抵税的作用。

容易分散公司的控制权 利用普通股筹资，出售新股票时增加了股东数量，容易导致公司控制权的分散，削弱原有股东对公司的控制。

4.3.4 发行优先股筹资

4.3.4.1 优先股的特征

优先股是一种特别股票，它与普通股有许多相似之处，但又具有债券的某些特征。从法律的角度来讲，优先股属于自有资金。

优先股股东所拥有的权利与普通股股东近似。优先股的股利不能像债务利息那样从税前扣除，而必须从净利润中支付。但优先股有固定的股利，这与债券利息相似，优先股对盈利的分配和剩余资产的求偿具有优先权，这也类似于债券。

4.3.4.2 发行优先股的动机

(1) 防止公司股权分散

优先股股东一般无表决权，发行优先股可以避免公司股权分散，保障公司老股东的原有控制权。

(2) 调剂现金余缺

公司在需要现金资本时可发行优先股，在现金充裕时可赎回部分或全部优先股，从而调剂现金余缺。

(3) 改善公司的资金结构

公司在安排借入资本与自有资本的比例关系时，可较为便利地利用优先股的发行、转换、赎回等手段进行资金结构和自有资本内部结构的调整。

(4) 维持举债能力

公司发行优先股，有利于巩固自有资本的基础，维持乃至增强公司的举债能力。

4.3.4.3 优先股股东的权利

(1) 优先分配股利权

优先分配股利的权利是优先股的最主要特征。优先股的股利除数额固定外，还必须在支付普通股股利之前予以支付。对于累积优先段来说，这种优先权就更为突出。

(2) 优先分配剩余财产权

在企业破产清算时，出售资产所得的收入，优先股位于债权人的求偿之后，但优于普通股。其金额只限于优先股的票面价值加上累计未支付的股利。

(3) 部分管理权

优先股股东的管理权限是有严格限制的。通常，在公司的股东大会上，优先股股东没有表决权，但是，当公司研究与优先股有关的问题时，有权参与表决。

4.3.4.4 优先股筹资的优缺点

(1) 优先股筹资的优点

没有固定到期日，不用偿还本金 事实上相当于使用一笔无限期的贷款，无偿还本金义务，也无须作再筹资计划。但大多数优先股又附有收回条款。这就使得使用这种资金更有弹性。当财务状况较差时发行，而财务状况较好时收回，有利于结合资金需求，同时也能控制公司的资金结构。

股利支付既固定又有一定的弹性　一般而言，优先股都采用固定股利，但固定股利的支付并不构成公司的法定义务。如果财务状况不佳，则可暂时不支付优先股股利，优先股股东也不能像债权人一样迫使公司破产。

有利于增强公司信誉　从法律上讲，优先股属于自有资金，因而，优先股扩大了权益基础，相应增加了公司的信誉。

(2) 优先股筹资的缺点

筹资成本高　优先股所支付的股利要从税后净利润中支付，不同于债务利息可在税前扣除，筹资成本较高。

筹资限制多　发行优先股，通常有许多限制条款，例如，对普通股股利支付上的限制、对公司借债限制等。

财务负担过重　如前所述，优先股需要支付固定股利，但又不能在税前扣除，所以，当利润下降时，优先股的股利会成为公司一项较重的财务负担。

关注再融资能力的提高

发行股票融资的旅游企业不仅要关注一次融资，还要关注如何能够再融资。现以新锦江和华天酒店为例来说明。

从资产评估来看：

新锦江原值9066万元，评估值68 755万元，增值率658.4%。

华天原值7365万元，评估值14 616万元，增值率98%。

从经营状况来看：

新锦江GOP 8508万元，利润总额3390万元，当期折旧3716万元。

华天GOP 8721万元，利润总额5832万元，当期折旧1921万元。

从融资情况来看：

新锦江净益率0.65%，初始投资4.16亿元，后续融资0。

华天净益率6.86%，初始投资1.1亿元，后续融资3亿元。

注：净益率即净资产收益率，为近3年平均值。

从上述资料可以看出，新锦江由于过高的资产增值率，直接导致了上市后经营利润及净资产收益率的大幅度降低，上市当年的净资产收益率仅为2.73%，此后长期在低位徘徊，根本无法达到中国证监会指定的企业再融资条件。而华天酒店由于增值率较为适中，上市后净资产收益率多年保持在7%以上，2次配股获取资金近3亿元，目前仍具有持续融资能力。

【案例思考题】

旅游企业如何做才能保持住再融资的能力和资格?

4.4　旅游企业长期负债资金的筹集

4.4.1　长期借款筹资

长期借款是指企业向银行或其他非银行金融机构借入的使用期超过1年的借款，主要用于购建固定资产和满足长期流动资金占用的需要。

4.4.1.1 长期借款的种类

(1) 按用途分为基本建设借款和专项借款

基本建设借款是指企业因为从事新建、改建、扩建等基本建设项目需要资金时向银行申请借入的款项。

专项借款是指企业因为专门用途向银行申请借入的资金，包括：更新改造借款、大修理借款、科研开发借款、小型技术措施借款、出口专项借款等。

(2) 按照提供贷款的机构，分为政策性银行贷款、商业银行贷款

政策性银行贷款是指执行国家政策性贷款业务的银行向企业发放的贷款，如国家开发银行为满足企业承建国家重点建设项目的资金需要提供的贷款。

商业银行贷款是指各商业银行向各企业提供的贷款. 这类贷款主要是满足企业生产经营和短期资金需要，其长期贷款是为填补企业建设竞争性项目资金的不足。

其他金融机构贷款，包括企业从保险公司、信托投资公司、财务公司等取得的各种贷款。从其他金融机构取得的贷款一般较商业银行贷款的期限更长，要求的利率更高，对借款企业的信用要求和担保的选择也比较严格。

(3) 按照有无担保，分为信用贷款和抵押贷款

抵押贷款是指企业以特定抵押物作为担保从银行取得的借款。抵押物可以是不动产、机器设备等实物资产，也可以是股票、债券等有价证券。

信用贷款是指凭借企业的信用或保证人的信用而发放的贷款。

4.4.1.2 企业取得长期借款的条件

旅游企业向银行或其他金融机构申请长期借款，一般必须符合以下条件：

- 投资项目应符合国家政策；
- 能提供投资项目的可行性研究报告，投资经济效益好；
- 投资项目中有不少于总投资 30% 的自筹资金；
- 企业具有一定的财产或有符合法定条件并具有足够盈利的经济实体提供担保；
- 企业具有偿还借款本息的能力；
- 企业具有较高的管理水平和资信度。

4.4.1.3 长期借款的保护性条件

由于长期借款期限长、风险大，按照国际惯例，银行对借款企业提出一些有助于保证贷款按时足额偿还的条件，即借款合同的保护性条款。这些保护性条款主要有 3 类。

(1) 一般性保护条款

一般性保护条款应用于大多数借款合同。合同保护的内容主要有：① 对借款企业流动资金保持量的规定，其目的在于保持借款企业资金的流动性和偿债能力；② 对支付现金股利和再购入股票的限制，其目的在于限制现金外流；③ 对资本支出规模的限制，其目的在于减小企业日后不得不变卖固定资产以偿还贷款的可能性，保持借款企业资金的流动性；④ 限制其他长期借款，其目的在于防止其他贷款人取得对企业资产的优先求偿权。

（2）例行性保护条款

例行性保护条款作为例行常规，在大多数借款合同中得以应用。其保护的内容有：① 借款企业定期向银行提交财务报表，其目的在于及时掌握企业的财务情况；② 不准在正常情况下出售较多资产，以保持企业正常的生产经营能力；③ 如期缴纳税金和清偿其他到期债务，以防被罚款而造成现金流失；④ 不准以任何资产作为其他承诺的担保或抵押，以避免企业过重的负担；⑤ 不准贴现应收票据或出售应收账款，以避免或有负债；⑥ 限制租赁固定资产的规模，其目的在于防止企业负担巨额租金以致削弱其偿债能力，还在于防止企业以租赁固定资产的办法摆脱对其资本支出和负债的约束。

（3）特殊性保护条款

特殊性保护条款是在部分合同中针对特殊情况订立的。主要包括：① 贷款专款专用；② 不准企业投资于短期内不能收回资金的项目；③ 限制企业高级职员的薪金和奖金总额；④ 要求企业主要领导人在合同有效期间担任领导职务；⑤ 要求企业主要领导人购买人身保险等。

4.4.1.4 借款利息的支付方式

（1）收款法

收款法是由借款企业在借款到期时一次性向银行支付利息的方法。采用这种方法，借款的名义利率（亦即约定利率）等于其实际利率（亦即有效利率）。

（2）贴现法

贴现法是银行向企业发放贷款时，先从本金中扣除利息部分，借款到期时再偿还全部借款本金的一种计息方法。

$$贴现贷款实际利率 = \frac{利息}{贷款金额 - 利息} \times 100\%$$

或

$$贴现贷款实际利率 = \frac{名义利率}{1 - 名义利率} \times 100\%$$

例4-2 旅游企业从银行取得借款100万元，期限1年，名义利率10%，利息10万元，按照贴现法付息，企业实际可动用的贷款为90万元（100万元-10万元），该项贷款的实际利率为

$$贴现贷款实际利率 = \frac{10}{100 - 10} \times 100\% \approx 11.11\%$$

或

$$贴现贷款实际利率 = \frac{10\%}{1 - 10\%} \times 100\% \approx 11.11\%$$

由此可见，在贴现法下，实际利率高于名义利率。

4.4.1.5 长期借款筹资的特点

（1）长期借款方式筹集资金的优点

筹资速度快 相对于股票和债券筹资，采用长期借款方式筹集资金手续比较简单，资金到位所需时间短。

筹资成本低 长期借款利息可以在企业所得税前支付，实际负担利息费用较低。且长期借款利息一般也低于债券利息，而且没有债券筹资过程中的发行、印刷、审计等筹资费用的发生。

借款弹性大 借款时企业与银行直接交涉，有关条件可谈判确定；用款期间如果企业情况发生变动，亦可与银行再协商。而债券筹资所面对的是社会广大投资者，协商改善筹资条件的可能性很小。

（2）长期借款方式筹集资金的缺点

财务风险大 长期借款需要定期归还本金和支付利息，在企业经营情况不佳时，可能会产生不能偿付的财务风险，甚至导致破产。

限制条款较多 取得长期借款后，依据借款合同，贷款单位有权检查企业对长期借款的使用情况。这可能会限制企业的经营活动。

筹资数额有限 银行为规避风险不愿借出巨额长期贷款。因此，利用银行借款筹资都有一定的上限。

4.4.2 发行债券筹资

4.4.2.1 债券的含义与特征

（1）债券的含义

债券是企业根据法定程序发行的、约定在一定期限内还本付息的有价证券，是公司债券持券人同公司之间的债权债务关系的书面凭证。

（2）债券的特征

偿还性 是指债券有规定的偿还期限，债务人必须按期向债权人支付利息和偿还本金。

收益性 是指债券能为投资者带来一定收益，这种收益表现为利息和转让价差。

流动性 是指在债券市场上能迅速变现。

安全性 是指债券投资者的收益相对固定，不随发行公司的经营收益变动而变动，投资风险较低。

作为筹资者应妥善处理好收益性、流动性、安全性之间的关系，以吸引投资者从而达到筹集资金的目的。

4.4.2.2 公司债券的基本要素

（1）债券的面值

债券的面值即票面金额，是债券到期时应偿还债务的金额。

（2）债券的期限

债券的期限是指债券从发行之日起至到期日之间的时间称为债券的期限。

（3）债券的利率

债券的利率一般为固定年利率。在不计复利的情况下，债券面值与利率相乘可得出年利息。

（4）债券的价格

理论上，债券的面值就是它的价格，事实上并非如此。由于发行者的种种考虑或资金市场上供求关系、利息率的变化，债券的市场价格往往不等于它的面值，有时高于面值，有时低于面值。需要指出的是，发行者计息还本，是以债券的面值为依据，而不是以其价格为依据的。

4.4.2.3 债券的种类

债券可按不同的标准进行分类，主要的分类方式如下。

(1) 按有无抵押担保分为信用债券和抵押债券

信用债券 是指仅凭债券发行者的信用发行的、没有抵押品作抵押或担保人作担保的债券。

抵押债券 是指以一定抵押品作抵押而发行的债券。抵押债券按抵押物品的不同，又可分为不动产抵押债券、设备抵押债券和证券信托债券。

(2) 按债券是否记名分为记名债券和无记名债券

记名债券 是指在债券票面注明债权人姓名或名称，同时在发行公司债权人名册上进行登记的债券。

无记名债券 是指在债券票面上未注明债权人姓名或名称，同时在发行公司的债权人名册上未进行登记的债券。

(3) 按能否转换为公司股票分为可转换债券和不可转换债券

可转换债券 是指在一定的时期内，可以按规定的价格或一定的比例，由持有人自由地选择是否转换为本公司普通股的债券。

不可转换债券 是指不可转换为普通股的债券。一般来讲，可转换债券的利率要低于不可转换债券。

(4) 按利率的不同分为固定利率债券和浮动利率债券

固定利率债券 是指将利率明确记载于债券上，按这一固定利率向债权人支付利息的债权。

浮动利率债券 是指债券上明确利率，发放利息时利率水平按某一标准（如政府债券利率、银行存款利率）的变化而同方向调整的债券。

(5) 按能否上市分为上市债券和非上市债券

上市债券 是指可在证券交易所挂牌交易的债券。

非上市债券 是指不能在证券交易所挂牌交易的债券。

上市债券信用度高，价值高，且变现速度快，故而比较吸引投资者；但上市条件严格，并要承担上市费用。

(6) 按是否参加公司盈余分配，分为参加公司债券和不参加公司债券

参加公司债券 是指除享有到期向公司请求还本付息的权利外，还有权按规定参加公司盈余分配的债券。

不参加公司债券 是指只享有到期向公司请求还本付息的权利。

(7) 按照偿还方式分为到期一次债券和分期债券

到期一次债券 是指发行公司于债券到期日一次性集中清偿本金的债券。

分期债券 是指公司一次发行而分期、分批偿还的债券。

4.4.2.4 发行债券的条件

我国《公司法》规定，有资格发行公司债券的公司，必须具备以下条件：① 股份有限公司的净资产额不低于人民币3000万元，有限责任公司的净资产额不低于人民币6000万元；② 累计债券总额不超过公司净资产额的40%；③ 最近3年平均可分配利润足以支付公司债券1年的利息；④ 所筹集资金的投向符合国家产业政策；⑤ 债券的利率不得超过国务院限定的水平；⑥ 国务院规定的其他条件。另外，发行公司债券所筹集的资金，必须用于核准的用途，不得用于弥补亏损和非生产性支出，否则会损害债权人的利益。

发行公司凡有下列情形之一的，不得再次发行公司债券：① 前一次发行的公司债券尚未募足的；② 对已发行的公司债券或者其债务有违约或延迟支付本息的事实，且仍处于继续状态的；③ 改变公开发行公司债券所募资金用途的。

4.4.2.5 发行债券的程序

发行公司债券要经过一定的程序，办理规定的手续。一般为：① 公司最高机构对发行公司债券做出决议。发行债券是公司的重大财务活动，按照我国《公司法》的规定，应有公司的董事会提出发行公司债券的方案，由股东大会对发行公司债券做出决议。② 发行债券的申请与批准。公司向社会公众发行债券募集资金，数额大且债权人多，所牵涉的利益范围大，所以必须对公司债券的发行进行审批。欲发行债券的公司，向国务院证券管理机构提出申请，提交公司登记证明、公司章程、债券募集办法、资产评估报告、验资报告等文件。国务院证券管理机构根据有关规定，对公司申请予以核准。③ 制定募集办法并予以公告。公司发行债券的申请被批准后，发行公司须制定债券募集办法，并采用合理的方法向社会公告。办法中应载明的注意事项有：公司名称、债券募集资金的用途、债券总额和票面金额、债券利率的确定方式、还本付息的期限与方式、债券担保情况、债券的发行价格、起止日期、公司净资产额、已发行的尚未到期的债券总额、公司债券的承销机构。④ 募集资金。公司发出公司债券募集公告后，开始在公告所定的期限内募集资金。

一般地讲，债券的发行方式由公司直接向社会发行（私募发行）和由证券经营机构承销发行（公募发行）2 种。在我国，根据有关法规，公司发行债券须与证券经营机构签订承销合同，由其承销。

由承销机构发售债券时，投资人直接向其付款购买，承销机构代理收取债券款、交付债券。然后，承销机构向发行公司办理债券款的结算。

公司发行的债券，必须载明公司名称、债券票面金额、利率、偿还期限等事项，并由董事长签名、公司盖章。

4.4.2.6 债券的发行价格

债券的发行价格是指债券发行时使用的价格，也是债券投资者购买债券时所支付的价格。公司债券的发行价格通常有平价、溢价、折价 3 种。

平价指以债券的票面金额为发行价格；溢价指以高于债券票面金额的价格为发行价格；折价指以低于债券票面金额的价格为发行价格。债券发行价格的确定受多种因素的影响，主要是债券的票面利率与市场利率的一致程度。债券的票面金额、票面利率在债券发行前即已参照市场利率和发行公司的具体情况确定下来，并载明于债券上。但在发行债券时已确定的票面利率不一定与当时的市场利率一致。为了协调债券购销双方在债券利息上的利益，就要调整发行价格，即：当债券的票面利率高于市场利率时，债券的发行价格应大于债券的票面金额，为溢价发行债券；当债券的票面利率等于市场利率时，债券的发行价格等于债券的票面金额，为平价发行债券；当债券的票面利率低于市场利率时，债券的发行价格小于债券的票面金额，为折价发行债券。

债券发行价格的计算公式为

$$债券的发行价格=\frac{票面金额}{(1+市场利率)^n}+\sum_{t=1}^{n}\frac{票面金额\times票面利率}{(1+市场利率)^t}$$

式中　n——债券期限；

t——付息期数。

例 4－3　某旅游企业拟发行债券面值为 1000 元，票面利率为 10%，期限为 5 年，发行当期的市场利率为 12%，试计算债券的发行价格。

解：

$$P=\sum_{t=1}^{n}\frac{1000\times10\%}{(1+12\%)^t}+\frac{1000}{(1+12\%)^5}=1000\times3.6048+1000\times0.5674=927.88\ (元)$$

4.4.2.7　债券的信用等级

公司公开发行债券通常需要有债券评信机构评定等级。债券的信用等级对于发行公司和购买人都有重要影响。国际上流行的债券等级是 3 等 9 级。

AAA 级　也称最高级，表示债券发行公司资信极高，偿债能力和获利能力很强，基本不存在投资风险，安全性极好。

AA 级　也称高级，表示债券发行公司有较强的偿债能力、获利能力和较高的资信，投资风险很低，安全性较好。

A 级　也称中上级，表示债券发行公司的偿债能力与资信基本与 AA 级相同，但存在将来对偿债能力产生怀疑的因素，投资风险略大于 AA 级，安全性尚可。

BBB 级　也称中级，表示债券发行公司有足够的偿债能力和较好的资信，但存在着一定程度的投资风险，安全性中等。

BB 级，也称中下级，表示债券发行公司有偿债能力，但同时存在许多不稳定因素，对投资者的本息保护有限，不能保障将来能完全取得足额的收益，投资风险较大，安全性中下。

B 级　也称投机级，表示债券发行公司有一定的偿债能力，但收益能力低，无法判断所发行债券的安全性，投资风险大于 BB 级。

CCC 级　也称完全投机级，表示债券发行公司债务过多，可能危及投资者本金安全，有不履行偿债义务的可能，偿债能力欠佳，投资风险大。

CC 级　也称最大投机级，表示债券发行公司偿债能力明显不足，到期支付本息有较大困难，投资风险相当大。

C 级　也称最低级，表示债券发行公司基本没有偿债能力，不能还本付息的可能性极大，投资风险极大。

我国目前尚无统一的债券等级标准和系统评级制度。根据中国人民银行的有关规定，凡向社会公开发行的公司债券，需由中国人民银行及其授权的分行指定资信评级机构或公正机构进行评信。这些机构对发行债券的公司素质、财务质量、项目状况、项目前景和偿债能力进行评分，以此评定信用级别。

4.4.2.8　债券筹资的优缺点

（1）债券筹资的优点

不会分散公司的控制权　筹资公司与投资企业之间是债权债务关系，投资企业无权干预筹资公司的经营决策。

资金成本固定并相对较低　债券规定有固定的利息率，不与公司的经营状况发生直接联系，而且债券利息在税前支付，具有抵税作用，资金成本相对较低。

（2）债券筹资的缺点

不能永久使用资金　债券规定有还本期，债券到期时，筹资公司必须从公司经营资金中退出相当于所筹集的资金及相关利息的金额用于偿还。

财务风险由公司独自承担，不能分散经营风险　无论公司经营如何，公司必须足额支付债券利息，债券到期时公司还必须按期偿还本金。

4.4.3　可转换证券筹资

4.4.3.1　可转换证券的概念与种类

所谓可转换证券，是指可以转换为普通股股票的证券，主要包括可转换债券和可转换优先股。可转换债券和可转换优先股具有很多共同之处，而可转换债券的应用比较广泛，所以，以下只介绍可转换债券。

4.4.3.2　可转换债券的要素

可转换债券又称为可转换公司债券，是指发行人依照法定程序发行，在一定期间内依据约定的条件可以转换成股份的公司债券。

可转换债券的要素指构成可转换债券基本特征的必要因素，它们表明可转换债券与不可转换债券（或普通债券）的区别。

（1）标的股票

可转换债券对股票的可转换性，实际上是一种股票期权或股票选择权，他的标的物就是可以转换的股票。可转换债券的标的股票一般是其发行公司自己的股票，但也有其他公司的股票，如可转换债券发行公司的上市子公司的股票（在此仅指发行公司的股票，略去其他公司的股票）。

（2）转换价格

可转换债券发行之时，明确了转换为普通股的价格。这一规定的价格，就是可转换债券的转换价格（也称为转股价格），即将可转换债券转换为每股股份所支付的价格。按照我国《可转换公司债券管理暂行办法》的规定，上市公司发行可转换债券的，以发行可转换公司债券前1个月股票的平均价格为基准，上浮一定幅度作为转换价格；重点国有企业发行可转换公司债券的，以拟发行股票的价格为基准，折扣一定比例作为转换价格。例如，某上市公司拟发行5年期可转换债券（面值1000元），发行前1个月其股票平均价格经测算为每股40元，预计公司股价未来将明显上升，故确定可转换债券的转换价格比前1个月的股价上浮25%；于是该公司可转换债券的转换价格应为：$40\times(1+25\%)=50$（元）。上例中讲的是以某一固定的价格（50元）将可转换债券转换为普通股，还有的可转换价格是变动的。例如，上例中的可转换债券发行公司也可以这样规定：债券发行后的第2年至第3年内，可按照每股50元的转换价格将债券转换为普通股票（即每张债券可转换为20股普通股股票）；债券发行后的第3年至第4年内，可按照每股60元的价格将债券转换为普通股股票（即每张债券可转化为16.67股普通股股票）。转换价格越高，债券能够转换成的普通股股数越少，这种逐期提高可转换价格的目的，就在于促使可转换债券的持有者尽早地进行转换。

(3) 转换比率

转换比率是每张可转换债券能够转换的普通股股数。例如，上例中的第2年至第3年期每张债券可转换为20股普通股。这就是转换债券的转换比率。显然，可转换债券的面值、转换价格、转换比率之间存在下列关系：

转换比率 = 债券面值 ÷ 转换价格

(4) 转换期

转换期是指可转换债券转换为股份的起始日至结束日的期间。可转换债券的转换期可以与债券的期限相同，也可以短于债券的期限。例如，某种可转换债券规定只能从其发行一定时间之后（如发行若干年之后）才能够形成转换权，这种转换期称为递延转换期，短于其债券期限。还有的可转换债券规定只能在一定时间内（如发行日后的若干年之内）形成转换权，超过这一段时间转换权失效，因此转换期也会短于债券的期限，这种转换期称为有限转换期。超过转换期后的可转换债券，不再具有转换权，自动成为不可转换债券（或普通债券）。

(5) 赎回条款

赎回条款是可转换债券的发行企业可以在债券到期日之前提前赎回债券的 规定。赎回条款包括不可赎回期、赎回期、赎回价格、赎回条件等。

(6) 回售条款

回售条款是在可转换债券发行公司的股票价格达到某种恶劣程度时，债券持有人有权按照约定的价格将可转换债券卖给发行公司的有关规定。回售条款具体包括回售时间、回售价格等内容。

(7) 转换溢价

转化溢价是在发行可转换债券时转换价格高出股票实际价格的部分。

(8) 强制性转换条款

强制性转换条款是在某些条件具备之后，债券持有人必须将可转换债券转换为股票，无权要求偿还债权本金的规定。

4.4.3.3 可转换债券的发行条件

根据我国《可转换公司债券管理暂行办法》的规定，目前我国只有上市公司和重点国有企业具有发行可转换债券的资格，它们在具备了下列条件之后，经证监会批准发行可转换债券。

(1) 上市公司发行可转换债券的条件

上市公司发行可转换债券的条件为：① 最近3年连续盈利，且最近3年净资产收益率平均在10%以上，属于能源、原材料、基础设施类的公司最近3年的净资产收益率不能低于7%；② 发行可转换债券后，公司的资产负债率不能高于70%；③ 累计债券余额不超过公司净资产的40%；④ 发行可转换债券所募集资金的投向符合国家的产业政策；⑤ 可转换债券的利率不超过同期银行存款利率；⑥ 可转换债券的发行额不小于人民币1亿元；⑦ 证券监管部门规定的其他条件。

(2) 重点国有企业发行可转换债券的条件

重点国有企业发行可转换债券，必须符合上述③～⑦条的条件外，还应符合以下条件：① 最近3年连续盈利，且最近3年的财务报告已经过会计师事务所审计；② 有明确、可行的企业改制和上市计划；③ 有可靠的偿债能力；④ 有具有代为清偿债务能力的保证人的担保。

4.4.3.4 可转换债券筹资的特点

(1) 可转换债券筹资的优点

筹资成本较低 可转换债券给予了债券持有人以优惠的价格转换公司股票，故而其利率低于同一条件下的不可转换债券（或普通债券）的利率，降低了公司的筹资成本；转换为普通股时，公司无须另外支付筹资费用，节约了股票的筹资成本。

便于筹集资金 可转换债券一方面可以使投资者获得固定利息；另一方面又向其提供了进行债权投资或股权投资的选择权，对投资者具有一定的吸引力，有利于债券的发行，便于资金的筹集。

有利于稳定股票价格 在发行新股或配股时机不佳时，可以先发行可转换债券；然后通过转换实现较高价位的股权筹资。不至于因为直接发行新股而进一步降低公司股票市价，从而有利于稳定公司股票价格。

(2) 可转换债券筹资的缺点

股价上扬风险 可转换债券的转换价格高于其发行价格时，公司只能以较低的固定转换价格换出股票，便会降低公司的股权筹资额。

财务风险 发行可转换债券后，如果股价长期低迷，持券者没有如期转换普通股，则会加大公司的财务风险。特别是在订有回售条款的情况下，公司短期内集中偿还债务的压力会更明显。

丧失低息优势 可转换债券转换成普通股后，其原有的低利息优势不复存在，公司将要承担较高的普通股成本，从而可能导致公司的综合资本成本上升。

4.4.4 租赁筹资

租赁是出租人以收取租金为条件，在一定期间内将其所拥有的资产转让给承租人使用的一种融资行为。

租赁虽然有很长的历史，但现代租赁却是最近几十年发展起来的。现代租赁快速发展的原因是生产设备变得日益复杂，成本越来越高，经济寿命缩短，承租人难以出资购置所有需要的设备。租赁可以使承租人及时使用所需资产却无需立即付出大额现金，且能够避免设备快速更新的风险。

4.4.4.1 租赁的类型

租赁可以分为经营租赁和融资租赁2种。

(1) 经营租赁

经营租赁是传统的租赁方式，主要特征有：① 租赁是为了满足承租人对资产的临时性需要，承租人并不寻求对租赁资产的长期占有，所以租赁资产的报酬与风险由出租人承担（这里的报酬包括资产使用收益、资产升值和变现的收益等；风险则包括资产的有形和无形损失、闲置损失、资产使用收益的波动等）；② 租赁的期限较短，不涉及租赁双方长期而固定的义务和权利；③ 出租人通常负责租赁资产的折旧计提和日常维护（如维修、保险等）；④ 租赁期满，租赁资产归还出租人；⑤ 租赁合同灵活，在合理的范围内可较方便地解除租赁契约。

(2) 融资租赁

融资租赁又称财务租赁或资本租赁，其主要特征有：① 租赁是为了满足承租人对资产的长期需要，租赁资产的报酬和风险由承租人承受；② 租赁的期限较长，一般会超过租赁资产寿命的一半；③ 租金与租赁资产的价值接近（如我国会计制度规定，租赁开始日承租人的最低付款额的现值应相当于租赁开始日租赁资产账面原值；美国财务会计准则委员会第13号公告中规定，租赁开始日承租人的最低付款额的现值不得低于租赁资产公允价值的90%）；④ 承租人通常负责租赁资产的折旧计提和日常维护；⑤ 承租人可以在租赁期满后廉价购买租赁资产（如我国会计制度规定，承租人有购买租赁资产的优先选择权，且购价应低于行使选择权时租赁资产的公允价值的5%）；⑥ 租赁合同稳定，未经双方同意，中途不可撤销；⑦ 一般是先由承租人（企业）向出租人提出租赁申请，出租人按照承租人的要求购入资产，再交付承租人使用。

融资租赁是现代租赁的代表类型，特别是以上特征中的第①项、第④项，使得这类租赁实质上类似于以分期付款的方式购买资产，对承租人（企业）的筹资意义明显。

融资租赁按照租赁手段，又可进一步区分为直接租赁、杠杆租赁和售后租回等几种形式。

直接租赁 是指承租人直接向出租人租入所需资产，并付出租金的一种租赁形式。

杠杆租赁 是涉及承租人、出租人和资金出借者三方当事人，从承租人的角度来看，这种租赁与其他租赁形式并无区别，同样是按合同的规定，在基本租赁期内支付租金，取得资产使用权。但对出租人却不同，出租人只将购买资产所需部分资金作为自己的投资；另外，以该资产作为担保向资金出借者借入其余资金。因此，它既是出租人又是贷款人，同时拥有对资产的所有权，既收取租金又要偿付债务。如果出租人不能按期偿还借款，资产的所有权就要归资金的出借者。

售后租回 是承租人（企业）先将某资产卖给出租人，再将该资产租回的一种租赁形式。这种形式下，承租人（企业）一方面通过出售资产获得了现金；另一方面又通过租赁满足了对资产的需要，而租金却可以分期支付。

4.4.4.2 融资租赁的租金

租金是承租企业占用出租人的资产而向出租人付出的代价。租金支付额的大小和支付方式必然对承租企业的现金流和财务状况产生影响，是租赁决策要重点考虑的因素。

（1）融资租赁租金的构成

融资租赁的租金包括租赁资产的成本、租赁资产的成本利息、租赁手续费等。

租赁资产的成本 大体有资产的购买价、运杂费、运输途中的保险费等项目构成。

租赁资产的成本利息 即出租人向承租企业所提供的资金的利息，如为购买租赁资产而向银行借款所应支付的利息。

租赁手续费 租赁手续费既包括出租人承办租赁业务的费用，也包括出租人向承租企业提供租赁服务所赚取的利润。

（2）融资租金的支付方式

按支付时间的长短 可分为年付、半年付、季付和月付等方式。

按支付时间先后 可分为先付租金和后付租金2种。

按每期支付金额　分为等额支付和不等额支付。

(3) 租金的计算方式

后付租金的计算　假定租金在每期期末等额支付，即普通年金。其支付租金的计算公式为

$$A=\frac{P}{(P/A,\ i,\ n)}$$

先付租金的计算　假定租金在每期期初等额支付，即预付年金。其支付租金的计算公式为

$$A=\frac{P}{(P/A,\ i,\ n-1)+1}$$

4.4.4.3 融资租赁筹资的特点

(1) 融资租赁筹资的优点

筹资速度快　租赁往往比借款购置设备更迅速、更灵活，因为融资租赁是筹资与设备购置同时进行，可以缩短设备的购进、安装时间，使企业尽快形成生产能力，有利于尽快占领市场，打开销路。

限制条款少　如前所述，债券和长期借款都定有相当多的限制条款，虽然类似的限制在租赁公司中也有，但一般比较少。

设备淘汰风险小　随着科学技术的迅速发展，固定资产更新周期日趋缩短，企业设备陈旧过时的风险很大，利用租赁融资可减少这一风险。这是因为融资租赁的期限一般为资产使用年限的一定比例，不会像自己购买设备那样整个期间都要承担风险，且多数租赁协议都规定由出租人承担设备陈旧过时的风险。

(2) 融资租赁筹资的缺点

融资租赁筹资的最主要缺点就是资金成本较高。一般来讲，其租金要比举借银行借款或发行债券所负担的利息高得多。在企业财务困难时，固定的租金也会构成一项较沉重的财务负担。

4.4.4.4 融资租赁的决策

企业可以采取多种方式增添长期设备，融资租赁是其中之一。究竟应当采取哪种方式，融资租赁是否为最佳方案，需要通过与其他方式（如借款购买）的对比分析判定，这就是融资租赁的决策。

融资租赁的决策方法很多，但对不同方案现金流量的比较是最基本的。以设备的融资租赁和借款购买决策为例，这2种融资方式引起的承租企业现金流量主要包括：① 设备的借款偿付额或租金。如果借款购买设备，需偿还债权人（如银行）的借款并支付借款利息；如果融资租赁设备，则只需支付租金。租金的支付和借款本息的偿还，会引起企业的现金流出。② 设备残值收益。借款购买的设备和期满后归企业所有的融资租赁设备，如果有残值收益，会给企业带来现金流入。③ 融资租赁和借款购买方式的其他费用。融资租赁和借款购买方式都可能发生一些其他相关费用，如融资租赁的手续费、担保费、租赁期末的名义购买费等。这些费用的发生会导致企业的现金流出。④ 税收影响。按照我国目前的所得税纳税规定，用经营租赁方式租入固定资产而发生的租赁费，可以在税前据实扣除，融资租赁的租赁费不得直接扣除，承租方的手续费以及安装交付使用前支付的利息

等可以在支付时直接扣除。融资租入资产的折旧政策与承租人自有固定资产相同。

将融资租赁和借款购买这2种方案的现金流量净现值进行对比，净现值大的那种融资方式最好。

4.5 短期筹资与营运资金政策

4.5.1 短期负债筹资

短期负债筹资所筹资金可使用时间较短，一般不超过1年。

4.5.1.1 短期负债筹资的特点

筹资速度快，容易取得 长期负债的债权人为了保护自身利益，往往要对债务人进行全面的财务调查，因而筹资所需时间一般较长且不易取得。短期负债在较短时间内即可归还，故债权人顾虑较少，容易取得。

筹资富有弹性 举借长期负债，债权人或有关方面经常会向债务人提出很多限定性条件或管理规定；对短期负债的限制则不多，相对宽松些，使筹资企业的资金使用较为灵活、富有弹性。

筹资成本较低 一般来讲，短期负债的利率低于长期负债，短期负债筹资的成本也就较低。

筹资风险高 短期负债需在短期内偿还，要求筹资企业在短期内拿出足够的资金偿还债务，若企业资金安排不当，就会陷入财务危机。此外，短期负债利率的波动比较大，一时高于长期负债的水平也是可能的。

4.5.1.2 短期负债筹资的主要形式

短期负债筹资的主要形式是商业信用和短期借款。

（1）商业信用

商业信用是指在商品交易中由于延期付款或预收货款所形成的企业间的借贷关系。商业信用产生于商品交换之中，是所谓的“自发性筹资”。它是一种形式多样，选择灵活，适用范围较广的短期负债筹资方式。主要有以下几种形式：应付账款、应付票据、预收账款等。

应付账款 是一种典型的、最常见的商业信用形式。在这种情况下，买卖双方发生商品交易，买方收到商品后并不立即支付现金，可延期一定时间以后付款。卖方利用这一方式促销，而对买方来说，延期付款则等于向卖方借用资金购进商品，可以满足短期的资金需要。

与应收账款相对应，应付账款也有付款期、折扣等信用条件。应付账款可以分为：① 免费信用，即买方企业在规定的折扣期内享受折扣而获得的信用；② 有代价信用，即买方企业放弃折扣付出代价而获得的信用；③ 展期信用，即买方企业超过规定的信用期推迟付款而强制获得的信用。

应付账款的成本 若买方企业购买货物后在卖方规定的折扣期内付款，便可以享受免费信用，这种情况下企业没有因为享受信用而付出代价。

例4-4 某企业按2/10、*N*/30的条件购入货物10万元。如果该企业在10天内付款，便享受了10天的免费信用期，并获得折扣0.2万元（10×2%），免费信用额为9.8万元（10－0.2）。

若买方企业放弃折扣，在10天后（不超过30天）付款，该企业便要承担因放弃折扣而造成的隐含利息成本。一般而言，放弃现金折扣的成本可由下式求得

$$放弃现金折扣的成本=\frac{折扣百分比}{1-折扣百分比}\times\frac{360}{信用期-折扣期}$$

运用上式，该企业放弃折扣所负担的成本为

$$\frac{2\%}{1-2\%}\times\frac{360}{30-10}=36.7\%$$

公式表明，放弃现金折扣的成本与折扣百分比的大小、折扣期的长短同方向变化，与信用期的长短成反方向变化。可见，如果买方企业放弃折扣而获得信用，其代价是较高的。然而，企业在放弃折扣的情况下，推迟付款的时间越长，其成本便会越小。比如，如果企业延至50天付款，其成本则为

$$\frac{2\%}{1-2\%}\times\frac{360}{50-10}=18.4\%$$

利用现金折扣的决策　在附有信用条件的情况下，因为获得不同信用要负担不同的代价，买方企业便要在利用哪种信用之间做出决策。一般说来，如果能以低于放弃折扣的隐含利息成本的利率借入资金，便应在折扣期内借入资金支付货款，享受现金折扣。比如，与上例同期的银行短期借款年利率为12%，则买方企业应利用更便宜的银行借款在折扣期内偿还应付账款；反之，企业应放弃折扣。

如果在折扣期内将应付账款用于短期投资，所得的投资收益率高于放弃折扣的隐含利息成本，则应放弃折扣而去追求更高的收益。当然，假使企业放弃折扣优惠，也应将付款日推迟至信用期内的最后一天（如上例中的第30天），以降低放弃折扣的成本。

如果企业因缺乏资金而欲展延付款期（如上例中将付款日推迟到第50天），则需在放弃折扣成本与展延付款带来的损失之间做出选择；如果面对2家以上提供不同信用条件的卖方，应衡量放弃折扣成本的大小，选择信用成本最小的一家。展延付款带来的损失主要是指因企业信誉恶化而丧失供应商乃至其他贷款人的信用，或日后招致苛刻的信用条件。

应付票据　是旅游企业进行延期付款商品交易或延期提供劳务时开具的反映债权债务关系的票据。根据承兑人的不同，应付票据分为商业承兑汇票和银行承兑汇票2种，支付期最长不超过6个月。应付票据可以带息，也可以不带息。应付票据的利率一般比银行借款的利率低，且不用保持相应的补偿余额和支付协议费，所以应付票据的筹资成本低于银行借款成本。但是应付票据到期必须归还，若延期便要交付罚金，因而风险较大。

预收账款　是旅游企业在没有销售商品或提供劳务的情况下而提前收取客户款项的一种方式。预收账款相当于旅游企业向买方借用资金后用货物或提供劳务、服务来抵偿。

商业信用筹资的特点　商业信用筹资最大的优越性在于容易取得。首先，对于多数企业来说，商业信用是一种持续性的信贷形式，且无须正式办理筹资手续。其次，如果没有现金折扣或使用不带息票据，商业信用筹资不负担成本。其缺陷在于期限较短，在放弃现金折扣时所付出的成本较高。

（2）短期借款

短期借款指旅游企业向银行和其他非银行金融机构借入的期限在1年以内的

借款。

短期借款的种类 按照目的和用途分，主要有生产周转借款、临时借款、结算借款等。按偿还方式的不同分为一次性偿还借款和分期偿还借款；按利息支付方式的不同，分为收款法借款、贴现法借款和加息法借款；按有无担保，分为抵押借款和信用借款。

借款的信用条件 在短期借款合同中，一般都附有信用条件，如信贷限额、周转信用协定、补偿性余额、借款抵押、偿还条件等。

信贷限额 是银行对借款人规定的无担保贷款的最高额。一般来讲，旅游企业在批准的信贷限额内，可随时使用银行借款。但是，银行并不承担必须提供全部信贷限额的义务。

周转信贷协定 是银行具有法律义务地承诺提供不超过某一最高限额的贷款协定。在协定的有效期内，只要企业的借款总额未超过最高限额，银行必须满足企业任何时候提出的借款要求。旅游企业享用周转信贷协定，通常要就贷款限额的未使用部分付给银行一笔承诺费。这是银行向企业提供此项贷款的一种附加条件。

例如，某周转信贷额为1000万元，承诺费率为0.5%，借款企业年度内使用了600万元，余额400万元，借款企业该年度就要向银行支付承诺费2万元（400×0.5%）。这是银行向企业提供此项贷款的一种附加条件。

周转信贷协定的有效期通常超过1年，但实际上贷款间隔几个月发放一次，所以这种信贷具有短期和长期借款的双重特点。

补偿性余额 是银行要求借款企业在银行中保持按贷款限额或实际借用额一定百分比（一般为10%～20%）的最低存款余额。

借款抵押 是银行向财务风险较大的企业发放贷款时，要求有抵押品担保。

偿还条件 贷款的偿还方式有到期一次偿还和在贷款期内定期（每月、季）等额偿还2种。

其他承诺 是指银行有时还要求企业为取得贷款而做出其他承诺，如及时提供财务报表等。

短期借款利率 包括优惠利率、浮动优惠利率、非优惠利率。

企业对银行的选择 随着金融信贷业的发展，可向企业提供贷款的银行和非银行金融机构增多，企业有可能在各贷款机构之间做出选择，以对己最为有利。

选择银行时，重要的是要选用适宜的借款种类、借款成本和借款条件。此外，还应考虑下列有关因素：银行对贷款风险的政策、银行对企业的态度、贷款的专业化程度等。

短期借款的优点 因为银行信贷资金雄厚，银行短期借款能一次性为公司筹集到较大数额的资金，而且资金到位及时，能按合同约定如期取得所需资金；银行贷款方式灵活。银行贷款种类较多，贷款期限长短不一，能适应公司不同的贷款用途和不同的贷款期限所需；银行贷款利率相对稳定，而且贷款利息可在税前支付，具有抵税作用，筹集资金成本相对较低。

银行短期借款的缺点 银行短期借款筹集的资金只能用于规定方向，若要改变借款用途，须经贷款银行同意；公司能否及时取得贷款，受国家政策性因素影响较大。

4.5.2 营运资金政策

营运资金政策包括营运资金持有政策和营运资金筹集政策。它们分别研究如何确定营运资金持有量和如何筹集营运资金2个方面的问题。

4.5.2.1 营运资金持有量的确定

营运资金包括流动资金和流动负债2部分。营运资金持有量的高低，影响着企业的收益和风险。较高的营运资金持有量，使企业有充足的营运资金可以按时支付到期债务，及时供应生产用材料和准时向客户提供产品，从而保证经营活动平稳地进行，风险性较小。但是，由于流动资产的收益性一般低于固定资产，较高的营运资金持有量会降低企业的收益性；而较低的营运资金持有量，虽然使企业的收益率较高，但较低的现金持有量会降低偿债能力和采购的支付能力，加大企业的风险。通过以上分析可以看到，营运资金持有量的确定，就是在收益和风险之间进行权衡。我们将持有较高的营运资金称为宽松的营运资金政策；而将持有较低的营运资金称为紧缩的营运资金政策。宽松的营运资金政策收益和风险均较低；紧缩的营运资金政策收益和风险均较高。介于两者之间的是适中的营运资金政策。在适中的营运资金政策下，现金、存货等都恰好满足需要，理论上是最佳的。按照适中营运资金政策的原则，确定适当的营运资金持有量。

4.5.2.2 营运资金的筹集

营运资金的构成有流动资金和流动负债。

（1）流动资金和流动负债分析

周转时间在1年以下的为流动资金，包括货币资金、交易性金融资产、应收账款、应收票据、存货，等等；偿还期限在1年以下的负债为流动负债，包括短期借款、应付账款、应付票据等。

（2）流动资金和流动负债的配合

配合型筹资政策 对于临时性流动资产，运用临时性负债筹集资金满足其资金需要；对于永久性流动资产和固定资产，运用长期负债和权益资本筹集资金满足其资金需要。

配合型筹资政策要求企业对临时负债做出周密计划，实现现金流动与预期安排相一致。在季节性低谷时，企业应当除了自发性负债外没有其他流动负债；只有在临时性流动资产的需求高峰期，企业才举借各种临时性债务。

例如，某旅游企业在旅游淡季，需占用300万元的流动资金和500万元的固定资产；在旅游高峰期，须额外增加200万元的季节性存货。配合型筹资政策的做法是：企业只在旅游高峰期才借入200万元的短期借款；不论何时，800万元永久性资产均由长期负债、权益资本解决。因此，这是一种理想的、对企业有着较高资金使用要求的营运资金筹集政策。

激进型筹资政策 其特点是临时性负债，不但融通临时性流动资产的资金需要，还解决部分永久性资产的资金需要。

稳健型筹资政策 其特点是临时性负债，只融通一部分临时性流动资产的资金需要，另一部分临时性流动资产和永久性资产则由长期负债和权益资本作为资金来源。

4.6 资金成本

4.6.1 资金成本的含义

资金成本是指企业为筹集和使用资金而付出的代价。任何一个企业筹集和使用资金都要付出一定的代价，有些是企业在资金筹集过程中支付的费用，如发行手续费、律师费、公证费、广告费等，称为资金筹集费，这笔费用往往在筹集资金时一次性支付，可作为企业筹集资金数额的扣除；有些是企业在资金使用过程中为占用资金而支付的费用，如股票的股息、借款和债券利息等，称为资金占用费，这笔费用通常在资金使用过程中发生。

资金成本是企业使用资金而付出的代价，也是投资企业进行投资所要求的基本回报。为此，企业使用资金的报酬必须尽量大于资金成本，才会有利可图。所以，资金成本是投资企业的机会成本，也是资金使用企业为满足投资者回报要求而必须达到的最低回报率。

4.6.2 个别资金成本的计算

个别资金成本是指使用各种长期资金的成本，可以分为债务资金成本和权益资金成本。债务资金成本有借款成本和债券成本，权益资金成本有普通股成本和留存收益成本。

4.6.2.1 长期借款成本

长期借款成本包括借款费用和借款利息2部分，借款费用会直接减少企业所筹集资金的数额，而借款利息作为借款企业的费用，在所得税前支付，可以起到抵税的作用。计算公式为

$$K_l=\frac{I_t(1-T)}{L(1-F_l)}$$

式中 K_l——长期借款资金成本；

I_t——长期借款年利息；

T——所得税税率；

L——长期借款筹资额（借款本金）；

F_l——长期借款筹资费用率。

上述公式也可以表示为

$$K_l=\frac{R_l(1-T)}{1-F_l}$$

式中 R_l——长期借款利率。

例4-5 某企业取得长期借款100 000元，借款期限10年，年利率8%，每年付息一次，到期一次还本，筹资费率0.5%，企业所得税税率为33%。该项长期借款的资金成本为

$$K_l=\frac{100\ 000\times 8\%\times(1-33\%)}{100\ 000\times(1-0.5\%)}=5.39\%$$

或

$$K_l=\frac{8\%\times(1-33\%)}{1-0.5\%}=5.39\%$$

4.6.2.2 债券成本

债券成本包括债券利息和筹资费用。债券利息在税前支付，可以起到抵税作用。

$$K_b=\frac{I_b(1-T)}{B(1-F_b)}$$

式中 K_b——债券资金成本；

I_b——债券年利息；

T——所得税税率；

B——债券筹资额；

F_b——债券筹资费率。

上述公式也可表示为

$$K_b=\frac{R_b(1-T)}{1-F_b}$$

式中 R_b——债券利率。

例 4-6 某企业计划发行面额为 500 万元的十年期债券，票面利率为 10%，发行费用 2%，预计发行价格 600 万元，所得税税率 33%。则债券成本为

$$K_b=\frac{500\times10\%\times(1-33\%)}{600\times(1-2\%)}=5.7\%$$

4.6.2.3 留存收益成本

留存收益是企业缴纳所得税后形成的、应分但未分给股东的利润，其所有权属于股东。股东将一部分未分派的税后利润留存于企业，实质上是对企业追加投资。计算留存收益成本的主要方法有以下 3 种。

（1）股利增长模型法

股利增长模型法是依照股票投资的收益率不断提高的思路计算留存收益成本。一般假定收益以固定的年增长率递增，计算公式为

$$K_s=\frac{D_1}{P_0}+G$$

式中 K_s——留存收益成本；

D_1——预期年股利额；

P_0——普通股市价；

G——普通股利年增长率。

（2）资本资产定价模型法

按照“资本资产定价模型法”，留存收益成本的计算公式为

$$K_s=R_s=R_F+\beta(R_m-R_F)$$

式中 R_F——无风险报酬率；

β——股票的系统风险系数；

R_m——平均风险股票必要报酬率。

（3）风险溢价法

依据投资“风险越大，要求的报酬率越高”这一理论，留存收益的成本公式为

$$K_s = K_{dt} + RP_c$$

式中 K_{dt}——税后债务成本；

RP_c——股东比债权人承担更大风险所要求的风险溢价。

4.6.2.4 普通股成本

指企业新发行的普通股。普通股和留存收益都是企业的所有者权益，可以按照股利增长模式的思路计算，公式为

$$K_c = \frac{D_1}{P_0} + G$$

式中 K_c——普通股成本。

如果将筹资费用考虑在内，新发普通股成本公式则为

$$K = \frac{D_1}{P_0(1-F)} + G$$

式中 F——普通股筹资费用率。

4.6.3 加权平均资金成本

加权平均资金成本一般是以各种资本占全部资本的比重为权数，对个别资金成本进行加权平均确定的资金成本。其计算公式为

$$K_W = \sum_{j=1}^{n} K_j W_j$$

式中 K_W——加权平均资金成本；

K_j——第 j 种个别资金成本；

W_j——第 j 种个别资金占全部资金成本的比重（权数）。

例4-7 某旅游企业拟筹资4000万元，其中，按面值发行债券1000万元，筹资费率2%，债券年利率为5%；普通股3000元，发行价格为10元/股，筹资费率为4%，第一年预期股利为1.2元/股，以后每年增长5%。所得税率为33%。计算该筹资方案的加权平均资金成本。

解：

$$债券比重 = 1000 \div 4000 = 0.25$$

$$普通股比重 = 3000 \div 4000 = 0.75$$

$$债券的资金成本 = \frac{1000 \times 5\% \times (1-33\%)}{1000 \times (1-2\%)} \times 100\% = 3.42\%$$

$$普通股票资金成本 = \frac{1.2}{10 \times (1-4\%)} \times 100\% + 5\% = 17.5\%$$

$$加权平均资金成本 = 0.25 \times 3.42\% + 0.75 \times 17.5\% = 13.98\%$$

4.7 旅游企业财务杠杆与财务风险

4.7.1 财务杠杆

(1) 财务杠杆的含义

在资本总额及其结构既定的情况下，企业需要从息税前利润中支付的债务利息通常都是固定的。当息税前利润增大时，每1元盈余所负担的固定财务费用（如利息、融资租赁租金等）就会相对减少，就能给普通股股东带来更多的盈余；

反之，每1元盈余所负担的固定财务费用就会相对增加，就会大幅度减少普通股的盈余。这种由于固定财务费用的存在而导致普通股每股收益变动率大于息税前利润变动率的杠杆效应，称为财务杠杆。

（2）正财务杠杆作用

在其他条件不变的情况下，正财务杠杆的运用，也就是通常所讲的合理负债经营，能够使企业普通股每股利润高于未运用财务杠杆企业的普通股每股利润。即当全部资金的息税前投资利润率大于借入资金成本时，可为企业带来收益，而且负债比率越高，财务杠杆收益就越大；负债比率越低，财务杠杆收益就越小；如果没有负债，就没有财务杠杆收益。

（3）负财务杠杆作用

在其他条件不变的情况下，由于负财务杠杆的运用使企业普通股每股利润比未运用财务杠杆的企业低。即当全部资金的息税前投资利润率小于借入资金成本时，就会给企业带来损失，而且负债比率越高，财务杠杆损失就越大；负债比率越低，财务杠杆损失就越小；如果没有负债，就没有财务杠杆损失。

（4）财务杠杆系数

财务杠杆系数是指运用具有固定财务费用的负债及优先股筹资时对每股收益的影响，也是息税前利润的变动引起普通股股东每股盈余变动的百分数。

$$\text{财务杠杆系数}(DFL)=\frac{\text{息税前利润}}{\text{息税前利润}-\text{利息}}=\frac{EBIT}{EBIT-I}$$

财务杠杆系数越大，表明财务杠杆作用越大，财务风险也就越大；财务杠杆系数越小，表明财务杠杆作用越小，财务风险也就越小。

在资本总额、息税前盈余相同的情况下，负债比率越高，财务杠杆系数越高，财务风险越大，但预期每股收益也会相应较高。企业可以通过合理安排资本结构，适度负债，使财务杠杆利益抵消风险增大所带来的不利影响。

4.7.2 财务风险

（1）财务风险分析

财务风险是指企业在经营过程中，由于债务资本比率的变化可能导致丧失偿债能力，甚至破产或所有者权益发生较大幅度变动的可能性。财务风险是企业筹资决策的直接后果。

财务杠杆会加大财务风险，企业举债比重越大，财务杠杆效应越强，财务风险越大。旅游企业如果能够适度、有效地利用债务资金，可以给股东带来额外的收益。但是，如果旅游企业为了取得财务杠杆利益，不顾风险盲目扩大债务比例，一旦企业息税利润下降，不足以补偿固定利息支出，企业的每股利润就会下降得更快，企业会面临比较大的财务风险。如果企业不能及时扭亏为盈，可能会引起破产。

企业完全靠自有资金从事经营活动，虽然不会发生财务风险，但会使企业错失发展机会，不能给企业带来财务杠杆收益，并且资金成本高。因此，旅游企业应适度举债，合理安排债务比例，降低企业综合资金成本，控制财务风险。

（2）财务风险的控制

旅游企业的财务风险主要来源于息税前利润率与负债利率的不确定性。企业既要善于利用负债基金，适度负债经营，又要采取各种方法，对财务风险进行控制。企业一般应从以下几个方面控制财务风险。

确定合理的资本结构 旅游企业要根据企业发展状况、季节变化、承受财务风险的能力，合理确定资本结构。

确定与资金期望收益相适应的负债额度 当全部资金息税前利润率的期望值高于利息率时可适当负债，当期望值等于或小于利息率时应停止借款。

确定与经济发展相适应的负债决策 在经济增长较快时，旅游市场形势好，资金周转快，可大量利用借款来发展旅游产业，在经济发展滞缓时，应缩减负债数额，尽量降低资金成本。

4.8 旅游企业资本结构

4.8.1 资本结构概述

资金结构是指企业各种资本的构成及其比例关系。资本结构是旅游企业筹资决策的核心问题。企业应综合考虑有关影响因素，运用适当的方法确定最佳资金结构，并在以后追加筹资中继续保持这种合理的资本结构。如果企业现有资本结构不合理，应通过筹资活动进行调整，使其趋于合理化。

在企业筹资管理活动中，资本结构有广义和狭义之分。狭义的资本结构是指企业各种长期资本价值的构成及其比例关系，尤其是指长期的股权资本与债券资本构成及其比例关系。狭义的资本结构下，短期债券资本作为营运资本来管理。广义的资本结构是指企业全部资本的价值及比例关系，它不仅包括长期资金，还包括短期资金，主要是短期债权资本。本章所指资本结构是指狭义的资本结构。

企业资本结构是由企业采用各种筹资方式筹集资金而形成的，各种筹资方式下不同的组合类型决定着企业资金结构及其变化。企业筹资方式虽然很多，但总的来看分为负债资金和权益资金2类，因此，资金结构问题总体来说是负债资本的比例问题，即负债在企业全部资本中所占的比重。

人们对资本结构有着若干不同认识。最早提出资本结构理论这一问题的是美国经济学家戴维·杜兰德。杜兰德认为，早期企业的资本结构是按照净收益法、净营业收益法和传统折中法建立的。1958年，莫迪格利尼和米勒又提出了著名的MM理论。在此基础上，后人又进一步提出了代理理论和等级筹资理论等。从这些理论分析中可知，利用负债资金具有双重作用，适当利用负债，可以降低企业资金成本，但当企业负债比率太高时，会带来较大的财务风险。为此，企业必须权衡财务风险和资金成本的关系，确定最佳资金结构。最佳资本结构是指在一定条件下使企业加权平均资金成本最低、企业价值最大的资本结构。

4.8.2 最佳资本结构的确定

最佳资本结构即是综合资金成本最低的资本结构。确定最佳资本结构的方法有比较资本成本法、每股利润无差别点法和公司价值分析法。

4.8.2.1 比较资本成本法

比较资本成本法是通过计算各方案加权平均的资本成本，并根据加权平均资本成本的高低来确定最佳资本结构的方法。这种方法确定的最佳资本结构亦即加权平均资本成本最低的资本结构。

例4-8 某旅游公司共有资金1000万，其资金构成北例有2种方案，其中甲方案为：债券200万元，优先股100万元，普通股500万元，留存收益200万元。乙方案为：债券100万元，优先股100万元，普通股600万元，留存收益200万元。各种资金的成本率分别为6%、12%、15%和14%。试计算该公司的综合资金成本率。

解：

甲方案：

$$债券的资金比重 = 200 \div 1000 \times 100\% = 20\%$$
$$优先股资金比重 = 100 \div 1000 \times 100\% = 10\%$$
$$普通股资金比重 = 500 \div 1000 \times 100\% = 50\%$$
$$留存收益资金比重 = 200 \div 1000 \times 100\% = 20\%$$
$$加权资金成本 = 20\% \times 6\% + 10\% \times 12\% + 50\% \times 15\% + 20\% \times 14\% = 12.7\%$$

乙方案：

$$债券的资金比重 = 100 \div 1000 \times 100\% = 10\%$$
$$优先股资金比重 = 100 \div 1000 \times 100\% = 10\%$$
$$普通股资金比重 = 600 \div 1000 \times 100\% = 60\%$$
$$留存收益资金比重 = 200 \div 1000 \times 100\% = 20\%$$
$$加权资金成本 = 10\% \times 6\% + 10\% \times 12\% + 60\% \times 15\% + 20\% \times 14\% = 13.6\%$$

由以上计算可知，乙方案的加权资金成本为13.6%大于甲方案的资金成本12.7%，所以从资金成本方面考虑应该选择甲方案。

4.8.2.2 每股收益无差别点法

每股收益无差别点法，又称息税前利润-每股利润分析法（EBIT-EPS分析法），是通过分析资本结构与每股利润之间的关系，计算各种筹资方案的每股利润的无差别点，进而确定合理的资本结构的方法。这种方法确定的最佳资本结构亦即每股利润最大的资本结构。

根据每股收益无差别点法，可以分析判断在什么经营情况下适于采用何种筹资方式。每股收益无差别点可以通过计算得出。

每股收益 EPS 的计算为

$$EPS = \frac{(S - VC - F - I)(1 - T)}{N} = \frac{(EBIT - I)(1 - T)}{N}$$

式中 S——销售额；

VC——变动成本；

F——固定成本；

I——债务利息；

T——所得税税率；

N——流通在外的普通股股数；

$EBIT$——息前税前盈余。

在每股收益无差别点上，无论是采用负债融资，还是采用权益融资，每股收益都是相等的。若以 EPS_1 代表负债融资，以 EPS_2 代表权益融资，有：

$EPS_1 = EPS_2$，即

$$\frac{(S_1 - VC_1 - F_1 - I_1)(1 - T)}{N_1} = \frac{(S_2 - VC_2 - F_2 - I_2)(1 - T)}{N_2}$$

在每股收益无差别点上，$S_1 = S_2$，即2种方案的销售量相等，则

$$\frac{(S - VC_1 - F_1 - I_1)(1 - T)}{N_1} = \frac{(S - VC_2 - F_2 - I_2)(1 - T)}{N_2}$$

能使得上述条件公式成立的销售额（S）为每股收益无差别点销售额。

例4-9 S旅行社原有资本700万元，其中债务资本200万元（每年负担利息24万元），普通股资本500万元（发行普通股10万股，每股面值为50元）。由于扩大业务，需追加筹资300万元，其筹资方式有以下2种。

一是全部发行普通股：增发6万股，每股面值50元。

二是全部筹借长期债务：债务利率仍为12%，利息36万元。

公司的变动成本率为60%，固定成本为180万元，所得税税率为33%。

将上述资料中的有关数据代入条件公式，得：

$$\frac{(S - 0.6S - 180 - 24)(1 - 33\%)}{10 + 6} = \frac{(S - 0.6S - 180 - 24 - 36)(1 - 33\%)}{10}$$

$S = 750$（万元）

此时的每股收益额为：

$$\frac{(750 - 750 \times 0.6 - 180 - 24)(1 - 33\%)}{16} = 4.02\text{（元）}$$

上述每股收益无差别分析，可描绘如图4-1。

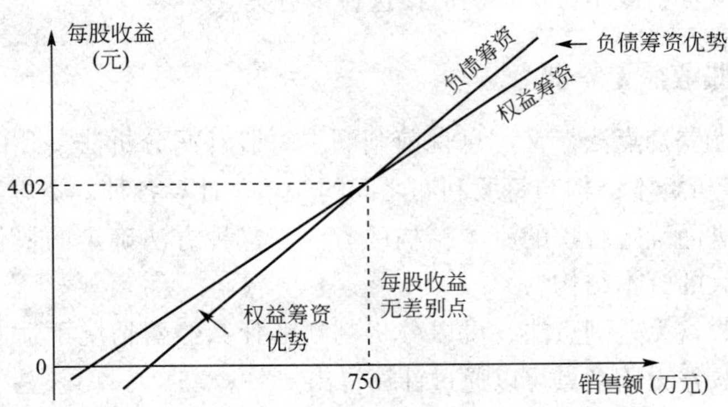

图4-1 S旅行社每股收益无差别点分析示意图

从图4-1中可以看出，当销售额高于750万元（每股收益无差别点的销售额）时，运用负债筹资可获得较高的每股收益；当销售额低于750万元时，运用权益筹资可获得较高的每股收益。

那么，究竟息税利润为多少时发行普通股有利，息税前利润为多少时发行公司债券有利呢？这就要测算每股收益无差别点处的息税前利润，其计算公式为：

$$\frac{(\overline{EBIT} - I_1)(1 - T) - D_1}{N_1} = \frac{(\overline{EBIT} - I_2)(1 - T) - D_2}{N_2}$$

式中 $\overline{EBIT}$——每股收益无差别点处的息税前利润；

D_1，D_2——2种筹资方式下的优先股股利。

如果公司没有发行优先股，上式可简化为：

$$\overline{EBIT} = \frac{N_1 I_2 - N_2 I_1}{N_1 - N_2}$$

根据每股收益无差别点，可以分别判断在什么样的销售水平下，适于采用何种资本结构。每股收益无差别点可以用销售量、销售额、息税前利润来表示，还可以用边际贡献来表示。如果已知每股收益相等时的销售水平，也可以计算出有关的成本水平。

进行每股收益分析时，当销售额（或息税前利润）大于每股收益无差别点的销售额（或息税前利润）时，运用负债筹资可获得较高的每股收益；反之，运用权益筹资可获得较高的每股收益。每股收益越大，风险也越大，如果每股收益的增长不足以补偿风险增加所需要的报酬，尽管每股收益增加，股价仍会下降。

每股收益无差别点法的原理比较容易理解，测算过程较为简单。它以普通股每股收益最高为决策标准，也没有具体的测算财务风险因素，其决策目标实际上是每股收益最大化而不是公司价值最大化，可用于资本规模不大、资本结构不太复杂的股份有限公司。

4.8.2.3 公司价值分析法

公司价值分析法是通过计算和比较各种资本结构公司的市场总价值来确定最佳资本结构的方法。这种方法的出发点是，从根本上讲，财务管理的目标在于追求公司价值最大化。然而只有在风险不变的情况下，每股利润的增长才会导致股价上升，公司价值提升。而实际上，经常是随着每股利润的增长风险也加大。如果每股利润的增长不足以弥补风险增加所需的报酬，尽管每股利润增加，股价可能下降。所以，最佳资金结构应当是可使公司的总价值最高，而不是每股收益最大的资金结构。同时公司的总价值最高的资金结构，资金成本也是最低的。这种方法确定的最佳资金结构亦即公司市场价值最大的资金结构。

$$\text{公司的市场总价值} = \text{股票的总价值} + \text{债券的价值}$$

为简化起见，假定债券的市场价值等于其面值，股票市场价值的计算公式如下：

$$\text{股票的市场价值} = \frac{(\text{息税前利润} - \text{利息}) \times (1 - \text{所得税税率})}{\text{普通股成本}}$$

$$= \frac{(EBIT - I)(1 - T)}{K_c}$$

其中普通股成本可采用资本资产定价模型计算：

$$K_c = R_i = R_f + \beta(R_m - R_f)$$

式中 K_c——普通股成本；

R_i——第 i 种股票的预期收益率；

R_f——无风险利率，一般用同期国库券收益率表示；

β——第 i 种股票的系统风险系数；

R_m——平均风险股票的必要收益率。

公司的资本成本，采用加权平均资本成本来表示。其公式为：

$$\begin{matrix}\text{加权平均}\\\text{资本成本}\end{matrix} = \begin{matrix}\text{债务资}\\\text{金成本}\end{matrix} \times \begin{matrix}\text{债务占总}\\\text{资本比重}\end{matrix} + \begin{matrix}\text{普通股票}\\\text{资金成本}\end{matrix} \times \begin{matrix}\text{股票占总}\\\text{资本比重}\end{matrix}$$

例 4－10 某旅游股份公司息税前利润为 500 万，资金全部由普通股组成，股票账面价值为 2000 万元，公司适用的所得税率为 33%。该公司认为目前的资金结构不够合理，准备用发行债券购回部分股票的方法予以调整。目前的债务和权益资金成本的情况见表 4－3。

表4-3 债务利息与权益资金的成本

债券的市场价值/万元	债券利率/%	股票的贝他系数/β	无风险收益率/R_f/%	平均风险股票的必要收益率/R_m	普通股成本/K_c/%
0	0	1.20	10	14	14.80
200	10	1.25	10	14	15.00
400	10	1.30	10	14	15.20
600	12	1.40	10	14	15.60
800	14	1.55	10	14	16.20
1000	16	2.10	10	14	18.40

根据上表可计算该公司筹措不同金额的债务时公司价值与加权平均资金成本见表4-4。

表4-4 公司价值计算与加权平均资金成本

债券市场价值/万元	股票市场价值/万元	公司市场价值/万元	债券占全部资金的比重/%	股票占全部资金的比重/%	债券资金成本/%	普通股成本/%	加权平均资金成本/%
0	2 264	2 264	0.00	100.00	0	14.80	14.80
200	2 144	2 344	8.53	91.47	6.70	15.00	14.29
400	2 028	2 428	16.47	83.53	6.70	15.20	13.80
600	1 838	2 438	24.61	75.39	8.04	15.60	13.74
800	1 604	2 404	33.28	66.72	9.38	16.20	13.93
1 000	1 238	2 238	44.68	55.32	10.72	18.40	14.97

可以看出，在没有债务的情况下，公司的总价值就是其原有股票的市场价值。当公司用债务资金部分地替换权益资金时，一开始公司总价值上升，加权平均资金成本下降，当债务资金达到600万元时，公司总价值最高，加权平均资金成本最低；当债务资金超过600万元时，公司总价值下降，加权平均资金成本上升。可见，债务为600万元时资金结构是该公司最佳资金结构。

4.8.3 资本结构的调整

当企业现有资本结构与目标资本结构存在较大差异时，企业需要进行资本结构调整。企业调整资本结构的方法如下。

存量调整 是在不改变现有资产规模的基础上，根据目标资本结构要求，对现有资金结构进行必要的调整。存量调整的方法有：债转股、股转债、增发新股偿还债务等。

增量调整 是通过追加筹资量，以增加总资产的方式来调整资本结构。增量调整的方法是从外部取得增量资本，如发行新债券、举借新贷款、进行融资租赁、发行新股票等。

减量调整 是通过减少资产总额的方式来调整资本结构。减量调整的方法有：提前归还借款，收回发行在外的可赎回债券，股票回购减少公司股本，企业分立等。

【思考题】

1. 旅游企业筹资应遵循哪些原则？
2. 旅游企业筹资是如何分类的？
3. 旅游企业有哪些筹资渠道？各是怎样筹资的？

4. 资金成本的计算方法是什么？

5. 如何确定最佳资本结构？

【经验性训练】

编制资金筹集计划的训练

【概述】

为当地一家五星级酒店做资金筹集计划，使企业的综合资金成本最低。

【步骤】

1. 要求每一位学生做一份资金筹集计划，指导老师做具体指导。

2. 资金筹集计划应结合企业目前的资金状况和企业发展对资金的需求情况。

3. 教师负责为学生提供企业的资金状况及企业的发展计划等相关资料。

4. 组织全体同学，结合所学理论知识，对每位学生的资金筹集计划进行分析评价，挑选出最佳的资金筹集计划。

【案例分析】

盲目筹资还贷难

多年的恶性竞争已使三峡在海外的声誉严重受损，黄金旅游线现在成了一条冷线。1998 年 1 ~ 10 月，三峡接待境外游客流量不到 5 万人，游船平均载客率 34%，比保本点低 30%。进入 11 月，全线 60 艘豪华游轮，除了 2 艘被外商包租仍在苦撑危局外，其余全部停运，惨状为历年少有。

早在 1987 年，国务院旅游协调小组就预测，即使按照每年 15% 的正常增长速度，2000 年到三峡旅游的海外游客也不过 20 万人，20 艘游轮已足够。这个当时广为发布的消息，并未引起旅游界、航运界重视。在当时高额利润诱惑下，沿江各地一哄而起，竞相建造、购置豪华游轮。1991 年后，“中国王朝号”“东方皇帝号”“锦绣中华号”“西施号”“伯爵号”“长江天使号”等纷纷下水，争先恐后奔向三峡。到 1994 年，游船公司达 28 家，豪华游轮猛增到 60 艘，共有客位近 8000 个，一年可载客 60 万人。但是，三峡境外客流上升缓慢，1994 年不过 10 万人。为了争夺客流，各公司掀起了游船大战，借三峡工程炒作“告别三峡游”。这一招曾一度使境外客流猛增。大江截流的 1997 年达到创纪录的 22 万人。但令各公司伤心的是，这年的游船载客率反而只有 30%，与 65% 的盈亏平衡点相差甚远。1998 年，三峡旅游海外客流跌落到 5 万人，供过于求。28 家游船公司展开了“自杀式”竞争。从 1994 年开始年年亏损，10 多家公司濒临倒闭。实力最为雄厚的长江轮船海外旅游总公司先后投资 8 亿多元建造了 15 艘豪华游轮，近几年效益一路走低，1998 年亏损高达 8500 万元，到 2000 年企业几近关门。

中国旅游车船协会副会长朱宁说，三峡旅游已元气大伤，市场复苏之路漫长，这些豪华游轮，总投资 30 多亿元，都采用银行贷款建造，偿还困难。

【案例思考题】

(1) 如果你是航运公司的经理，你会如何进行三峡游轮的投资决策？面对大量的筹资需求，如何构造企业的资本结构？

(2) 从这些游轮公司的投资活动中，我们能获得什么样的经营启示？结合该案例，谈谈你对筹资基本原则的理解。

(3) 假设又有一轮三峡热到来，那么三峡各旅游公司及政府部门应该吸取哪些经验教训？应该做好哪些准备工作？

(4) 旅游企业面对大型投资项目需要大量融资的现实，陷入了一种尴尬的境地：一方面需要筹措大量资金；另一方面实力较弱、借贷能力较低，很难满足筹资需要。对此，你如何认识？旅游企业如何走出筹资困境？需要做哪些努力？

【本章推荐阅读书目】

1. 旅游企业财务管理. 徐虹，康晓梅. 东北财经大学出版社，2007.
2. 旅游企业财务管理. 张玉凤. 北京大学出版社，2006.
3. 财务成本管理. 中国注册会计师协会. 经济科学出版社，2006.
4. 财务管理. 戴书松. 经济管理出版社，2006.

第5章

旅游企业投资管理

【本章概要】

本章对旅游企业投资程序、投资环境进行阐述，重点对项目投资、证券投资（包括债券投资和股票投资）进行分析，明确了旅游企业进行项目投资和证券投资的方法和步骤。

【学习目标】

- 了解旅游企业投资的基本程序；
- 了解投资环境分析的内容；
- 了解证券投资组合策略；
- 掌握投资风险分析和投资风险处置等内容；
- 掌握项目投资和现金流量的测算方法；
- 掌握项目投资决策评价指标的计算；
- 掌握债券价值的确定方法；
- 掌握债券到期收益率的计算方法；
- 掌握股票价值的评估方法。

【关键性术语】

投资基本理论、现金流入量、现金流出量、现金净流量、初始现金净流量、营业现金流量、终结现金流量、相关成本、非相关成本、机会成本、投资回收期、投资利润率、净现值、现值指数、内含报酬率、债券价值、债券到期收益率、股票价值评估、市盈率、股票到期收益率、期望报酬率、无风险报酬率、风险报酬率、投资组合、风险分散理论。

【章首案例】

首旅集团对外投资的整体决策

首旅集团通过不断运用对外投资，使集团资产质量不断得到优化，产业链上的资产配置比例日益协调，规避投资风险的能力日渐增长，投资回报率也在不断增加，这种整体投资决策使2002年净资产收益率达到了3.04%。

首旅集团的投资是全方位的。饭店业投资是首旅集团的重要投资领域，为了把握2008年北京奥运会这一历史性机遇，首旅集团提出“三点一线”投资方案。“一线”指以长安街为主线，以人民大会堂为中心，包括北京饭店、贵宾楼饭店、国际饭店、长富宫中心、建国饭店等多家高星级酒店，形成首旅集团在东长安街沿线会议、商务旅游、大型活动的绝对优势。“三点”指在北京建成3个综合高端旅游服务中心：第一个是以北京饭店为中心，包括“北京宫”的建设；第二个是东部CBD商业区，以长城饭店、亮马河大厦为核心，包括京伦饭店、建国饭店、兆龙饭店、华都饭店等的服务中心；第三个是由中关村地区的新世纪饭店、西苑饭店及北京展览馆组合成的北京西区最大的综合旅游服务中心。

除饭店业投资外，近几年为了完善集团公司的产业链，首旅集团加大景区景点产业投资力度。2002年9月，首旅集团通过其二级架构企业首旅股份出资3.3亿元收购海南南山文化旅游开发有限公司74%的股权，同时海南五指山、兴隆和海口的投资项目也在顺利实施。2003年7月25日，首旅集团与宁夏农垦集团签订了合作框架协议，商定尽快推出宁夏大西湖湿地公园、玉泉营葡萄庄园、休闲度假旅游区、万亩鱼园、千亩生态枸杞园等项目。

此外，首旅集团还在金融业、房地产业、教育业等方面有投资，成为首旅集团主业的有力补充，为有效降低产业单一带来的风险奠定了基础。

【案例思考题】

你认为首旅集团的投资决策是否取得了应有的成果？为什么要进行多元化投资决策？

5.1 旅游企业投资概述

旅游企业是以盈利为目的的企业，其管理目标是取得盈利。旅游企业为了保证自己在激烈的市场竞争中生存下去，并不断获得发展，不断创造财富，需要将资金投放于一定的人、财、物上，以获得相应的资金流入。这就是旅游企业的资金投放活动，也是旅游企业的投资活动。

5.1.1 旅游企业投资的含义

投资是企业以资金、实物、无形资产等形式将资本投放于经济活动，以期在未来取得收益的资金流出。在市场经济条件下，旅游企业必须把资本投放到收益高、风险小的项目上去，才能取得良好的经济效益。

对投资活动的管理是旅游企业财务管理的核心，是旅游企业进行资金筹集的目的。旅游企业投资项目的成败，极大地影响着旅游企业的经营，甚至可以说影响到旅游企业的生存。

5.1.2 投资的分类

(1) 直接投资和间接投资

按照与旅游企业业务经营的关系，投资可以分为直接投资和间接投资。

直接投资是旅游企业将资金投放于生产经营性资产，以获取利润的投资；间接投资，又称证券投资，是指旅游企业将资金投放于证券等金融市场，获得利息或股利收入的投资。我国证券投资起步较晚，规模和数量有限，投资方式多以直接投资为主，直接投资约占整个投资的6成。

(2) 短期投资和长期投资

按照投资回收时间的长短，投资可以分为短期投资和长期投资。

短期投资是指能够随时变现并且持有时间不准备超过1年的投资，如存货投资、短期有价证券投资。在旅游企业经营过程中会出现现金流入大于现金流出的情况，这时就会出现资金的闲置。闲置的资金可以增强企业偿债能力，但却降低了旅游企业的盈利能力。解决闲置资金的办法之一就是购买短期有价证券。在国外，短期有价证券投资是一种最基本的短期投资方式。在我国，随着证券市场的健全和完善，这种投资方式将成为旅游企业投资的重要形式。长期投资，指短期投资以外的投资，如固定资产投资、无形资产投资、长期有价证券投资。就长期有价证券投资而言，如债券，有的到期期限较长，长达数十年之久，普通股票则根本没有到期的时间。在进行长期投资分析时，不仅要考虑投资的收益率和风险，还要从多种角度分析，做出最优的投资决策。

(3) 对内投资和对外投资

按照资金投放的范围，可以分为对内投资和对外投资。

对内投资指将资金投放于旅游企业内部，以保证旅游企业正常的生产经营，包括流动资产投资、固定资产投资。对外投资指旅游企业以现金、实物、无形资产或有价证券等方式向其他单位的投资。对外投资的目的很多，但根本目的还是追求更高的利益。随着旅游企业横向经济联合的开展，对外投资越来越重要。

(4) 独立投资、互斥投资和相关投资

按照不同投资项目之间是否相关，可以分为独立投资、互斥投资和相关投资。

独立投资是在众多的投资项目中，各个投资项目的现金流是独立的，不具有相关性，并且任何一个投资项目的采用与否都不影响其他投资项目的实施，因此独立投资项目的投资决策就是比较选择最优项目。互斥投资是指投资项目之间存在互不相容、互相排斥关系，即在众多的投资项目中，只能选择其中一个投资项目。相关投资是指必须依赖于其他项目的实施而存在的投资项目。

(5) 初创投资和后续投资

按照投资处于旅游企业经营的不同阶段，分为初创投资和后续投资。

旅游企业初创投资是指在筹建企业时所进行的各种投资，是企业初创时期的资金基础。其特点是投入的资金通过开发建设沉淀为旅游企业的原始资产，成为旅游企业开展经营服务的必备条件。

旅游企业的投资活动是为了更好地，或为了维持或扩大经营活动所做的必要补充，通过投资活动所获得的利益（包括股利和利息的获得，取得对另一企业的控制权等），来达到日常生产经营活动所不能达到的效果，为扩大再生产提供资金或其他方面的条件。

5.1.3 旅游企业投资管理的原则

旅游企业投资的根本目的是谋求利润，增加企业价值。企业能否实现这一目标，关键在于企业能否在变幻莫测的市场环境中，善于抓住有利时机，做出最有利的投资决策。投资是旅游企业的一项重要的财务活动，任何一个企业从筹建开始，即进行投资活动；而在其经营活动中，为扩大企业规模，开发新产品更需要进行经常性的投资，投资活动贯穿旅游企业经营的始终，也是企业获得未来收益的基本前提条件。因此，加强投资管理，选择正确的投资方式，对企业的未来经营具有十分重要的意义。为此，企业投资必须遵循以下原则。

(1) 做好市场调查，把握投资时机

市场调查是寻找投资时机的基础，企业投资前，必须对旅游服务市场进行周密、动态的调查和市场分析，以寻找最有利的投资机会，找准企业投资的切入点，为保证投资决策的正确性和及时性，为实现投资目标奠定基础。市场经济条件下，旅游企业的投资机会无处不在，但不是一成不变的，它受多种因素的影响，处于不断变化之中，而最重要的是受到旅游市场需求变化的影响。随着社会经济的发展和人们生活消费水平的提高，对旅游企业的产品和服务要求也随之不断升级，不断推陈出新，为此，要通过市场调查，寻找投资时机，为投资决策提供依据。

（2）建立科学的决策程序，做好投资项目的可行性分析

在市场经济条件下，旅游企业的投资决策面临一定的风险。为保证投资决策的正确有效，旅游企业必须按照科学的投资决策程序，认真进行拟投资项目的可行性分析，利用各种技术经济指标，采用定性与定量分析相结合的方法对拟投资项目技术上的可行性及经济上的合理性进行充分论证，以便正确评价各项目的优劣。

（3）做好筹资计划，确保投资项目资金供应

旅游企业实施投资计划前，必须科学预测企业所需资金的数量和时间，以确保资金及时足额到位，以免影响投资的顺利进行。旅游企业的投资开发项目，特别是大型投资项目，建设工期长，所需资金多，更需要有足够的资金供应，否则就会影响投资效益，甚至造成投资的巨大损失。

（4）处理好收益和风险的关系，适当控制企业的投资风险

在旅游企业投资活动中，投资的风险和收益共存。投资收益的增加以投资风险的增大为代价，而投资风险的增大将最终影响旅游企业的价值提高，不利于企业的财务管理目标的实现。因此，企业投资时必须妥善处理好收益与风险的关系，在考虑获取高额收益的同时，慎重考虑投资风险，力争以最小的风险实现最大的收益。

5.1.4 旅游企业投资管理的基本程序

（1）确定投资项目

根据旅游企业经营战略目标的需要，在全面分析评价内外部经营环境基础上，提出拟需要投资的项目计划。

（2）对投资项目进行可行性分析

对拟建设的投资项目和投资计划从投资的分类、选址的落实、技术与市场的分析、收益性的判断和现金流的预测等多方面进行分析评价，为投资决策做好前期的可行性研究。

（3）对投资项目进行决策

对项目的可行性分析结果，做出投资或不可投资以及尚需继续论证的决策。

（4）实施投资

对决定投资的项目要组织好实施团队，按计划投资阶段和资金预算情况及时保质保量地落实项目各项要求，确保投资项目顺利实施。

（5）投资项目的再评价

由于投资需要一定的时间，在实施投资的过程中，有必要对原评价的准确性和新出现的问题进行再评价，以调整不适当的决策，做出新的决策，从而使投资项目收益尽可能最大化。

5.1.5 旅游企业投资环境分析

投资环境是指影响企业投资效果的各种内外部因素的总和。旅游企业的生存、发展与获利，都是以内外部理财环境为条件的。企业进行投资时，必须对投资环境进行认真分析和研究，才能充分了解旅游市场的供求状况、了解国家的相关经济政策以及国内外政治、经济和技术的发展动向，科学预测未来投资环境的变化情况，才能确定正确的投资方向，保证投资项目取得预期的效果。

（1）投资的一般环境

投资的一般环境主要包括政治形势、经济形势和文化状况。

政治形势是指政局是否稳定，有无战争或发生战争的风险，有无国家政权和社会制度变革的风险，有无重大政治变化等。政治环境的变化常常引起经济环境及市场环境等多方面的变化，旅游企业进行投资环境分析时要认真分析所处的政治环境，确保投资的合法有效。

经济形势是指经济发展状况、经济发展水平、经济增长的稳定性、经济结构和产业政治等。旅游企业在设计投资机会、确定投资类型及投资规模时要认真分析投资所处的经济环境，以保证投资的合理性、收益性。

文化状况指教育程度、文化水平、宗教、风俗习惯等。旅游服务具有深厚的文化内涵，打的是文化旗，需要体现以人为本，分析投资环境时必须重视文化环境，确保投资的科学性。

（2）投资的相关环境

投资的相关环境是指与特定项目有关的一系列因素，如旅游市场、旅游资源、相关科学技术、地理环境及旅游基础设施、相关的政策优惠等。

旅游企业进行投资时，只要对旅游市场的现状及发展趋势有足够的了解，只有潜在需求旺盛持久，投资才切实可行；旅游企业投资能否取得良好的经济效益，还有赖于优质低价及相关旅游资源的充分及时供应、相关科学技术的支持、良好的旅游地理环境及便利的交通运输及水、电、通信、金融等生活配套设施做保障。

肯德基选择投资地址的方法

企业投资中有一句格言：开办一家企业需要考虑的3个最重要的因素是选址、选址还是选址。旅游企业在对外直接投资时，不可避免地会遇到选址问题，该问题之所以如此重要，是因为旅游企业提供的是服务产品，一旦位置选错，客流量不够大的话，要想更改地址不仅困难重重，而且代价高昂。选址是否成功会极大地影响企业的盈利能力，甚至生存能力。

肯德基在20世纪80年代中期就在考虑如何打入人口最多的中国市场，但出于慎重投资的考虑，其花费了很大力气进行调查论证，尤其是就以下几个因素进行了重点思考：要投资的城市及其具体位置；该地区居民的平均消费水平；该地区的客流量状况；该地区的原料供应状况；该地区的环境状况。

在确定了投资城市之后，肯德基采用以下步骤选择具体投资地址：

划分商圈。采用记分方法，如这个地区有一个大型商场，如果营业额1000万元算1分的话，那么5000万元就算5分，或者公交线路要加多少分。这些分值标准是多年平均的较准确的经验值。通过打分，选择得分最高的地区作为初步的选址。

选择商圈。确定目前重点在那个商圈开店，主要目标是哪些。在商圈选择标准上，一方面要考虑肯德基自身的市场定位，另一方面要考虑商圈的稳定性和成熟度。

聚客点的测算与选择。首先，要确定最主要的聚客点在哪里，努力争取在最聚客的地方或其附近开店。其次，要考虑人流的主要动向会不会被竞争对手截住。

正是由于肯德基有良好的对外直接投资决策程序和一套成熟的论证技术，使得其投资选址决策比较成功。在北京，肯德基已根据自己调查划分出的商圈，成功开设了56家餐厅。

【案例思考题】

肯德基投资前的可行性分析和调研十分细致，这一点与我国旅游企业投资行为有何不同？你认为哪个更可取？为什么？

5.2 旅游企业项目投资

5.2.1 旅游企业项目投资的含义和类型

旅游企业项目投资的含义：旅游企业项目投资是指旅游企业将资金投放于一定的固定资产项目，以期望在未来获取收益的经济行为。项目投资最终会形成企业的固定资产，所以项目投资主要是指固定资产投资。项目投资有以下2种类型。

新建项目 以新建生产能力为目的的外延式扩大再生产的投资项目。

更新改造项目 以恢复或改善生产能力为目的的内涵式扩大再生产投资项目。

旅游企业的固定资产项目投资与制造企业不同，因旅游企业属于固定资产密集型行业，固定资产投资额通常占到投资额的80%左右。固定资产投资属于旅游企业的资本性支出，投资额大，回收期长，变现能力差，投资风险高，对建设期间及其建成投产后的收支和盈亏都会产生较大影响，因此，旅游企业固定资产投资的情况直接影响旅游企业的生存、发展和获利能力。项目投资决策是旅游企业具有长远意义的战略性决策，必须遵循科学性、可行性、收益性三原则。

5.2.2 现金流量

5.2.2.1 现金流量的含义

所谓现金流量，在投资决策中是指一个投资项目引起的企业现金支出和现金收入增加的数量。这里的“现金”是广义的现金，不仅包括各种货币资金，还包括需要投入旅游企业的非货币资金的变现价值。

（1）现金流入量

现金流入量是指旅游企业由于实施某项投资而引起的现金流入的增加值。包括项目投产后增加的营业收入、项目建成投产后固定资产每年计提的折旧费、固定资产报废时的残值收入或中途转让时收回的余值、项目使用寿命终止时收回的流动资金及其他现金流入。

（2）现金流出量

现金流出量是指旅游企业由于实施某项投资而引起企业现金支出的增加值。包括投放在项目上的建设资金、垫支的流动资金、项目投产后增加的各种经营成本、支付所得税及其他现金流出额。

（3）现金净流量

现金净流量是指旅游企业在项目寿命期内某一期间现金流入量和现金流出量之间的差额。用公式表示为

$$\text{某年现金净流量}=\text{某年的现金流入量}-\text{某年的现金流出量}$$

投资项目整个期间即项目计算期的净现金流量的计算公式为

$$\text{净现金流量}=-\text{投资额}+\text{各年经营利润之和}+\text{各年计提折旧之和}+\text{固定资产残值收入}+\text{相关流动资产上投资的收回}$$

5.2.2.2 现金流量的测算方法

旅游企业的现金流入与现金流出在其初始投资、日常营运及经营终结3个阶

段表现出不同的特点，测算时需加以区分。

（1）初始现金净流量

初始现金净流量是指项目建造期内各年发生的现金流入量与流出量的差额。在项目建设期间，基本上只有现金流出而没有现金流入。

（2）营业现金净流量

营业现金净流量是指项目完工投入使用后，在其寿命周期内由旅游服务等经营活动所带来的现金流入和现金流出的净额。包括各年营业现金收入、付现成本、所得税支出等，用公式表示为

$$\text{年营业现金净流量} = \text{年营业收入} - \text{付现成本} - \text{所得税}$$

由于　付现成本 = 营业成本 - 折旧

所以　年营业现金流量 = 净利 + 折旧

（3）终结现金流量

终结现金流量是指投资项目完结时所发生的现金净流量。包括项目终结年营业现金净流量、固定资产报废时的预计净残值收入或变价收入、项目投产时垫付在各种流动资产上的资金收回额。用公式表示为

$$\begin{matrix}\text{项目终结期的}\\\text{年净现金流量}\end{matrix} = \begin{matrix}\text{终结现}\\\text{金流量}\end{matrix} = \text{净利润} + \text{折旧} + \begin{matrix}\text{回收固定}\\\text{资产价值}\end{matrix} + \begin{matrix}\text{回收流动}\\\text{资产价值}\end{matrix}$$

例 5-1　某旅游企业准备购进一套新设备，该设备买价 21 000 元，另支付安装费用 2000 元，在第一年年初垫支营运资金 2000 元，采用直线折旧法提取折旧，使用寿命为 3 年，3 年后有残值收入 2000 元。该设备购买当年投入使用，并创造价值。该设备每年带来营业收入 25 000 元，第一年付现费用 8000 元，以后随着设备陈旧，逐年增加修理费 2000 元。假设企业所得税税率为 25%。计算该设备投资的现金流量。

为了计算现金流量，先计算该设备每年提取的折旧：

$$\text{每年折旧额} = \frac{\text{固定资产原值} - \text{期末残值}}{\text{使用寿命}} = \frac{21\ 000 + 2000 - 2000}{3} = 7000\ \text{元}$$

该项目的现金流量计算方法如下。

该项目的建设期为 0。

0 年：固定资产投资 = 23 000（元）

流动资产垫付 = 2000（元）

现金流量合计 = -25 000（元）

第一年：税前利润 = 营业收入 - 付现成本 - 折旧 = 25 000 - 8000 - 7000 = 10 000

所得税 = 10 000 × 25% = 2500（元）

净利润 = 10 000 - 2500 = 7500（元）

营业现金流量 = 现金流量合计 = 7500 + 7000 = 14 500（元）

第一年的现金流量合计 = 14 500（元）

用同样的方法可计算出第二年和第三年的现金流量。

第二年：营业现金流量 = 现金流量合计 = 13 000（元）

第三年：现金流量合计 = 营业现金流量 + 固定资产残值 + 流动资产回收

= 11 500 + 4000 = 15 500（元）

各个投资项目形成的现金流入和现金流出的数量和时间及逐年的净现金流量，

是正确评价其项目投资效益的一个重要条件。在现金流量的计算中，为了简化计算，假设各年投资是在年初一次进行的，将各年营业流量看作是各年年末一次发生的，把终结现金流量看作是最后一年末发生的。

5.2.2.3　投资决策中选用现金流量指标而非利润指标的原因

（1）现金流量科学地考虑了货币时间价值因素

项目投资属于长期投资，由于不同时点上的资金经济价值不同，因此，在进行投资决策时，一定要弄清每笔预期收入和支出的具体时间。因此，应该根据项目寿命周期内各年实际付出和实际收入的现金数量，并考虑时间价值因素，来衡量投资项目的优劣。而利润指标未考虑货币的时间价值。

（2）现金流量的计算比利润的计算更加科学

在计算利润的时候，不同的企业可能采取不同的存货估价、费用摊配、计提折旧的方法，相应会得到不同的利润数额。因此，利润的计算比现金流量的计算具有更大的主观随意性。而现金流量的计量以实际的收支为依据，比较符合客观实际。

（3）依据现金流量计算基础更加可观

利润是以权责发生制为基础，反映的是某一会计期间“应计”的现金流量，而不是实际的现金流量。而现金流量以收付实现制为基础，只有在实际发生时才确认为现金流入或流出。比如，会计上计算利润的时候，只要销售行为已经确定，不论当期是否实际收到现金，都作为当期收入增加利润。再比如，购置固定资产要支付大量现金，但是会计上这部分支出作为资本性支出是不计入成本的，而购买原材料的支出却作为成本费用。在现金流量的计算中，不论是购买固定资产发生的支出，还是购买原材料的支出都作为现金流出量。再有，会计在计算利润的时候，与固定资产有关的成本费用是折旧费，但这部分费用却又不需要支付现金，没有形成真正的现金流出量。投资项目实施过程中垫支的流动资金，以及项目结束时以现金形式收回的固定资产的残值及垫支流动资金，在计算利润的时候是不考虑的。可见，以现金流量作为投资决策的基础，比以利润作为投资决策的基础更加科学、客观。

通过上述比较可以看出，进行投资决策的时候，以现金流量来衡量投资项目的优劣，比用利润来衡量投资项目的优劣更加科学合理。现金流量与利润不是截然不同的2个指标，整个投资有效年限内，利润总计与现金净流量总计是相等的，所以，现金净流量可以取代利润作为评价净收益的指标。

5.2.2.4　估计现金流量时须注意的几个概念

（1）区分相关成本和非相关成本

相关成本是指与特定决策有关的、在分析评价时必须加以考虑的成本。如，差额成本、重置成本、机会成本等都属于相关成本。与此相反，与特定决策无关的、在分析评价时不必加以考虑的成本是非相关成本。例如，沉没成本、过去成本、账面成本等。

例如，某公司在1990年曾经打算新建一个车间，并请一家会计公司做可行性分析，支付咨询费5万元。后来由于本公司有了更好的投资机会，该项目被搁置下来，该笔咨询费是否是相关成本呢？答案是否定的。因为该笔支出已经发生，不管本公司是否采纳新建一个车间的方案，资金都已无法收回，与公司未来的现金流量无关。

如果将非相关成本纳入投资方案的总成本，则一个有利的方案可能因此变得不利，一个较好的方案可能变为较差的方案，从而造成决策错误。

（2）不要忽视机会成本

在投资方案的选择中，如果选择了一个投资方案则必须放弃投资于其他项目的机会。其他投资机会可能取得的收益是实行本方案的一种代价，被称为这项投资方案的机会成本。

例如，上述公司新建车间的投资方案，需要使用公司拥有的一块土地。在进行投资分析时，因为公司不必动用资金去购置土地，可否不将此土地的成本考虑在内呢？答案是否定的。因为该公司若不利用这块土地来兴建车间，则它可将这块土地移作他用，并取得一定的收入。只是由于在这块土地上兴建车间才放弃了这笔收入，这笔收入是兴建车间使用土地的机会成本。假设这块土地出售可净得15万元，则兴建车间的机会成本就包括这15万元内。值得注意的是，不管该公司当初是以5万元还是20万元购进这块土地，都应以现行市价作为这块土地的机会成本。

（3）要考虑投资方案对公司其他部门的影响

采纳一个新的项目方案可能对公司其他部门造成有利或不利的影响。

例如，若新建车间生产的产品上市后，可能对其他产品的销路产生影响，而且整个公司的销售额也许不增加甚至减少。因此，公司在进行投资分析时，不应将新车间的销售收入简单地作为增量收入来处理，而应扣除其他部门因此减少的销售收入。这要看新项目和原有部门是竞争关系还是互补关系。

（4）对净营运资金的影响

净营运资金指增加的流动资产与增加的流动负债之间的差额。

当公司开办一个新业务并使销售额扩大后，对于存货和应收账款等流动资产的需求也会增加，公司必须筹措新的资金以满足这种额外需求；另一方面，公司扩充的结果，应付账款与一些应付费用等流动负债也会同时增加，从而降低公司流动资金的实际需要。因此，对净营运资金的影响是由于接收或拒绝某个投资方案，使旅游企业的净营运资金因此发生变动。

5.2.3 旅游企业项目投资决策评价指标

按照是否考虑货币时间价值，项目投资决策的评价指标分为非贴现现金流量指标和贴现现金流量指标。

5.2.3.1 非贴现现金流量指标

非贴现现金流量指标又称静态指标，是指不考虑资金时间价值，各期现金流量直接按项目实际流入流出数额计算的指标。非贴现现金流量包括投资回收期、投资利润率等。

（1）投资回收期

投资回收期的计算　在不考虑资金时间价值的情况下，一个投资项目回收最初全部投资额所需时间。如果每年现金净流量相等，投资回收期的计算公式为：

$$投资回收期 = \frac{投资总额}{每年现金净流量}$$

如果每年现金流量不等，投资回收期的计算公式为：

$$投资回收期 = \left(\begin{matrix}累计现金净流量第\\一次出现正值年份\end{matrix} - 1\right) + \frac{上年累计净现金流量绝对值}{该年现金净流量}$$

回收期越短越好，不仅可以减少投资风险，而且可以节约资金。

例 5－2 某旅游企业下属一大酒店准备购入一套新的健身设备，现有甲乙 2 个方案可供选择。

甲方案：投资 12 000 元，该设备使用寿命为 6 年，采用直线折旧法计提折旧，期末无残值。该健身设备投入使用的 6 年中，每年实现收入 4700 元，同时每年发生不包括折旧的付现费用为 1200 元。

乙方案：投资 14 000 元，另外在第一年年初垫支营运资金 3000 元，使用寿命为 6 年，采用直线折旧法计提折旧，6 年后有残值收入 2000 元。6 年中每年的销售收入为 8000 元，付现成本第一年为 3000 元，以后随着设备陈旧，逐年增加修理费 400 元。假设企业所得税税率为 30%。试计算甲、乙 2 个方案的投资回收期。

$$\begin{matrix}甲方案的年\\折旧额\end{matrix} = \frac{固定资产原值 - 期末净残值}{使用年限} = \frac{12\ 000 - 0}{6} = 2000（元）$$

$$\begin{matrix}乙方案的年\\折旧额\end{matrix} = \frac{固定资产原值 - 期末净残值}{使用年限} = \frac{14\ 000 - 2000}{6} = 2000（元）$$

甲、乙 2 个方案的年营业现金流量见表 5－1，投资项目现金流量见表 5－2。

表 5－1 甲、乙 2 方案的年营业现金流量计算表

年份（n）	1	2	3	4	5	6
甲方案						
销售收入	4700	4700	4700	4700	4700	4700
付现成本	1200	1200	1200	1200	1200	1200
折旧	2000	2000	2000	2000	2000	2000
税前利润	1500	1500	1500	1500	1500	1500
所得税	450	450	450	450	450	450
净利润	1050	1050	1050	1050	1050	1050
营业现金流量合计	3050	3050	3050	3050	3050	3050
年份（n）	1	2	3	4	5	6
乙方案						
销售收入	8000	8000	8000	8000	8000	8000
付现成本	3000	3400	3800	4200	4600	5000
折旧	2000	2000	2000	2000	2000	2000
税前利润	3000	2600	2200	1800	1400	1000
所得税	900	780	660	540	420	300
净利润	2100	1820	1540	1260	980	700
营业现金流量合计	4100	3820	3540	3260	2980	2700

表 5-2 投资项目现金流量计算表 单位：元

年份（n）	0	1	2	3	4	5	6
甲方案							
固定资产投资	-12 000						
营业现金流量		3050	3050	3050	3050	3050	3050
年净现金流量合计	-12 000	3050	3050	3050	3050	3050	3050
年份（n）	0	1	2	3	4	5	6
乙方案							
固定资产投资	-14 000						
营运资金垫支	-3 000						
营业现金流量		4100	3820	3540	3260	2980	2700
固定资产残值							2000
营运资金回收							3000
年净现金流量合计	-17 000	4100	3820	3540	3260	2980	7700

注：表中第 0 年表示第一年年初；第 1 年表示第一年年末；第 2 年表示第二年年末，以此类推。

根据表 5-2 的资料可知：

$$\text{甲方案投资回收期}=\frac{\text{原始投资额}}{\text{年净现金流量}}=\frac{12\,000}{3050}=3.9344\text{（年）}$$

$$\text{乙方案投资回收期}=\left(\text{累计现金净流量第一次出现正值年份}-1\right)+\frac{\text{上年累计净现金流量绝对值}}{\text{该年现金净流量}}$$

$$=(5-1)+\frac{2280}{2980}=4.77\text{（年）}$$

从上述计算可知，甲方案的投资回收期比乙方案短，从投资回收期的角度看，甲方案优于乙方案。假设旅游企业接受或拒绝投资方案的投资回收期标准为 4 年，那么甲方案符合要求，可以接受，而乙方案不符合要求，将被放弃。

投资回收期法的评价 对投资回收期法的评价即对投资回收期法的优缺点进行分析。

投资回收期的优点 由于投资回收期方法简单直观，在旅游企业中的运用是比较普遍的。投资回收期越短，投资项目在未来时期所冒的风险越小。因此，衡量投资回收期长短可以反映投资项目的风险程度，而且，投资回收期法能够直观地反映投资金额收回的时间。管理部门只要将收回项目投资的回收期确立在给定的时间长度内就可以了。

投资回收期的缺点 没有考虑货币时间价值；忽略了投资额收回之后的现金流量；投资回收期只是投资项目保本指标，不能反映该投资项目的获利程度。事实上，有战略意义的长期投资往往早期收益较低，而中后期收益较高。投资回收期法优先考虑急功近利的项目，可能导致放弃长期成功的方案。

为了弥补静态投资回收期法不考虑货币时间价值的缺陷，提出了动态回收期法，即将未来各期的净现金流量按照一定的贴现率进行贴现，然后再计算投资总额收回的时间。但是，这种方法仍然不能避免回收期法忽略回收期之后的现金流量对投资项目的影响。

考虑到投资回收期法比较简便，但又具有一定的缺陷，通常将其作为一种辅助的筛选手段，与更为科学的决策方法结合使用，尤其是在投资项目风险较高的情况下。

（2）投资利润率

投资利润率，也叫投资报酬率，表示年平均利润占总投资的百分比。计算公式为

$$投资利润率 = \frac{年平均净利润}{投资总额} \times 100\%$$

在进行投资方案选择的时候，选择投资利润率高于企业预期的最低利润率的方案。如果存在多个备选投资方案，选择投资利润率最大的方案。

例5-3 承例5-2，根据投资方案的资料和所编制的现金流量计算表可知，甲、乙方案的投资利润率分别计算如下

甲方案每年净利润相等，因此，甲方案年平均净利润相等，为1050元，则

$$\begin{matrix}甲方案投\\资利润率\end{matrix} = \frac{1050}{12\ 000} = 8.75\%$$

乙方案每年净利润不同，则项目的年平均净利润是净利润总额除以项目寿命期，计算如下

$$\begin{matrix}乙方案的\\平均利润\end{matrix} = \frac{2100 + 1820 + 1540 + 1260 + 980 + 700}{6} = 1400$$

$$乙方案的投资利润率 = \frac{1400}{17\ 000} = 8.24\%$$

从投资利润率的角度看，甲方案的投资利润率高于乙方案的投资利润率，因此甲方案优于乙方案，和投资回收期法得出的结论一致。在使用投资利润率这一决策方法时，旅游企业通常规定一个要求达到的最低投资利润率，如果项目估计的投资利润率超过旅游企业要求的最低限度投资利润率，则该投资项目可以实施。

投资利润率法使用会计报表上的数据，以及普通的会计收益、成本概念，简明、易算，但是这种决策方法没有考虑货币时间价值。假设，乙方案第一年的净现金流量发生在第六年，而第六年的净现金流量发生在第一年，计算出来的投资利润率是相同的，但是根据货币时间价值观念可知，这2个现金流量系列的经济价值相差很大。另外，投资利润率的计算依赖于会计利润的计算，主观性较强；而且，年平均净收益受到会计政策的影响，这也是该方法的缺陷。

5.2.3.2 贴现现金流量指标

贴现现金流量指标又称动态指标，即考虑资金时间价值因素的指标。贴现现金流量指标包括净现值、现值指数、内含报酬率等。

（1）净现值（NPV）

净现值的计算方法 净现值指特定方案未来现金流入的现值和未来现金流出的现值之间的差额。如净现值为正数，即贴现后现金流入大于贴现后现金流出，该投资项目的报酬率大于预定的贴现率。如净现值为零，即贴现后现金流入等于贴现后现金流出，该投资项目的报酬率相当于预定的贴现率。如净现值为负数，即贴现后现金流入小于贴现后现金流出，该投资项目的报酬率小于预定的贴现率。净现值的计算公式为：

$$净现值 = \sum_{k=0}^{n} \frac{I_k}{(1+i)^k} - \sum_{k=0}^{n} \frac{O_k}{(1+i)^k}$$

式中 n——投资涉及的年限；

I_k——第 k 年的现金流入量；

O_k——第 k 年的现金流出量；

i——预定的贴现率。

净现值的计算步骤 第一步，计算每年的营业净现金流量。第二步，计算未来报酬的总现值。① 将每年的营业净现金流量折算成现值：如果每年的营业净现金流量相等，则按年金法折成现值；如果每年的营业净现金流量不相等，则先对每年的营业净现金流量进行复利折现，然后加以合计；② 将终结现金流量折算成现值；③ 将未来营业净现金流量的现值和终结现金流量的现值相加，计算未来报酬的总现值。第三步，用未来报酬的总现值扣除初始投资额，计算净现值。

如果得到的净现值大于零，即现金流入现值大于现金流出现值，说明该投资方案可实现的报酬率大于预定的贴现率；如果得到的净现值等于零，即现金流入现值等于现金流出现值，说明该投资方案可实现的报酬率等于预定的贴现率；如果得到的净现值小于零，即现金流入现值小于现金流出现值，说明该投资方案可实现的报酬率小于预定的贴现率。

在选择投资方案时，选择净现值大于零的方案，放弃净现值等于或小于零的方案。如果多个投资方案的净现值都大于零，则选择净现值最大的方案。

例 5-4 某旅游企业欲投资 10 万元购置一台客车，客车使用年限预计为 5 年，报废时无残值，按直线法计提折旧，该项目预计每年可实现净利 36 000 元，要求该项目的最低报酬率为 20%，试用净现值法判断该方案是否可行。

解：

净现值 $= 36\ 000 \times (P/A, 20\%, 5) - 100\ 000 = 36\ 000 \times 2.9906 - 100\ 000$

$= 7661.6$（元）

从计算结果可以看出，净现值大于零，该方案可行。

净现值方法具有广泛的实用性，在理论上也比其他方法更为完善。净现值法考虑了投资项目整个寿命期内的现金流入量和现金流出量，在考虑资金时间价值的基础上，通过计算投资方案未来的净收益现值，反映了方案的投资效益。但是由于净现值是绝对数，如果几个投资项目的原始投资额不相等，采用净现值法就缺少可比性。因为，取得相同的净现值，2 个项目付出的代价不同，也就是投资效率不同。只有投资规模相同的时候，净现值的评价才是最公平的。

因此，利用净现值法也有一定的缺陷，具体表现为：① 净现值法需要预测投资项目整个寿命期内的现金流量，并且要确定合理的贴现率，具有一定的难度。② 净现值法不能揭示每个投资方案本身可能达到的实际报酬率大小。而这一缺陷，可以通过采用内含报酬率法来解决。③ 净现值法忽略了投资期限不同的问题，如果投资期限短，可以在投资项目结束之后，进行再投资。净现值法对此没有加以考虑。④ 净现值法揭示了投资项目的投资效果，但是对于投资规模不同的项目，净现值法就缺少了说服力，因此，在这种情况下，我们可以采用现值指数法来解决。

(2) 现值指数（PI）

现值指数也称作获利指数，是未来现金流入现值与现金流出现值的比率。其计算现值指数的公式为

$$\text{现值指数} = \sum_{k=0}^{n} \frac{I_k}{(1+i)^k} \div \sum_{k=0}^{n} \frac{O_k}{(1+i)^k}$$

现值指数大于1，说明其收益超过成本，即投资报酬率超过预定的贴现率；现值指数小于1，说明其报酬率没有达到预定的贴现率；现值指数为1，说明贴现后现金流入等于现金流出，投资的报酬率与预定的贴现率相同。所以，在利用现值指数评价方案时，单方案就选择现值指数大于1的；如果是多方案就选择现值指数最大的。

例5-5 承上例，该旅游企业的现值指数计算如下

现值指数 = 36 000 × (*P/A*，20%，5) ÷ 10 000 = 36 000 × 2.9906/100 000
= 107 661.6/100 000 = 1.08

由以上计算可知，该项目的现值指数大于1，所以该方案可行。

(3) 内含报酬率 (IRR)

内含报酬率（IRR）又称内部收益率，是使投资项目的净现值等于零的贴现率。内含报酬率是根据方案的现金流量计算的，是方案本身的投资报酬率。

内含报酬率的计算一般分2种情况。

第一种情况 经营期内各年现金净流量相等，内含报酬率指标的计算分以下3步进行。

第一步，计算净现值为零时的年金现值系数。

$$\text{净现值}(NPV) = \text{年现金净流量} \times (P/A, i, n) - \text{初始投资} = 0$$

$$(P/A, i, n) = \frac{\text{初始投资}}{\text{年现金净流量}}$$

第二步，根据计算出来的年金现值系数及已知年限 n，查年金现值系数表，找出与上述系数相邻的2个系数对应的折现率。

第三步，根据插值法计算出项目的内含报酬率。

第二种情况 经营期内各年现金净流量不相等，内含报酬率指标计算过程分以下2步。

第一步，估计一个贴现率，计算投资项目的净现值。如果净现值 $NPV>0$，说明该项目的实际报酬率大于预计的贴现率，应提高贴现率再进一步测试；如果净现值 $NPV<0$，说明该项目的实际报酬率小于预计的贴现率，应降低贴现率再进一步测试。如此反复测试，直至找到使净现值由正到负或由负到正接近零的2个贴现率。

第二步，用插值法计算该方案的内含报酬率。

计算公式为：

$$IRR = r_m + \frac{C_m - C}{C_m - C_{m+1}} \times (r_{m+1} - r_m)$$

式中 IRR——内部报酬率；

C_m——大于预计贴现率 C 的现值系数；

r_m——C_m 对应的内部报酬率；

C_{m+1}——小于预计贴现率 C 的现值系数；

r_{m+1}——C_{m+1} 对应的内部报酬率。

例5-6 以例题5-2资料为依据，计算2个方案的内部报酬率，并优选方案。甲方案的内部报酬率的计算：由于甲方案的每年净现金流量相等，因此可用第一种方法。

$$\text{甲方案的年金现值系数}=\frac{\text{原始投资额}}{\text{每年净现金流量}}=\frac{12\ 000}{3050}=3.9344$$

查年金现值系数表得知：当 $n=6$ 时，现值系数为 3.9975 时，内部报酬率为 13%；现值系数为 3.8887 时，内部报酬率为 14%。用内插法可知：

$$\text{甲方案的内部报酬率}=13\%+\frac{3.9975-3.9344}{3.9975-3.8887}(14\%-13\%)=13.58\%$$

乙方案的内部报酬率的计算：由于乙方案每年净现金流量不等，因此可以用第二种方法计算。

假设内部报酬率为 10%，查表得出每年的现值系数为：0.9091；0.8264；0.7513；0.6830；0.6209；0.5645。

$$\begin{aligned}\text{净现值}=&4100\times0.9091+3820\times0.8264+3540\times0.7513+3260\times0.6830+2980\times0.6209\\&+7700\times0.5645-17\ 000=967.27\ (\text{元})\end{aligned}$$

净现值为 967.27 元，说明乙方案的内部报酬率大于 10%，再用 12% 测试，同样的方法可得到净现金流量为 -110.63。

用内插法可知：

$$\text{乙方案的内部报酬率}=10\%+\frac{967.27-0}{967.27+110.63}(12\%-10\%)=11.79\%$$

由以上计算可知，甲方案的内部报酬率大于乙方案的内部报酬率。

内含报酬率的决策原则是：进行只有一个备选方案的采纳与否的决策时，如果计算出来的内含报酬率大于或等于旅游企业的资本成本或旅游企业要求的最低报酬率，就可以采纳；否则放弃该方案。在有多个互斥备选方案的选择决策中，采用内含报酬率超过资本成本或要求的最低报酬率最多的投资项目。

内含报酬率是目前使用较广，非常重要的一个指标。它是投资方案本身的收益能力，反映投资方案内在的获利水平。这种方法易于理解。

使用内含报酬率时存在一些缺陷：① 计算比较繁琐、复杂，需要预估贴现率，进行逐步测试；② 对于净现金流序列符号正负变化多次的非常规项目，内含报酬率的取值不唯一，不确定。因此，只能计算常规项目的内含报酬率，这使内含报酬率法的使用范围受到限制（常规项目是指在投资项目期限内，开始年份的各年净现金流量为负值，以后年份为正值，正负符号仅变化一次的投资项目；非常规项目是指在投资项目期限内，各年净现金流量为负值，以后年份有时为正值，有时又为负值，正负符号变化超过一次以上的投资项目。

5.2.4 旅游企业固定资产项目投资决策

固定资产项目投资决策主要是指固定资产的更新决策。更新是指旅游企业对现有的在技术或经济上不宜继续使用的固定资产，用性能更好的新的固定资产进行实物替换或进行技术改造的过程。

固定资产更新决策主要研究 2 个问题：一个是决定是否更新，即继续使用旧设备还是更换新设备；另一个是决定选择什么样的设备来更新。事实上，更新决策的实质就是在继续使用旧设备与重新购置新设备间进行选择。比较继续使用旧设备和更新新设备的年成本，以年成本较低作为决策依据。

固定资产的平均年成本，是指该资产引起的现金流出的年平均值。如果不考虑货币的时间价值，它是未来使用年限内的现金流出总额与使用年限的比值。如果考虑货币的时间价值，它是未来使用年限内现金流出总现值与年金现值系数的比值，即平均每年的现金流出。

例5－7 某企业有一旧设备，工程技术人员提出更新要求，有关数据见表5－3。

表5－3 设备更新有关数据

项 目	旧设备	新设备
原值	2200	2400
预计使用年限	10	10
已经使用年限	4	0
最终残值	200	300
变现价值	600	2400
年运行成本	700	400

假设该企业要求的最低报酬率为15%，继续使用与更新的现金流量见图5－1。

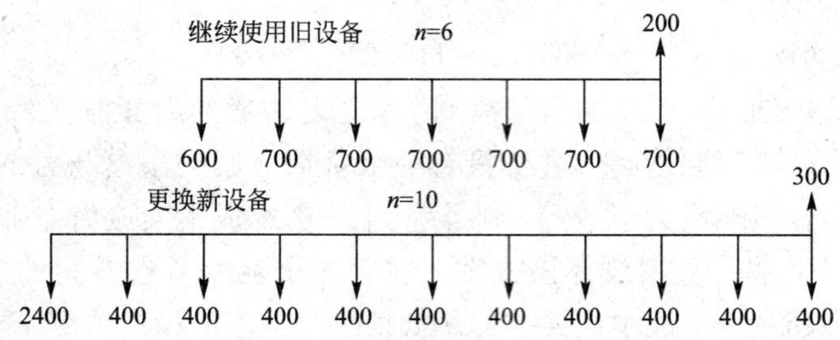

图5－1 继续使用和更新的现金流量图

（1）不考虑货币的时间价值

$$旧设备平均年成本=\frac{600+700\times6-200}{6}=767（元）$$

$$新设备平均年成本=\frac{2400+400\times10-300}{10}=610（元）$$

（2）考虑货币的时间价值

由于各年运行成本相等，只要将原始投资和残值摊销到每年，再求和，即可求得每年平均的现金流出量。

$$平均年成本=投资摊销+运行成本-残值摊销$$

$$旧设备平均年成本=\frac{600}{(P/A,15\%,6)}+700-\frac{200}{(F/A,15\%,6)}$$

$$=\frac{600}{3.7845}+700-\frac{200}{8.7537}=836（元）$$

$$新设备平均年成本=\frac{2400}{(P/A,15\%,10)}+400-\frac{300}{(F/A,15\%,10)}$$

$$=\frac{2400}{5.0188}+400-\frac{300}{20.303}=863（元）$$

由计算可知，使用旧设备的平均年成本较低，不宜进行设备更新。

5.3 旅游企业证券投资

5.3.1 证券投资概述

5.3.1.1 证券投资的概念

证券投资是指旅游企业把资金用于购买股票、债券、基金及衍生证券等资产，从而获取收益的一种投资行为。我们这里主要介绍债券投资和股票投资。

证券投资不同于前面所讲的固定资产投资。固定资产投资是指将资金直接用于购买固定资产等实物资产。直接用于生产经营活动，属于直接投资；证券投资通过购买有价证券将资金转移到企业手中后再由企业投入到生产经营活动中的投资，属于间接投资。

5.3.1.2 证券投资的目的

旅游企业进行证券投资除为获取一定的投资收益外，更主要的是为了以下目的。

(1) 获得对相关企业的控制权

企业从自身长远发展要求出发，为获取稳定的原材料供应渠道及产品销售市场，需对相关企业进行控制，方法之一就是认购或收购该企业足够数量的股票，以取得对该企业的控制权，实现自身稳定长足发展。

(2) 满足未来财务需求

旅游企业出于将来进行长期投资、偿还债务或者季节性经营的需要，将目前闲置不用的现金用于购买有价证券，以获取一定的收益，待将来需要现金时，再将有价证券出售。

(3) 以暂时闲置资金获得投资收益

旅游企业在经营过程中必须拥有一定数量的现金，以满足日常经营的需要，但是存放现金不能给企业带来收益，现金过多是一种浪费。因此，企业可以利用闲置的资金进行短期证券投资，以获取一定的收益。当企业现金支出大于现金收入需要补充现金的不足时，将有价证券出售，换回资金。短期证券投资实际上成为现金的替代品，除用作调节现金余缺外，还可预防银行信用短缺。

(4) 出于投机的目的

在西方经济学中，投机常用以表述通过预期市场行情的变化而赚取收益的经济行为。可以说投机与证券市场是不可分割的，有证券市场必然有证券投机。有的旅游企业为了获取利润，也会冒险进行证券投机。出于投机目的而进行的证券投资，风险较大，应注意使用长期闲置不用的资金作为投资，同时必须注意控制风险，不能因此损伤企业整体利益。

5.3.2 旅游企业债券投资管理

债券投资是指投资者通过购买各种债券进行的对外投资。债券投资与股票投资相比具有风险小，投机能力不强的特点，较适合资金性质不宜冒险的投资。旅游企业应根据自身情况正确地进行债券估价，分析投资收益，衡量投资风险，以选择合适的债券进行投资。

5.3.2.1　债券投资收益的衡量

债券投资的收益可以通过对债券价值和债券到期收益率的计算来衡量。

(1) 债券的价值

债券的价值也是债券的内在价值，是指持有债券带来的未来现金流入的现值，是在债券持有期间每期利息的现值和债券本金现值之和。

典型的债券其利率固定，每年计算并支付利息。债券价值计算的基本公式为

$$债券价值(V) = \frac{债券面值}{(1+k)^n} + \sum_{t=0}^{n} \frac{债券年利息}{(1+k)^t}$$

式中　k——折现率，表示投资者要求的必要报酬率；

n——债券付息期；

t——实际支付利息的时间。

由公式可知，折现率越高，债券价值越低；反之，债券价值越高。因此，确定债券价值时，选取适当的折现率是非常重要的。

第一，固定利率，每年计算并支付利息，到期还本的债券的估价模型：

$$V = I(P/A,\ k,\ n) + M(P/F,\ k,\ n)$$

式中　V——债券价值；

I——每年利息；

M——到期本金。

例5－8　某旅游企业决定将暂时闲置的一笔资金用于购买公司债券，恰逢市场上有一种面值为1000元，票面利率为8%，期限5年，每年付息一次，到期还本的债券出售，当时市场利率为10%，债券市价920元，试分析该企业是否应该买入？

债券的价值 $= 1000 \times 8\% \times (P/A,\ 10\%,\ 5) + 1000 \times (P/F,\ 10\%,\ 5) = 924.16$（元）

因为债券的价值大于市价920元，所以此债券可买。

第二，一次还本付息的单利债券估价模型：

$$V = \frac{M \cdot i \cdot n + M}{(1+K)^n} = M(1 + i \cdot n) \times (P/F,\ k,\ n)$$

例5－9　市场上有一种面值为1000元，票面利率为8%，期限为5年，单利计息，到期一次还本付息的债券，市场利率为10%，市场价格为多少时企业才可以购入。

$$V = 1000 \times (1 + 8\% \times 5) \times (P/F,\ 10\%,\ 5) = 1400 \times 0.6209 = 869.26\ （元）$$

(2) 债券的到期收益率

债券到期收益率是指买进债券后，一直持有该债券至到期日可获取的收益率，是按复利计算的能使未来现金流入现值等于债券买入价格的贴现率（内含报酬率）。通常，用到期收益率来衡量债券的收益水平。具体包括以下2种情况。

到期一次还本付息债券的收益率计算，公式为

$$k = \sqrt[n]{\frac{M}{P}} - 1$$

式中　P——债券的买价。

每年末支付利息的债券到期收益率计算，公式为

$$V=I(P/A,\ k,\ n)+M(P/F,\ k,\ n)$$

到期收益率高于投资者要求的收益率，则应该买进，否则就应放弃。

例 5－10 某旅游企业拟以 10 600 元的价格买进某企业发行的每年付息一次，票面利率为 12%，期限为 8 年的债券，计算债券的持有到期年均收益率。

根据第二种情况的公式，可计算如下：

$$10\ 600=\sum_{t=1}^{8}\frac{10\ 000\times 12\%}{(1+k)^{t}}+\frac{10\ 000}{(1+k)^{8}}$$

假设 $k=10\%$，$k=11\%$，此时的净现值分别为：467，－85。

用内插法计算债券的持有到期年均收益率为

$$k=10\%+\frac{467}{467+85}\times(11\%-10\%)=10.85\%$$

5.3.2.2 债券投资的优缺点

(1) 债券投资的优点

本金安全性高 相对于股票投资，债券投资的风险较低，购买质量高，而且债券投资人在发行人破产清算时，有剩余财产的优先求偿权，本金损失小。

投资收益稳定 对债券的发行方来说，债券是契约性的，约束力强；债券持有人一般可按时获得固定的利息收入，收益稳定。

变现能力强 政府及信用等级高的大企业发行的债券一般都可在金融市场上迅速出售，流动性好，变现能力强。

(2) 债券投资的缺点

没有经营管理权 债券的投资者只是债券发行公司的债权人，只能按期获得本息，无权参与发行企业的经营管理。

购买风险高 由于债券的面值和票面利率在发行时就已确定，投资期间如遇通货膨胀，购买力将会受到不同程度的影响。

5.3.3 旅游企业股票投资管理

5.3.3.1 股票投资的有关概念

股票是股份公司为了筹集自有资金而发给股东的一种有价证券。股票的持有人是该公司的股东，股票代表了持股人对该公司的所有权，股东凭借所持股票取得股利，拥有对该公司财产的要求权。

按照股票的票面是否记载入股金额，股票可以分为有面值和无面值股票；按照是否在票面上标明持有人的名称，股票可分为记名和无记名股票；按照股东所享有的权利不同，股票可以分为普通股和优先股。按照能否向股份公司赎回自己的财产，股票可分为可赎回股票和不可赎回股票。

为了评价股票投资的报酬和风险，还要明确以下概念。

股票价值 是指股票的内在价值，即股票预期现金流入的现值。

股票价格 股票发行上市后，股票价格就与原来的面值分离。这时的价格主要由预期股利和市场利率决定。在证券交易所，股票价格分为开盘价、收盘价、最高价和最低价。

股利 股利是股息和红利的总称，是公司从其税后利润中分配给股东的作为投资报酬的部分。

股票的预期报酬率 预期报酬率是用以评价股票价值的重要指标，包括预期股利收益率和预期资本利得收益率2部分。只有股票的预期报酬率高于投资者要求的最低报酬率时，股票才有投资价值。

5.3.3.2 股票投资的目的

因股票持有时间长短不同，股票投资目的也有所区别。短期股票投资的目的主要是获取高额的投资收益；长期股票投资的目的除了获取投资收益外，还有积累资金、控股和相互参股等目的。

5.3.3.3 股票投资的管理

（1）股票价值评估

股票投资给持有人带来的现金流入包括股利收入和出售股票时的资本利得。股票的价值等于未来预期现金流入的现值，包括未来一系列的股利和出售时得到的价格收入的现值。

股票评价的基本模型 股票评价的基本模型为

$$P = \sum_{i=1}^{n} \frac{D_t}{(1+k)^t} + \frac{P_n}{(1+k)^n}$$

式中 P——股票价值；

P_n——股票未来售价；

D_t——第 t 期的预计股利；

n——预计股票持有年限。

例5-11 某旅游企业预计A股票未来5年的股利分别是：第一年为0.4元，第二年0.8元，第三年至第五年均为1.2元，该旅游企业要求的最低报酬率为12%，预计第五年股票市价为10元，试计算A股票价格为多少时，企业可买进？

$$\begin{aligned} P &= 0.4\times(P/F,\ 12\%,\ 1) + 0.8\times(P/F,\ 12\%,\ 2) \\ &\quad + 1.2\times(P/A,\ 12\%,\ 3)\times(P/F,\ 12\%,\ 2) + 10\times(P/F,\ 12\%,\ 5) \\ &= 8.96 \end{aligned}$$

由上述计算结果可知，当A股票价格低于8.96元时，旅游企业方可买进。

零成长股票的价值 零成长股票是指发行股票的企业未来每年发放的股利是固定的，实际上相当于一个永续年金。则股票价值为

$$P_0 = \frac{D}{k}$$

式中 D——每年固定股利。

固定成长股票的价值 固定成长股票是指发行股票的企业未来每年提供的股利是稳定增长的，并且每年的增长率是固定的。其计算公式为

$$P = \frac{D_1}{k-g}$$

式中 D_1——最近一次支付的股利。

例5-12 某旅游企业拟购买某公司发行的股票，该股票本年将派发现金股利0.2元，以后每年的股利按4%的速度递增，预期该股票的投资报酬率为9%，要求计算该公司股票的内在价值。

根据以上公式计算该股票的内在价值为

$$P=\frac{D_1}{k-g}=\frac{0.2}{9\%-4\%}=4\text{（元/股）}$$

非固定成长股票的价值 实际生活中，股票发行企业发放的股利并不是固定的，会随着经营状况的变化有所调整，这种情况下股票价值的计算应分段进行，按照不同的情况确定股票的价值。

（2）市盈率分析

市盈率是股票市价与每股盈利之比。该比率反映投资者对每元净利润所愿支付的价格，是市场对该股票的评价，市盈率越高，表明市场对公司未来越看好。市盈率还可估计股票风险。

$$\text{市盈率}=\frac{\text{股票市价}}{\text{每股盈利}}$$

股票市价 = 该股票市盈率 × 该股票每股盈余

股票价值 = 行业平均市盈率 × 该股票每股盈余

（3）股票投资预期收益率的计算

短期股票预期收益率的计算 短期股票投资期限短，不足一年，可以不考虑资金的时间价值。其收益率的计算公式为

$$k=\frac{S_1-S_0+D}{S_0}$$

式中 S_1——股票售价；

S_0——股票市价；

D——年股利。

例 5－13 某旅游企业 2005 年年末购入股票，每股市价 22 元，2006 年年初该公司每股获利 2 元，计划 1 月份以每股 24 元价格将该股票出售，假定该公司投资必要报酬率为 15%，该公司出售股票的计划是否可行。

$$\text{股票的投资收益率}=\frac{24-22+2}{22}=18.18\%$$

由计算可知，该股票的收益率大于必要投资报酬率，所以，该股票出售的计划可行。

长期股票投资收益率的计算 其计算公式如下：

$$P=\sum_{i=1}^{n}\frac{D_t}{(1+k)^t}+\frac{V_n}{(1+k)^n}$$

式中 P——股票买价；

V_n——股票未来售价。

例 5－14 某旅游企业 2004 年以每股 15 元的价格购入股票，2005 年年初每股获利 1 元，随后 2 年股利以 20% 的速度递增，2007 年 5 月以 25 元的价格将该股票全部出售，试计算该旅游公司的投资收益率。

下面用逐步测试法计算。

$I=24\%$ 时：

$1\times(P/F,\ 24\%,\ 1)+1.2\times(P/F,\ 24\%,\ 2)+(25+1.44)\times(P/F,\ 24\%,\ 3)-15$
$=0.8065+1.2\times0.65044+26.44\times0.5245-15=0.45$

$I=28\%$ 时：

$1\times(P/F, 28\%, 1)+1.2\times(P/F, 28\%, 2)+(25+1.44)\times(P/F, 28\%, 3)-15$
$=0.7813+1.2\times0.6104+26.44\times0.4768-15=-0.88$

下面用内插法计算。

$$该公司的投资收益率=24\%+\frac{0.88}{0.88+0.45}(28\%-24\%)=26.65\%$$

(4) 股票投资的优点

股票投资是一种高风险、高报酬的投资方式。

拥有公司经营控制权 普通股股东属于股份公司的所有者，有权参加股东大会，监督和参与公司的经营决策，具有生产经营控制权，进而实现扩展战略。

投资收益高 从长远看，股票发行企业是持续、稳定发展的，股票价格也呈上涨的趋势，旅游企业进行股票投资时，只要选择正确，就能获取较高的投资报酬。

购买力风险低 普通股股利的支付是根据股票发行企业的经营状况确定的，在通货膨胀较高时，物价普遍上涨，股份公司盈利会增加，股利支付随之提高，与固定收益的债券投资相比，股票投资能有效降低通货膨胀对投资收益的影响。

(2) 股票投资的缺点

收益具有很大的不确定性 股票投资收益主要包括股利收入和买卖价差2部分，与股票发行企业经营业绩及股利政策、市场环境等有很大关系，很不稳定。

股票价格不稳定 股票价格受多种因素影响，瞬息万变，旅游企业很难把握股票买进和卖出的时机，投资风险较大难以控制。

股票投资具有无期限性 旅游企业一旦认购发行企业的股票，只能在二级市场转卖，存在较高的价格风险。

普通股权益求偿权居后 普通股股东以投资额为限承担经营亏损的责任，是企业风险的首要承担者。普通股东对发行公司剩余财产的求偿权和利润分配都居于最后。

5.3.4 证券投资组合策略与方法

前已述及，证券投资充满了各种各样的风险，为了规避风险，旅游企业可采用证券投资组合的方式，即投资时不是将所有资金都投向单一的某种证券，而是有选择地投向多种证券，通过投资的多元化，来分散投资风险。

证券组合的有效集是多种证券的组合，投资者从中选择什么样的投资组合主要取决于投资者对风险的偏好以及承受能力。

(1) 保守型

这种类型投资组合是指尽量模拟市场现状，购买尽可能多的证券，以便分散掉全部非系统风险，获得与市场平均报酬相同的投资报酬。这种投资组合不需要高深的证券投资专业知识，证券投资管理费较低，收益不高，风险也不大。

(2) 冒险型

这种投资组合以资本升值为主要目标，主要选择高收益高风险成长性较好的股票，以求取得高于证券市场平均报酬的投资收益。这种投资组合随意性强，变动频繁，收益高，风险大，不仅要求投资者具备较好的证券投资知识，还要对企业进行深入细致的分析，对风险厌恶程度较低的投资者通常会选择这种投资组合。

(3) 稳健型

这种投资组合介于保守型和风险型之间，以追求低风险和稳定的收益为主要目标。选择这种投资组合的投资者通常认为，股票的价格主要取决于企业的经营状况，其一时的沉浮并不重要，终究会体现其优良的业绩。所以，在进行证券投资时，要全面深入地进行证券投资分析，选择品质优良、业绩突出的证券进行组合。这样既可以获得较高的投资收益，又不会承担太大的投资风险。这是一种最常见的投资组合策略，但进行这种投资组合的人必须具备丰富的投资经验及证券投资的各种专业知识。

5.4 旅游企业投资决策评价指标的运用

计算评价指标的目的，是为了提供项目投资决策的定量依据，进行项目的评价与优选。因此，必须根据项目的特征、评价指标的运用范围、评价指标的自身特征以及评价指标之间关系的复杂程度分别采用不同的评价指标进行项目评价。

5.4.1 单一的独立投资项目的财务可行性评价

在只有一个投资项目可供选择的条件下，需要利用评价指标考虑该独立项目是否具有财务可行性，从而做出接受或拒绝该项目的决策。当有关正指标大于或等于某些特定数值，反指标小于特定数值，则该项目具有财务可行性；反之，则不具备财务可行性，具体判断如下。① 如果某一投资项目的评价指标同时满足以下条件，则可以判定该投资项目无论从哪个方面看都具备财务可行性，应当接受此投资方案。这些条件是：净现值大于或等于零；净现值率大于或等于零；内部收益率大于或等于行业基准收益率；静态回收期小于或等于计划投资回收期；投资利润率大于或等于基准投资利润率。② 如果某一投资项目的指标同时不满足上述条件，则项目无论从哪个方面看都不具备财务可行性，应当放弃该投资方案。③ 当静态投资回收期（次要指标）或投资利润率（辅助指标）的评价结论与净现值等主要指标的评价结论发生矛盾时，应当以主要指标的结论为准。即当净现值大于或等于零、净现值率大于或等于零、内部收益率大于或等于行业基准收益率、静态回收期大于计划的投资回收期、投资利润率小于基准投资利润率时，可判断此方案基本具有财务可行性；反之，当净现值、净现值率、内部报酬率等主要指标与评价结论发生矛盾，而静态投资回收期小于计划的投资回收期，投资利润率大于基准利润率，则该方案基本不具有财务可行性。

5.4.2 多个互斥方案的比较与优选

项目投资决策中的互斥方案是指在决策时涉及多个互斥、不能同时并存的投资方案。互斥方案决策过程就是在每个入选方案已具备财务可行性的前提下，利用具体决策方法比较各个方案的优劣，利用评价指标从各个备选方案中最终选出一个最优方案的过程。在互斥方案的选择中可以利用某一指标，如净现值、净现值率、差额投资内部报酬率法、年等额净回收额法等。

5.4.2.1 差额投资内部报酬率法

所谓差额投资内部报酬率法，是指在投资额不同的 2 个方案的净现金流量差额（ΔNVC）的基础上，计算出差额内部收益率（ΔIRR），并据以判断方案优劣的方法。在此方法下，当差额内部收益率指标大于或等于基准收益率或设定折现率时，原投资额大的方案较优；反之，则投资少的方案为优。

例5－15　假设华夏旅游公司要在2个投资项目方案A和B中优选其一，其中A方案和B方案的预计投资支出的现金流量差额为1000万元，预计每年取得经营收入的现金流量之差为250万元，2个方案的开发经营期限都为5年，假设旅游企业的行业基准收益率为12%，用差额投资内部报酬率法优选方案。

$$(P/A,\ \Delta IRR,\ 5)=10\ 000\ 000/2\ 500\ 000=4$$

$$(P/A,\ 8\%,\ 5)=3.9927$$

$$(P/A,\ 7\%,\ 5)=4.1002$$

用内插法计算ΔIRR：

$$\Delta IRR=7\%+(8\%-7\%)\times(4.1002-4)\div(4.1002-3.9927)=7.93\%$$

由计算可知，差额内部收益率为9.93%，小于行业基准收益率12%，所以投资较少的B方案可行。

差额内部收益率法一般用于投资经营期相同的2个方案之间的优选。投资经营期不同的多个互斥方案的优选一般用年等额净回收额法。

5.4.2.2　年等额净回收额法

所谓年等额净回收额法是指根据所有投资方案的年等额净回收额指标的大小来选择最优方案的决策方法。该方案适合于原始投资不相同、特别是项目计算期不同的多方案比较决策。在此法下，年等额净回收额最大的方案为优。某一方案年等额净回收额等于该方案净现值与相关的资本回收系数的乘积。若某方案净现值为NPV，设定折现率或基准收益率为i_c，项目计算期为n，则年等额净回收额可按下式计算：

$$A=NPV(A/P,\ i_c,\ n)=NPV\frac{1}{(P/A,\ i_c,\ n)}$$

式中　　A——方案的年等额净回收额；

$(A/P,\ i_c,\ n)$——n年、折现率为i_c的资本回收系数；

$(P/A,\ i_c,\ n)$——n年、折现率为i_c的年金现值系数。

例5－16　华夏旅游公司现有3个投资方案：A方案的投资额为1250万元，项目计算期为5年，净现值为955.9万元；B方案的原始投资为1000万元，净现金流量为900万元，项目计算期为4年；C方案投资额为900万元，净现金流量为750万元，项目计算期为3年，试用年等额回收额法比较选择最优方案。

因为这3个方案的净现值都大于零，所以都具有财务可行性。

A方案的年等额净回收额为

$$\text{A方案的年等额净回收额}=\left(\text{A方案的净现值}\right)\times\left[\frac{1}{(P/A,\ 12\%,\ 5)}\right]=955.9\times\frac{1}{3.6048}=265.174$$

B方案的年等额净回收额为

$$\text{B方案的年等额净回收额}=\left(\text{B方案的净现值}\right)\times\left[\frac{1}{(P/A,\ 12\%,\ 4)}\right]=900\times\frac{1}{3.0373}=269.316$$

C方案的年等额净回收额为

$$\text{C方案的年等额回收额}=\left(\text{C方案的净现值}\right)\times\left[\frac{1}{(P/A,\ 12\%,\ 3)}\right]=750\times\frac{1}{2.4018}=312.266$$

因为C方案的年等额净回收额最大，回收期又短，所以应优选C方案。

5.4.2.3 多个投资方案组合的决策

这类决策涉及的多个项目之间不是相互排斥的关系，它们之间可以实现任意组合，又分以下2种情况。

第一，在资金总量不受限制的情况下，可按每一项目的净现值*NPV*大小排队，确定优先考虑的项目。

第二，在资金总量受到限制时，则需要按净现值率*NPVR*的大小，结合净现值*NPV*进行组合排队，从中选出能使$\sum NPV$最大的优化组合。

具体程序如下：① 以各方案的净现金率的高低为序，逐项计算累积投资额，并与限定投资总额进行比较。② 当截止到某项投资项目（假设为第h项）的累积投资额恰好达到限定的投资总额时，则第1项至第h项的项目组合为最优的投资组合。③ 若在排序过程中未能直接找到最优组合，必须按下列方法进行必要的修正。

当排序中发现第h项的累积投资额首次超过限定投资额，而删除该项后，按顺延的项目计算的累积投资额却小于限定投资额时，可将第h项与第（$h+1$）项交换，继续计算累积投资额。这种交换可连续进行。

当排序中发现第h项的累积投资额首次超过限定投资额，又无法与下一项进行交换，与第（$h-1$）项交换位置，继续计算累积投资额。这种交换亦可连续进行。

若经过反复交换，已不能再进行交换，仍未找到能使累积投资额恰好等于限定投资额的项目组合时，可按最后一次交换后的项目组合作为最优组合。

总之，在主要考虑投资效益的条件下，多方案比较决策的主要依据，就是保证在充分利用资金的前提下，获得尽可能多的净现值总量。

5.5 旅游企业投资风险

5.5.1 投资风险及其处置方法

投资风险是在投资过程中，因为政治、经济、社会、文化、法律等因素的影响，导致投资活动的结果与预期结果的偏离。

一般情况下，投资者对风险的态度取决于项目报酬率和项目风险程度的博弈，在报酬率相同时选择风险小的项目，风险相同时选择报酬率高的项目。例如，有需要投资100万元的项目A和B，投资项目A没有风险，可获报酬20万元；项目B存在着无法规避的风险，并且成功和失败的可能性分别为50%，若投资成功可获报酬50万元，若投资失败损失70万元。如何做出决策，就需要对2个项目的风险和报酬进行计量和权衡。

项目投资风险处置方法常用的有风险调整贴现率法和调整现金流量法。前者是扩大净现值模型的分母，使净现值减少。后者是缩小净现值模型的分子，也可以使净现值减少。

5.5.1.1 风险调整贴现率法

这种方法的基本思路是对高风险的项目，应当采用较高的贴现率计算净现值。

投资项目的净现值表示为

$$\text{调整后的净现值} = \sum_{t=0}^{0} \frac{\text{预期现金流量}}{(1+\text{风险调整贴现率})^t}$$

风险调整贴现率是风险项目应当满足的投资人要求的报酬率。项目的风险越大要求的报酬率越高。这种方法的理论根据是资本资产定价模型。

$$\begin{matrix}\text{投资者要求}\\\text{的收益率}\end{matrix} = \begin{matrix}\text{无风险}\\\text{报酬率}\end{matrix} + \beta \times \left(\begin{matrix}\text{市场平均}\\\text{报酬率}\end{matrix} - \begin{matrix}\text{无风险}\\\text{报酬率}\end{matrix}\right)$$

根据β值计算的风险附加率只包含系统风险，而非全部风险。市场只承认系统风险，只有系统风险才能得到补偿。

资本资产定价模型是在有效的证券市场中建立的，实物资本市场不可能像证券市场那样有效，但是基本逻辑关系是一样的。因此，上面的公式可以改写为

$$\begin{matrix}\text{项目要求}\\\text{的收益率}\end{matrix} = \begin{matrix}\text{无风险}\\\text{报酬率}\end{matrix} + \begin{matrix}\text{项目}\\\text{的}\beta\end{matrix} \times \left(\begin{matrix}\text{市场平均}\\\text{报酬率}\end{matrix} - \begin{matrix}\text{无风险}\\\text{报酬率}\end{matrix}\right)$$

5.5.1.2 调整现金流量法

调整现金流量法是把不确定的现金流量调整为确定的现金流量，然后用无风险的报酬率作为折现率计算净现值。

$$\text{风险调整后净现值} = \sum_{t=0}^{n} \frac{a_t \times \text{现金流量期望值}}{(1+\text{无风险报酬率})^t}$$

式中 a_t——t年现金流量的肯定当量系数，在0~1之间。

$$\text{第}\,t\,\text{年现金流量的肯定当量系数} = \frac{\text{肯定的现金流量}}{\text{不肯定的现金流量期望值}}$$

肯定当量系数是指不肯定的1元现金流量期望值相当于使投资者满意的肯定的金额的系数。

利用肯定当量系数，可以把不肯定的现金流量折算成肯定的现金流量，或者说去掉了现金流中有风险的部分，使之成为“安全”的现金流。由于现金流中已经消除了全部风险，相应的折现率应当是无风险的报酬率。无风险的报酬率可以根据国库券的利率确定。

调整现金流量法在理论上受到好评。该方法对时间价值和风险价值分别进行调整，先调整风险，然后把肯定现金流量用无风险报酬率进行折现。对不同年份的现金流量，可以根据风险的差别使用不同的肯定当量系数进行调整。

风险调整折现率法在理论上受到批评，因其用单一的折现率同时完成风险调整和时间调整。这种做法意味着风险随时间推移而加大，可能与事实不符，扩大远期现金流量的风险。

从实务上看，经常应用的是风险调整折现率法，主要原因是风险调整折现率比肯定当量系数容易估计。此外，大部分财务决策都使用报酬率来决策，调整折现率更符合人们的习惯。

5.5.2 证券投资风险的分析方法

5.5.2.1 证券投资风险

证券投资风险包括违约风险、利率风险、购买力风险、变现力风险和再投资风险。

(1) 违约风险

违约风险是证券发行者无法按期支付利息和偿还本金的风险。除政府发行的国库券以外，金融债券和公司发行的债券或多或少都有违约风险。因此，为了避免违约风险，旅游企业在进行债券投资时应选择高质量的债券。可以参照信用评估机构对该债券的评估，也可以直接对发行债券企业的偿债能力进行分析。

(2) 证券的利率风险

利率风险是指由于利率变动使投资人遭受损失的风险。利率风险决定于货币市场的供求状况，而市场供求状况常常因为种种原因而经常变动，市场上的利率也随之时高时低。而证券价格会随市场利率变动，以股票为例，股价与利率呈相反方向变动。市场利率降低，会带来股票的价格升高；相反市场利率越高，股票价格越低。在利率很高时，会大大削减股票的价值，人们只需要把资金存在银行就可能获得较高的收益，故股票的吸引力就会下降。一般地说，证券的到期时间越长，利率风险越大。这也是长期证券的利率通常比短期证券的利率要高的原因。

(3) 购买力风险

购买力风险又称通货膨胀风险，是指由于通货膨胀而使货币购买力下降的风险。在通货膨胀期间，货币的购买力是持续下降的。证券投资中的收回本金或取得收益都以货币来实现，货币的价值要受到通货膨胀的影响，使投资者定期所获固定收入的实际购买力下降。一般来说，预期报酬率会上升的证券，其购买力风险会低于报酬率固定的证券。例如，房地产、普通股等投资受到的影响较小，而投资收益长期固定的债券受到的影响较大，前者更适合作为减少通货膨胀损失的避险工具。

(4) 变现力风险

变现力风险又称流动性风险，是指无法在短期内使资产变现的风险。这就是说，如果投资人遇到一个更好的投资机会时，他需要卖掉持有的债券，取得资金来进行再投资，但是，如果他持有的债券是冷门债券，那么为了尽快获得资金，他不得不以较低的价格出售债券来换取资金，否则，他只能丧失这次投资机会。避免风险的方法是购买国库券等可在短期内以合理的市价出售的债券。

(5) 再投资风险

再投资风险是指购买短期证券，而没有购买长期证券，会有再投资风险。短期证券到期时利率降低，只能找到报酬率与市场利率差不多的投资机会。避免方法是预计利率将会下降时购买长期证券。

5.5.2.2 证券投资风险分析方法

投资者在进行证券投资的时候，不会把所有的资金都投资于一种证券，而是同时持有多种证券。这种同时投资于多种证券的方式，就是证券的投资组合，简称证券组合或投资组合。投资组合理论认为，增加投资组合中资产的种类时，组合的风险将不断降低，而收益仍然是个别资产的加权平均值。人们认识到，对付风险的最普遍的方法是投资的分散化，即选择若干证券，建立投资组合。虽然投资对象的风险具有客观性，但投资人是否去冒风险以及冒多大的风险，是主观决定的。投资时间、投资对象、投资多少的选择，都会影响到投资风险。如何进行证券投资，使总体结构达到最优，把风险降到最低限度，从而获得可能的最高收益，这是证券投资组合进行分析研究的主要问题。目前，对证券组合的研究可以分为定性分析和定量分析2部分。

（1）定性分析

定性分析是传统的方法，主要从投资者进行证券投资的目标出发，研究如何进行证券组合，才能使投资风险最低而收益最大，实现投资者的目标。

确定投资者的投资目标　投资者在选择投资目标的前提条件是要确保投资的安全。在这个前提下，投资者才能正确选择投资目标。对于不同的投资者，投资的目标不同。有些投资人的目标是为了取得经常收入，即按时取得债券利息和股息收入，以及资本增值。这类投资者往往要依靠投资收入支付必要的费用，要求收入的稳定性和可靠性。他们将投资的当前收入比资本回收看得更重要。这种目标决定了选择安全的投资对象不是有增长前景而当前收入不稳定的证券。按此目标，债券比股票的收入要稳定，资信好的大公司和公用事业类的债券是首选。

有些投资者的目标是资本的增长，着眼于长期的资本增值。因此，他们选择增长型的股票，通过股息和股价的不断增加而提高资本价值。同时还要对增长型证券进行再投资。以资本增长为目标的投资人，必须对投资做长期安排，追逐短期利益通常对长期增长不利。

有些投资者的目标是两者的结合，那就要选择不同的投资对象，进行投资组合，以降低投资风险，增加投资收益。

另外，为了利用短期闲置资金，就应该选择流动性强、变现性好的短期债券，宁可减少一些投资收入也不冒太大的风险。

选择证券　在确定好投资目标之后，就要以此为依据，根据证券的特点，选择若干证券，构成证券组合。

证券的选择是在按照证券特点进行分类的基础上，可以按照风险大小、期限长短、收入或是增长型对证券分类，然后确定投资组合的风险水平。最后按分散化原则确定具体证券品种。比如，种类分散，债券和股票搭配；到期日分散，选择到期日在不同年份的证券；部门或行业分散，将金融、旅游、工业、公共事业等不同行业的证券进行搭配；公司分散化等。组合内的证券越多风险越小，但预期的报酬也较低。

根据证券市场情况及时调整证券组合　证券市场是不断变化的，因此，要监视证券组合实施后证券市场的变化情况，结合原定选择证券的目标，看是否达到市场平均收益水平。如果没有达到，或者投资者的财务状况变化，或者某种证券有了异常变化，就应该考虑更换证券品种或搭配比例，调整原有组合。

（2）定量分析

定性分析大多靠投资人的综合判断，没有一套精密的科学计算方法。虽然对证券收益和风险也有一些估算，但如何搭配使收益最高而风险最小，没有一套严格的推理过程和精密的计算方法。定量分析通过严格的推理过程和精密计算，能确定投资组合风险程度及其报酬率。

投资组合的报酬率　投资组合的期望报酬率就是组成投资组合的各种投资项目的期望报酬率的加权平均数，其权数是各投资项目在整个投资组合中所占的比例。其计算公式为

$$\overline{R_P} = \sum_{j=1}^{m} W_j \overline{R_j}$$

式中　$\overline{R_P}$——投资组合的期望报酬率；

W_j——投资于 j 资产的资金占总投资额的比例；

$\overline{R_j}$——资产 j 的期望报酬率；

m——投资资产组合中不同投资项目的总数。

例 5－17　某旅游企业投资组合由 A、B 2 种证券组成。A 证券投资报酬率 20%，所占比例为 60%；B 证券投资报酬率为 15%，所占比例为 40%。试计算该投资组合的期望报酬率。由以上公式可得

投资组合的期望报酬率 = 20% ×60% + 15% ×40% = 18%

投资组合的风险　投资组合的风险也是以方差或标准差为基础度量的。首先计算协方差和相关系数。协方差是用来衡量 2 种证券之间共同变动的程度。含有 2 个投资项目的投资组合。其协方差计算公式为

$$cov(\overline{R_1}, \overline{R_2}) = \sum_{i=1}^{n} (R_{1i} - \overline{R_1})(R_{2i} - \overline{R_2}) P_i$$

式中　$\overline{R_1}$、$\overline{R_2}$——分别表示第 1 种和第 2 种证券的期望报酬率；

$(R_{1i} - \overline{R_1})$——第 1 种证券在 i 种经济情况下与期望报酬率的离差；

$(R_{2i} - \overline{R_2})$——第 2 种证券在 i 种经济情况下与期望报酬率的离差；

P_i——在 i 种经济情况下发生的概率。

协方差的正负显示了 2 个投资项目之间报酬率变动的方向。协方差为正值，表示 2 种证券的报酬率变动方向相同；协方差为负值，表示 2 种证券的报酬率与变动方向相反；协方差为零，表示 2 种证券的报酬率与变动方向无关。协方差绝对值越大，表示这 2 种证券报酬率的关系越密切；协方差的绝对值越小，则这 2 种证券报酬率的关系也越疏远。

相关系数是反映 2 种证券收益率之间相关程度的相对数。由于各方面的原因，协方差的意义很难解释。为了使其概念能更易于接受，可以将协方差标准化，即将协方差除以 2 个投资方案投资报酬率的标准差之积，得到 2 个投资项目的相关系数。其计算公式为

$$\rho_{1,2} = \frac{Cov(R_1, R_2)}{\sigma_1 \sigma_2}$$

相关系数衡量了 2 种证券报酬率变化之间的相关程度。在 －1 和 ＋1 之间变化，而且 $\rho_{1,2} = \rho_{2,1}$，其正负与协方差的正负意义相同。所以相关系数为正值时，表示 2 种资产报酬率呈同方向变化；负值则意味着反方向变化。如果相关系数为 －1，表示 2 种证券完全负相关；如果相关系数为 ＋1，表示完全正相关。对于任何规模的投资组合，只要其中有一对资产的相关系数小于 1，投资组合标准差将小于各资产标准差的加权平均，这就能降低投资组合的风险，取得多样化的效果。

由上面的分析我们可以得到，在只有 2 种证券组合的情况下，投资组合的方差计算公式为

$$V_p = W_A^2 \sigma_A^2 + W_B^2 \sigma_B^2 + 2 W_A W_B Cov(R_A R_B)$$

由多种证券组合而成的投资组合的方差为

$$V_p = \sum_{i=1}^{n} \sum_{j=1}^{n} W_i W_j Cov(R_i R_j)$$

投资组合的标准差为：

$$\sigma_p = \sqrt{V_p} = \sqrt{\sum_{i=1}^{n} \sum_{j=1}^{n} W_i W_j Cov(R_i R_j)}$$

式中 V_p——投资组合的方差；

σ_p——投资组合的标准差；

W_i——资产 i 在总投资额中所占的比重；

W_j——资产 j 在总投资额中所占的比重；

$Cov(R_iR_j)$——资产 A 和资产 B 的协方差。

5.5.2.3 风险分散理论

风险分散理论认为，若干证券组成的投资组合，其收益是这些证券收益的加权平均数，但其风险不是这些证券风险的加权平均。风险的分散程度取决于组合中证券的相关程度和种类多少，相关系数越小，种类越多，越能分散风险。

5.5.2.4 资本资产定价模型

资本资产基本模型：$R_i = R_F + \beta_i(R_M - R_F)$

β 系数被称为系统风险的系数，其计算公式为

$$\beta = \frac{\text{某种股票的风险报酬率}}{\text{市场组合的风险报酬率}}$$

投资组合的 β 系数是单个证券 β 系数的加权平均，权数为各种证券在投资组合中所占的比重。计算公式为

$$\beta_p = \sum_{i=1}^{n} x_i\beta_i$$

式中 β_p——投资组合的系统风险系数；

x_i——第 i 种证券在投资组合中所占的比重；

β_i——第 i 种证券的系统风险系数。

【思考题】

1. 旅游企业投资管理的程序有哪些？
2. 旅游企业投资环境包括哪些？
3. 现金流量的定义以及如何确定现金流量？
4. 投资决策中为何选用现金流量指标而不是利润指标？

【经验性训练】

分析和评价企业新增项目对股票价值的影响

【概述】

利用所学知识，对百兴旅游集团项目投资对公司股价的影响情况进行分析评价。

【内容】

张伟是东方咨询公司的一名财务分析师，应百兴旅游集团的邀请，对该集团新建酒店对公司股票价值的影响情况进行评估。张伟根据公司情况做了以下估计：

1. 公司本年度净收益为200万元，每股支付现金股利2元，新建酒店开业后，净收益第1年、第2年均增长15%，第3年增长8%，第4年及以后将保持这一水平。
2. 该公司一直采用固定支付率的股利政策，并打算今后继续实行该政策。
3. 公司的 β 系数为1，如果将新项目考虑进去，β 系数将提高到1.5。
4. 无风险收益率（国库券）为4%，市场要求的收益率为8%。
5. 公司股票目前的市价为23.6元。

张伟打算采用固定股利增长模型，同时考虑风险因素进行股票价值的评估。百兴旅游集团公司的一位董事提出，如果运用固定股利增长模型评估股票价值，则股利越高，股价越高，所以，公司应改变原有的股利政策提高股利支付率。

请你协助张伟解答以下几个问题：

1. 参考固定股利增长模型，分析这位董事的观点是否正确？
2. 如果股利增加，对可持续增长率和股票的账面价值有何影响？
3. 评估新建酒店项目对公司股票价值的影响。

【案例分析】

华侨城投资成功的秘诀

深圳是个旅游资源并不丰富的城市，华侨城经营的是人工制造的景点，在众多人工景点纷纷倒闭之际，他却能从无到有，不断壮大，成为全国知名的旅游人造景点并且将“华侨城”打造成全国知名的旅游品牌。华侨城的成功之处在于不仅创造了一个全新的商业模式，还在于其大胆地与地产相结合的投资模式。

华侨城的成功首先源于特区良好的管理体制。华侨城集团是1985年11月11日经国务院批准成立的、国务院国资委主管的大型国有企业集团和经济开发区。集团总部位于深圳特区美丽的深圳湾畔，城区规划面积$4.8km^2$。经过20多年的开发建设，华侨城城区已由昔日的一片荒滩变成今天的一座综合配套、功能齐全、环境优美、独具特色的现代海滨城区。

华侨城集团旅游业是在没有任何旅游资源的情况下，从兴建中国第一个主题公园——锦绣中华微缩景区起步，相继成功开发建设了锦绣中华、中国民俗文化村、世界之窗、欢乐谷等四大主题公园以及深圳湾大酒店、海景酒店、威尼斯水景主体酒店、何香凝美术馆、暨南大学中旅学院、华夏艺术中心、欢乐谷干线高架单轨车、华侨城生态广场、华侨城高尔夫俱乐部、华侨城雕塑走廊、华侨城燕含山郊野公园等一批旅游文化项目设施，形成一个集旅游、文化、购物、娱乐、体育、休闲于一体的文化旅游度假区。

华侨城旅游主题地产概念的问世，源于深圳华侨城独特的开发建设轨迹。在政府支持下，企业自主经营、自负盈亏，经过市场洗礼，建立了以旅游项目开发为主题的商业运营模式和以房地产开发为主的企业增值模式。商业运营模式成功的基础在于寻找到了主题公园吸引游客的方式。在锦绣中华成功的基础上推出世界之窗、欢乐谷等新的旅游项目，使企业上市融入资金迅速产生经济效益。旅游项目不断创新，带动了整个地区发展，华侨城大约$5km^2$的范围均成为巨大的娱乐世界。景点运营成功积聚了人气，旺盛的人气带动地产增值，地产增值又促进了房地产开发，华侨城建立了旅游—人气—地产—房产这样一条完整的产业增值链。通过产业增值使企业利润最大化，摆脱了靠旅游收入的单一模式。

在不经意间，华侨城地产就已攀上深圳地产的龙头宝座，华侨城并不满足在深圳一地的成功，实行积极的异地扩张战略。现在，华侨城地产把这一成功的模式复制到全国，通过各种方式在全国获取不同种类景点的经营权。立足特区、走向全国的战略，使华侨城规避了深圳区域经济下滑的风险。目前，华侨城已经上市，为企业发展提供了一个更为广阔的平台。

【案例思考题】

1. 你认为华侨城主题公园投资成功在哪些方面吻合了投资管理的基本原则？其成功是一种偶然还是一种必然？为什么？

2. 华侨城在深圳投资成功以后，开始向全国其他地方复制成功模式。你认为华侨城这种对外直接投资方式有无风险？请提出你的分析理由。

3. 旅游企业在经营某项产品取得成功以后，急于对外进行跨地域或跨行业扩张，你认为是否合适？假如，你是一位有经验的咨询师，你能给这样的旅游企业何种忠告？

4. 你认为华侨城取得成功的原因除案例中所分析的那样以外，还有什么样的原因？

【本章推荐阅读书目】

1. 旅游企业财务管理. 徐虹，康晓梅. 东北财经大学出版社，2007.
2. 旅游企业财务管理. 张玉凤. 北京大学出版社，2006.
3. 财务成本管理. 中国注册会计师协会. 经济科学出版社，2006.
4. 财务管理. 戴书松. 经济管理出版社，2006.
5. 财务管理高级教程. 董正英，王静刚. 科学出版社，2006.

第 6 章

旅游企业流动资金管理

【本章概要】

本章主要介绍了旅游企业流动资产的含义与特点；现金管理、应收账款管理和存货管理的论理和方法。

【学习目标】

- 了解现金管理基本理论和方法；
- 了解应收账款、存货管理的基本理论和方法；
- 掌握现金的持有成本的内容；
- 掌握现金转换成本的内容；
- 掌握现金短缺成本的内容；
- 掌握最佳现金持有量确定的 2 种模式——成本模式和存货模式；
- 了解现金收回和支出的管理理论；
- 了解应收账款的管理目标、功能和成本；
- 了解信用政策的制定和管理方法；
- 了解存货的功能与成本；
- 掌握存货的经济批量的确定和日常管理方法。

【关键性术语】

流动资金、现金、交易动机、投资动机、持有成本、转换成本、短缺成本、现金预算、现金持有量、存货模型、储存成本、订货成本、缺货成本、经济批量、ABC 分类管理、信用标准、信用政策、信用条件、收账政策、信用评分。

【章首案例】

巨额应收账款导致长虹公司陷入财务危机

四川长虹电器股份有限公司是 1988 年经绵阳市人民政府绵府发［1988］33 号批准进行股份制企业改革试点。自 1996 年以来四川长虹的应收账款迅速增加，从 1995 年的 1900 万元增长到 2003 年的近 50 亿元，应收账款占资产总额的比例从 1995 年的 0.3% 上升到 2003 年的 23.3%。截至 2005 年第一季度，四川长虹的应收账款为 27.75 亿元，占资产总额的 18.6%。

四川长虹不仅应收账款大幅度增加，而且应收账款周转率逐年下降，从 1999 年的 4.67% 下降到 2005 年一季度的 1.09%，明显低于其他 3 家电业上市公司的同期应收账款周转率。

巨额应收账款大幅度减少了经营活动产生的现金流量净额。从 1999 年的 30 亿元急剧下降到2002年的－30亿元。截至2004年年底其经营活动产生的现金流量净额为7.6亿元。

四川长虹之所以出现如此严重的应收账款危机。其中最主要的原因之一是：长虹的主要客户——美国进出口商APEX公司出现了较大的亏损，全额支付公司欠款存在较大困难。APEX是四川长虹的最大债务人之一，应收账款金额达到38.38亿元，占应收账款总额的96.4%。

“冰冻三尺，非一日之寒”，长虹受APEX所累已非一朝一夕。早在2003年3月5日就有媒体报道，APEX和长虹之间的业务往来可能让长虹蒙受巨大损失。可是长虹并未紧急刹车。最终导致了其灾难性的危机。

从上述案例可以看出，导致长虹的这场应收账款危机除了受专利费、美国对中国彩电反倾销等因素影响外，重要的原因就是公司对APEX公司的信誉度认识不足，重视不够。没有及时采取有效的收账政策。

因为从2001年7月开始，长虹将其彩电源源不断地发往美国APEX公司，然而产品出去了，货款却没收到。APEX当家人季龙粉总是以质量或货款没收到为借口，拒付或拖欠长虹货款。长虹2003年年报和2004年半年报都显示，APEX拖欠长虹应收账款近40亿元。这巨大的数字怎能不让人震惊！

流动资产投资又称之为经营性投资，与固定资产相比一般有：投资回收期短、流动性强、并存性、波动性等特点。旅游企业流动资产投资主要包括：现金、应收账款和存货。

6.1 旅游企业现金资金管理

现金管理是旅游企业财务管理的重要组成部分，牵涉面广，政策性强，因此必须严格加强现金的管理，认真贯彻国家的有关方针政策和财经制度，以保证现金的正常使用，提高现金的利用效率。旅游企业的现金资金包括库存现金、银行存款和其他货币资金。库存现金指滞留在企业的现金，包括人民币和各种外币。银行存款指企业存放在银行及其他金融机构的存款，包括人民币及各种外币存款。其他货币资金指旅游企业的外埠存款、银行汇票存款、银行本票存款和在途资金等其他各种现金资金。有境外往来结算业务的企业，发生的信用证存款也包括在此范围内。外埠存款是指企业到外地进行临时或零星采购时汇往采购地银行开立采购专户的款项。银行汇票存款是企业为取得银行汇票，按照规定存入银行的款项。银行本票存款是企业为取得银行本票按照规定存入银行的款项。

现金的管理在企业的经营管理中具有重要作用。它可以满足企业正常业务经营的需要，随时用来购买各项物资，支付工资，偿还债务等。企业持有一定的现金还能够支付企业一些临时性或意外开支，做到防患于未然。同时企业拥有一定的现金，能够在恰当的时机里满足企业投资的需要，以获得投资收益。因此，旅游企业应搞好现金的管理，制定现金的合理存量，以提高现金的使用效率。

6.1.1 现金的管理制度

现金具有流动性最强，偿付速度最快，普遍可接受性的特点。企业大量经济业务的开展都与现金的收支有着密切关系。因此，旅游企业拥有足够的现金，对降低企业财务风险，增加资金的流动性都是十分必要的。但是，企业如果有过量的现金，就会造成闲置和浪费，甚至给坏人以可乘之机，造成贪污、盗窃、挪用等现象的发生。因此，为搞好、用好现金，旅游企业应建立健全现金管理的各项规章制度，使现金既能满足企业业务经营需要，又能够把现金持有量控制在最佳水平，从而提高企业营运资金的盈利能力。

(1) 现金的使用范围

现金的使用范围包括：职工工资、各种工资性津贴；个人劳务报酬，包括讲课费和稿费及其他专门工作报酬；支付给个人的各种奖金，包括根据国家规定发给个人的各种科学技术、文化艺术、体育等各种奖金；各种劳保、福利费用以及国家规定的对个人的其他现金支出；收购单位向个人收购农副产品和其他物资支付的款项；出差人员必须随身携带的差旅费；结算起点以下的零星支出；确定需要现金支付的其他支出。

(2) 库存现金限额管理

凡在银行开户的企业、事业、机关和团体等单位，按规定必须核定库存现金的限额。库存现会限额是根据企业规模大小，现金收支业务的多少和距离银行远近等条件，经与银行协商确定，原则上以开户单位3～5天的日常零星开支所需核定库存现金限额。边远地区和交通不发达地区的开户单位的库存现金限额，可以适当放宽，但最多不超过15天的日常零星开支。企业找零备用现金根据营业额核定定额，但不包括在开户单位的库存现金限额之内。库存现金限额一般由开户单位提出计划，报开户银行审批。经核定的库存现金限额，开户单位必须严格遵守。

(3) 现金收支的有关规定

开户单位收入现金应于当日送存开户银行，当日送存确有困难的，由开户单位确定送存时间；开户单位支付现金可从本单位现金库存中支付或从开户银行提取，不得从本单位的现金收入中直接支付（即坐支现金）；因特殊情况需要坐支现金的单位，要事先报经开户银行审查批准，由开户银行核定坐支范围和限额。坐支单位必须在现会日记账上，如实反映坐支金额，并按月向开户银行报送坐支现金限额和使用情况；开户单位从开户银行提取现金时，应当如实写明用途，由本单位财会部门负责人签字盖章，并经开户银行审查批准，予以支付。如因特殊情况，必须使用现会的开户单位，要向开户银行提出书面申请，由本单位财会部门负责人签字盖章，开户银行审查批准后，予以支付现金。

6.1.2 现金收支管理

现金的收支管理主要是对现金的收入、支出进行控制，具体内容如下。

(1) 完善企业内部现金收支管理的各项规章制度

根据国家有关现金的管理制度，要搞好本企业现金的收支管理，必须进一步完善自身管理制度和内容。

建立健全内部制约制度 旅游企业的现金收支业务应当由专职或兼职的出纳员负责。出纳员与会计人员必须有明确的分工，即管账的不能管钱，管钱的不能管账，不得由一人兼办。这样便于相互牵制，及时发现问题，防止在现金收支中发生意外和损失。

严格现金收支的审批制度和管理 在收支现金时，要严格审核现金收付凭证所列单据是否合法，数额是否准确，签字手续是否齐全等，对凡不符合制度规定的，应予以纠正或拒绝办理收付，发现问题应及时向有关领导汇报，并进行严肃处理。出纳员必须于当日登记现金日记账，做到日清月结，账钱相符，杜绝用白条或原始凭证抵库存，现金收付凭证和收支结存单，按规定送审核员审核。

加强内部稽核工作 对于企业的收付款项都应及时上交财务部，任何部门和个人都不得自行保留现金，禁止私设“小金库”，检查部门应经常督促检查。对库存现金的收支凭证、记账要由内部人员实行定期和不定期的检查。出纳人员工作调离，必须严格按交接手续办理。

（2）编制现金收支预算

合理安排现金收支。首先确定预算期现金的期初余额。再预测预算期的营业收入情况，并要明确有哪些是现销收入，哪些是赊销收入，以便掌握企业可以真正动用的现金。接着要预测预算期企业的各项支出，例如，工资、原材料、燃料、物料用品等项支出，并要搞清哪些是现购，哪些是赊购，以便了解企业预算期现金的实际支出额。然后可以确定预算期末现金的余额。其计算公式为

$$\begin{matrix}\text{预算期末}\\\text{现金余额}\end{matrix}=\begin{matrix}\text{预算期初}\\\text{现金余额}\end{matrix}+\begin{matrix}\text{可动用}\\\text{现金合计}\end{matrix}-\begin{matrix}\text{现金实际}\\\text{支出额}\end{matrix}$$

旅游企业在经营上由于季节性较强，现金支出的多少也会有所变化，通过以上现金预算的编制，可以根据企业业务经营的特点，更加有计划地安排企业现金收支，保证企业业务经营活动科学、有序地进行。

（3）现金收支管理效果的考核

作为一个企业现金收支管理究竟应该如何运作？要解决这一问题就要进行现金收支管理效果的考核，具体来说可通过现金周转率这一指标进行反映，计算公式如下

$$\text{现金周转率}=\frac{\text{计算期营业收入实际收到数额}}{\text{现金平均占用额}}$$

例6－1 某旅行社1997年初现金占有额为60万元，年末现金占用额为90万元，本年度实际收入4300万元，其中现销收入3100万元，赊销收入1200万元，当年可收回400万元，求现金周转率。

解：

$$\text{现金平均占有额}=\frac{60+90}{2}=75\ (\text{万元})$$

$$\text{现金周转率}=\frac{3100+400}{75}=46.67\ (\text{次})$$

6.1.3 旅游企业现金管理的意义

（1）交易性需要

交易性需要是指为了应付日常经营需要而必须保持一定数额的现金储备。企业为了组织日常生产经营活动，必须保持一定数额的现金余额。一般来说，企业为满足交易动机所持有的现金余额主要取决于企业的销售水平。企业销售扩大，销售额增加，所需现金余额也随之增加。

（2）预防性需要

预防性需要是指为了应付意外事件而必须保持一定量的现金。如自然灾害、突发事故等。

（3）投机性需要

投机性需要是为了抓住转瞬即逝的市场机会，获得较大利益而储备的现金。

如通过在证券市场上的买卖来获取投机收益。

6.1.4 最佳现金资金持有量

（1）现金的成本

现金持有成本 是指企业因保留一定现金余额而增加的管理费及丧失的再投资收益。企业保留现金，会发生一定的管理费用，如管理人员的工资及必要的安全措施等。这部分费用有固定成本的性质，它在一定范围内与现金持有量的多少关系不大，是决策无关成本。再投资收益是企业不能同时用该现金进行有价证券投资所产生的机会成本，这种成本在数额上等同于资金成本。放弃的再投资收益（即机会成本）属于变动成本，它与现金持有量成正比例关系。

转换成本 是企业用现金购入有价证券以及转让有价证券换取现金时付出的交易费用，即现金同有价证券之间相互转换的成本，如委托买卖佣金、委托手续费、证券过户费、实物交割手续费等。

短缺成本 是指因现金持有量不足而又无法及时通过有价证券变现加以补充而给企业造成的损失，包括直接损失与间接损失。现金的短缺成本与现金持有量呈反方向变动关系。

（2）成本分析模型

成本分析模式是根据现金有关成本，分析预测其总成本最低时现金持有量的一种方法（如图 6－1 所示）。运用成本分析模式确定现金最佳持有量，只考虑因持有一定量的现金而发生的机会成本及短缺成本，而不予考虑管理费用和转换成本。机会成本即因持有现金而丧失的再投资收益，与现金持有量成正比例变动关系，用公式表示即：

机会成本＝平均现金持有量×有价证券利率（或报酬率）

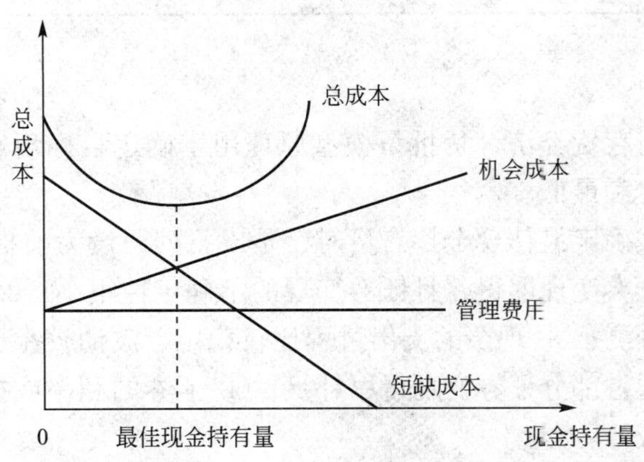

图 6－1 成本分析模式示意图

短缺成本与现金持有量成反方向变动关系。现金的成本同现金持有量之间的关系如图 6－1 所示。

从图 6－1 中可以看出，由于各项成本同现金持有量的变动关系不同，使得总成本曲线呈抛物线形，抛物线的最低点，即为成本最低点，该点所对应的现金持有量便是最佳现金持有量，此时总成本最低。

运用成本分析模型确定最佳现金持有量的步骤是：① 确定成本数量。根据不同现金持有量测算并确定有关成本数值。② 编制最佳现金持有量测算表。按照不同的现金持有量及其有关成本资料编制最佳现金持有量测算表。③ 确定最佳现金持有量。在测算表中找出成本最低时的现金持有量，即最佳现金持有量。

在这种模式下，最佳现金持有量，就是持有现金产生的机会成本与短缺成本之和最小时的现金持有量。

例6－2　某企业现有A、B、C、D 4种现金持有方案，有关成本资料如表6－1所示。

表6－1　现金持有量备选方案表

方案及平均现金持有量	机会成本	短缺成本	相关成本
A（100 000）	10 000	48 000	58 000
B（200 000）	20 000	25 000	45 000
C（300 000）	30 000	10 000	40 000
D（400 000）	40 000	8 000	48 000

根据表6－1，可采用成本分析模式编制该企业最佳现金持有量测算表，如表6－2所示。

通过分析比较表6－1中各方案的总成本可知，C方案的相关总成本最低，因此企业平均持有300 000元的现金时，各方的总代价最低，600 000元为现金最佳持有量。

表6－2　最佳现金持有量测算表

项　　目	A	B	C	D
平均现金持有量	100 000	200 000	300 000	400 000
机会成本	10%	10%	10%	10%
短缺成本	48 000	25 000	10 000	8000

（3）存货模式

存货模式是将存货经济订货批量模型原理用于确定目标现金持有量，从而求得现金相关成本之和最低。

运用存货模式确定最佳现金持有量时，是以下列假设为前提的：① 企业所需要的现金可通过证券变现取得，且证券变现的不确定性很小；② 企业预算期内现金需要总量可以预测；③ 现金的支出过程比较稳定、波动较小，而且每当现金余额降至零时，均通过部分证券变现得以补足；④ 证券的利率或报酬率以及每次固定性交易费能够获得。

利用存货模式计算现金最佳持有量时，对短缺成本不予考虑，只对机会成本和固定性转换成本予以考虑。机会成本和固定性转换成本随着现金持有量的变动而呈现出相反的变动趋势，因而能够使现金管理的机会成本与固定性转换成本之和保持最低的现金持有量，即为最佳现金持有量。用公式表示为

$$Q=\sqrt{\frac{2AF}{R}}$$

式中　Q——最佳现金持有量；

A——预算期现金需要总量；

F——现金与有价证券转换的固定成本；

R——短期有价证券利率。

因为，现金管理的相关总成本等于持有机会成本和固定性转换成本之和，所以：

$$TC=(Q/2)\times R+(A/Q)\times F$$

$$TC=\sqrt{2AFR}$$

式中 TC——现金管理相关成本。

例 6-3 某旅游企业现金收支状况比较稳定，预计全年（按 360 天）需要现金 50 万元，现金与有价证券的转换成本为每次 250 元，有价证券的年利率为 10%，则

最佳现金持有量为

$$Q=\sqrt{\frac{2\times 500\ 000\times 250}{10\%}}=50\ 000\text{（元）}$$

最低现金管理相关总成本为

$$TC=\sqrt{2\times 500\ 000\times 250\times 10\%}=5000\text{（元）}$$

（4）随机模式

随机模式是在现金需求量难以预知的情况下进行现金持有量控制的方法。企业根据历史经验和现实需要，制定出现金持有量的上限和下限，将现金量控制在上下限之内。当现金量达到控制上限时，用现金购入有价证券，使现金持有量下降；当现金量降到控制下限时，则抛售有价证券换回现金，使现金持有量回升。

6.2 旅游企业应收账款的管理

随着旅游企业之间竞争的加剧，许多企业为了招徕更多的客户，扩大营业额，增加盈利。除了依靠广告、价格、服务质量等因素外，在结算上还采用了赊销的方式，由此就产生了应收账款。另外，销售和收款的时间不一致也会产生应收账款。这里所论述的应收账款的管理主要是对因赊销方式而产生的应收账款的管理。

应收账款的管理对于旅游企业来说非常重要。表现在：① 如果应收账款不能及时收回，容易发生差错甚至遗忘，从而给结算工作带来很多麻烦。② 如果旅游企业不及时收回应收账款，就会影响旅游企业正常的业务开展，同时也会失去参加其他投资而获利的机会。③ 企业不能及时收回应收账款，按照权责发生制原则，这部分应收账款要依法缴纳营业税金及附加。对于企业来说收入并没有真正到手，反而先要垫支一部分钱缴纳税金。④ 应收账款拖欠时间越长，收回的可能性越小，如果不能收回，就会造成企业的坏账损失，从而影响企业流动资金正常周转。

旅游企业要进行应收账款的管理，需要通过信用政策的变化加以控制和调节。信用政策指旅游企业对应收账款容许的最大风险程度、信用期限的长短和折扣率等所采取的政策。它包含了信用期限、现金折扣、信用标准和收款方针等内容。通常松弛的信用政策会刺激销售，但会增加应收账款数额；紧缩的信用政策会减少坏账损失和应收账款的数额，但会影响销售。所以旅游企业信用政策的成功与否，关键在于信用政策实施后，收入与费用相比较，企业的利润究竟是增加了，还是减少了。企业信用政策的制定通常由总经理、总会计师、专门的信用经理以及相关的赊销部门经理构成。信用政策内容包括应收账款的成本、信用标准、信

用条件等内容。

6.2.1 应收账款的成本

(1) 机会成本

机会成本是指因资金投放在应收账款上而丧失的其他收入，如将应收账款投资于有价证券便会有利息收入。这一成本的大小通常与企业维持赊销业务所需要的资金数量（即应收账款投资额）、资金成本率有关。其计算公式为

$$\text{应收账款机会成本} = \text{维持赊销业务所需要的资金} \times \text{资金成本率}$$

式中资金成本率一般可按有价证券利息率计算；维持赊销业务所需要的资金数量可按下列步骤计算。

第一步，计算应收账款平均余额：

$$\text{应收账款平均余额} = \frac{\text{年赊销额}}{360} \times \text{平均收账天数} = \text{平均每日赊销额} \times \text{平均收账天数}$$

式中平均收账天数一般以客户各自赊销额占总赊销额比重为权数计算的所有客户收账天数的加权平均数计算。

第二步，计算维持赊销业务所需要的资金：

$$\text{维持赊销业务所需的资金} = \text{应收账款平均余额} \times \frac{\text{变动成本}}{\text{销售收入}} = \text{应收账款平均余额} \times \text{变动成本率}$$

上式假设企业的成本水平保持不变（即单位变动成本不变，固定成本总额不变），因此随着赊销业务的扩大，只有变动成本随之上升。

例6-4 某旅游企业预测的年度赊销额为300 000元，应收账款平均收账天数为60天，变动成本率为60%，资金成本率为10%，则应收账款机会成本可计算如下：

$$\text{应收账款平均余额} = \frac{300\,000}{360} \times 60 = 50\,000 \text{（元）}$$

$$\text{维持赊销业务所需要的资金} = 50\,000 \times 60\% = 30\,000 \text{（元）}$$

$$\text{应收账款的机会成本} = 30\,000 \times 10\% = 3000 \text{（元）}$$

(2) 管理成本

管理成本即对应收账款进行日常管理而耗费的开支，主要包括对客户的资信调查费用、应收账款账簿记录费用、收账费用等。

(3) 坏账成本

坏账成本即因应收账款无法收回而给企业带来的损失。这一成本一般与应收账款数量同方向变动，即应收账款越多，坏账成本也越多。基于此，为规避发生坏账成本给企业生产经营活动的稳定性带来的不利影响，企业应合理提取坏账准备金。

6.2.2 信用标准的确定

信用标准是指旅游企业允许赊欠的、客户所必须拥有的偿付能力，即企业向客户提供信用的最低标准。如果不能达到这个标准，将不能享受（或只能部分享受）企业提供的信用优惠。企业如果只能允许信用非常好，而且企业又很熟悉的客户赊欠，那么企业就可避免坏账损失，有利于企业资金的及时收回。但过于苛刻的信用标准也会丧失一些客户，影响企业销售，使企业失去一定的竞争机会，

有可能使失去的利润比避免的费用还要大得多。因此，企业制定合理的信用标准，可对不同的客户进行分析归类，给以他们不同的信用期限或规定不同的最高信用限额。通常影响信用标准的基本因素包括：① 同行业竞争对手的情况；② 企业承担风险的能力；③ 客户的资信程度（通常从信用品质、偿付能力、资本、抵押品和经济状况 5 个方面进行评估）。对信用标准进行分析确定，主要通过设定信用等级标准、衡量信用状况、风险排队 3 个步骤来完成。

设定信用等级的评价标准 即根据对客户信用资料的调查分析，确定评价信用优劣的数量标准，以一组具有代表性，能够说明付款能力和财务状况的若干比率（如流动比率、速动比率、应收账款平均收账天数、存货周转率、产权比率或资产负债率、赊购付款履约情况等）作为信用风险指标。根据数年内最坏年景的情况，分别找出信用好和信用差 2 类顾客的上述比率的平均值，依次作为比较其他客户的信用标准。如表 6-3 所示就是某旅游企业制定的信用标准。

表 6-3 信用标准一览表

指标	信用标准	
	信用好	信用差
流动比率	2.5∶1	1.6∶1
速动比率	1.1∶1	0.8∶1
现金比率	0.4∶1	0.2∶1
产权比率	1.8∶1	4∶1
已获利息倍数	3.2∶1	1.6∶1
有形净值负债率	1.5∶1	2.9∶1
应收账款平均收账天数	26	40
存货周转率	6	4
总资产报酬率	35	20
赊购付款履约情况	及时	拖欠

用信用标准衡量客户的信用状况 利用既有和潜在客户的财务报表数据，计算并与设定的信用标准比较。比较方法是：若某客户的某项指标值等于或低于差的信用标准，则该客户的拒付风险系数（即坏账损失率）增加 10 个百分点；若客户的某项指标值介于好与坏之间，则该客户的拒付风险系数（坏账损失率）增加 5 个百分点；当客户的某项指标值等于或高于好的信用标准时，则视该客户的这一指标无拒付风险。最后，将客户的各项指标的拒付风险系数累加，即作为该客户发生坏账损失的总比率。

当然，企业为了能够更详尽地对客户的拒付风险做出准确的判断，也可以设置并分析更多的指标数值，如评价指标增为 20 项，各项最高的坏账损失率为 5%，介于信用好与信用差之间的，每项增加 2.5% 的风险系数等。

进行风险排队，并确定各有关客户的信用等级。依据上述风险系数的分析数据，按照客户累计风险系数由小到大进行排序。然后，结合企业承受违约风险的能力及市场竞争的需要，具体划分客户的信用等级。如累计拒付风险系数在 5% 以内的为 A 级客户，在 5% 与 10% 之间的为 B 级客户等。对于不同信用等级的客户，分别采用不同的信用政策，包括拒绝或接受客户信用订单，以及给予不同的信用优惠条件或附加某些限制条款等。

6.2.3 信用条件决策

信用标准是企业评价客户等级，决定给予或拒绝客户信用的依据。一旦企业决定给予一定客户信用优惠，就需要考虑具体的信用条件。因此，所谓信用条件就是指企业接受客户信用订单时所提出的付款要求，主要包括信用期限、折扣期限及现金折扣率等。信用条件的基本表现方式如“2/20，*n*/45”，意思是：若客户能够在发票开出后的20日内付款，可以享受2%的现金折扣；如果放弃折扣优惠，则全部款项必须在45日内付清。在此，45天为信用期限，20天为折扣期限，2%为现金折扣率。

（1）信用期限

信用期限是指企业允许客户推迟付款的时间。通常在信用期限上的变化，无非是延长信用期限或缩短信用期限。延长信用期限通常会给客户以很大的方便，因而可以刺激销售，但也会使企业的平均收款期延长，应收账款数额增加，不利于企业及时收回资金进行再投资，有可能使企业另外筹资以弥补流动资金的不足，这样会增加企业的筹资费用和资金成本。同时对于一些信誉不够好的客户，旅游企业还有可能出现应收账款收不回来的情况，使企业发生坏账损失。

缩短信用期限，会使企业的应收账款及时收回，减少坏账损失的发生，但对于客户来说会缺乏一定的吸引力，不利于销售，不利于企业的竞争。确定信用期限的长短应根据企业外部竞争环境，企业自身管理及资金等方面的要求，选择最佳的信用期限，使企业收支相抵后能产生利润。

（2）现金折扣和折扣期限

延长信用期限会增加应收账款占用的时间和金额。许多企业为了加速资金周转，及时收回款项，减少坏账损失，往往在延长信用期限的同时，采用一定的优惠措施。即在规定的时间内提前偿付货款的客户可按销售收入的一定比率享受折扣。

企业究竟应当核定多长的现金折扣期限，以及给客户多大程度的现金折扣优惠，必须将信用期限及加速收款所得到的收益与付出的现金折扣成本结合起来考察。同样延长信用期限，采用现金折扣方式在有利于刺激销售的同时，也需要付出一定的成本代价，即给予现金折扣方式造成的损失。如果加速收款带来的机会收益能够绰绰有余地补偿现金折扣成本，企业就可以采取现金折扣或进一步改变当前的折扣方针。如果加速收款的机会收益不能弥补现金折扣成本的话，现金优惠条件便被认为是不恰当的。

（3）信用条件备选方案的评价

虽然企业在信用管理政策中，已对可接受的信用风险水平做了规定，当企业的生产经营环境发生变化时，就需要对信用管理政策中的某些规定进行修改和调整，并对改变条件的各种备选方案进行认真评价。

例6-5 某旅游企业预测的2009年的变动成本率为50%，资金成本率（或有价证券利息率）为10%；假设企业收账政策不变，固定成本总额不变。该企业准备了3个信用条件的备选方案：

A. 维持*n*/30的信用条件，赊销额360万元；

B. 将信用条件放宽到*n*/60，赊销额396万元；

C. 将信用条件改为“2/10，1/20，*n*/60”赊销额396万元。

为各种备选方案估计的赊销水平、坏账百分比和收账费用等有关数据见表6－4。估计约有60%的客户利用2%的优惠，10%的客户利用1%的优惠，其余客户到信用期满还款。

A方案：

变动成本＝360×50%＝180（万元）

应收账款平均余额＝360÷360×30＝30（万元）

维持赊销业务所需资金＝30×50%＝15（万元）

坏账损失＝360×2%＝7.2（万元）

应收账款机会成本＝15×10%＝1.5（万元）

B方案：

变动成本＝396×50%＝198（万元）

应收账款平均余额＝396÷360×60＝66（万元）

维持赊销业务所需资金＝66×50%＝33（万元）

坏账损失＝396×3%＝11.88（万元）

应收账款的机会成本＝33×10%＝3.3（万元）

表6－4 信用条件备选方案

项目 \ 信用条件 \ 方案	A	B	C
	$n/30$	$n/60$	2/10，1/20，$n/60$
年赊销额	360	396	396
应收账款平均收账天数	30	60	26
应收账款平均余额	360÷360×30＝30	396÷360×60＝66	396÷360×26＝28.6
维持赊销业务所需资金	30×50%＝15	66×50%＝33	28.6×50%＝14.3
坏账损失/年赊销额	2%	3%	1%
坏账损失	360×2%＝7.2	396×3%＝11.88	396×1%＝3.96
收账费用	36	60	30

表6－5 信用条件分析评价

项目 \ 信用条件 \ 方案	A	B	C
	$n/30$	$n/60$	2/10，1/20，$n/60$
年赊销额	360	396	396
现金折扣	—	—	5.148
变动成本	180	198	198
信用成本前收益	180	198	192.852
信用成本：			
应收账款机会成本	15×10%＝1.5	33×10%＝3.3	14.3×10%＝1.43
坏账损失	7.2	11.88	3.96
收账费用	36	60	30
小计	44.7	75.18	35.39
信用成本后收益	135.3	122.82	157.462

C方案：

变动成本=396×50%=198（万元）

平均收账天数=60%×10+10%×20+30%×60=26（天）

应收账款平均余额=396÷360×26=28.6（万元）

维持赊销业务所需资金=28.6×50%=14.3（万元）

坏账损失=396×1%=3.96（万元）

应收账款机会成本=14.3×10%=1.43（万元）

现金折扣=396×(2%×60%+1%×10%)=5.148（万元）

表6-5中计算结果表明，C方案实现了现金折扣，企业的总收益增加了，因此，企业最终应选择C方案作为最佳方案。

6.2.4 收账政策的确定

收账政策是指违反信用条件时，企业采取的收账策略。企业如果采用较积极的收账政策，可能会减少应收账款，减少坏账损失，但要增加收账成本。如果采用较消极的收账政策，则可能会增加应收账款，增加坏账损失，但会减少收账费用。在实际工作中，可参照测算信用标准、信用条件的方法来制定信用政策。

一般而言，企业加强收账管理，及早收回货款，可以减少坏账损失，减少应收账款上的资金占用，但会增加收账费用。因此，制定收账政策就是要在增加收账费用与减少坏账损失、减少应收账款机会成本之间进行权衡，若前者小于后者，则说明制定的收账政策是可取的。

6.2.5 应收账款的日常管理

信用政策建立起来以后，企业要做好应收账款的控制工作，进行信用调查和信用评价，以确定是否同意顾客赊欠货款，当顾客违反信用条件时，还要做好账款催收工作。

6.2.5.1 信用调查

对顾客进行信用评价是应收账款日常管理的重要内容。只有正确地评价顾客的信用状况，才能合理地执行企业的信用政策。要想合理地评价顾客的信用，必须对顾客信用进行调查，搜集有关的信息资料。信用调查有以下2种方式。

直接调查 是指调查人员直接与被调查单位接触，通过当面采访、询问、观看、记录等方式获得信用资料的一种方法。直接调查能保证搜集资料的准确性和及时性，但若不能得到被调查单位的合作，则会使调查资料不完整。

间接调查 是以被调查单位以及其他单位保存的有关原始记录和核算资料为基础，通过加工整理获得被调查单位信用资料的一种方法。这些资料主要来自如下几个方面：① 财务报表；② 信用评估机构；③ 银行；④ 其他，如财税部门、工商管理部门等。

6.2.5.2 收账程序

催收账款的程序一般是：信函通知、电话催收、派员面谈、法律行动。当顾客拖欠账款时，要先给顾客一封有礼貌的通知信函；接着，可寄出一封措辞较直率的信函；进一步则可通过电话催收；如再无效，企业的收账人员可直接与顾客面谈，协商解决；如果谈判不成，就只好采取法律行动。

6.2.5.3 收账策略

收账策略即讨债的方法，企业在确定收账策略之前，要先弄清楚客户拖欠货款的原因。客户拖欠货款的原因可能比较多，但可概括为2类：无力偿付和故意拖欠。因而在收账时应采取不同的策略。

（1）对无力偿付客户的收账策略

无力偿付是指客户因经营不善，财务出现困难，没有资金偿付到期债务。对这种情况要进行具体分析，如果客户确实遇到暂时困难，经过努力可以东山再起，企业应帮助客户渡过难关，以便收回较多的账款。如果客户遇到严重困难，已达破产界限，无法恢复活力，则应及时向法院起诉，以期在破产清算时得到债权的部分清偿。

（2）对故意拖欠客户的收账策略

故意拖欠是指客户虽有偿付能力，但为了本身利益，想方设法不付款。遇到这种情况，则需要确定合理的讨债方法，以达到收回账款的目的。常见的方法有如下几种。

讲理法 讨债人要有礼貌地说明理由。坚持说理，以理服人，无故拖欠货款是不应该的，已对债权人产生消极影响，造成经济损失。若不及时付款，引起法律纠纷，对双方都不利。

恻隐术法 讨债人应讲清自己的困难，说明本身的危险处境，以打动债务人的恻隐之心，使债务人的良心发现，按时付款。

疲劳战法 抓住欠债企业的一两个领导人（如厂长、总会计师、财务科长）长期软磨硬泡，坚持打持久战，不达目的绝不罢休，总有一天，该领导人意志瓦解，终于同意付款。

激将法 用语言刺激债务人，使其懂得若不及时付款将会损害他的形象和尊严，对方为了面子，不得不及时付款。

软硬兼施法 软硬兼施，由2个人讨债，一人态度强硬，寸步不让；另一人态度和蔼，以理服人，如果二人配合得好，会收到较好的效果。

6.2.6 应收账款的收现保证率

由于旅游企业当期现金支付需要量与当期应收账款额之间存在着非对称性矛盾，并呈现出预付性与滞后性的差异特征（如企业必须用现金支付与赊销收入有关的营业税、所得税，弥补应收账款资金占用等），这就决定了企业必须对应收账款收现水平制定一个必要的控制标准，即应收账款收现保证率。

应收账款收现率是为了适应企业现金收支匹配关系的需要，所确定出的有效收现的账款应占全部应收账款的百分比。计算公式为

$$\begin{matrix}\text{应收账款}\\\text{收现保证率}\end{matrix}=\left(\begin{matrix}\text{当期必要现金}\\\text{支付总额}\end{matrix}-\begin{matrix}\text{当期其他稳定可靠的}\\\text{现金流入总额}\end{matrix}\right)\div\begin{matrix}\text{当期应收账款}\\\text{总计金额}\end{matrix}$$

式中的其他稳定可靠现金流入总额是指从应收账款以外可以确定的各种稳定可靠的现金流入数额，包括短期有价证券变现净额、可随时取得的银行贷款额等。

应收账款收现保证率指标反映了企业既定会计期间预期现金支付数额扣除各种可靠、稳定性来源后的差额，必须通过应收账款有效收现予以弥补最低保证程

度，其意义在于：应收账款未来是否可能发生坏账损失对企业并非最为重要，更为关键的是实际收现的账款能否满足同期必须的现金支付要求，特别是满足由刚性约束的纳税债务及偿付不得展期或调换的到期债务的需要。

例6-6 某旅游企业必须支付的现金有：支付人工工资50万元，应纳税款25万元，支付应付账款40万元，其他现金支出10万元，预计稳定的现金收入为80万元，应收账款总计200万元。试计算应收账款的收现保证率。

由上面的计算公式可知

$$\text{当期现金支付总额} = 50 + 25 + 40 + 10 = 125\ (\text{万元})$$

$$\text{应收账款收现保证率} = (125 - 80) \div 200 = 22.5\%$$

以上计算表明，该企业当期必须收回应收账款的22.5%，才能最低限度保证当期必要的现金支出，否则企业便可能出现支付危机。为此，企业应定期计算应收账款实际收现率，看其是否达到了既定的控制标准，如果发现实际收现率低于应收账款的收现保证率，应查明原因，采取相应的措施，确保企业有足够的现金满足同期必要的现金支付要求。

6.3 旅游企业存货管理

存货是指企业在经营过程中，为销售或耗用而储备的资产。为销售而储备的资产主要指各种可直接对外销售的商品库存；为耗用而储备的资产主要指各种对外销售或经营管理过程中耗费掉的物品或燃料等库存。旅游企业特别是饭店业，存货在流动资产中占有很大比例，在流动资产管理中占有重要位置。由于存货经常处于不断销售、耗用和重置之中，流动性很强，因此，加强存货管理是企业提高资金使用效率的关键。

6.3.1 旅游企业存货功能

旅游企业在经营过程中必须保持一定的存货数量，通过储存一定量存货可以保证以下2个功能：① 保证生产或销售的经营需要。保持一定量的存货可以确保经营活动的连续性，防止由于缺货而产生的潜在利润损失或商誉损失。② 出自价格的考虑，保持一定量的存货可获得批量采购成本优惠，为降低生产成本奠定基础；还可能获得升值利益。

6.3.2 旅游企业存货的分类

旅游企业的存货分为以下五大类。

（1）原材料

原材料主要指饭店、餐饮企业的食品原材料、调料、配料以及月末盘存未售出的有关半成品、成品等。

（2）燃料

燃料主要指企业所储备的各种固体、液体、气体燃料。

（3）低值易耗品

低值易耗品指企业不作为固定资产核算的各种用具和家具。

（4）物料用品

物料用品指除原材料、燃料、低值易耗品以外的经营管理用品，主要包括：

① 旅游用品（指为旅游客人备用的物品），如茶叶、小食品、纪念品等。② 日常用品（指企业经营管理备用的日常用品），包括清洁用品、纸制品、塑料制品、瓷器、玻璃器皿和银器等。③ 办公用品，指为客人备用的各种纸张、笔墨、文具等。④ 针棉织品，指各种床单、被罩、台布、窗帘、毛巾、浴巾等棉织品和统一制作的制服。⑤ 包装用品，指各种桶、箱、瓶、坛、袋等包装物品。⑥ 其他物品，指除上述物品以外的各种零星物料用品。

（5）商品

商品主要指商品部、餐饮部对外直接转手出售的各种商品。

6.3.3 储备存货的有关成本

6.3.3.1 进货成本

（1）订货成本

订货成本指取得订单的成本，如办公费、差旅费、邮资、电报、电话费的支出。订货成本中与订货次数无关的支出为订货的固定成本，用 F_1 表示。固定成本属于与决策无关的成本；与订货次数有关的支出为订货的变动成本。每次订货的变动成本用 B 表示，这类成本和订货的次数有关，属于决策相关成本。订货次数等于年需要量 A 与每次进货量 Q 之商。订货总成本的计算公式为

$$订货成本 = F_1 + \frac{A}{Q}B$$

（2）购置成本

购置成本指存货本身的价值，经常用数量与单价的乘积来确定。年需要量用 A 来表示，单价用 V 表示，购置成本为 AV。

（3）进货成本

进货成本 = 订货成本 + 购置成本 = 订货固定成本 + 订货变动成本 + 购置成本

$$进货成本 = F_1 + \frac{A}{Q}B + AV$$

6.3.3.2 储存成本

储存成本指为保持存货而发生的成本，包括存货占用资金应计的利息、仓储费用、保险费用、存货破损和变质损失等。储存成本也分为固定成本和变动成本2类。其中，固定性储存成本与存货储存数量的多少没有直接关系，这类成本属于与决策无关成本，用 F_2 表示；而变动性储存成本则与存货储存数额成正比例变动关系，这类成本属于决策的相关成本，用 C 表示单位储存成本。用公式表达为：

$$储存成本 = F_2 + C\frac{Q}{2}$$

6.3.3.3 缺货成本

缺货成本指由于存货供应中断而造成的损失，包括材料供应中断造成的停工损失、产成品库存缺货造成的拖欠发货损失和丧失销售机会的损失。缺货成本能否成为决策相关成本，应视企业是否允许出现存货短缺的不同情形而定。若允许缺货，则缺货成本与存货的数量反向相关，即属于决策相关成本；反之，若企业

不允许发生缺货现象，此时缺货成本为零，也就无须加以考虑。

存货的总成本 = 进货成本 + 储存成本 + 短缺成本。

6.3.4 旅游企业存货管理模式

6.3.4.1 经济订货量

经济订货量是指使旅游企业在存货上所花费的相关总费用为最低的每次订货量。通过上述对存货成本分析可知，决定存货经济进货批量的成本因素主要包括变动性进货费用（简称进货费用）、变动性储存成本（简称储存成本）以及允许缺货时的缺货成本。不同的成本项目与进货批次呈现着不同的变动关系。减少进货批量，增加进货次数，在影响储存成本降低的同时，也会导致进货费用与缺货成本的提高；相反，增加进货批量，减少进货次数，尽管有利于降低进货费用与缺货成本，但同时也会影响存货成本的提高。因此，如何协调各项成本间的关系，使其总和保持最低水平，是企业组织进货过程中需要解决的主要问题。

（1）经济进货批量的前提

经济进货批量要以下列前提为条件：① 企业一定时期的进货总量可以较为准确地予以预测；② 存货的耗用或者销售比较均衡；③ 存货的价格稳定，且不存在数量折扣，进货日完全由企业自行决定，并且每当存货量降为零时，下一批存货均能马上一次到位；④ 仓储条件及所需现金不受限制；⑤ 不允许出现缺货现象；⑥ 所需存货市场供应充足，不会因买不到存货而影响其他方面。

（2）经济进货批量的基本模型

由于企业不允许缺货，即每当存货数量降至零时，下批订货便会随即全部购入，故不存在缺货成本。此时与存货订购批量、批次直接相关的就只有进货费用和储存成本2项。则

存货相关总成本 = 相关进货费用 + 相关储存成本

也可以表示为

$$\text{存货相关总成本}=\frac{\text{存货全年计划进货总量}}{\text{每次进货批量}}\times\text{每次进货费用}+\frac{\text{每次进货批量}}{2}\times\text{单位存货储存成本}$$

或
$$T_c = B\frac{A}{Q}+\frac{Q}{2}C$$

当相关进货费用与相关储存成本相等时，存货相关总成本最低，此时的进货批量就是经济进货批量。经济进货批量公式为

$$Q=\sqrt{\frac{2AB}{C}}$$

经济进货批量的存货相关总成本为

$$T_c=\sqrt{2ABC}$$

经济进货批量平均占用资金为

$$W=\frac{VQ}{2}=V\sqrt{\frac{AB}{2C}}$$

式中 V——进货单价。

年度最佳进货批次：

$$N=\frac{A}{Q}=\sqrt{\frac{AC}{2B}}$$

例6-7 某饭店有客房200间，房间的入住率为80%，每间客房每天配备小香皂2块，每次订货费用为120元，单位储存成本为0.25元，求最佳订货量和经济批次。

解：

由上述公式可得：

最佳经济批量为

$$Q=\sqrt{\frac{2AB}{C}}=\sqrt{\frac{2\times200\times80\%\times360\times2\times120}{0.25}}=10\ 516\text{（元）}$$

最佳经济进货批次为

$$\text{经济进货批次}=\frac{\text{年需要量}}{\text{最佳订货量}}=\frac{200\times80\%\times360\times2}{10\ 516}=11\text{（次）}$$

经济进货批量的相关最低成本为

$$T_c=\sqrt{2ABC}=\sqrt{2\times200\times80\%\times360\times2\times0.25}=240\text{（元）}$$

（3）实行数量折扣的经济进货批量模型

接受供应商的数量折扣，对旅游企业来讲利弊共存。从“利”上来说，接受数量折扣可以降低买价，并使订货费用降低；从“弊”上讲，接受数量折扣会使资金占用量增加，储存费用也会随着订货量增加而增加。正因为如此，旅游企业是否接受数量折扣就要看存货上所花的费用总成本高低。如果采用了数量折扣能使存货相关总成本下降，就接受数量折扣订货；反之，则不接受。

因为，接受数量折扣，买价和购买数量有关系，所以买价也成了决策相关成本，此时的存货总相关成本计算公式为：

存货相关总成本 = 存货进价 + 相关进货费用 + 相关储存成本

实行数量折扣的经济进货批量确定步骤如下：① 按照基本经济进货批量模型确定经济进货批量；② 计算按经济进货批量进货时的存货相关总成本；③ 计算按给予数量折扣的进货批量进货时的存货相关总成本（如果给的折扣数量是个范围就取给予数量折扣的最低进货批量）；④ 比较不同进货批量的存货相关总成本，最低存货相关总成本对应的进货批量，就是实行数量折扣的最佳经济批量。

例6-8 某旅游企业全年需要某种材料2000箱，每箱购买价格为75元，每箱订货费用为40元，该种材料每箱年储存成本为8元。供应商提出，如该旅游企业每次订货数量为500箱时，可给予2%的价格优惠，试分析该企业是否应该接受数量折扣。

解：

第一，按基本经济批量模型确定的经济批量：

$$Q=\sqrt{\frac{2AB}{C}}=\sqrt{\frac{2\times2000\times40}{8}}=141\text{（箱）}$$

$$\text{存货进价}=2000\times75=150\ 000\text{（元）}$$

$$\text{相关储存费用}=\frac{141}{2}\times8=564\text{（元）}$$

$$\text{相关的进货费用}=\frac{2000}{141}\times40=567\text{（元）}$$

$$\text{存货相关总成本}=567+564+150\ 000=151\ 131\text{（元）}$$

第二，接受数量折扣所花费的存货总成本：

$$存货进价 = 2000 \times [75 \times (1-2\%)] = 147\ 000（元）$$

$$相关进货费用 = \frac{2000}{500} \times 40 = 160（元）$$

$$相关储存成本 = \frac{500}{2} \times 8 = 2000（元）$$

$$接受数量折扣的存货相关总成本 = 147\ 000 + 160 + 2000 = 149\ 160（元）$$

从上述计算可以看出，接受数量折扣的存货总成本低于不接受数量折扣的存货总成本，所以还是接受数量折扣为好。

6.3.4.2　再订货点、订货提前期和保险储备

（1）再订货点

再订货点是指发出订货指令时尚存的原材料数量。再订货点计算公式为：

$$再订货点 = 材料的使用率 \times 材料的在途时间$$

式中，材料的使用率是指每天消耗的材料数量。

例6-9　某旅游企业正常情况下每天耗用某种材料为10kg，购买该种材料途中需要2天。则该种存货的再订货点计算如下：

$$再订货点 = 10 \times 2 = 20（kg）$$

（2）订货提前期

订货提前期是指从发出订单到验收完毕所用的时间。订货提前期的计算公式为

$$订货提前期 = \frac{预计交货期内材料的使用量}{材料使用率}$$

例6-10　某旅游企业预计交货期内材料的用量为100kg，材料的使用率为10kg/天，无延期交货情况。则该企业的订货提前期为

$$该存货的提前订货期 = 100 \div 10 = 10（天）$$

（3）保险储备量

保险储备是指为了防止耗用量突然增加或交货延期等意外情况而进行的储备。其计算公式为

$$保险储备量 = \frac{1}{2}\left(\begin{matrix}预计每天的\\最大耗用量\end{matrix} \times \begin{matrix}预计最长\\订货提前期\end{matrix} - \begin{matrix}平均每天的\\正常耗用量\end{matrix} \times \begin{matrix}订货\\提前期\end{matrix}\right)$$

例6-11　某旅游企业平均每天正常耗用甲材料10kg，订货提前期为4天，预计每天的最大耗用量为12kg，预计最长订货提前期为15天，则保险储备量为

$$保险储备量 = \frac{1}{2} \times (12 \times 15 - 10 \times 4) = 70（kg）$$

保险储备的存在不会影响经济订货批量的计算，但会影响再订货点的确定。考虑保险储备情况下的再订货点计算公式为

$$RP = R \times DT + SS$$

式中　SS——保险储备；

　　R——材料使用率；

　　DT——材料的在途时间。

6.3.4.3　ABC控制法

旅游企业存货品种繁多，收费频繁，为做好存货成本的控制工作，按存货的

重要程度、消耗数量、价值大小、资金占用等情况，划分为 A、B、C 3 类，对不同的物资采用不同控制方法，就是 A、B、C 控制法。这种对物资实行区别对待、重点管理的方法，可以使管理者的主要精力从繁琐的工作中解脱出来，因此，ABC 分析法是合乎经济原则的。

(1) 存货 ABC 分类的标准

分类的标准主要有 2 个：一是金额标准；二是品种数量标准。其中金额标准是最基本的，品种数量标准仅作为参考。

A 类存货的特点是金额巨大，但品种数量较少；B 类存货金额一般，品种数量相对较多；C 类存货品种数量繁多，但价值金额却很小。

(2) A、B、C 3 类存货的具体划分

具体过程可分 3 个步骤：① 计算各种存货的百分比。列示企业全部存货的明细表，并计算出每种存货的价值总额及占全部存货金额的百分比。② 排序累加。按照金额标志由大到小进行排序累加金额百分比。③ 分类。当金额百分比累加到 70% 左右时，以上存货视为 A 类存货；百分比介于 70% ~90% 的存货做 B 类存货，其余则为 C 类存货。

6.3.5 存货资金定额的核定

由于存货是旅游企业流动资产中的重要项目，在流动资产中占有相对大的比例，因此加强存货管理，制定先进合理的存货定额，对于减少企业资金占用，保证企业业务活动正常开展具有重要作用。存货定额确定的基本方法如下。

(1) 因素分析法

因素分析法是以上一年存货实际平均占用额为基础，根据对预算年度各项变动因素的分析，并剔除不合理占用部分，从而确定定额水平的方法。其计算公式为

$$\begin{array}{c}\text{存货资金}\\\text{占用额}\end{array}=\left(\begin{array}{c}\text{上年度存货实际}\\\text{平均占用额}\end{array}-\begin{array}{c}\text{不合理}\\\text{占用额}\end{array}\right)\times\left(1\pm\begin{array}{c}\text{预算年度接待}\\\text{量变动量}\end{array}\right)\times\left(1-\begin{array}{c}\text{预算年度存货资金}\\\text{周转加速率}\end{array}\right)$$

(2) 比例计算法

根据资金占用量及有关因素之间的比例关系来确定存货定额的方法，其计算公式为

$$\begin{array}{c}\text{存货资金}\\\text{占用额}\end{array}=\begin{array}{c}\text{预算年度}\\\text{利润总额}\end{array}\times\frac{\text{上年存货平均占用额}-\text{不合理占用额}}{\text{上年度实际利润总额}}\times\left(1-\begin{array}{c}\text{预算年度资金}\\\text{周转加速率}\end{array}\right)$$

(3) 余额计算法

余额计算法是以上年末结转的余额为基础，根据预算年度发生额、摊销额来计算存货资金定额的方法。其计算公式为

$$\begin{array}{c}\text{预算年度期末}\\\text{存货定额}\end{array}=\begin{array}{c}\text{预算年度期初}\\\text{存货结余额}\end{array}+\begin{array}{c}\text{预算年度}\\\text{存货发生额}\end{array}-\begin{array}{c}\text{预算年度}\\\text{存货摊销额}\end{array}$$

(4) 定额日数法（周转期计算法）

定额日数法是根据存货平均每日消耗额和定额日数来计算定额的一种方法。其中：

$$\begin{array}{c}\text{存货}\\\text{定额}\end{array}=\begin{array}{c}\text{日平均}\\\text{消耗额}\end{array}\times\begin{array}{c}\text{定额}\\\text{日数}\end{array}$$

$$\text{日平均消耗额} = \text{日平均耗用量} \times \text{单价}$$

用于计算存货定额的定额日数，是指从付款开始到存货领用日为止，即存货周转一次所需要的时间。它包括：在途日数、验收整理日数、供应间隔日数、保险日数。

在途日数 是指由于结算方式所引起的资金占用。即从付款到收到存货的间隔日数。

验收整理日数 是指存货运到后到开箱验收、计量点数、卫生检验，以及存货被领取使用之前，进行加工整理所需要的时间。

供应间隔日数 是指2次供货之间的间隔天数。为了保证企业经营正常进行。仓库储备量必须能满足下次到货之前营业活动所需的存货。供应间隔时间的长短，直接影响着存货定额的高低。

保险日数 是指为了防止发生意外情况，导致货物不能按期到达，因此而中断营业用物资供应，企业特意多储备一些材料而增加的天数。

由上所述，可得到存货定额日数的计算公式

$$\text{存货定额日数} = \text{在途日数} + \text{验收整理日数} + \text{供应间隔日数} + \text{保险日数}$$

例6－12 某旅游饭店有200间客房，平均出租率为60%，每间客房每天茶叶配备量为5包，每包茶叶0.30元，根据供货情况，需储备30天用量，试计算茶叶的定额。

解：

$$\text{茶叶定额} = 200 \times 60\% \times 5 \times 0.30 \times 30 = 5400\ (\text{元})$$

6.3.6 存货的日常管理

存货管理必须严格执行国家有关物资供应的方针、政策和法令，做到预算有依据，供应有预算，消耗有定额，管理有制度。

6.3.6.1 搞好存货采购预算的编制

根据市场经济环境及企业业务经营活动的要求，并结合企业综合经营预算，以及订货合同、存货的收发结存等情况，搞好存货采购预算的编制。存货采购预算编制的目的是使企业的存货管理能够按照计划进行，而非盲目行事。同时既要努力减少存货所占用的资金，又要保证企业正常业务经营活动的开展。

6.3.6.2 搞好存货收、发、结存的日常管理

要严格按照企业的采购预算进行存货的采购。各部门特别是计财部门要加强与采购部门的工作联系，监督控制外购物资的采购成本。

（1）认真做好存货的检验、入库工作

存货到达企业后应及时进行验收，尽量缩短入库时间。鲜活食品、贵重物品、易燃易爆物品应随到随检，以免食品腐烂变质及意外情况发生，同时也便于及时发现差错及质量问题，尽快由采购部向对方索赔或及时进行其他相关处理，以避免企业不必要的资金浪费。

（2）存货验收入库后，仓库保管员应熟悉并了解各类物资的保管要求

仓库保管员要做到："二有"（有岗位责任、有存货定额），"三化"（仓库环境整洁化、材料堆放系统化、材料收发制度化），"三相符"（账、卡、物三相符），"统一编号定位"（按统一的编号，分架、分层、依次对号入座），"五五堆放"（5个一组、5个一组地进行堆放），"五防"（防火、防盗、防霉、防潮、防过期变质）。

（3）严格执行存货的领发制度

选择恰当的存货发出方式，以确定存货的实际成本。仓库发出的各种材料物资应以消耗定额和企业存货预算为依据，无特殊原因，预算外用料应拒绝发出，防止可能发生的浪费。

（4）严格执行盘点制度

仓库每月自行盘点一次，冷库应当定期冲洗，食品二、三级仓库应逐日盘点，而且要采用不定期抽查、每年仓库全面盘点等多种方法，加强存货盘点管理，做到账卡、账物相符。对于盘盈、盘亏的存货应查明原因，分清责任，及时处理解决。

（5）对于重点存货实行重点管理

解决问题要抓主要矛盾，主要矛盾解决了，次要矛盾也就迎刃而解了。同样对于不同的存货也应实行不同的管理，这样便于抓住重点，照顾一般，提高管理工作的效率和质量。

【思考题】

1. 旅游企业最佳现金持有量的确定方法有哪些？
2. 旅游企业持有现金的目的是什么？
3. 旅游企业应收账款的管理目标是什么？
4. 旅游企业应收账款的成本有哪些？
5. 旅游企业对信用标准的分析主要通过哪些步骤来完成？
6. 旅游企业存货的功能有哪些？
7. 旅游企业存货的控制方法有哪些？

【经验性训练】

1. 某旅游企业预计全年需要现金600万元，现金与有价证券的转换成本为100元，有价证券的利率为30%，试用存货模式确定最佳现金持有量。

2. 某旅游企业客车全年需要某种零件1200个，每次订货成本为400元，每件年储存成本为6元，试用存货模式计算该种零件的经济批量。

【案例分析】

公司应适时调整信用政策

DY旅行社是1983年成立的，其旅行路线主要是北京、天津、上海、南京、杭州等国内有名的城市文化及风景。该社刚成立时因为服务质量优良，价格合理，深受顾客欢迎，效益很好，因此公司迅速发展壮大起来了，由起初的年几十万元投资，发展到了上千万元的投资。但是从1990年开始该社的问题开始呈现出来，过去为了招揽生意，占领市场，一直采用较宽松的信用政策，该社从成立一直采用的信用政策是"2/20，n/90"。这种信用条件在当时的客户中执行的情况是：有一半的客户享受了2%的优惠，其余客户不享受，但是不享受的客户款项延长到信用期之外的较多，平均收账时间为65天，年平均坏账为100万元，收账费用平均为10万元。这种情况导致的结果是：客户托欠的款项数额越来越大，时间越来越长，严重影响了资金的周转循环。为了改变目前的状况该旅行社准备了下列2种备选方案：

(1)“2/10，1/20，*n*/60”。在此种信用条件下，据调查分析，预测年赊销额为600万元，有40%的人享受2%的优惠，30%的人享受1%的优惠，其余的人不享受优惠，但其中有10%的人能在信用期内付款。平均收账天数为45天。年坏账为50万元，收账费用25万元。

(2)“2/10，*n*/40”。在此种信用条件下，据调查分析，预测年赊销额为500万元，有50%的人享受2%的优惠条件，有20% 的人在信用期内付款，其余人在信用期内不付款。平均的收账天数为35天。年坏账为30万元，收账费用为45万元。

该旅行社的销售变动成本率为60%，资金成本率为10%。

【案例思考题】

1. 与2种备选方案相关的资金变动额为多少？
2. 改变信用政策后，预期2种方案利润变动多少？
3. 你认为应该选用哪种方案？说出你的理由。
4. 为改善公司目前的财务状况，你有更好的建议吗？说出你的理由。

【本章推荐阅读书目】

1. 旅游企业财务管理．张玉凤．北京大学出版社，2006.
2. 财务管理学（第四版）．荆新，王化成．中国人民大学出版社，2005.

第 7 章

旅游企业固定资产管理

【本章概要】

本章主要阐述了旅游企业固定资产的概念、特点、分类、管理方法、折旧范围、折旧方法。

【学习目标】

- 了解固定资产的概念、特点和分类；
- 掌握固定资产的管理方法；
- 了解固定资产的折旧范围；
- 掌握固定资产的折旧方法。

【关键性术语】

固定资产、有形损耗、无形损耗、固定资产折旧、固定资产分类、固定资产日常管理、归口分级管理。

【章首案例】

固定资产归口分级管理的效应

旅游企业固定资产管理必须实施归口管理制度，调动全员维护管理固定资产。从专业管理角度来讲，工程部发挥着不可替代的专业性管理作用。但长期以来，人们认为工程部是“成本中心”，它的职能就是“花好钱，做好活，服务好”。不影响企业的生意就行了，其实不然。

某旅游饭店共有大小蒸柜22台，原为燃油式一次加热蒸柜。20世纪90年代初，为了加快蒸制品出品速度，全部改造为由4t燃油锅炉加热提供0.8MPa压力蒸汽，经管道输入厨房并减压后，蒸汽进入蒸柜水盘的热交换器中，再将水盘中的水加热转换成蒸汽蒸制食品。经过二次水汽的热交换，才能供给蒸柜使用。虽然这样改造后，开蒸汽阀门即可供气使用，速度快，出品量大；但经过水加热变汽、汽加热水后再变汽的2次转换后，利用率不足50%，加上管道传输损耗，能源利用只有30%左右，这显然是一种浪费。

后来，该企业将工程部由单纯的“成本中心”转变为“利润中心”，通过不断努力，工程部根据需要提出许多合理的技术改造建议，不仅大幅度降低了能源成本这个酒店运营中的第二大成本开支项目，而且减少了对环境的破坏，为企业创造利润做出了极大贡献。

1998年以来，工程部组织技术骨干对酒店3号变压器负载并联运行节电方案进行深入探讨，最后由工程部人员自己动手，采用增加联络电缆等技改措施，只花费了10 200元投资，就实现了预期目标。1998年11月15日至1999年4月15日，工程部实施了中央空调负载并联到1号、2号变压器运行，停开3号变压器的节能措施，仅变压器铁损、铜损一项每月即可节约费用4万元以上，加上供电局的奖励，该冬季就节约了29万多元。工程部人员又自己动手改造制作完成了1号、2号变压器电容补偿柜，花费仅9000元，将3号变压器功率因数由0.8提高到0.98，取得平均每天节电4271度的明显效果。他们还加班加点将酒店几千只日光灯老式镇流器更换成电子节能镇流器，使酒店照明电耗降了30%。

7.1 旅游企业固定资产的概述

7.1.1 固定资产的概念

旅游企业的固定资产是指具有下列特征的资产。

第一，固定资产的使用期限超过1年，或长于1年的一个经营周期。

第二，固定资产是用于生产经营活动或用于出租及企业行政管理，而不是为了出售。

判断固定资产的标准，主要有2个方面，一是时间标准。旅游企业使用期限超过1年的房屋、建筑物、机器、机械、运输工具以及其他与生产经营有关的设备、器具、工具等资产均应作为固定资产。二是持有该项资产的目的。例如，旅游企业准备销售的饭店不是固定资产。因为这些产品是为了销售，而不是用于生产经营过程的劳动资料。由此可见，是否属于旅游企业的固定资产主要取决于它在生产经营中所起的作用。

企业制定的固定资产目录、固定资产分类方法、每类或每项固定资产的使用年限、预计残值率、折旧方法等，应当编制成册，并按照管理权限，经股东大会或董事会、或经理（厂长）会议或类似机构批准，按照法律、行政法规的规定报送有关各方备案，同时备置于企业所在地，以供投资者等有关各方查阅。企业已经确定并对外报送，或备置于企业所在地的有关固定资产目录、分类方法、估计残值率、预计使用年限、折旧方法等，一经确定不得随意变更。如需变更，仍然应当按照上述程序，经批准后报送有关各方备案，并在会计报表附注中予以说明。

7.1.2 固定资产的分类

7.1.2.1 按经济用途划分

（1）营业用固定资产

营业用固定资产是指直接或间接地服务于客人的各种固定资产。例如，客房、餐厅、商场、娱乐设施，以及供水、供电、供热等其他设施。

（2）非营业用固定资产

非营业用固定资产是指不是服务于客人而是用于企业员工的各种固定资产。例如，员工食堂、员工宿舍、员工浴室、医务室、托儿所等。

固定资产按经济用途分类，可以反映企业营业用和非营业用固定资产在全部固定资产中所占比重，了解企业固定资产总体构成情况，从而可以使企业更加合理地进行固定资产配置，充分发挥其使用效能。

7.1.2.2 按使用情况划分

(1) 使用中的固定资产

使用中的固定资产是指正在使用过程中的经营用和非经营用固定资产；由于季节性和大修理等原因，暂时停止使用的固定资产也列作使用中的固定资产。

(2) 未使用固定资产

未使用固定资产是指尚未开始使用的新增固定资产和停止使用的固定资产。

(3) 不需要固定资产

不需要固定资产是指本企业不需要，已报请有关部门批准等待处理的固定资产。

固定资产按使用情况分类，可以反映企业固定资产的使用情况，分析固定资产的利用程度，从而可以促使企业充分挖掘固定资产的使用潜力，提高固定资产的利用效果。并据此确定固定资产计提折旧的范围。

7.1.2.3 固定资产按其所属关系划分

(1) 自有固定资产

自有固定资产是指由国家投资或企业自有资金购建的长期支配使用的各项固定资产。

(2) 外单位投入固定资产

外单位投入固定资产是指企业与其他单位联合经营，由外单位投资或转入的各项固定资产。

(3) 接受捐赠固定资产

接受捐赠固定资产是指有关单位或个人向本企业无偿捐赠的各项固定资产。

(4) 租入固定资产

租入固定资产包括融资性租入固定资产和经营性租入固定资产 2 种。

融资性租入固定资产 是指从外单位租入的固定资产，按合同规定租赁期满，租赁费用分期全部付清。虽然从法律形式上来讲，租入固定资产的企业不拥有其所有权，但是由于租赁期相当长，接近该固定资产的使用寿命；租赁结束时承租企业有优先购买该资产的选择权；在租赁期内承租企业有权支配该资产并从中受益等。所以在该固定资产的租赁期内，租入企业按自有资产使用和管理。

经营性租入固定资产 是指企业临时需要而从外单位租入固定资产，按照合同定期支付租赁费用，合同期满归还外单位，本企业只是暂时使用，而不是长期拥有。

固定资产按其所属关系分类，可以反映企业固定资产的资金来源情况，掌握本企业固定资产实有水平，划清固定资产折旧界限，促使企业不断提高业务经营能力。

7.1.2.4 固定资产按其性能属性划分

(1) 房屋、建筑物

房屋、建筑物是指企业的营业用房、非营业用房、简易房、建筑物等。

(2) 机器设备

机器设备是指供电系统设备，供热系统设备，中央空调设备，通信设备，洗涤设备，维修设备，厨房用具设备，电子计算机系统设备，电梯、相片冲印设备，复印、打字设备和其他机器设备等。

（3）交通运输工具

交通运输工具是指大型客车、中型客车、小轿车、行李车、货车、摩托车等。

（4）家具设备

家具设备是指营业用家具设备、办公设备、纯毛地毯、混纺地毯、化纤地毯等。

（5）电器及影视设备

电器及影视设备是指闭路电视播放设备、音响设备、电视机、电冰箱、空调机、电影放映机及幻灯机、照相机和其他电器设备等。

（6）文体娱乐设备

文体娱乐设备是指高级乐器、游乐场设备、健身房设备等。

（7）其他设备

其他设备是指工艺摆设、消防设备等。

固定资产按性能属性分类，可以反映企业固定资产不同的类别，从而为确定不同类别固定资产的折旧年限和确定分类折旧率奠定了基础。

7.1.3　旅游企业固定资产的计价

7.1.3.1　原始价值

原始价值是指企业在购建或通过其他方式取得某项固定资产时发生的全部支出。包括买价、运杂费、安装费、保险费等；由于取得固定资产的方式多种多样，因而取得固定资产时的实际成本也各不相同。通常情况下固定资产的原始价值按下列 7 项规定计价。

（1）购入固定资产

购入固定资产以买价加上支付的运输费、途中保险费、包装费和安装成本及缴纳的税金等计价。

（2）自行建造的固定资产

自行建造的固定资产按在建过程中实际发生费用的全部支出计价。

（3）投资者投入的固定资产

投资者投入的固定资产，按合同或协议约定的价格计价，合同或协议约定价格不公允的除外。

（4）融资租入的固定资产

企业采用融资租赁方式租入的固定资产，应在租赁期开始日，按租赁开始日租赁资产公允价值与最低租赁付款额现值两者中较低者，加发生的运输费、途中保险费、安装调试费作为租入资产的入账价值。

（5）接受捐赠的固定资产

接受捐赠的固定资产按发票账单或资产验收清单所列金额加上由企业负担的运输、保险、安装等费用计价，也可按市场同类固定资产计价。

（6）改建、扩建的固定资产

按原固定资产的价值，加上由于改造、扩建而发生的支出，减去改造、扩建过程中发生的变价收入后的余额计价。

(7) 盘盈的固定资产

盘盈的固定资产按照同类固定资产的重置完全价值计价。

另外，企业购建固定资产交纳的固定资产投资方向调节税、耕地占用税计入固定资产价值。有关融资租赁和企业自营建造固定资产时发生的利息净支出以及外币借款的折合差额，均应以固定资产是否投入使用或办理竣工决算为标准，凡在此之前发生的应计入固定资产原值，在此之后发生的应计入当期损益。

按原始价值计价，可以反映企业固定资产原始投资规模及经营能力。并可以考核企业固定资产的投资效果及利用情况，也是企业计提折旧的依据。

7.1.3.2 重置完全价值

重置完全价值（重置价值或现行成本）是指企业按当前生产条件和价格标准重新购置或建造某项固定资产所发生的全部支出。当企业取得某项固定资产无法确定原价时，可按重置价值入账。例如，企业盘盈或接受捐赠的固定资产，或企业根据规定对固定资产进行重新估价时，均可按重置完全价值计价入账。

按重置完全价值计价，可以在同一计价标准下对企业不同时期的固定资产投资规模进行可比分析考核，了解企业固定资产的发展变化情况。

7.1.3.3 折余价值

折余价值（净值）是指固定资产的原值减去累计折旧额后的余额。按折余价值计价，可以反映企业现有固定资产的规模和经营能力。用净值与原值对比，还可以了解企业固定资产的新旧程度，从而有计划地安排固定资产的更新和使用。

7.2 固定资产的日常管理

7.2.1 建立使用保管责任制

为了管理好企业的固定资产，必须建立和健全固定资产管理制度，正确处理好企业与企业所属单位之间在固定资产保管和使用方面的关系，确定责任制，杜绝无人负责的现象。

由于旅游企业的固定资产比较分散，企业要加强固定资产的管理，不能依靠个别部门和少数人员，而必须规定各方面的权责关系，充分调动各部门、各级单位（或各分公司）及广大职工的积极性和主动性，实行归口分级管理。即在企业主管领导下，由各职能部门分工负责固定资产的管理工作，并按各类固定资产的使用地点，分别交由各所属单位负责管理。要根据谁用、谁管、谁负责维护保养的原则，把固定资产管理责任落实到人，使企业所有固定资产的管理落到实处。

7.2.2 对固定资产的使用、保管、出售和清理进行经常性的核算和检查

为了保证固定资产的完整无缺，不断提高固定资产的利用效果，财务部门必须对固定资产的存在情况进行全面的核算和考核。为此，各部门要会同财务部门

建立和健全固定资产管理制度和各项财产管理办法，对各项财产的增减变动、内部转移和修理、清理等规定统一而严密手续，根据固定资产核算资料，掌握固定资产的增减变动和分布，检查有关单位执行财产管理办法的情况，经常分析固定资产的利用效果，促使各单位管好用好固定资产。

财务部门对于构建完成交付使用的固定资产，要协同财产管理人员深入现场，根据固定资产的交接凭证，认真做好固定资产的验收和交接工作。对于增加的各项固定资产，都要按类、分项、按顺序进行编号，开设“固定资产卡片”进行登记。对经营管理中不需用的机械设备、运输工具，要按规定手续，加以处理。对于已经磨损、陈旧不能继续使用的固定资产，应由保管该项固定资产的部门填制“固定资产报废申请单”，按照规定手续报经批准后进行处理。

7.2.3 保证固定资产的完整无缺

为了保证固定资产的完美无缺，必须定期对固定资产进行清查盘点。建立固定资产定期清查盘点制度，除了弄清固定资产实有数量、保证账实相符外，还要了解固定资产的使用和维护情况，进一步挖掘机械设备的生产潜力；可以查明账外固定资产，促进企业改善固定资产管理；可以发现丢失，堵塞漏洞，揭发破坏盗窃行为。

在清查过程中，财务人员要协同财产管理人员到现场逐项清点。对于账外固定资产，要及时补办入账手续，对盘亏和毁损的固定资产，要查明原因，填制“固定资产盘亏报告单”，报有关部门审批后按规定加以处理。对于长期闲置的不使用或多余不需用机械设备，要设法调出或出售，做到物尽其用，减少企业资金占用。对于毁损的机械设备，要建议及时修复，保证机械设备的完好。对机械设备维护保养不力和管理制度不完善的问题，要制定有效措施，及时加以改进。

7.2.4 合理安排固定资产修理

固定资产在使用过程中，由于机械磨损、化学腐蚀等而发生损耗，但各个部件的磨损程度并不相同。为了保证固定资产的正常使用，并发挥其应有的功能和维持良好的状态，必须经常对其进行维修和保养。在进行固定资产修理时所发生的修理费，可直接计入有关费用，但若企业的维修费用发生不均衡且数额较大时，为了均衡企业的成本、费用负担，可采用待摊等方法。

7.2.5 科学进行固定资产更新

固定资产更新是指对固定资产的整体补偿，也就是以新的固定资产更换需要报废的固定资产。固定资产更新有2种方式：一种是完全按原样进行更新，即按原来的技术基础、原来的规模、原来的结构和原来的用途进行更新，以实现固定资产的实物再生产。另一种是在先进技术基础上的更新，也就是以先进的、（效率和性能）更好的、能产生更大经济效益的设备，更换陈旧落后的设备，不断提高企业的技术水平。科学地进行固定资产的更新，具有投资少、见效快、效益好的优点。旅游企业应结合具体情况，全面规划，有重点、有步骤地进行固定资产的更新。

7.3 固定资产折旧

7.3.1 固定资产折旧的概念

固定资产折旧是指固定资产在使用过程中由于损耗而转移到企业费用中去的那部分以货币表现的价值。它随着营业收入的实现而逐渐得到补偿，并用于固定资产的更新改造。固定资产的损耗分为有形损耗和无形损耗 2 种。有形损耗是指由于使用和自然力的影响，引起固定资产在使用价值和价值上的损失。例如，固定资产随着使用时间的延长，逐渐陈旧，表现为外皮剥落、机器零件破损、设备老化等均属有形损耗。无形损耗是指由于技术进步和劳动生产率提高而引起的价值上的损失。例如，饭店客房用电视机，一开始时是黑白电视机，但由于彩色电视机的出现，虽然黑白电视机还可继续使用，也未到折旧年限，但只能停止使用。

了解固定资产的有形损耗和无形损耗，对旅游企业来说具有重要作用。因为旅游企业接待的客人有国内的和国外的；有商务客人、经济条件好的一般游客，这些客人对旅游设备和设施的档次、质量要求较高。因此，旅游企业相对于其他行业来说无形损耗就要更大一些。分析有形损耗和无形损耗是为了使旅游企业在确定固定资产折旧时，能综合有形损耗、无形损耗对固定资产的影响，合理确定其折旧年限，正确计提固定资产折旧。

7.3.2 固定资产折旧的范围

确定固定资产折旧的范围，一是要从空间范围上确定哪些固定资产应当提取折旧，哪些固定资产不应当提取折旧；二是要从时间范围上确定应提折旧的固定资产在什么时间开始提取折旧，在什么时间停止提取折旧。

（1）空间范围

从空间范围上讲，企业所有的固定资产一般均应计提折旧。企业固定资产包括经营用固定资产、非经营用固定资产、租出固定资产、不需用和未使用的固定资产等。具体是指：① 房屋和建筑物；② 在用、不需用和未使用的机器设备、仪器仪表、运输工具、工具器具；③ 季节性停用、大修理停用的固定资产；④ 融资租入和以经营租赁方式租出的固定资产。

在确定固定资产折旧计提范围上应注意以下情况：① 已达到预定可使用状态的固定资产，在年度内办理竣工决算手续的，按照实际成本调整原来的暂估价值，并调整已计提的折旧额，作为调整当月的成本、费用处理。如果在年度内尚未办理竣工决算的，应当按照估计价值暂估入账，并计提折旧；待办理了竣工决算手续后，再按照实际成本调整原来的暂估价值，调整原已计提的折旧。② 企业对固定资产进行更新改造时，应将更新改造的固定资产的账面价值转入在建工程，并在此基础上确定经更新改造后的固定资产原价。处于更新改造过程而停止使用的固定资产，因已转入在建工程，因此不计提折旧，待更新改造项目达到预定可使用状态转为固定资产后，再按重新确定的折旧方法和该项固定资产尚可使用年限计提折旧。③ 企业因进行大修理而停用的固定资产，应当照提折旧；计提的折旧应计入相关成本费用。④ 融资租入的固定资产，应当采用与自有应计提折旧的固定资产相一致的折旧政策。能够合理确定租赁期届满时将会取得租赁资产所有权的，应当在租赁资产尚可使用年限内计提折旧；租赁期届满时，无法合理确定租赁资产所有权的，应当按租赁期与租赁资产尚可使用年限两者中较短的期间计提折旧。⑤ 不需用的固定资产，照样计提折旧；折旧费用计入当期损益。

（2）时间范围

从时间上讲，企业在具体计提折旧时，一般应按月提取折旧，当月增加的固定资产，当月不提折旧，从下月起计提折旧；当月减少的固定资产，当月照提折旧，从下月起不提折旧。

已提足折旧继续使用的固定资产，不再提取折旧。所谓提足折旧，是指已经提足该项固定资产应提的折旧总额。应提的折旧总额为固定资产原价减去预计残值；提前报废的固定资产，即使该项固定资产没有提足折旧，也不再补提折旧。

7.3.3 影响固定资产折旧的主要因素

旅游企业计算各期折旧额的依据或者说影响折旧的因素，除了折旧政策以外，还有折旧的基数、固定资产的预计净残值、固定资产使用寿命等。

（1）折旧的基数

计算固定资产折旧的基数一般为取得固定资产的原始成本，即固定资产的原价。企业已经入账的固定资产，除发生下列情况外，不得任意变动：① 根据国家规定对固定资产进行重新估价；② 增加补充设备或改良设备；③ 将固定资产的一部分拆除；④ 根据实际价值调整原来的暂估价值；⑤ 发现原记固定资产价值有错误。

（2）固定资产的预计净残值

固定资产的净残值是指预计的固定资产报废时可以收回的残余价值扣除预计清理费用后的数额。由于在计算折旧时，对固定资产的残余价值和清理费用只能人为估计，就不可避免存在主观性。为了避免人为调整净残值的数额，从而人为地调整计提折旧额，国家有关所得税暂行条例及其细则对此做了具体规定，由于情况特殊，需调整残值比例的，应报主管税务机关备案。

（3）固定资产使用寿命

固定资产的使用寿命，是指企业使用固定资产的预期期间，或者该固定资产所能产生产品或提供劳务的时间。固定资产使用寿命的长短直接影响各期应提的折旧额。旅游企业在确定固定资产使用年限时，应结合本企业的具体情况，合理地确定固定资产的使用寿命。通常在确定固定资产的使用寿命时，应考虑下列因素：① 该项资产预计生产能力或实物产量；② 该项资产预计有形损耗，例如，设备使用中发生磨损、房屋建筑物受到自然侵蚀等；③ 该项资产预计无形损耗，例如，因新技术的出现而使现有的资产技术水平相对陈旧、市场需求变化使产品过时等；④ 法律或者类似规定对该项资产使用的限制。

总之，企业应当根据固定资产的性质和使用方式，合理确定固定资产的使用寿命和预计净残值，并根据科技发展、环境及其他因素的影响，选择合理的固定资产折旧方法，按照管理权限，经股东大会或董事会，或经理（厂长）会议或类似机构批准，作为计提折旧的依据。同时，按照法律、行政法规的规定报送有关各方备案，同时备置于企业所在地，以供股东等有关各方查阅。企业已经确定并对外报送，或备置于企业所在地的有关固定资产预计使用寿命和预计净残值、折旧方法等，一经确定不得随意变更，如需变更，仍然应当按照上述程序，经批准后报送有关各方备案，并在会计报表附注中予以说明。

7.3.4 固定资产的折旧方法

根据我国财经制度的规定，企业固定资产的折旧方法一般采用平均年限法（即直线法）。交通运输工具也可采用工作量法。经财政部批准的部分设备，企业可以采用双倍余额递减法和年数总和法进行折旧。

（1）平均年限法

平均年限法是固定资产在预计使用年限内，根据其原始价值和预计净残值平均分摊确定资产折旧总额的一种方法。采用这种方法计算的固定资产折旧额在各个使用年（月）份都是相等的，累计的折旧额在平面直角坐标系上表现为一条直线，因此，这种方法也称为直线法。这种方法计算简单，被大部分旅游企业广泛采用。

单项折旧法 计算公式如下：

$$\text{固定资产年折旧额}=\frac{\text{固定资产原值}-(\text{预计残值}-\text{预计清理费用})}{\text{预计使用年限}}$$

或

$$\text{固定资产年折旧额}=\frac{\text{固定资产原值}\times(1-\text{预计净残值率})}{\text{预计使用年限}}$$

$$\text{固定资产年折旧率}=\frac{\text{固定资产年折旧额}}{\text{固定资产原值}}\times100\%$$

或

$$\text{固定资产年折旧率}=\frac{1-\text{预计净残值率}}{\text{预计使用年限}}\times100\%$$

$$\text{固定资产月折旧率}=\frac{\text{固定资产年折旧率}}{12}$$

$$\text{固定资产月折旧额}=\text{固定资产原值}\times\text{固定资产月折旧率}$$

例 7-1 某旅游企业一项固定资产原值 50 000 元，预计净残值率 4%，预计使用年限为 5 年，则

$$\text{年折旧额}=\frac{50\ 000\times(1-4\%)}{5}=9600\text{（元）}$$

$$\text{年折旧率}=\frac{9600}{50\ 000}\times100\%=19.2\%$$

$$\text{月折旧率}=\frac{19.2\%}{12}=1.6\%$$

$$\text{月折旧额}=50\ 000\times1.6\%=800\text{（元）}$$

分类折旧法 上述计算的折旧率是按个别固定资产单独计算的，称为个别折旧率，即某项固定资产在一定期间的折旧额与该项固定资产原价的比率。此外，还有分类折旧率和综合折旧率。

分类折旧率是指固定资产分类折旧额与该类固定资产原价的比率，采用这种方法，应先把性质、结构和使用年限接近的固定资产归为一类，再按类计算平均折旧率，用该类折旧率对该类固定资产计提折旧。比如，将房屋建筑物划分为一类，将机械设备划分为一类，将运输工具划分为一类等。分类折旧率的计算公式如下：

$$某类固定资产年分类折旧率 = \frac{该类固定资产年折旧额之和}{该类固定资产原值之和} \times 100\%$$

采用分类折旧率计算固定资产折旧，其优点是计算方法简单，但准确性不如个别折旧率。

综合折旧率是指某一期间企业全部固定资产折旧额与全部固定资产原值的比率。计算公式如下：

$$固定资产综合折旧率 = \frac{各项固定资产年折旧额之和}{各项固定资产原值之和} \times 100\%$$

与采用个别折旧率和分类折旧率计算固定资产折旧相比，采用综合折旧率计算固定资产折旧，其计算结果的准确性较差，一般不宜用来计算固定资产的实际折旧费用。

采用平均年限法计算固定资产折旧虽然比较简便，但它也存在着一些明显的局限性。首先，固定资产在不同使用年限提供的经济效益是不同的。一般来讲，固定资产在其使用前期工作效率相对较高，所带来的经济利益也就多；而在其使用后期，工作效率一般呈下降趋势，因而，所带来的经济利益也就逐渐减少。平均年限法不考虑这一事实，明显是不合理的。其次，固定资产在不同的使用年限发生的维修费用也不一样。固定资产的维修费用将随着其使用时间的延长而不断增加，而平均年限法也没有考虑这一因素。

当固定资产各期的负荷程度相同，各期应分摊相同的折旧费，这时采用平均年限法计算折旧是合理的。但是，若固定资产各期负荷程度不同，采用平均年限法计算折旧，则不能反映固定资产的实际使用情况，提取的折旧数与固定资产的损耗程度也不相符。

（2）工作量法

工作量法　是按照固定资产在使用期间，按预计的工作量平均分摊固定资产折旧总额的一种方法。这种方法是根据企业经营活动或设备的运营情况来计提折旧。工作量法的基本计算方法为

$$每一工作量折旧额 = \frac{固定资产原值 \times (1 - 预计残值率)}{预计总工作量}$$

某项固定资产月折旧额 = 该项固定资产当月工作量 × 每一工作量折旧额。

例7－2　某旅游企业的一台机器的原价为250 000元，预计该机器使用10年，运转8万h，其报废时的残值率为3%。本月满负荷运转，共运转720h。该机器的月折旧额计算如下：

$$每小时折旧额 = \frac{250\,000 \times (1 - 3\%)}{80\,000} = 3.03（元）$$

$$本月折旧额 = 720 \times 3.03 = 2181.6（元）$$

由于各种专业设备有不同的工作量指标，因而工作量折旧法又可分为台班（时）折旧法、行驶里程折旧法等。

台班（时）折旧法　是按照各计算期机械设备工作台班的折旧额计提固定资产折旧的一种方法。主要适用于某些价值较大而又不经常使用的大型机械设备。在采用时有以下2种方法。

第一种是根据机械设备原值、预计净残值和预计折旧年限内工作台班数，计算每一工作台班折旧定额，然后根据工作台班折旧定额和实际工作台班计提折旧。

机械设备折旧年限内工作台班折旧定额和折旧额的计算公式为：

台班（时）折旧定额 = 机器设备净值/预计折旧年限内工作台班（时）

月折旧额 = 台班（时）折旧定额 × 月工作台班（时）

例7-3 某台设备原值400 000元，预计净残值率5%，预计总工作时数40 000h，则

$$\text{单位工作小时折旧提取额} = \frac{400\ 000 \times (1-5\%)}{40\ 000} = 9.5\ \text{元/h}$$

第二种方法是在确定机械设备折旧年限和年折旧额的前提下，按年度工程任务确定当年机械设备的工作台班的计划数，算出该年度内每一工作台班折旧定额，年中按折旧定额计提折旧，年末按年度实际折旧额加以调整。年度台班折旧定额的计算公式为

$$\text{年度台班折旧定额} = \frac{\text{机器设备原值} \times (1-\text{预计净残值率})/\text{预计折旧年限}}{\text{年度计划工作台班（时）}}$$

例7-4 如上例设备，预计折旧年限为15年，2006年计划安排工作100台班，折旧额的计算如下：

$$\text{2006年度台班折旧定额} = \frac{400\ 000 \times (1-5\%)/15}{100} = 253.3\ \text{元}$$

采用第二种方法计提台班（时）折旧，能使产品成本负担的折旧额与各个年度机器设备的利用情况联系起来，即年度内机器设备利用台班（时）越多，每个台班（时）的折旧费越少，有利于促使企业充分利用机器设备。

行驶里程折旧法 主要适用于旅游企业的交通运输设备折旧额的计算。在采用这种折旧方法时，要先计算单位里程折旧额，然后根据单位里程折旧额和实际行驶里程计提折旧。

$$\text{单位里程折旧额} = \frac{\text{运输设备原值} - \text{预计净残值}}{\text{预计折旧年限内总行驶里程}}$$

月折旧额 = 单位里程折旧额 × 月实际行驶里程

例7-5 某旅游企业一辆大客车原始价值120 000元，预计净残值率5%，预计行驶总里程200 000km，则

$$\text{单位里程折旧提取额} = \frac{120\ 000 \times (1-5\%)}{200\ 000} = 0.57\ \text{元/km}$$

（3）双倍余额递减法

因为固定资产的损耗分为有形损耗和无形损耗。所以，折旧的方法就要既考虑固定资产有形损耗，又考虑其无形损耗。在固定资产折旧年限内，各年的折旧额呈现出逐年曲线减少趋势，所以这种折旧方法叫曲线法，也叫加速折旧法。双倍余额递减法就是其中的一种。其特点是：在固定资产有效使用年限的前期多提折旧，后期则少提折旧，从而相对加快计提折旧的速度，以使固定资产成本在有效使用年限中加快得到补偿。

双倍余额递减法是在不考虑固定资产残值的情况下，根据每期期初固定资产账面价值和双倍的直线法折旧率计算固定资产折旧的一种方法。计算公式为

$$\text{年折旧率} = \frac{2}{\text{预计的折旧年限}} \times 100\%$$

月折旧率 = 年折旧率 ÷ 12

月折旧额 = 期初固定资产账面净值 × 月折旧率

由于双倍余额递减法不考虑固定资产的残值，因此，在应用这种方法时，必须注意不能使固定资产的账面折余价值降低到它的预计残值以下，即实行双倍余额递减法计提折旧的固定资产，应当在其固定资产折旧年限到期以前2年内，将固定资产净值扣除预计净残值后的余额平均摊销。

例7-6 某旅游企业一台设备的原价为20 000元，预计使用年限为6年，预计净残值400元。按双倍余额递减法计算折旧，每年的折旧额计算如下：

双倍直线年折旧率 $=\frac{2}{6}\times 100\% = 33.33\%$

第一年应提的折旧额 $=20\ 000\times 33.33\% = 6666$（元）

第二年应提的折旧额 $=(20\ 000-6666)\times 33.33\% = 4444.22$（元）

第三年应提的折旧额 $=(13\ 334-4444.22)\times 33.33\% = 2962.96$（元）

第四年应提的折旧额 $=(8889.78-2962.96)\times 33.33\% = 1975.41$（元）

从第五年起改按平均年限法（直线法）计提折旧。

第五、六年的折旧额 $=(3951.41-400)\div 2 = 1775.71$（元）

（4）年数总和法

年数总和法又称合计年限法，是将固定资产的原值减去净残值后的净额乘以一个逐年递减的分数计算每年的折旧额，这个分数的分子代表固定资产尚可使用的年限，分母代表使用年限的各年数字总和。计算公式如下：

$$年折旧率=\frac{尚可使用年限}{预计使用年限的年数总和}\times 100\%$$

或

$$年折旧率=\frac{预计使用年限-已使用年限}{预计使用年限\times(预计使用年限+1)\div 2}\times 100\%$$

$$月折旧率=年折旧率\div 12$$

$$月折旧额=(固定资产原值-预计净残值)\times 月折旧率$$

例7-7 沿用“双倍余额递减法”中列举的资料为例，采用年数总和法计算各年折旧额，计算结果见表7-1。

表7-1 年数总和法的折旧计算结果表

年份	尚可使用年限（年）	原值-净残值（元）	变动折旧率	每年折旧额（元）	累计折旧（元）
1	6	19 600	6/21	5 600	5 600
2	5	19 600	5/21	4 666.67	10 266.67
3	4	19 600	4/21	3 733.33	14 000
4	3	19 600	3/21	2 800	16 800
5	2	19 600	2/21	1 866.67	18 666.67
6	1	19 600	1/21	933.33	19 600

双倍余额递减法和年数总和法属于加速折旧法。采用加速折旧法，在固定资产使用的早期多提折旧，后期少提折旧，其递减的速度逐年加快。加快折旧速度，目的是使固定资产成本在估计耐用年限内加快得到补偿。

7.3.5 固定资产折旧的意义

（1）能均衡地分摊各会计期间的固定资产费用

固定资产使用的总成本包括折旧费用和大修理费用，由于大修理费用在使用初期较少，后期较多，而且固定资产的服务价值在使用初期较高，后期较低。

因此，提取折旧时，在固定资产使用的初期提得多些，后期提得少些。这样成本费用比较均衡，更好地体现了会计准则的配比原则。

(2) 能减少无形损耗给企业带来的损失

在当前科学技术不断进步，劳动生产率不断提高的前提下，旅游企业固定资产的无形损耗越发突出，因此，早期多提一些折旧，可以及早防范企业因固定资产无形损耗而带来的损失。

(3) 能减少投资风险

固定资产通常投资数额大，投资收回期长，因此采用加速折旧法提取折旧，可以在早期更多地收回资金，从而可以避免一定的投资风险。

(4) 推迟缴税，缓解企业资金紧张

采用加速折旧法，可以推迟企业应交所得税的时间，相当于政府给企业一笔无息贷款。因此，企业利用政府给予的税收上的优惠，可以更好地开展本企业经营活动，提高企业经济效益。

由于政治、经济等外部环境及企业内部自身管理要求、相关的税收政策等一系列因素的影响，企业究竟采用哪一种方法计提折旧，还要结合以上多方面因素予以考虑。另外，企业采用哪种折旧方法或哪些设备可以采用加速折旧法，需要报经财政部门批准。固定资产折旧方法和折旧年限一经确定不得随意变更。

7.3.6 固定资产折旧预算的编制

固定资产折旧预算是企业财务预算的重要组成部分。编制固定资产折旧预算对于正确地计算企业成本费用，及时组织充足的资金进行固定资产更新都具有重要意义。编制固定资产折旧预算要确定以下几个主要经济指标。

(1) 确定固定资产的总值

固定资产的总值是指全部固定资产的原始价值。预算期末的固定资产总值可按以下公式进行确定：

$$\text{预算期末固定资产总值} = \text{预算期初固定资产总值} + \text{预算期增加固定资产总值} - \text{预算期减少固定资产总值}$$

公式中预算期初固定资产总值，是指预算期初固定资产原始价值；预算期增加固定资产总值是指预算期企业购建的各项固定资产、其他单位投资转入的及其他形式新增的固定资产；预算期减少固定资产总值，是指预算期企业设备报废、毁损、调出、减少的固定资产原始价值。

(2) 确定应计折旧的固定资产总值

编制固定资产折旧预算，必须明确计提折旧的固定资产范围，以便正确核定应计折旧固定资产总值，从而计算企业预算年度折旧总额。用公式表示为

$$\text{预算期末应计折旧固定资产总值} = \text{预算期初应计折旧固定资产总值} + \text{预算期增加应计折旧固定资产总值} - \text{预算期减少应计折旧固定资产总值}$$

(3) 确定应计折旧的固定资产平均总值

旅游企业应根据固定资产在预算年度内增加和减少的具体时间，计算其应计折旧固定资产平均总值，以反映企业预算期内应计折旧固定资产的平均占用水平。其计算公式如下：

$$\text{增加应计折旧固定资产平均总值} = \frac{\sum\left[\text{某月份增加应计折旧的固定资产} \times \text{该固定资产使用月数}\right]}{12}$$

$$\text{减少应计折旧固定资产平均总值} = \frac{\sum\left[\text{某月份减少应计折旧的固定资产} \times \left(12 - \text{该固定资产使用月数}\right)\right]}{12}$$

$$\text{预算年度应计折旧固定资产平均总值} = \text{预算期初应计折旧固定资产总值} + \text{预算年度增加应计折旧固定资产平均总值} - \text{预算年度减少应计折旧固定资产平均总值}$$

（4）确定预算年度折旧提取总额

根据预算年度应计折旧固定资产总额及年度分类折旧率，就可以确定预算年度折旧提取总额。

7.3.7　固定资产指标分析

为了减少固定资产的闲置，使固定资产得到充分利用，应当进行固定资产分析。通过分析可以挖掘现有固定资产的使用潜力，使企业在不增加投资的情况下，提高接待能力，扩大销售，增加企业收入和利润。固定资产分析可以从以下几方面进行。

（1）固定资产营运能力分析

固定资产营运能力分析，着重评价企业的固定资产周转是否顺畅，周转速度是否合适。可以通过固定资产周转率这一指标进行具体分析。固定资产周转率，指一定时期内企业营业收入总额与固定资产平均占用额之比。其计算公式如下：

$$\text{固定资产周转率} = \frac{\text{计算期营业收入总额}}{\text{计算期固定资产平均占用额}}$$

$$\text{固定资产周转天数} = \frac{\text{计算期天数}}{\text{固定资产周转率}}$$

其中，$\text{固定资产平均占用额} = \dfrac{\text{期初固定资产占用额} + \text{期末固定资产占用额}}{2}$

固定资产周转天数这一指标表明计算期内企业固定资产的平均原值，通过营业收入补偿需要经过多长时间。固定资产周转率越高，周转天数越少，说明企业固定资产利用效果越好。因此，要提高固定资产的周转率，一方面是不断扩大营业收入；另一方面要尽量合理地占用固定资产。

（2）固定资产盈利能力分析

固定资产盈利能力分析是指评价企业在一定时期内固定资产获利能力如何。可通过固定资产利润率这一指标进行具体分析。其计算公式如下：

$$\text{固定资产利润率} = \frac{\text{计算期利润总额}}{\text{计算期固定资产平均占用额}} \times 100\%$$

固定资产利润率越高，说明企业占用固定资产所提供的利润越多，固定资产利用效果越好。该指标不仅是评价本企业固定资产利用效果的一个重要指标，而且通过该指标与同行业其他企业、同行业历史先进水平进行比较分析，还可以找出本企业在固定资产管理上存在的差距和不足，促进企业不断完善固定资产管理。

（3）固定资产偿债能力分析

固定资产偿债能力分析是指评价企业在一定时期内以固定资产净值偿还债务的能力。可通过固定资产负债率这一指标进行具体分析。其计算公式如下：

$$\text{固定资产负债率}=\frac{\text{计算期负债总额}}{\text{固定资产净值平均占用额}}\times 100\%$$

固定资产负债率这一指标表明企业负债经营能力、固定资产对债权的保障程度及企业固定资产承担财务风险大小的能力。

（4）固定资产构成分析

固定资产构成分析，主要是分析各类固定资产占企业全部固定资产的比重，评价其构成是否合理，从而促使企业进行固定资产合理配置，提高固定资产的利用效果。可通过固定资产利用率这一指标进行具体分析。它是指一定时期内企业在用固定资产平均占用额与全部固定资产平均占用额的比率。计算公式如下：

$$\text{固定资产利用率}=\frac{\text{在用固定资产平均占用额}}{\text{全部固定资产平均占用额}}\times 100\%$$

该指标越高，说明企业固定资产的利用效果越好；反之，则说明企业固定资产未充分利用，资产闲置较多，企业应该积极查找原因，以使固定资产得到充分有效利用。

（5）固定资产新旧程度分析

固定资产新旧程度分析，主要是分析企业固定资产净值与固定资产原值的差距，从而了解固定资产的新旧程度。同时为企业进行设备的更新积极筹措资金尽早做好准备，以满足企业今后长远发展的需要。固定资产新旧程度可通过固定资产净值率及固定资产磨损率这 2 个指标进行具体分析。其计算公式如下：

$$\text{固定资产净值率}=\frac{\text{固定资产净值总额}}{\text{固定资产原值总额}}\times 100\%$$

$$\text{固定资产磨损率}=\frac{\text{累计已提折旧额}}{\text{固定资产原值总额}}\times 100\%$$

以上 2 项指标均反映着固定资产的新旧程度和企业的历史发展状况。固定资产净值率高，磨损率低，在一定程度上表明该企业固定资产较新，该企业是一个比较年轻的企业；反之，固定资产净值率低，磨损率高，则说明该企业固定资产比较陈旧，该企业是一个老企业。

【思考题】

1. 怎样进行固定资产的日常管理？
2. 常用固定资产的分类有哪些？
3. 影响固定资产折旧的因素有哪些？
4. 常用的固定资产折旧方法有哪几种？

【经验性训练】

1. 某旅行社 2008 年 1 月 1 日购进一辆客车，该客车原价为 50 万元，预计行驶里程 50 万 km，净残值 1 万元，该客车 2008 年 2 月份行驶里程为 5000km，计算 2008 年 2 月该辆客车应计提的固定资产折旧。

2. 某旅行社有固定资产一台，原价 10 万元，预计使用期限 10 年，预计净残值为 5000 元。试分别用年数总和法和双倍余额递减法计算每年该固定资产的折旧额。

【案例分析】

固定资产投资项目的选择

LX旅行社在一家公园租用了一间售货亭向游人出售快餐，餐费15元包含在旅游套票里，如果顾客不愿在快餐亭里就餐，每张套票可以便宜15元，但自行解决就餐问题。该旅行社和公园签订了租赁合同，合同期限为3年，3年后售货亭作为临时建筑将被拆除。经过1个月的试营业后，旅行社发现顾客大多数愿意在快餐亭里吃饭，因为既方便又节省时间，饭菜的质量也很让人满意，但是售货亭的窗口太小而且只有一个窗口，所以顾客不得不排起长队，有些顾客为此开始抱怨。为了解决这一问题，LX旅行社设计了4种不同的方案，试图增加销售量，从而增加利润。

方案一：改装售货亭，增加窗口。这一方案要求对现有售货亭进行大幅度改造，所以初始投资较多，但是因为增加了窗口可吸引更多的顾客，所以收入增加也会相应较多。

方案二：在现有的售货窗口的基础上更新设备，提高每份快餐的供应速度，缩短供应时间。

以上2个方案并不互相排斥，可以同时选择。但是，以下2个方案则要放弃现有的售货亭。

方案三：建造一个新的售货亭。此方案需要将现有的售货亭拆掉，在原来的地方建一个面积更大、售货窗口更多的新的售货亭。此方案的投资需求最大，预期增加的收入最多。

方案四：在公园内租一间更大的售货亭。此方案的初始支出是新售货亭的装修费用，以后每年的增量现金流出是当年的租金支出净额。

LX旅行社可用于这项投资的资金需要从银行借入，资金成本为15%，与各个方案有关的预计现金流量如下表所示。

4个方案的预计现金流量

方　　案	投资额	各预计现金流量		
		第一年	第二年	第三年
增加新的窗口	-75 000	44 000	44 000	44 000
更新现有设备	-50 000	23 000	23 000	23 000
建造新的售货亭	-125 000	70 000	70 000	70 000
租赁更大的售货亭	-10 000	12 000	13 000	14 000

【案例思考题】

（1）如果运用内含报酬率指标，LX旅行社应该选择哪个方案？

（2）如果运用净现值指标，LX旅行社应该选择哪个方案？

【本章推荐阅读书目】

1. 财务管理学．荆新，王化成，刘俊彦．中国人民大学出版社，2005.

2. 旅游企业财务管理．张玉凤．北京大学出版社，2006.

第 8 章

无形资产、长期待摊费用及其他资产管理

【本章概要】

本章对无形资产的概念、特点、运用、计价、摊销、转让和长期待摊费用的管理内容、商誉的特性等进行了阐述，重点对无形资产的管理内容、计价原则和计价方法以及无形资产的转让进行了讨论和分析。

【学习目标】

- 了解无形资产的特点；
- 了解无形资产的管理内容；
- 掌握无形资产的计价原则；
- 掌握无形资产的摊销方法以及转让的处理；
- 了解长期待摊费用的特点和摊销；
- 掌握商誉的管理内容。

【关键性术语】

无形资产概念、无形资产特点、无形资产计价和摊销、无形资产转让、长期待摊费用、商誉、特准储备物资、银行冻结存款。

【章首案例】

严格管理企业的无形资产

大华旅游公司为拓展经营范围，扩大经营规模，拟加盟国内某一连锁经营店。经协商，大华旅游公司与连锁经营总店签订合同，并支付加盟费1000万元，才能在该地区从事该连锁经营业务，才能使用该连锁经营店的店名、商标和技术秘密等。大华旅游公司支付的1000万元加盟费，作为该公司的无形资产入账，相当于购买了该连锁经营店在该地区的特许经营权。

8.1 无形资产的管理

8.1.1 无形资产的概念及其特点

无形资产是指企业长期使用而没有实物形态，却可使拥有者获得长期收益的资产。它包括专利权、商标权、著作权、土地使用权、非专利技术等。无形资产具有以下特点。

(1) 没有实物形态

无形资产是不具有实物形态的非货币性资产，它不像固定资产、存货等资产那样具有实物形态。

(2) 具有可辨认性

资产满足下列条件之一的，即符合无形资产定义中的可辨认性标准。

其一，能够从企业中分离或者划分出来，并能单独或者与相关合同、资产或负债一起，用于出售、转移、授予许可、租赁或者交换。

其二，源自合同性权利或其他法定权利，无论这些权力是否可以从企业或其他权利和义务中转移或者分离。

商誉的存在无法与企业自身分离，不具有可辨认性，不是无形资产。

(3) 属于非货币性长期资产

无形资产属于非货币性资产，且能够长期使用，为企业带来经济效益。无形资产的使用年限在1年以上，其价值将在各个收益期间逐渐摊销。

8.1.2 无形资产的内容

(1) 专利权

专利权是指由政府按法律程序，授予发明人在一定时间内专造或专卖发明创造成果的一种特权，包括发明专利、实用新型专利和外观设计专利。

(2) 商标权

商标权是商标所有人对商标依法注册而取得的专用权。商标是指用各种文字或图案标注在商品或商品包装上的标记。它是用来代表商品质量、特点和生产经营者的标志，是联系企业和消费者的纽带。

(3) 著作权

著作权又称为版权，指作者对其创作的文学、文字和艺术作品依法享有的某种特殊权利。著作权包括两方面的权利，即精神权利（人身权利）和经济权利（财产权利）。前者指作品署名、发表作品、确认作者身份、保护作品的完整性、修改已经发表的作品等各项权利，包括发表权、署名权、修改权和保护作品完整权；后者指以出版、表演、广播、展览、录制唱片、摄制影片等方式使用作品以及因授权他人使用作品而获得经济利益的权利。

(4) 土地使用权

土地使用权是指旅游企业征用国家土地，支付有关费用后而取得的使用权利。土地使用权是一种租赁权，因为我国城市土地归国家所有，企业单位占用土地只有土地使用权，没有所有权。与专利权等无形资产不同，企业取得土地使用权，通常应当按照取得时所支付的价款及相关税费确认为无形资产。土地使用权用于自行开发建造厂房等地上建筑物时，土地使用权的账面价值不与地上建筑物合并计算其成本，而仍作为无形资产进行核算。但是，如果房地产开发企业取得的土地使用权用于建造对外出售的房屋建筑物的，其相关的土地使用权的价值应当计入所建造的房屋建筑物成本。

企业外购房屋建筑物所支付的价款中包括土地使用权以及建筑物价值的，则应当对实际支付的价款按照合理的方法（例如，公允价值相对比例）在土地使用权和地上建筑物之间进行分配；如果确实无法在土地使用权和地上建筑物之间进行合理分配的，应当全部作为固定资产，按照固定资产确认和计量的原则进行处理。

（5）非专利技术

非专利技术也称技术秘密或技术诀窍，它是指持有人未申请、未公开的先进技术和制造方法。主要包括：一是工业专有技术，即在生产上已经采用，仅限于少数人知道的；二是商业（贸易）专有技术，即具有保密性质的市场情报、原材料价格情报以及用户、竞争对象的情况和有关知识；三是管理专有技术，即生产组织的经营方式、管理方式、培训职工的方法等保密知识。非专有技术权并不是专利法的保护对象，专有技术所有人依靠自我保密的方式来维持其独占权，可以用于转让和投资。

（6）特许权

特许权又称经营特许权、专营权，指企业在某一地区经营或销售某种特定商品的权利或是一家企业接受另一家企业使用其商标、商号、技术秘密等的权利。前者一般是指政府机关授权、准许企业使用或在一定地区享有经营某种业务的特许权，例如，水、电、邮电通信等专营权、烟草专卖权等；后者指企业间依照签订的合同，有限期或无限期使用另一家企业的某些权力，如连锁店分店使用总店的名称等。

8.1.3 无形资产的运用

旅游企业对于无形资产的运用大体上包括自用、出售、出租和对外投资。

自用 是企业将无形资产用于服务经营。

出售 是企业将无形资产的所有权转让给他人（包括单位和个人）。

出租 是企业通过签署合同，许可他人（包括单位和个人）使用无形资产。租出之后，除了合同另有约定的以外，企业仍然可以继续使用该项无形资产，继续向其他人出租该项无形资产。这是无形资产出租与其他类型的资产出租的一个区别。

对外投资 是企业以无形资产作为对其他单位的投资。投出之后，除了合同另有约定的以外，企业仍然可以继续使用该项无形资产，继续以该项无形资产向其他人投资。这是以无形资产对外投资与以其他类型的资产对外投资的一个区别。

8.1.4 无形资产的计价

无形资产虽然没有物质实体，但它往往有很高的经济价值，而这种价值又有很大的不确定性，因此，对无形资产进行正确的估价，以价值形式对无形资产实施管理具有重要作用。无形资产计价的基本原则是以实际成本计价，同时又要考虑相关因素对无形资产价值的影响，如使用无形资产给企业带来的社会效益、经济效益，以及无形资产的使用寿命和技术复杂程度等，这些因素在无形资产计价时都要予以考虑。

8.1.4.1 无形资产的计价原则

无形资产的计价原则是按照取得无形资产的实际成本作为入账价值。

8.1.4.2 无形资产的计价方法

（1）自行研究开发的无形资产

企业内部研究开发项目所发生的支出应区分研究阶段支出和开发阶段支出。

研究阶段是探索性的，为进一步开发项目进行资料及相关方面的准备，已进行的研究活动将来是否会转入开发、开发后是否会形成无形资产等均具有较大的不确定性。所以，研究阶段发生的支出作为当期费用计入当期损益。相对于研究阶段而言，开发阶段应当是已经完成研究阶段的工作，在很大程度上具备了形成一项新产品或新技术的基本条件，所以，企业自行开发无形资产发生的开发支出，不满足资本化条件的，作为当期的费用；满足资本化条件的作为无形资产的成本入账。

企业对研究开发阶段的支出应当单独核算管理。比如，直接发生的研发人员的工资、材料费以及相关设备的折旧费等。同时从事多项研究开发活动的，所发生的支出应当按照合理的标准在各项研究开发活动之间进行分配；无法合理分配的，应当记入当期损益。

企业的非专利技术，有些是自己开发研制的，有些是根据合同规定从外部购入的。如果是企业自己开发研制的，应将符合开发支出资本化条件的支出确认为无形资产。对于从外部购入的非专利技术，应将实际发生的支出予以资本化，作为无形资产入账。

（2）外购的无形资产

外购无形资产按照实际支付的价款计价。包括买价、手续费、相关税费及直接归属于使该项资产达到预定用途所发生的其他支出。

（3）投资者投入的无形资产

投资者作为资本或合作条件投入的无形资产应按照投资合同或协议约定的价值确定，但是合同价格不公允的除外。

（4）接受捐赠的无形资产

接受捐赠的无形资产应按所附单据的金额入账。如果无法取得单据，参照同类无形资产的市场价计价。

上述无形资产在计价时，须具备相关的详细资料，包括所有证书复制件、作价的依据和标准等。

8.1.5 无形资产摊销

旅游企业无形资产计价入账后，应根据财务制度的规定，合理确定各项无形资产的有效使用年限，有利于正确地确定收益与费用的配比。无形资产从开始使用之日起，在有效期限内分期平均摊销，计入相关的资产成本或者当期费用。无形资产摊销一般采用直线法。

无形资产摊销时需要注意：由于无形资产没有物质实体，它的价值不会因为它的使用期限延长而变化，即它不像固定资产那样存在有形损耗。无形资产的价值损耗类似于固定资产的无形损耗。这些都要在无形资产摊销时予以充分考虑，以便在无形资产的有效期内，使其价值适时、合理地从营业收入中得到补偿。

（1）无形资产摊销期限的确定

旅游企业应当判断所使用无形资产使用期限是否确定。对使用期限确定的无形资产合理进行摊销；对于使用期限不确定的无形资产不予摊销。

第一，法律、合同和企业有关申请书中分别规定了有效期限和受益年限的，按照法定有效期限与合同或者企业申请书规定的受益年限孰短的原则确定。目前，法律规定有效期限的无形资产主要有：发明专利权为15年；实用新型和外观设计专利权为5年，自申请日起计算，期满前专利人可以申请延续3年，则仅当有证据表明企业续约不需要付出大额成本时，续约期才能够包括在使用寿命的估计中；注册的商标权有效期限为10年。

第二，法律无规定有效期限、合同或者申请书中规定有受益年限的，按照合同或者企业申请书规定的受益年限确定。

第三，法律和合同或者企业申请书均未规定法定有效期限和受益年限的，企业应当综合各方面的情况，来确定无形资产为企业带来未来经济利益的期限。如果经过努力仍无法确定无形资产为企业带来经济效益期限的，将其确定为使用寿命不确定的无形资产，不予摊销。

（2）无形资产的摊销方法

无形资产的摊销采用直线法，即将无形资产的价值按有效限期平均分摊，由各会计期间负担，摊销后直接冲减无形资产原值。其计算公式如下

$$\text{无形资产年摊销额}=\frac{\text{无形资产价值}}{\text{无形资产摊销期}}$$

$$\text{无形资产月摊销额}=\frac{\text{无形资产年摊销额}}{12}$$

例8-1 某旅游企业购入一项无形资产价值12万元，按规定有效期为10年，则

$$\text{无形资产年摊销额}=\frac{12}{10}=1.2$$

$$\text{无形资产月摊销额}=\frac{1.2}{12}=0.1$$

8.1.6 无形资产投资、使用的管理

在当前市场经济和对外开放的经济大潮中，重视无形资产的作用，加强无形资产投资、使用的管理，可以提高企业的竞争力，增加企业的经济效益。无形资产投资使用管理应注意以下几项内容。

（1）重视无形资产的投资

企业购建无形资产时，应进行充分的可行性分析论证，看其是否符合本企业需要，所投入的资金是否合理，能否给企业带来良好的经济效益和社会效益。同时企业要积极创立属于本企业的无形资产，如提高企业的知名度和竞争力，扩大客源，增加企业的营业收入。

（2）对无形资产实行归口分级管理

同固定资产的管理一样，根据无形资产的使用特点和管理要求，对无形资产按照其分类，划分给企业中各相关部门实行归口管理。各归口部门按照经济责任制原则，对所管理的无形资产实行分级管理。通过归口分级管理，形成责任共同体，并严格奖惩考核，使无形资产的使用管理能够真正给企业带来更大的效益。

（3）扩大无形资产利用效果

企业应积极利用现有的无形资产，充分挖掘其使用潜力。例如，对本企业自己创立的无形资产应珍惜爱护，使其发挥应有的作用；对本企业闲置不用的无形资产，可以考虑对其进行转让、销售或再投资，可以使无形资产得到充分利用；对正在使用中的无形资产要认真监控管理，积极组织相关业务经营活动的开展，

开拓销售市场，以提高无形资产的利用效果。

8.1.7 无形资产转让的管理

（1）无形资产转让方式

旅游企业根据业务经营的需要，按照国家的有关法律规定，可以将持有的无形资产进行转让。转让方式有2种：即转让所有权和转让使用权。

转让所有权 指企业将无形资产的所有权在国家法律允许的范围内，按照自己的利益与意愿，转让给其他单位或个人，放弃对它的专有性和控制权。转让后原有企业不得再使用和占有。

转让使用权 指企业将持有无形资产的使用权部分或全部转让出去，但企业仍保留对该项无形资产的所有权。受让企业应在法律和双方合同规定的范围内使用无形资产，也就是只有使用权，而无所有权。出让企业仍保留对该项无形资产的所有权，对其仍拥有占有、使用、收益、处置的权利。

（2）无形资产转让的管理

进行无形资产转让的管理应搞好以下几方面工作。

第一，当无形资产闲置或者当无形资产对本企业经营活动已逐渐失去其作用，或者当企业转让无形资产时以获取高额利润，并有利于本企业发展时，可以进行无形资产的转让。以使无形资产充分发挥其作用，并给企业带来良好的经济效益。

第二，在无形资产转让时，应严格依照国家的有关法律、法规，并按照财务制度的规定，权衡无形资产对本企业销售市场、长远发展，以及对受让企业的影响等多方面因素，选择合理的转让方式。

第三，无形资产的收入由于有一次性的、多次性的、长期性等形式，在处理方式上也应有所不同。如取得一次性收入，应作为企业营业收入的其他业务收入处理；取得多次性或长期收入的，应作为投资净收益处理；向专门从事技术研究开发的单位出售、转让技术成果取得的收入，应作为营业收入处理。

第四，无形资产转让方式由于有转让所有权与转让使用权2种，因此，其成本确定方法也不同。如转让无形资产所有权的，其转让成本应按无形资产摊余价值计价；转让无形资产使用权的，其转让成本应按履行出让合同规定义务时所发生的服务费用及相关费用计价。

8.2 长期待摊费用的管理

长期待摊费用是指企业已经支出，但摊销期限在1年以上（不含1年）的各项费用，包括固定资产大修理支出、租入固定资产的改良支出等。由本期负担的借款利息、租金等，不作为长期待摊费用处理。

8.2.1 长期待摊费用的种类

旅游企业的长期待摊费用，主要包括固定资产大修理支出、租入固定资产的改良支出等其他长期待摊费用。

第一，固定资产大修理支出，是指修理周期超过1年的大修理工程支出。

第二，租入固定资产的改良支出，是指对以经营租赁方式租入的固定资产进行的改装、改造发生的各项支出。

第三，其他长期待摊费用是指上述各类长期待摊费用以外的长期待摊费用。

8.2.2 长期待摊费用的摊销

（1）长期待摊费用的摊销原则

对于长期待摊费用，应当在费用项目的收益期限内分期平均摊销。

（2）长期待摊费用的摊销期限

- 对于固定资产大修理支出，应当在下一次大修理前平均摊销；
- 对于租入固定资产的改良支出，应当在租赁期限与租赁资产尚可使用年限两者孰短的期限内平均摊销；
- 对于其他长期待摊费用应当在收益期内平均摊销；
- 对于已经不能使以后会计期间受益的长期待摊费用项目，应当将该项目的尚未摊销的摊余价值全部转入当期损益。

8.3 其他资产的管理

8.3.1 商誉的管理

商誉是指旅游企业在经营、环境、产品或服务、信誉等方面具有的同行业无法比拟的优势，也是旅游企业盈利水平高于同行业的一种潜在能力。商誉是旅游企业形象的价值体现，是旅游企业因具有较高的经济效益、服务水准以及良好的信誉而形成的无形资产价值。

商誉作为与旅游企业整体有关的资产，不能单独存在，也不能与旅游企业的可辨认各种资产分开进行转让或出售。形成商誉的个别因素，不能用任何方式或公式进行单独计价，其价值只有在把旅游企业作为一个整体来对待时才能按总额加以确定。对于已确认的商誉，其未来利益可能和建立商誉过程中所发生的成本没有关系，商誉的存在未必有为建立商誉所发生的支出。

在财务会计中，商誉的计价方法很多，也很复杂。但由于它只是一个企业收购另一企业时才发生，因此商誉的价值可以按买者付给卖者的价款总额与买进的企业净资产总额之间的差额计算。

企业合并所形成的商誉，在每年年度终了进行减值测试。例如，包含商誉的资产组或者资产组组合可收回金额低于其账面价值的，确认为商誉的减值损失。减值损失金额应当先抵减分摊至资产组或者资产组组合中商誉的账面价值。

8.3.2 特准储备物资的管理

特准储备物资是指具有专门用途，而不参加旅游企业生产经营的，经国家批准而储备的特种物资。特准储备物资的专门用途一般是指国家为应付自然灾害和意外事故等特殊需要。由于特准储备物资是经国家批准储备的特种物资，因此旅游企业必须严格执行国家的有关规定，按质、足量地进行储备，并且要严格控制支出的范围，确保其用于应付特殊需要的管理要求。

8.3.3 银行冻结存款和冻结物资的管理

银行冻结存款和冻结物资是指被人民法院冻结的被执行人的银行存款和物资

等财产。旅游企业对银行冻结存款和冻结物资的管理，应严格执行人民法院的有关规定，不得提取或转移。要积极配合有关方面进行工作，认真履行责任义务，争取使企业的财产物资早日解冻，投入到企业的正常业务经营活动中去。

8.3.4 涉及诉讼中的财产管理

涉及诉讼中的财产主要是指被司法机关查封、扣押、冻结的财产。旅游企业对涉及诉讼中的财产管理，应严格按照司法机关的要求去做，决不能隐藏、转移、变卖、毁损诉讼中的财产，要积极配合司法机关工作，争取早日使问题得到解决，减少企业的损失。

【思考题】

1. 无形资产的特点有哪些？
2. 无形资产的摊销年限应当如何确定？摊销额如何计算？
3. 如何做好无形资产管理？
4. 长期待摊费用有哪些内容？如何进行管理和摊销？
5. 商誉有何特性？如何进行管理？

【经验性训练】

分析评价旅游企业无形资产的管理情况

【概述】

通过对旅游企业无形资产管理状况的分析评价，使每位同学认识到无形资产管理对企业的重大意义。

【步骤】

1. 将同学分为若干小组，每组推选小组长一名。
2. 指导教师负责提供实习企业无形资产管理的基本情况。
3. 每个小组分别对该企业无形资产的分类、计价、摊销、投资、使用和转让等情况进行分析评价。
4. 通过上述分析评价，每小组对该企业无形资产的管理情况提出意见和看法。
5. 指导老师对学生意见进行点评。

【案例分析】

无形资产和商誉使企业具有无限发展潜能

希尔顿创建了2个世界知名的饭店集团公司：希尔顿饭店公司和希尔顿国际饭店公司。希尔顿饭店公司又是历史上第一家在股票交易所上市的饭店公司，还成功地合并了由现代商业饭店之父埃尔斯沃思·斯塔特勒创建的斯塔特勒连锁饭店，这是饭店发展史上最大的一次合并。实践证明，希尔顿是一个成功的饭店管理专家。希尔顿对自己的成功经历做了如下的总结。

一旦我看中了某一家旧饭店，我总爱花钱替他整容一番。我相信我有能力发掘其内在美——其赚钱的潜能；否则，我就不会对“她”如此动情。但是，事实上我确实看重了其陪嫁物，不然的话，我是不会对“她”动心的。只有当确定了陪嫁物这一点后，我才进一步去追究“她”的背景、账目、地点和价钱。弄清楚了这些，我就奋力去追求，直到把“她”弄到手才罢休。

【案例思考题】

1. 希尔顿所说的“陪嫁物”，除了现有财产外，是否包括饭店的地理环境、信誉等同行业无法比拟的优势？

2. 你对希尔顿的这一成功经历有何感想？对你的事业发展有何启发？

【本章推荐阅读书目】

1. 旅游企业财务管理．徐虹，康晓梅．东北财经大学出版社，2007.
2. 旅游企业财务管理．张玉凤．北京大学出版社，2006.
3. 财务成本管理．中国注册会计师协会．经济科学出版社，2006.
4. 财务管理．戴书松．经济管理出版社，2006.
5. 财务管理高级教程．董正英，王静刚．科学出版社，2006.

第 9 章

旅游企业外汇管理

【本章概要】

本章主要介绍旅游企业外汇管理的概念、内容以及种类，认识外汇汇率的内容以及影响外汇的因素；同时介绍了旅游企业外汇业务管理和旅游企业风险管理。

【学习目标】

- 了解外汇、外汇汇率以及汇率制度等基本概念；
- 了解外汇业务管理的基本内容；
- 了解外汇风险管理的基本内容；
- 掌握外汇汇兑业务；
- 了解外汇风险的种类和外汇风险的识别；
- 了解规避外汇风险的对策。

【关键性术语】

外汇、外汇汇率、外汇业务、外汇汇兑、外汇风险。

【章首案例】

韩币在张家界流通

2005年9月6日，湖南省张家界市政府向外界公布：经国家外汇管理局批准，张家界在国内率先开办个人韩元现钞兑换业务，这标志着从即日起个人韩元现钞可在该市自由兑换，张家界也因此成为国内第一个单纯因旅游产业发展而获准外汇流通的城市。

现在韩国成了张家界入境游市场的第一大客源国，2004年张家界实现外汇收入134 964.12万元人民币，2005年1~6月，实现外汇收入12 529.89万美元，韩国游客成为支持张家界入境游市场的支柱性力量。随着韩国游客的增多，为方便消费，便直接将韩币现钞、韩币旅行支票流入到张家界当地商品和服务的提供者手中，并逐步形成韩币在张家界主要景区内“民间流通”的客观局面。

张家界开办个人韩元现钞双向兑换业务，将有利于规范外汇流通，有利于保护入境游客和市民的合法利益，方便游客，提升旅游服务形象，促进张家界旅游经济的发展。据悉，在业务开办的前两天时间里，中国银行张家界分行就收兑韩元现钞2600万元，折合人民币近20万元。

由于韩币是非自由兑换货币，因此它需要先兑换成美元再由美元兑换成人民币，为支付便捷，韩国游客通常以低于国际市场上人民币对韩币的比价，用韩币向商贩购买商品和服务。但这种流通促使大量韩币进入地下黑市，大量韩币“黄牛”趁机而入，严重扰乱了张家界旅游市场和外汇市场，危害了张家界入境旅游的健康有序发展。

9.1 旅游企业外汇管理概述

9.1.1 外汇的概念及其内容

(1) 外汇的概念

外汇是“国际汇兑”的简称，是以外国货币表示的可以用作国际清偿的支付手段和资产。它分为动态和静态2种含义。

外汇的动态含义是指将一个国家的货币转换为另一个国家的货币，用以国际支付和清偿国际间债权债务关系的国际性货币兑换行为。它是国际间汇兑（foreign exchange）的简称。比如，我国某进出口公司从美国进口一批机器设备，双方约定用美元支付，而我方公司只有人民币存款，为了解决支付问题，该公司用人民币向中国银行购买相应金额的美元汇票，寄给美国出口商，美国出口商收到汇票后，即可向当地银行兑取美元。这样一个过程就是国际汇兑，也就是外汇最原始的概念。

随着世界经济的发展，国际经济活动日益活跃，国际汇兑业务也越来越广泛，慢慢地“国际汇兑”由一个过程的概念演变为国际汇兑过程中国际支付手段这样一个静态概念。

外汇的静态含义是指以外国货币表示的用于国际结算的支付手段。这种支付手段包括以外币表示的信用工具和有价证券，例如，银行存款、商业汇票、银行汇票、银行支票、外国政府国库券及其长短期证券等。我们通常所说的外汇，就是静态含义的外汇。

(2) 外汇的内容

外汇的内容包括：① 外国货币，包括纸币、铸币；② 外币支付凭证，包括票据、银行存款凭证、邮政储蓄凭证等；③ 外币有价证券，包括政府债券、公司债券、股票等；④ 特别提款权、欧洲货币单位；⑤ 其他外汇资产，比如，股息、利息、债息、红利，等等。

总之，对于一般国家而言，一笔资产被认为是外汇，它应具备以下3个条件：① 以外币表示的国外资产。也就是说，用本国货币表示的信用工具和有价证券不能视为外汇。美元为国际支付中常用的货币，但对美国人来说，凡是用美元对外进行的收付都不算是动用了外汇。而只有对美国以外的人来说，美元才算是外汇。② 可以兑换成其他支付手段的外币资产。也就是说外国货币不一定是外汇。因为外汇必须具备可兑换性，一般来说，只有能自由兑换成其他国家的货币，同时能不受限制地存入该国商业银行的普通账户才算作外汇。例如，美元可以自由兑换成日元、英镑、欧元等其他货币，因而美元对其他国家的人来说是一种外汇；而我国人民币现在还不能自由兑换成其他种类的货币，所以我国人民币尽管对其他国家人来说也是一种外币，却不能称作是外汇。③ 在国际上能得到偿还的货币债权。空头支票、拒付的汇票等均不能视为外汇。因为如果是这样，国际汇兑的过程也就无法进行，同时在多边结算制度下，在国际上得不到偿还的债权显然不能用作本国对第三国债务的清偿。

9.1.2 外汇的种类

(1) 按外汇能否自由兑换分为自由外汇和记账外汇

自由外汇 是指不需要货币当局国批准，可以自由兑换成任何一种外国货币或用于第三国支付的外国货币及其支付手段。具有可自由兑换性的货币都是自由外汇，国际间债权债务的清偿主要使用自由外汇。自由外汇中使用最多的是美元、欧元、日元、英镑、法国法郎、澳大利亚元、加拿大元和瑞士法郎等。自由外汇在国际经济活动中被广泛使用，并可作为各国外汇储备资产。

记账外汇又称协定外汇 是指不经货币当局批准，就不能自由兑换成其他国货币或用于第三国支付的外汇。它是签有清算协定的国家之间，由于进出口贸易引起的债权债务不用现汇逐笔结算，而是通过当事国的中央银行账户相互冲销所使用的外汇。例如，我国对某些发展中国家的进出口贸易，为节约双方的自由外汇，就互相签订了双边支付协定，采用记账办理清算。协定规定双方计价结算的货币要用我国人民币，也可以用这些发展中国家的货币，还可用第三国货币或复合货币（如特别提款权）。记账外汇只是记账在双方指定银行账户上的外汇，不能兑换成其他货币，也不能对第三国进行支付。

(2) 按外汇的来源与用途分为贸易外汇和非贸易外汇

贸易外汇 也称实物贸易外汇，是指来源于或用于进出口贸易的外汇，即由于国际间的商品流通所形成的一种国际支付手段。一个国家输出商品，可能赚取外汇，输入商品是支付外汇。由这种商品进出口伴随着的大量的外汇收支，就是贸易外汇收支。对大多数国家或地区而言，贸易外汇收入是一个国家最主要的外汇来源，贸易外汇支出则是外汇的主要用途。

非贸易外汇 指由非贸易往来而引起收付的外汇。非贸易外汇的范围非常广，主要包括：侨汇、旅游、旅游商品、宾馆饭店、铁路、海运、航空、邮电、港口、海关、银行、保险、对外承包工程等方面的外汇收支，以及个人和团体（公派出国限于与贸易无关的团组）出国差旅费、图书、电影、邮票、外轮代理及服务所发生的外汇收支。

(3) 按外汇买卖交割期限分为即期外汇和远期外汇

交割，是指本币和外币所有者相互交换货币所有权的行为，也就是外汇买卖中外汇的实际收支活动。

即期外汇 又称现汇，指外汇买卖成交后即日收付或在2个营业日内办理交割的外汇。

远期外汇 又称期汇，是指买卖双方先按商定的汇价签订合同，并预约在未来某一天办理实际交割的外汇。

9.1.3 外汇的价值形态

(1) 外币存款

外币存款是指以可兑换货币表示的各种银行存款。从不同角度有不同的分类。① 按可兑换货币划分，有美元、英镑、瑞士法郎、日元以及欧元等存款。② 按存款对象划分，一般包括银行同业存款、国际金融机构存款和官方机构存款。③ 按是否可随时提取划分，有活期存款与定期外币存款。

(2) 外币支付凭证

外币支付凭证是指以可兑换货币表示的各种信用工具。国际上常见的有汇票、本票、支票和信用卡等。

汇票（bill of exchange 或 draft） 简称 B/E，是一种债权证书，是指由出票人签发的，要求付款人按照约定的期限对指定的收款人或持票人无条件支付一定金额的书面凭证。从以上定义可知，汇票是一种无条件支付的委托，有 4 个当事人：出票人、付款人、收款人和承兑人。

本票（promissory note） 是出票人对收款人承诺无条件支付一定金额的票据。凡规定有期限的本票，称为期票。本票出票时有 2 个当事人：出票人和收款人，出票人即为付款人，本票出票人始终是主债务人。

支票（cheque 或 check） 是指以银行为付款人的即期汇票，是银行存款人对银行签发的，授权银行对某人或其指定人或持票人即期无条件支付一定金额的书面命令。支票对于出票人来说，是一种债务凭证，对于持票人来说是一种债权凭证。支票涉及的当事人有 3 个：出票人、付款人和收款人。

信用卡（credit card） 是指银行或专门机构发给资信状况良好的顾客，用以提款或购买商品及办理其他事务，以避免携带大量现金的一种支付工具。其形式是一张正面印有发卡银行名称、有效期、号码、持卡人姓名等内容，背面有磁条、签名条的卡片。信用卡于 1915 年起源于美国，目前国际上最流行的信用卡有万事达卡（Master Card）、威士卡（Visa Card）等。

(3) 外币有价证券

外币有价证券是指以可兑换货币表示的持有者用以表明财产所有权或债券的凭证，其基本形式有股票、债券和可转让存款单等。

股票（stock 或 share） 是指投资者拥有股份企业一定比例财产的所有权证书。它是一种长期投资证券。没有期限，可出售、转让和收回现金。

债券（bond） 是投资者持有的具有一定票面金额的债权凭证。债券持有者到期可按债权有关规定向借款人或发券人收回本金并取得利息。债券对发券人来说是一种负债，对于持券人来说，则是一种债权。

可转让存款单（transferable certificate of deposit） 是指可在票据市场上流通转让的定期存款凭证。存款面额较大，对持有人来说是一种债权，对于发行银行来说是一种负债。

(4) 外币现钞和其他外币资金

外币现钞简称外钞，指以可兑换货币表示的货币现钞。

其他外币资金包括：① 在国外的各种投资及收益；② 各种外汇收款及利息收入；③ 在国际货币基金组织（IMF）的储备头寸；④ 国际结算中发生的各项外汇应收款项等；⑤ 国际金融市场借款、国际金融组织借款、同业拆入及国际结算中对外应付外汇款。

9.1.4 外汇汇率及其内容

9.1.4.1 外汇汇率的概念

外汇汇率也叫外汇牌价，是指用一个国家的货币单位来表示另一个国家货币单位的价格，或指两国货币之间的比价。用公式表示为：

汇率 = A 货币/B 货币或者汇率 = B 货币/A 货币

由于在国际债权结算中必然要发生两国货币兑换，即外汇买卖，因此必须有一定的价格作为买卖的依据。

9.1.4.2 汇率的标价方法

确定2种不同货币之间的比价，先要确定用哪个国家的货币作为标准。无论是以外国货币表示本国货币的价格，还是以本国货币表示外国货币的价格，这就涉及汇率的标价方法问题。国际上有2种标价方法：直接标价法、间接标价法。

（1）直接标价法

直接标价法（direct quotation）又称本币标价法，指以一定单位的外国货币作为标准折算成若干单位的本国货币。如中国证券市场上1美元 =7.8元人民币，属于直接标价法。在这种标价法下，外币的数量固定不变，折合本币的数量则随着外币币值的变化而变化；汇率的涨跌都以本币数额的变化来表示。如果一定单位的外币折算成本币的数额比原来多，则说明外汇汇率上升，本币汇率下跌。在这种方式下，外汇汇率的涨落与本币标价额的增减是一致的，更准确地说，本币标价额的增减"直接"地表现了外汇汇率的涨跌。我国即采用直接标价法。

（2）间接标价法

间接标价法（indirect quotation）又称外币标价法，指以一定单位的本国货币作为标准，折算成若干单位外币的一种汇率表示方法。世界上只有英国实行间接标价法。美国于1978年9月1日起也改用间接标价法。例如，英国伦敦外汇市场标价1英镑 =1.6545美元，属于间接标价法。在这种标价法下，本币的数量固定不变，折合成外币的数额则随着本币和外币币值的变动而变动。汇率的涨跌都以相对的外币数额的变化来表示。如果一定单位的本币折成外币的数量比原来多，则说明本币汇率上升，外币汇率下跌。

9.1.4.3 汇率制度

汇率制度是指一个国家对本币与外币的比价所做的安排与规定。安排的情况与规定的内容不同，就有不同的汇率制度。

（1）固定汇率制度

固定汇率制度是指因某种限制而在一定的幅度之内进行波动的汇率。该汇率在规定幅度内具有相对稳定性。在不同的货币制度下具有不同的固定汇率制度。

金本位制度下的固定汇率制度特点 ①黄金成为两国汇率决定的实在的物质基础；②汇率仅在铸币平价的上下各0.6%左右波动，幅度很小；③汇率的稳定是自动而非依赖人为的措施来维持。

布雷顿森林体系下的固定汇率制度 布雷顿森林体系（1945—1973年）是第二次世界大战后通过国际间的协议《布雷顿森林协定》，人为建立的一种以"黄金—美元本位制"为核心的国际货币制度。该体系的汇率制度安排，是钉住型的汇率制度。基本内容：①实行"双挂钩"，即美元与黄金挂钩，其他各国货币与美元挂钩。②在"双挂钩"的基础上，《国际货币基金协会》规定，各国货币对美元的汇率一般只能在汇率平价 ±1%的范围内波动，各国必须同IMF合作，并采取适当的措施保证汇率的波动不超过该界限。

由于这种汇率制度实行"双挂钩"，波幅很小，且可适当调整，因此该制度也称以美元为中心的固定汇率制，或可调整的钉住汇率制度。其特点为：① 汇率的决定基础是黄金平价，但货币的发行与黄金无关；② 波动幅度小，但仍超过了黄金输送点所规定的上下限；③ 汇率不具备自动稳定机制，汇率的波动与波幅需要人为的政策来维持；④ 央行通过间接手段而非直接管制方式来稳定汇率；⑤ 只要有必要，汇率平价和汇率波动的界限可以改变，但变动幅度有限。

从20世纪50年代开始，随着美国经济竞争力逐渐削弱，美元贬值，到1971年，美元不再成为各国货币的中心。这标志着布雷顿森林体系的基础已丧失，该体系终于完全崩溃。

固定汇率制度有一定的缺点：容易遭到国际游资的冲击，政府为维持本币汇率，可能引起黄金外汇储备的大量流失，甚至枯竭。

(2) 浮动汇率制度

浮动汇率制度是指各国货币之间的汇率波动不受限制，主要根据市场供求关系自由涨落。外币供过于求，意味着外币贬值，表现为外币汇率下降；外币供不应求，意味着外币升值，表现为外币汇率上浮。

浮动汇率制度也有一定的缺点：汇率的自由升降虽可阻挡国际游资的冲击，但因汇率波动过于频繁，助长了国际投机，增加了国际贸易国际投资的风险，不利于国际经济发展。

9.1.4.4 汇率的种类

(1) 按汇率制定方法分为基本汇率与套算汇率

基本汇率 是指一国货币对某一关键货币的汇率，是本国货币确定汇率的依据。所谓关键货币，是指在一国国际收支中使用最多的、在外汇储备中占比重最大的，同时又是可以自由兑换或被国际社会普遍接受的货币。目前世界各国一般都把美元当作关键货币。

套算汇率 又称交叉汇率，是指2种货币的汇率以第三种货币为中介，间接推算出来的汇率。在实际工作中，套算汇率是用基本汇率具体计算出来的。

例9-1 某日，我国人民币对美元汇价（中间价）为1美元等于7.6元人民币，英镑对美元的汇率为1英镑等于1.65美元，在计算我国人民币对英镑的汇率时，就可以用美元对人民币、美元与英镑的汇率进行套算，其计算方法是

$$1\text{ 英镑} = 1.65 \times 7.6 = 12.54\text{ 元人民币。}$$

(2) 按银行买卖外汇的角度分为买入汇率、卖出汇率、中间汇率

买入汇率 也称买入价，是指银行向同业或客户买入外汇时所使用的汇率。买入价的判断分2种情况：采用直接标价法时，外币折合本币较少的那个汇率即为买入价；采用间接标价法时，本币折合外币较多的那个汇率即为买入价。

卖出汇率 又称卖出价，是指银行向同业或客户卖出外汇时所使用的汇率。卖出价的判断也分2种情况：在直接标价法下，外币折合本币较多的那个汇率即为卖出价；在间接标价法下，本币折合外币数额较少的那个汇率即为卖出价。

中间汇率 又称中间价，是买入价与卖出价的平均数。在进行外汇业务核算时所采用的记账记录一般就是汇率中间价。

中间汇率的计算公式为

$$\text{中间汇率} = (\text{买入价} + \text{卖出价})/2$$

例9-2 某日银行公布的外汇牌价为：

银行买入价为： 1美元=7.68元人民币

银行卖出价为： 1美元=7.71元人民币

则外汇牌价中间价为：

1美元=(7.68+7.71)/2=7.695元人民币

(3) 按外汇管理的宽严程度分为官方汇率与市场汇率

官方汇率 是指国家机构确定、调整和公布的汇率，一切外汇交易都必须以这一汇率为准。

市场汇率 是指在外汇市场上进行外汇买卖的实际汇率。其特点是汇率随外汇供求变化而波动。对不实行外汇管制或外汇管制较松的国家来说，市场汇率是这些国家的实际汇率，官方汇率只起着中心汇率的作用。

9.1.5 影响外汇汇率的主要因素

9.1.5.1 经济因素

(1) 国际收支状况

国际收支是一国一定时期内对外经济活动的综合反映，其状况好坏直接影响到外汇市场的供求关系，从而在很大程度上决定了汇率的基本走势和实际水平。一般而言，当一国的国际收支为顺差，本国货币的对外价值就会上升，外汇汇率就会下降；反之，外汇汇率就会上升。

(2) 物价水平

国内物价上涨，货币就会对内贬值，使出口商品以外币表示的国际市场价格上涨，起到限制出口、扩大进口的作用，增加对外币的需求，引起本币的对外价值下跌和外汇汇率上涨。

(3) 财政收支状况

一国财政收支状况如何，对该国货币汇率的变化也会产生很大的影响。当一国发生财政赤字后，如果采用紧缩性的财政政策，会降低国内居民可支配的收入，抑制投资与消费，降低物价，促进出口，推动本国货币汇率上升。如果采用扩张性的财政政策，增发货币，其结果必然会导致通货膨胀的发生，最终可能会导致该国货币汇率的持续下跌。

(4) 国际资本流动

如果资本大量流入，一方面会使该国的外汇供应相对增加，另一方面也增加了对本币的需求，外汇的相对充足和本币需求的增长会促使该国货币对外汇汇率的上升，而外汇汇率下降。如果资本大量输出，一方面使该国的外汇供应相对减少，另一方面减少了对本币的需求，外汇的相对减少和本币需求的减少会促使该国货币对外汇汇率下降，而外汇汇率上升。

9.1.5.2 非经济因素

(1) 利率政策

在国际金融市场中，一国银行利率的升降，必将影响国内资本和国际资本的流向，一些国家政府为了使本国货币汇率朝着有利于本国经济的方向发展，往往以银行利率的升降来引导或控制资本的流入或流出。如果一国的利率水平相对降低，会直接引起国内短期资本流出，同时也抑制国际资本流入，从而减少对该国货币的需求，其效应将是促使本币汇率下降或制止本币汇率不断上升。例如，瑞士为防止瑞士法郎汇率不断上升，曾经对外币存款采取不付利息或倒收费用的做法，以限制外资的大量流入，防止通货膨胀的发展和对本币升值的压力。当利率上升时，国际资本呈流入趋向，同时也抑制国内资本外流，其效应将促使本币汇率上升。例如，美国政府为了阻止美元汇率不断下跌的局面，从 1979 年 4 月以后的一段时间，一直采取高利率政策，使美元汇率一反常态，成为国际金融领域比较坚挺的货币。其他西方国家为避免本币汇率下跌和排除美元高利率的影响，也不得不相继提高利率，从而导致国际金融领域整个利率水平居高不下。

(2) 汇率政策

现在各国主要运用外汇复汇率制度，主动调整汇率，达到管理目的。所谓复汇率制度是指一国货币对外币的汇率规定 2 个或 2 个以上汇率制度。这种管理通常有 3 种手段：① 多重的官方汇率，从汇率的高低来体现对进出口商品或外汇收支使用的鼓励或抑制政策。② 按官方汇率结汇并附发外汇额度证明，可按结汇金额数开证，或是按规定留成数开证。凭此证明可用官方汇率办理下次用汇，以资鼓励。并允许将此证明在结汇市场或外汇管理机构按自由汇率出售，购入此证明的应按规定使用。③ 采用双重汇率，即官方汇率和自由汇率。规定每一项目按官方汇率与自由汇率结汇用汇的比重，或是允许某些项目的一部分或全部可在自由市场按自由汇率购销。利用自由汇价高于官方汇价，达到“奖出限入”和改善外汇收支状况的目的。

(3) 外汇干预政策

各国中央银行为维护经济的稳定，避免因汇率过分波动对经济的不良影响，往往对外汇市场进行干预，通常中央银行干预外汇市场的措施有 4 种：① 直接在市场上买卖外汇；② 调整国内财政、货币政策；③ 在国际范围公开发表导向性言论来影响市场心理；④ 与国际金融组织和有关国家配合和联合，进行直接和间接干预。

(4) 货币的法定升值、法定贬值

所谓法定升值是指一国金融当局决定或国际会议决议增加本国货币的含金量，提高本国货币对外国货币的汇率，例如，1969 年前联邦德国政府宣布马克的含金量由 0.222 168 g 纯金提高到 0.242 806 g 纯金，从而使马克对美元的汇率提高，即由 1 美元兑换 4 马克提高到 1 美元兑换 3.66 马克。一般来说，一国货币法定升值通常是在国内经济发展较快，国际收支情况良好，特别是贸易顺差较大时，在国际的压力下不得不进行的。

所谓货币的法定贬值是指一国金融当局为调整其对外汇率的基准，用法律明文规定降低本国货币的含金量，提高外币汇率。例如，美国政府曾分别在 1971 年 12 月和 1973 年 2 月两度降低美元的对外价值，一次降低 7.89%，一次 10%，使得黄金的美元官方价格由 1 盎司 35 美元上升到 1 盎司 38 美元，后来又上升到 42.22 美元。一国实行货币法定贬值，通常是在该国经济状况不好、出口贸易特别困难，贸易逆差严重、国际收支危机和失业问题比较严重的情况下采取的一项措施。货币的法定贬值意味着货币含金量的降低和黄金官价的相对上升，也表示本币汇率的下降和外汇汇率的上升。

(5) 政治因素

政治因素是影响汇率变动的一个不可忽视的因素。如果全球形势趋于紧张，则会导致外汇市场的不稳定，一些货币的非正常流入或流出将发生，最后可能的结果是汇率的大幅波动。政治形势的稳定与否关系着货币的稳定与否，通常意义上，一国的政治形势越稳定，则该国的货币越稳定。政治因素对汇率的影响我们可以通过一些实例加以说明。例如，1987 年年底，由于美元的持续贬值，为了维持美元汇率的基本稳定，1987 年 12 月 23 日西方七国财政部部长和中央银行总裁发表联合声明，并于 1988 年 1 月 4 日开始在外汇市场实施大规模的联合干预行动，大量抛售日元和德国马克，购进美元，从而使美元汇率回升，维持了美元汇率的基本稳定。还比如在科索沃战争期间，连续 3 个月，欧元兑美元的汇率累计下跌了 10%，原因之一便是科索沃战局对欧元形成下浮压力。

9.2 旅游企业外汇业务管理

旅游企业外汇业务管理包括外汇收支管理、外币业务管理、日常外币收支业务管理和外币兑换管理等。

9.2.1 外汇收支的内容

旅游企业进行财务管理一定要重视外汇收支管理，以便有效地避免外汇风险，提高经济效益，而且外汇收支也是企业财务收支的重要内容之一。

（1）外汇收入一般内容

出口收汇　也称贸易收汇，是指生产企业出口产品、外贸企业出口商品所获得的外汇收入。

贸易从属费用收汇　指企业在从事进口贸易中所收取的佣金、回扣等外汇收入。

技术转让收汇　是指企业对国外进行技术转让所获得的外汇收入。

非贸易营运收汇　是指交通运输、邮电、旅游、保险等行业对外提供服务所获得的外汇收入。

购入外汇　指企业在外汇市场上购买的外汇。

投入资本外汇　指投资者作为资本投入企业的外汇，例如，合资企业和合作企业各方投资中的现汇部分，股份制企业发行股票向境外投资者筹集的外汇。

借入外汇　指企业从国外和国内银行等金融机构借入的外汇，或在境外发行债券所筹集的外汇。

境外投资外汇收入　指企业在国外进行直接投资或间接投资所获得的利润、利息等收入。

境外投资本金的收回　指企业在国外投资经过一定时间后收回的本金。

外汇暂收款　指企业暂时的外汇收入，主要包括外汇预收款项等。

其他　指以上各项目之外的外汇收入。如外汇存款的利息收入、接受其他单位或个人捐赠的外汇等。

（2）外汇支出一般内容

进口付汇　也称贸易付汇，是指生产企业进口原材料、设备、零部件等，外贸企业进口各种商品所需支付的外汇。

贸易从属费用付汇　指企业从事对外贸易，除贷款以外必须支付的其他外汇费用。

技术引进付汇　指企业从国外引进先进技术所需支付的外汇。

非贸易付汇　指企业有偿使用有关单位和个人的劳务所需支付的外汇。例如，企业支付给职工的外汇工资、奖金和津贴，以及管理费中的外汇支出。

出售外汇　指企业在外汇市场卖出外汇。

境外投资外汇支出　指企业向境外投资而需汇出的外汇。

还本付息用汇　指企业外汇借款和外币债券定期还本付息需要支付的外汇。

分配外汇利润　指企业分配给投资者的利润以外汇支付的部分。

外国投资者收回资本　指企业的外国投资者因减资、收回投资等发生的外汇支出。

外汇暂付款　指企业暂时的外汇支出，如外汇预付款、用于抵押贷款的外汇支出等。

其他　指以上各项目之外的外汇支出。

为了加强旅游企业外汇收支管理，防范外汇风险，旅游企业必须坚持做到以下几点：① 严格遵守国家外汇管理法规；② 实施外汇收支计划管理，编制外汇收支计划；③ 建立外汇收支分管责任制，做好外汇收支的日常调度工作；④ 定期对外汇收支进行检查分析。

9.2.2 外币业务管理

(1) 外币业务

外币业务是指以记账本位币以外的货币进行的款项收付、往来结算等业务。外币业务不同于人民币业务，其业务结算以外币支付。旅游企业在核算外币业务时，应当设置相应的外币账户。外币账户包括外币现金、外币银行存款、以外币结算的债权和债务，应当与非外币的各项相同账户分别设置，并分别核算。

随着我国市场经济的发展，我国的旅游业也迅猛发展，现在不仅国外投资者向我国国内旅游饮食服务企业投资要发生外币业务，而且我国国内旅游饮食服务企业亦将进入国际市场并参与竞争，也将发生外币业务，其他方面的外币业务也将随着国际经济往来的增加而增加。因此旅游企业，特别是那些正在接待海外旅游者的旅游企业，以及中外合资、合作、外资旅游企业，必须正确了解并有效利用外汇市场机制，及时掌握信息，利用有利汇率，运用有效形式，进行跨国度的资金调度和业务活动经营。尽可能为企业减少外汇风险和汇兑损失，正确进行汇兑损失的财务处理，并防止外币资金流失，确保外币资金安全。

(2) 外汇收支预算管理

外汇收支预算是以收支平衡表的形式，对企业预算期内外汇收支总量及分项指标进行控制的方法。它既是企业进行外汇管理的依据，又是保证企业外汇收支平衡的重要手段。旅游企业经营具有季节性特点，因此除了要编制年度外汇收支计划外，还应根据经营活动中各季、各月的具体情况，编制季度、月份的外汇收支预算，并且使之成为企业全面预算的重要组成部分。企业外汇收支预算表的格式和内容见表9－1。

表9－1　旅游企业外汇收支预算

收入项目	金　额	支出项目	金　额
1. 产品出口销售收入 2. 补偿贸易收入 3. 借入外汇资金 4. 外汇结算资金收入 外汇资金收入合计 加：期初结余		1. 进口用汇支出 2. 外方人员工资支出 3. 偿还外汇借款本息 4. 外汇结算资金支出 外汇资金支出合计 加：期末结余	
总　计		总　计	

企业外汇收支预算表采用平衡表格式，左方反映各项外汇收入，右方反映各项外汇支出，其平衡关系用公式表示为：

期初结余 + 外汇资金收入合计 = 外汇资金支出合计 + 期末余额

我国外汇管理规定，外币在中国境内禁止流通使用，只能售给规定的银行；企业使用外币，可按规定持有关凭证到指定银行办理兑付。因此，为便于企业使用外币，同时搞好外币资金控制，企业必须做好外汇收支预算管理。外汇收支预算的编制工作，通常应由企业财务部门和其他有关职能部门结合起来进行，先由企业财务部门根据有关资料对预算期的外汇收支进行预测，然后对各有关部门下达外汇收支的控制指标，再由各职能部门提出自己的外汇收支方案，最后交由财务部门审核，汇总平衡，编制预算草案，经总经理批准后执行。

外汇收支预算必须认真贯彻实施。首先，实行指标分管制度，要求各部门拟订完善的创汇节支措施，并认真做到、严格考核。其次，建立健全外汇收支审批制度，每笔外汇支出都应审批，用汇单位应填写用汇申请单，限额以内的由财务部经理和总会计师审核签字，超过财务部经理和总会计师审批限额的支出，由总经理审批签字，并要考查用汇效果。第三，建立外汇收支检查分析制度，并且按期编制外汇收支统计报表，将外汇收支的实际数与预算数进行对比，考核预算的完成情况。分析未完成预算的原因，并针对问题采取措施。旅游企业应按国家外汇管理机关要求，提供有关外汇收支情况的报表。

（3）日常外币收支业务管理

旅游企业的日常外币收支业务管理，要做好以下工作：① 企业发生外币业务时应当将有关外币金额折合为记账本位币金额记账。外币交易应当在初始确认时，采用交易发生日的即期汇率将外币金额折算为记账本位币金额；也可以采用按照系统合理的方法确定的、与交易发生日即期汇率近似的汇率折算。② 每天营业收入的管理。外币收款员必须将每天的营业收入详细记录在营业收入日报表中，连同收费单据一并交出纳入库。外币现金必须当天送存银行，外汇转账凭证从收到凭证的第二天就委托银行转账。外币的收支必须通过银行办理，不得坐支。③ 宾客结付账单的管理。宾客以外币结付账单，一律按当日中国银行兑换现钞的汇率折算人民币，严禁擅自变更汇率币值，也不得采取取整舍零折算人民币的做法；宾客以企业受理的银行信用卡签付账单者，一律按账单实际金额填列“认购单”，并让客人签付，不另收手续费。④ 外币使用要编制计划。除商品、食品原材料外，一切物料、包装、备用品、设备、工具、零配件、燃料、能源使用外币，必须经财务部审查，报总经理审批；凡用外币购进的商品、原材料、备用品、工具、零配件等，必须按经批准的外汇收支计划进行，特殊情况需要的，也必须由部门经理提出申请，经总经理批准。⑤ 结算办法的有关问题。对国内外业务单位外币的结算办法，必须经双方协商以合同或协议的形式加以肯定和约束。凡与国外私人及股份单位联合成立的旅游企业订立业务合同时，除摸清信誉和偿付能力外，还必须事先在企业银行账户内预存一次业务往来所需费用，作为每次业务的结算资金。⑥ 负责外币结算工作人员应注意的事项。必须及时把对外结算单证按合同或协议办理结算，并在委托银行结算后的第六天（国外业务单位在委托银行的第十天）核对是否收妥，凡在上述时间内未接到银行收款通知单的，应即刻通知销售部或饮食部协助办理催收，同时向财务负责人报告。

(4) 外币兑换管理

在中华人民共和国境内，禁止外币流通，并不得以外币计价结算。旅游企业为了方便游客在中国旅游开支，受有权经营外汇的银行委托，按照外汇牌价，开展外汇兑换业务。每天兑换业务终了，应分别汇总定期结算。

外币兑换范围 外币兑换业务的品种限于可自由兑换货币的现钞及旅行支票，办理外币兑换业务限于境内居民个人及非居民个人用外币和外币旅行支票兑换人民币的单方面兑换业务。非居民个人若将在旅游企业兑换所得的人民币兑回外币，需到为其办理外币兑换业务的代兑机构的授权银行办理，兑回金额不得超过原兑换的外币金额。兑回有效期为自兑换之日起 6 个月内。居民个人不得办理兑回业务。

外币兑换业务须单独核算 允许办理外币兑换业务的企业，在发生外币兑换业务时，须单独核算。

办理外币兑换业务单证的规定 办理外币兑换业务必须使用外币兑换水单，不得以其他单证代替外币兑换水单。外币兑换水单需记载以下内容：客户姓名、客户国籍、证件种类及号码、兑换日期、外币币种、外币和人民币金额、外汇牌价等。留存的外币兑换水单应当经客户签名和经办人员盖章确认。使用外币兑换水单应当套写，一式不得少于三联，一联交客户留存，一联送授权银行留存，一联由旅游企业留存做账使用。授权银行和旅游企业须保留外币兑换水单 5 年备查。旅游企业在办理境内居民个人外币兑换人民币业务时，应在外币兑换水单上加注“不得办理兑回业务”字样。

库存限额的规定 旅游企业应当遵守授权银行制定的收兑外币的保管、上缴、库存限额的管理制度。办理外币兑换业务的外币库存限额，由其授权银行核定，原则上在每个营业日终了时不得超过等值 1 万美元。

实行挂牌经营 办理外币兑换业务时，必须在其营业场所的显著位置悬挂“某某银行（授权银行名称）外币代兑机构”铭牌。铭牌样式由授权银行负责规范。

外币兑换牌价 外币代兑机构应当按照授权银行制定的外币兑换牌价管理规定办理外币兑换业务，并在其营业场所的显著位置公布外币兑换牌价。

9.3 旅游企业外汇风险管理

9.3.1 外汇风险的概念

外汇风险是指由于汇率的变化以及交易者到期违约和外国政府实行外汇管制等给外汇交易者和外汇持有者带来经济损失的可能性。

构成外汇风险的基本要素有 3 个：本币、外币和时间。

9.3.2 外汇风险的种类

根据外汇风险的表现形式，可以划分为 3 类，即外汇交易风险、会计折算风险、经济风险。

(1) 交易风险

交易风险是指一个经济实体在以外币计价的交易活动中，由于汇率波动而引起应收账款和应付账款的实际价值发生变化的不确定性。

商品或劳务进出口贸易风险 这种风险是指在商品进出口交易成立时，按照国际通行的延期付款所形成的债权债务，由于汇率发生变化，在清算交割时可能导致的风险。在对外贸易中，用何种货币计价需由买卖双方协商决定。我国的出口交易大都以美元结算，而进口又往往采用出口国货币计价，进出口结算货币相脱节。同时，以延期支付货款为条件的进出口贸易业务，是现行的国际信用制度常用的手段。一般实际支付货款会在3个月后，在此期间极有可能带来进出口贸易风险。比如，我国一家旅游公司从日本进口一批商品，双方议定以后以日元结算，价款10亿日元。成交时的汇率1美元=149.25日元，若我方以美元偿付，货款折合670万（1 000 000 000/149.25）美元。半年后，由于汇率变动，1美元=105.26日元。出于原先议定用日元计价，我方仍需交足10亿日元，这就需要支付950万（1 000 000 000/105.26）美元，损失了280万（950万－670万）美元，占应付外汇货款的41.79%。

外币借、贷款风险 这种风险是指企业与银行、金融机构之间因外币借款、贷款形成的债权债务，在尚未清偿前，因汇率变动的不确定性可能导致的风险。例如，我国某旅游企业贷款1000万美元引进某一先进旅游设施，（当时汇率为1美元=8.4元人民币）合8400万元。还款时，汇率变动为1美元=8.5元人民币，设施价款折算人民币8500万元，该企业要损失人民币100万元。

尚未履行的远期外汇合约风险 由于期汇合同是签约双方约定按签约时的远期汇率，在未来的某一天进行交割外汇买卖合约，而根据合约到期交割的汇率与交割时日的即期汇率往往是不一致的，甚至相去甚远，就可能导致风险。

（2）会计折算风险

会计折算风险是指由于外汇汇率的变动而引起的企业资产负债表中某些外汇资金项目金额变动的可能性。它是一种账面的损失和收益，并不是实际交割时的实际损益，但它却会影响企业资产负债的报告结果。例如，某企业进口设备为40万美元，当时汇率为1美元=8.80元人民币，换算为352万人民币，并记录这一负债。在会计期末对外币业务账户金额进行换算时，汇率发生了变化，为1美元=8.50元人民币，这时资产负债表上外汇资金项目的负债为340万元人民币。其中差额12万元人民币就成为汇率变化而产生的会计折算风险。

（3）经济风险

经济风险是指由于汇率的突然变化，引起公司未来的销售单价、销售量、生产成本、国际市场竞争地位等方面产生的变化。

经济风险是一种相当复杂，具有潜在性的风险，其影响是长期的，而交易风险和会计折算风险是一次性的、短期的，因此从企业的长期利益考察，经济风险的影响比交易风险和会计折算风险的影响更为重要。

9.3.3 外汇风险管理的程序

（1）识别风险

企业在对外交易中要了解究竟存在哪些外汇风险，是交易风险、会计风险，还是经济风险。或者了解面临的外汇风险哪一种是主要的，哪一种是次要的；哪一种风险较大，哪一种风险较小；同时，要了解外汇风险持续时间的长短。

（2）测定风险

测定风险即预测汇率走势，对外汇风险程度进行测算。外汇敞口额越大、时间越长、汇率波动越大，风险越大。因此，应经常测算各时期的外汇敞口额有多少，汇率的预期变化幅度有多大。

（3）控制风险

控制风险即在识别和测定风险的基础上采取措施控制外汇风险，避免产生较大损失。

9.3.4 外汇风险防范对策

（1）合理确定计价货币结算比例

在办理国际结算时，根据预测汇率的变动趋势，选择适当货币结算的办法。在结算货币中，有硬货币和软货币之分。前者也称为硬通货，一般指货币汇率比较稳定，而且有上移趋势；后者也称为软货币，是指该种货币汇率不稳定，而且有下浮的趋势。

在一定条件下，对外汇的收付采用软硬货币搭配方式，可以起到由交易双方共同承担外汇风险的作用。该法具体搭配有3种形式：一是软硬货币对半；二是硬货币多些；三是把软硬货币与介于软硬货币之间的另一种货币进行组合，使三者各占一定的比例。例如，某年中国某公司作为卖方，向日本出口了一批产品，该合同中按美元（40%）、英镑（50%）、日元（10%）计价，即同时使用软（日元）、中（英镑）、硬（美元）3种货币组合计价，一定程度上减轻了外汇风险。

（2）利用外汇保值条款，使交易双方共同承担外汇风险

外汇保值条款是防范汇率风险常用的一种手段。即在交易谈判时，双方协商在合同中（往往是长期合同中）加入适当的保值条款，以防汇率多变的风险。常用的保值条款有：黄金保值条款、硬货币保值、一篮子货币保值。

（3）投保汇率波动保险

企业可向有关保险公司投保汇率变动风险，一旦企业因汇率变动蒙受损失，保险公司可给予一定合理的赔偿。

（4）提前错后法

提前错后法即在国际支付中，通过预测支付货币汇率变动趋势，提前或错后结算外币债权债务，来避免外汇风险或获取风险报酬。它包括4个方面：① 外币债权人和出口商在预测外币汇率将要上升时，争取延期收汇，以期获得该计价货币汇率上涨的利益；② 外币债务人和进口商在预期外币将要下降时，争取提前付汇，以免受该计价货币贬值的损失；③ 外币债权人在预期外币汇率将要下降时，争取提前收汇；④ 外币债权人在预期外币汇率将要下降时，争取推迟收汇。

（5）平衡法和组对法

平衡法指采用特定的方法，使企业资产负债表上的受汇率变动影响的资产与负债数额相等，使汇率变动的影响同时出现在资产、负债2个方向，造成数额相等而资金流向相反，自动地相互抵消。组对法指通过2种资金的流动对冲来抵消或减少风险的方法，组对的货币通常是维持固定汇率的货币。平衡法是基于同一种货币的对冲，组对法基于2种货币的对冲。

（6）易货贸易法

在汇率波动异常剧烈的情况下，易货贸易可以作为进出口商防范外汇风险的手段。易货贸易是指贸易双方直接地、同步地进行等值货物的交换。

(7) 结算方式的选择

企业通过国际结算方式的选择可以减少外汇风险。国际结算方式包括汇款、托收、信用证3种。这3种结算方式都存在时间选择问题。

【思考题】

1. 外汇包括的具体内容有哪些?
2. 外汇和外汇汇率如何分类?
3. 外汇风险的概念是什么?其种类有哪些?
4. 简述影响外汇汇率的主要因素?
5. 外汇风险管理的程序有哪些?

【经验性训练】

1. 某旅游企业赊购50万美元的商品，约定日后以人民币偿付该笔贷款。交易成交日汇率为1美元=8.7元人民币，支付日人民币升值，汇率变动为1美元=8.4元人民币。该企业可以少付多少元人民币?

2. 月初1美元=8.8元人民币，月末1美元=8.6元人民币。试分析月初的银行存款40万美元所遭受的会计折算风险损失是多少?

【案例分析】

企业经营中应时时关注风险

某旅游公司与加纳商人成交出口一批货物，货款计12 000美元。成交条件系预付货款，运输条件是空运。当时该商人开给该公司以加纳某银行为付款人的美元支票1张。

2月16日，该旅游公司将支票委托国内某银行（托收行）向外收款，采用立即托收方式，委托香港麦加利银行（代收行）托收。根据这种托收方式，支票托收之款可先收账，如果票款遭付款人退票拒付，代收行可主动将垫付的票款从委托人的账户划回。

3月2日，我国国内某银行接香港麦加利银行收账报单，即给旅游公司结汇，但此系麦加利银行（代收行）垫款，并非真正收妥了票款。公司却认为货款已收妥，便将货物用空运发出。

4月27日，香港麦加利银行将托收的支票退回，并主动从我托收行账户划回其垫付的票款。原因是支票的付款行拒付票款，拒付理由是该张支票不仅不合法，而且是伪造的。我国国内某银行（托收行）只能将支票退还该旅游公司，并从该公司账内将票款冲回。由于货系空运，国外不法商人已提货潜逃。公司白白损失了12 000美元的货款和航空运费。

【案例思考题】

试分析造成该旅游公司货物被骗的原因及其应该吸取的教训有哪些?

【本章推荐阅读书目】

1. 旅游企业财务管理. 张玉凤. 北京大学出版社，2006.
2. 旅游企业财务管理. 聂旺. 化学工业出版社，2007.
3. 财务管理. 马元兴. 高等教育出版社，2002.
4. 财务管理. 刘树密. 上海交通大学出版社，2005.

第 10 章

旅游企业营业收入管理

【本章概要】

本章主要介绍旅游企业营业收入的概念和分类，重点介绍旅游企业营业收入管理的意义和日常管理，同时介绍旅游企业价格管理。

【学习目标】

- 了解旅游企业营业收入的基本概念；
- 了解旅游企业营业收入的分类、确认等；
- 掌握旅游企业营业收入的日常管理；
- 掌握旅游企业的定价策略和定价方法。

【关键性术语】

营业收入、旅游价格、定价策略、定价方法。

【章首案例】

免费西湖别样美

旅游黄金周无疑是各风景名胜点赚足腰包的大好时机，如何增加收入，获取最大利润，在众多景点的管理者眼中，给门票提价是来得最直接、最有效的办法。于是众多景点以各种借口，纷纷将门票价格提高、提高、再提高。然而，就在各地景点“涨”声雷动，“涨”潮澎湃，唯恐涨之不及时，杭州却另辟蹊径，实现免票，还湖于民。

尽管有媒体对西湖称赞不已，但记者仍有担心：“景区不收门票，究竟是亏还是赚?”

这里有一组最新的数据，应该能回答这个问题。去年杭州接待国内游客3016万人次，同比增长8.65%，彻底摆脱了多年来在2%～3%之间徘徊的局面。去年到杭州休闲度假游客的比例增加了31.5%，而商务会展客人竟增加了25.1%。韩国过夜游客超过20万人次，日本过夜游客达到17万人次，创造了杭州旅游的历史新纪录。去年杭州市平均客房出租率达到了71.64%，同比增长了5.8%。在杭州过夜的旅游者人均每天要在杭州花费1317.2元，同比增长了近13%。旅游收入的增幅大大超过了游客人数的增幅，实现旅游收入361.18亿元，同比增长24.12%，是近几年增长最快的年份之一。2004年杭州旅游综合收入达到410.73亿元，比2002年增加了120亿元，旅游业增加值占到了GDP的6.5%。

西湖用免票吸引并留住了来自五湖四海的游客，游人停留时间的增加自然就促进了饭店业的繁盛。虽然门票免费导致游客的硬性支出降低，但通过购物、娱乐等弹性消费的增加使总的消费量不降反增。景点门票收入的减少大大小于住宿、购物、交通、饮食等消费的增加。微观上，杭州旅游似乎降低了环湖七大公园和博物馆的门票收入，加上管理维护费每年约6000万元。然而，因为免票带来的旅游人气猛增，使得环湖的服务设施身价倍增，因此而带来的环湖商业网点、服务设施每年的租金就达到5500万元，这已经基本可以补贴西湖风景区管委会的门票损失。从宏观上看，免票带来了游客的激增，拉动了消费的增长，对杭州城市经济产生了巨大的拉动力。免票还带动了淡季旅游，优化了旅游产业的结构，促进了杭州旅游向“观光、休闲、会展”三轮驱动的理想结构快速转变。

虽然取消门票造成的损失是有形的、微观的，而免票带来的收益却是从旅游到餐饮、服务、会展、通信等系列化、全方位的。从2001—2004年，杭州旅游收入增加了100亿元，旅游增长率全面回升。实践证明，西湖免票不仅带来了社会效益，更带来了经济效益。与人气旺盛、消费活跃、品牌提升相比，门票的损失是微不足道的。免收几张门票，却带动了一个城市经济的整体提升，小免票“免”出了大效益，相信谁都能看明白这笔账。

10.1 旅游企业营业收入概述

10.1.1 旅游企业营业收入的概念

营业收入是指旅游企业在日常活动中形成的、会导致所有者权益增加的、与所有者投入资本无关的经济利益的总流入。主要包括旅行社组团、接团的收入，饭店出租客房、提供餐饮、出售商品及其他服务项目所取得的收入。

10.1.2 营业收入的分类

（1）按与业务经营的关系不同，划分为营业收入和营业外收入

营业收入是指企业在经营活动中向消费者提供劳务或销售商品等而取得的收入。它是企业业务经营活动的直接成果，包括基本业务收入和其他业务收入。基本业务收入是由企业的主要业务经营活动所带来的收入，又称主营业务收入，是营业收入的主要部分。如饭店的客房收入、餐饮收入、商品收入等。其他业务收入是企业主营业务之外不单独核算的其他业务或附属经营业务所发生的收入，是营业收入的次要部分，具有不稳定的特点。例如，旅游企业的固定资产出租、无形资产转让和包装物出租等收入。

营业外收入是与企业业务经营无直接关系的各项收入。例如，固定资产盘点溢余、处理固定资产净收益、罚款收入、确定无法支付的应付账款等。

（2）按业务类型划分，分为饭店营业收入、旅行社营业收入等

饭店营业收入是指饭店提供食宿等服务而取得的收入。根据管理的需要，饭店营业收入又可以分为客房收入、餐饮收入、洗涤收入、美容美发收入、康乐收入、宴会收入等。

旅行社营业收入是指旅行社在经营服务过程中，为旅游者提供各种服务，并按照国家规定的旅游收费标准，向旅游者收取的包括代收代付交通费、房费、餐费、文娱费等在内的全部收入以及综合服务收入、组团外联收入、零星服务收入、劳务收入、票务收入、地陪及加项收入、其他服务收入和其他非营业收入等。

10.1.3 营业收入的确认

（1）销售商品收入的确认

销售商品同时满足以下条件的，才能确认为收入：

● 企业已将商品所有权上的主要风险和报酬转移给购货方；

● 企业既没有保留与所有权相联系的继续管理权，也没有对已售出的商品实施有效控制；

● 收入的金额能够可靠地计量；

● 相关的经济利益很可能流入企业；

● 相关的已发生或将发生的成本能够可靠地计量。

（2）提供劳务收入的确认

第一，企业在资产负债表日，能够可靠估计提供劳务交易结果的，采用完工百分数法确认收入。提供劳务交易的结果能够可靠估计，是指同时满足下列条件：① 收入的金额能够可靠地计量；② 相关的经济利益很可能流入企业；③ 交易的完工进度能够可靠地确定；④ 交易中已发生和将发生的成本能够可靠地计量。

第二，企业在资产负债表日提供劳务交易结果不能够可靠估计的，应分别按下列情况处理。① 劳务成本预计能够得到补偿的，按照已经发生的劳务成本金额确认提供劳务收入，并按相同金额结转劳务成本。② 劳务成本预计不能够得到补偿的，应当将已经发生的劳务成本计入当期损益，不确认劳务收入。

（3）让渡资产使用权收入的确认

让渡资产使用权收入包括利息收入、使用费收入等。

让渡资产使用权收入同时满足以下条件的，才能确认为收入。① 相关的经济利益很可能流入企业；② 收入的金额能够可靠地计量。

10.1.4 旅游企业营业收入管理的意义

旅游企业营业收入是旅游企业生产经营成果的货币表现，旅游企业根据市场需要有效地组织多种经营活动，及时取得营业收入。加强营业收入管理，对于旅游企业自身以及整个国民经济都有着重要的意义。

（1）旅游企业营业收入是旅游企业生存和发展的基本前提

旅游企业进行生产经营活动的目的，是为顾客提供合格的商品与服务，并尽可能取得最大的经济效益。旅游企业只有更多地实现和及时取得营业收入，才能补偿生产资料的耗费，支付职工工资及其他各项费用，保证企业再生产不断进行；如果企业不能及时取得营业收入，生产经营活动中的各种耗费不能得到补偿，收不抵支，企业资金无法正常周转，资金运动就会中断，生产经营就不能正常进行。

（2）旅游企业营业收入是旅游企业实现利润的基础

旅游企业的营业收入中包含着补偿生产经营耗费及应实现的利润。旅游企业只有取得营业收入，才能实现盈利，才能依法分配利润。旅游企业营业收入是衡量旅游企业经营业绩的重要指标，企业为了实现目标利润，必须千方百计地增加营业收入。

（3）旅游企业营业收入是促进社会经济发展的重要因素

旅游业是国民经济的重要组成部分，是国民经济中的支柱产业和朝阳产业，越来越受到人们的重视，旅游业收入在迅猛增长，日益成为国家财政收入的重要来源。

10.1.5　旅游企业营业收入的日常管理

（1）做好营业收入的预测、决策和预算工作

预测是编制预算的基础，预测准确与否直接影响到企业经营决策的制定。在复杂多变的市场经济环境中，企业应通过营业收入的预测，掌握旅游市场供求关系变化和价格变化的规律；在营业收入预测的基础上，根据预测所提供的各种依据，在多种可供选择的方案中选出最佳方案，从而做出营业收入决策；营业收入预算属于短期计划，是企业对营业收入决策中销售目标的具体化，预算出企业在一年内各种商品或劳务的销售数量和销售收入。企业只有做好营业收入的预测、决策和预算工作，才能增强营业收入管理的预见性和主动性，提高营业收入管理水平，以适应不断变化的旅游市场。

（2）强化营销手段，确保收入实现

在市场经济条件下，企业的营销手段对商品或服务的销售会产生重大影响，营销手段高，可以扩大商品或服务的销售量，增加营业收入。在销售商品或服务时，要认真履行与顾客签订的经济合同，这样不仅可以加速销售资金的回收，而且可以提高企业的信誉，为企业的经营活动创造良好的营销环境。

（3）控制好销售环节，保证营业收入及时足额入账

在旅游企业中，营业收入项目繁多，为了保证营业收入准确无误地收回，应对营业收入的发生、计算、取得、汇总等环节进行严格的控制，其基本点有 4 个方面：① 保证营业收入的合法性，就是指企业发生的所有收入都必须有合法的依据和凭证，有合法的手续以及规范的管理制度和程序。② 保证营业收入的真实性，就是指企业记录的所有收入必须是真实客观的，而不是虚假的。③ 保证营业收入的完整性，就是指企业发生的所有收入都应全部收回。企业要采取相应措施加强收入的内部控制，堵塞企业在营业收入取得过程中可能发生的一切漏洞，防止舞弊、贪污等不正当现象的发生。④ 保证营业收入的及时性，就是指企业发生的所有收入应尽快收回入账；暂时不能收回的应收账款，应采取积极措施催收，尽量避免由于存在应收账款给企业造成的费用增加、资金周转减缓及资金利用效果的下降。

10.2　旅游企业价格管理

旅游价格是旅游市场最敏感最复杂的问题，定价合理与否，关系着企业劳动消耗是否能够得到补偿，决定着旅游产品的市场销路，直接影响着旅游企业的营业收入和市场竞争力。

10.2.1　影响旅游企业价格的因素

旅游企业价格除主要由价值量大小决定外，在市场上还受其他很多因素的影响。

（1）成本因素

成本因素是产品定价的基础。企业在定价时首先考虑的应是产品成本，一般来讲，产品价格的最低界限取决于产品的成本，也就是说，产品的售价只有高于其成本，才有可能盈利，否则就会亏损。因此，企业在制定价格时必须考虑成本，这是保证企业生存和发展的基本条件。

（2）需求因素

正常情况下，市场需求会按照与价格相反的方向变动。价格提高，市场需求就会减少，价格降低，市场需求就会增加，这是供求规律发生作用的表现。因此，企业要根据市场需求的大小，选择合理的价格水平。

（3）竞争因素

竞争越激烈，对价格的影响越大。因此，企业必须采取一定的方式和手段，及时掌握竞争对手的产品质量和价格，以便与竞争对手的产品比质比价，更合理地制定本企业产品价格。

（4）政治因素

在市场经济条件下，国家对企业产品价格实施宏观调控。一个国家由于自身的政治、经济、文化、资源、地理位置、环境状况等因素的差异，会形成对旅游业的不同态度，而各个国家对发展旅游业的不同态度，就可能导致各自采取不同的价格政策。如有的国家可能出于本国环境保护的考虑采取高价限销，而有些经济比较落后的地区可能为提供就业、发展经济而采取低价策略。

（5）目标因素

企业根据自己的经营目标，采取灵活的定价方法。是薄利多销以大众为消费对象，还是坚持名牌战略，为高收入阶层服务。企业经营目标不同，采取的定价策略是不同的。

（6）心理因素

在消费者心目中，对产品价格的预期，即消费者心目中这种产品值多少钱。预期价格往往不是一个绝对的金额，而是一个价格范围。

10.2.2 旅游企业的定价目标

所谓旅游企业定价目标，是为了保证旅游企业所要达到的生产经营目的的实现而制定的价格标准。旅游企业定价的目标是由它的市场经营目标决定的。由于不同旅游企业市场经营的目标是多元化的，所以它们定价的目标也是多种多样的。

（1）利润导向目标

利润导向目标是指企业以追求最大利润为目标而进行的价格决策。追求利润最大化是旅游企业存在与发展的基本动力，但是利润的最大化并不意味着最高价格。因为利润可以分为长期利润和短期利润，在制定价格时应以获取长期利润的最大化为主要目标，而不是追求眼前的短期利润。为此，必要的时候可能会牺牲局部利润，以换取整体最高利润的实现。

（2）收益导向目标

收益导向目标是指企业以获得其投资的预期收入为目标进行的价格决策。任何企业对于其投资都希望获得预期的报酬，预期报酬水平通常用投资收益率指标来衡量。为实现收益导向目标，企业一般采用成本加成定价法，因而难免会忽略诸如市场需求、竞争格局等重要影响因素。所以，实行预期收益定价目标的企业，应具备较强的实力，在本行业中处于领先地位，或其经营差异化程度高。

（3）销售导向目标

销售导向目标是指企业以达到一定的销售量或市场占有率为目标进行的价格决策。市场占有率对企业来说十分重要，它是一个企业经营状况和竞争力状况的直接反映，企业只有获得更大的市场份额才可能在市场上取得更为有利的控制权。从长远看，获得最大市场份额，就能获得长期最大利润。所以，许多企业都用一定时间的低价和促销策略来建立和扩充其市场份额，尤其是对于正处于成长期的产品更为适宜。

（4）竞争导向目标

竞争导向目标是指企业以在激烈的市场上应付或避免发生价格竞争为目标进行的价格决策。大多数企业对于竞争对手的价格较为敏感，企业通常的做法是以对产品价格有决定影响的竞争对手的价格为基础，采用的方法有：① 以低于竞争对手的价格销售产品；② 以高于竞争对手的价格销售产品；③ 以与竞争对手相同的价格销售产品。

（5）稳定导向目标

稳定导向目标是指企业成为行业领导者后，为自己的产品谋求一个相对稳定的价格。这是企业为了保护自己，避免不必要的价格竞争，牢固地占有市场，在旅游产品的市场竞争中和供求关系比较正常的情况下，以稳定的价格而获得合理的利润。价格波动所导致的价格之争，以及由此引发的未能预料的其他后果，都会给企业正常的生产经营活动带来不利的影响。因此，企业也常把维持价格稳定作为定价目标。

10.2.3 旅游企业的定价策略

旅游企业的定价策略是指旅游企业为达到企业的定价目标，在制定价格时采取的计策和谋略。一定的定价方法，总是在一定的定价策略指导下进行的。旅游企业在制定价格时必须根据当时的内外部条件，从定价目标出发，采用不同的、灵活多变的定价策略。一般来说，常见的定价策略有以下几种。

（1）新产品定价策略

新产品定价策略主要有撇脂定价策略和渗透定价策略。

撇脂定价策略 是指新产品刚投放市场时，把价格定得很高，以求尽快收回投资。这种策略因类似从牛奶中撇取上层油脂而得名。在新产品刚推向市场的独占期内，企业可以高价吸引那些支付能力较强的消费者，以满足其对新产品的需求和炫耀社会地位的心理欲望。当旅游企业提供的旅游产品和服务是一流的时候往往会制定一流的价格，如高档娱乐设施、五星级、七星级酒店的高价格，产品极为独特、垄断性大难以模仿，这种独特性成为吸引旅游者的重要因素时，旅游企业也可制定游客可接受的高价。

这种价格策略的优点是能尽快收回对新产品的投资，并可立即获得高额利润，如果发现高价使新产品难以推销时，改变价位也较容易。如果先实行低价，以后发现销路良好，再改为高价，就会严重影响销售。其缺点是产品刚进入市场，在消费者中尚未建立一定的声誉之前，不利于开拓市场；如果产品销路好，易导致竞争者加入，致使竞争加剧。

渗透定价策略 是指企业把新产品价格定得相对较低，以吸引大量顾客，提高市场占有率。这种策略的优点是由于定价低，企业可以以薄利多销获取规模经济效益，并且可以有效阻止潜在竞争者加入。缺点是低价策略投资回收较慢，一旦失利，损失极为惨重。

（2）区分需求定价策略

时间差价策略　是指旅游企业对相同的旅游产品，按时间不同而制订不同的价格。比如，在旅游旺季可以制定相对较高的价格，以控制客流量，减轻旅游供给压力；在旅游淡季可以制定相对较低的价格，吸引游客，以减少旅游供给的浪费。时间差价可以用来调节旅游淡旺季的旅游供求。

地区差价策略　是指旅游企业对同一旅游产品在不同的地区采用不同的价格。这种差价形成的原因是由于旅游资源的不同而形成的旅游热点地区和冷点地区的差异，热点地区的旅游价格要高于冷点地区的价格。地区差价可以用来调节旅游冷热点地区的游客流量。

对象差价策略　是指企业针对不同旅游者，对同一旅游产品实行不同的价格。如饭店为了稳定客源，往往对客人给予不同比例的优惠价。

产品差价策略　是指旅游企业生产经营的产品形式不同、成本费用不同，但企业并不按产品成本差异比例规定不同的价格。这种差价存在的原因是由于旅游者对旅游产品价格的认可，并不完全依据其生产经营成本，而往往与对不同旅游产品的偏好和需要联系在一起。

（3）折扣定价策略

现金折扣　指旅游企业为了鼓励顾客在一定时间内早日付款而给予的一种价格优惠。如酒店客房在成交后 10 天内付款，就可得到 10% 的现金折扣，20 天内付款，就可得到 9.5% 的折扣。

数量折扣　是企业根据顾客购买数量多少，给予不同的价格优惠，以鼓励顾客大量购买。一般来说，购买量越大，金额越大，则折扣率越高。例如，有的酒店对散客、会议、团体采取不同的折扣率。

功能折扣　又称贸易折扣，是根据中间商在产品营销中所负担的功能不同，而给予不同的价格优惠。这种策略是现代旅游产品交易中普遍采用的措施。如饭店给予旅行社折扣，鼓励其为饭店推销客房。

（4）心理定价策略

声望定价策略　是根据产品在游客心目中的声望高低来确定价格的一种策略。有声望的企业或产品的价格定得较高，以声誉来保证质量及服务。

尾数定价策略　是企业定价时有意保留产品的价格尾数，制定一个与整数有一定差额的价格，所以又称奇数定价策略。这种定价方法是为了迎合消费者求廉的心理，制定一个带尾数的价格，如 9.8 元、11.6 元等，让消费者感到这是经过严格核算后，慎重地定出的价格，既不多收也不少收，实事求是，很有信用。如一份菜肴的价格 9.8 元就比 10 元更有吸引力。

分级定价策略　又称系列定价策略，企业把所有的产品划分为不同档次、等级，再对各个档次、等级制定不同的价格。这种定价策略可使消费者觉得各种价格反映了产品质量上的差别。旅行社经常采用这种定价策略，如同样的旅游线路可以分为豪华、普通和特价 3 种产品价格。从而以不同的价格吸引不同的旅游者；饭店对客房也经常采用这种策略，来确定客房价格。

招徕定价策略　是指利用游客对低于一般市价的产品感兴趣的心理，将某些产品用低价、减价的办法吸引游客，故又称“特价品”策略。如在饭店中免费提供的一些服务项目，宴会奉送酒水和饮料等，都是招徕顾客的做法。

10.2.4 旅游企业定价方法

旅游企业生产经营各种不同的旅游产品，各旅游产品的成本和经营方式具有不同的特点，因此，企业定价时就要根据各种产品的特点和定价策略采取不同的方法，灵活制定价格，以实现经营目标。

（1）客房产品的定价方法

成本定价法 是以客房成本为基础，通过分析成本、税金和利润的数量关系，结合客房出租率制定客房价格的一种方法。计算公式为

$$\text{理论成本}=\frac{\text{客房总成本费用}}{360\times\text{客房总面积}}\times\text{平均每间客房面积}$$

$$\text{出租成本}=\frac{\text{理论成本}}{1-\text{房间闲置率}\times\text{每天每间客房固定成本占单位成本的比率}}$$

$$\text{平均房价}=\frac{\text{出租成本}}{1-\text{税率}-\text{利润率}}$$

例10-1 某旅游饭店有客房300间，客房总面积6600m^2，预算客房年度固定成本费用5 250 000元，单位变动成本费用30元/间·天，每天每间客房中固定成本费用占单位成本费用的50%，预计出租率60%，营业税金及附加率5.56%，利润率35%，计算饭店客房的平均价格。

解：

$$\text{总成本}=5\ 250\ 000+30\times300\times60\%\times360=7\ 194\ 000\ (\text{元})$$

$$\text{理论成本}=\frac{7\ 194\ 000}{360\times6600}\times(6600\div300)=66.61\ (\text{元})$$

$$\text{客房出租成本}=\frac{66.61}{1-40\%\times50\%}=83.26\ (\text{元})$$

$$\text{客房平均房价}=\frac{83.26}{1-5.56\%-35\%}=140.07\ (\text{元})$$

目标利润定价法 是在旅游企业成本预算的基础上，通过确定目标利润来制定产品价格的一种方法。计算方法如下。

第一，预算年度成本费用，包括人工费用、固定资产折旧、能耗、物耗、利息、保险费、办公费等。

第二，确定目标利润。计算公式为

$$\text{目标利润}=\text{年度总成本费用}\times\text{成本费用利润率}$$

第三，制定平均房价。计算公式为

$$\text{平均房价}=\frac{\text{年度成本费用总额}+\text{目标利润}}{\text{客房数量}\times\text{客房出租率}\times360}$$

例10-2 某饭店有客房200间，均为标准间，经测算在出租率为60%的情况下，年度总成本费用为4 200 000元，该饭店希望的目标成本费用利润率为45%，试计算平均房价。

解：

$$\text{平均房价}=\frac{4\ 200\ 000+4\ 200\ 000\times45\%}{200\times60\%\times360}=140.97\ (\text{元})$$

总经费法 是在客房成本预算的基础上制定客房价格的一种方法。计算公式为

$$\text{每日经费}=\frac{\text{全年总经费}}{\text{日历天数}}$$

$$日均目标营业额=\frac{每日经费}{1-税率-利润率}$$

$$平均房价=\frac{日均目标营业额}{客房数量\times客房出租率}$$

其中，年度总经费是指客房经营过程中全年的费用开支，包括固定费用和变动费用。

例 10-3 某旅游饭店有 400 间客房，客房销售有季节性波动，全年客房固定成本费用总额为 7 300 000 元，单位变动成本费用为 30 元/间·天，淡季 120 天，利润率 10%，出租率 50%；旺季 245 天，利润率 40%，出租率 80%，营业税金及附加率 5.56%。计算不同时期的客房平均价格。

解：

计算客房总经费

$$淡季客房总成本费用=7\ 300\ 000\times\frac{120}{360}+30\times400\times50\%\times120=3\ 153\ 333.33（元）$$

$$旺季客房总成本费用=7\ 300\ 000\times\frac{245}{360}+30\times400\times80\%\times245=7\ 320\ 055.56（元）$$

计算客房每日经费

$$淡季每日经费=\frac{3\ 153\ 333.33}{120}=26\ 277.78（元）$$

$$旺季每日经费=\frac{7\ 320\ 055.56}{245}=29\ 877.78（元）$$

计算客房日均目标营业额

$$淡季客房日均目标营业额=\frac{26\ 277.78}{1-5.56\%-10\%}=31\ 120.06$$

$$旺季客房日均目标营业额=\frac{29\ 877.78}{1-5.56\%-40\%}=54\ 882.03（元）$$

计算客房平均价格

$$淡季客房平均价格=\frac{31\ 120.06}{400\times50\%}=155.60（元）$$

$$旺季客房平均价格=\frac{54\ 882.03}{400\times80\%}=71.51（元）$$

（2）饮食制品的定价方法

饮食制品的价格由原材料成本和毛利额构成，其中，定价的重点是毛利率。饭店可根据“按质论价、优质优价、时菜时价”的原则，按国家规定的毛利率幅度和饭店经营服务特点，逐一确定饮食制品的毛利率以后，再根据饮食制品的原材料成本计算饮食制品的销售价格。

销售毛利率法 销售毛利率是饮食制品的毛利与其销售额之间的比率。销售毛利率法是依照毛利与销售额之间的比例关系，计算饮食制品销售价格的一种方法。

$$销售价格=\frac{食品原材料价格}{1-销售毛利率}$$

销售毛利率法也称为内扣毛利率法或内扣法。采用销售毛利率计算价格，毛利率在产品销售额中的比重十分清楚，一目了然，有利于销售核算。

成本毛利率法 成本毛利率是毛利与其成本之间的比率。成本毛利率法就是按照既定的成本毛利率加成计算饮食制品销售价格的方法。计算公式为：

销售价格 = 食品原材料成本 ×（1 + 成本毛利率）

成本毛利率法也称为外加毛利率法或外加法。用成本毛利率法计算饮食制品的销售价格，简单明了，易于掌握，但不易反映饮食制品营业收入中毛利所占的比重，所以一般不采用此法。

(3) 旅行社的定价方法

中国现行旅游价格构成 ① 综合服务费。包括全程陪同费、翻译导游费、领队减免费、组团社和接团社手续费、旅游宣传费、杂费等。② 房费。房费单列，旅游者的住房费一般有 3 种方式：海外旅行社自订、组团社代订、委托接团社代订。③ 餐费。餐费单列，餐费标准采用标准加餐差的办法，即早餐标准不分地区统一按规定标准安排，与饭店房费一起收取，午、晚餐采用标准餐加餐差的方法，各旅行社最低的订餐标准不能低于国家规定的标准餐费。④ 车费。车费单列，包括市内交通费（含行李运输费）、停车费等，目前均采用包车计价方式，包车价 = 车公里（千米）租价 × 包车公里（千米）+ 附加费。⑤ 文娱活动费。是旅行社为旅客安排文化娱乐等项目而收取的手续费和门票费。⑥ 城市间交通费。包括飞机、轮船、内河及古运河船和汽车客票价格。⑦ 专项附加费。包括汽车超里程费、特殊游览点门票费、风味餐费、专业活动费、不可预见费等。

中国现行旅游价格形式 ① 全包价。是指价格中包含了综合服务费、房费、餐费、交通费（市内车费）、文娱活动费、城市间交通费和专项附加费等 7 个部分。② 小包价。小包价的确切含义是"选择性旅游价"，即旅游者可按本人意愿选择所需的旅游项目。旅游者按照旅行社所能提供的旅游服务进行选择，费用现付。③ 半包价。半包价与全包价的区别主要在于提供服务的内容不包括午、晚餐 2 项，其他服务完全一样。④ 委托代办费。委托代办费简称单项服务价格，即旅行社接受游客的委托，提供单项旅游服务的费用。委托代办费项目主要有 9 类：翻译导游费；全程陪同费；接送费；接送汽车费；代办旅华签证、签证延期、签证分离、旅行证等服务的收费；本市内代订饭店等项目的收费；提取、托运行李的服务费；国际回电委托费；国内城市间委托手续费等。⑤ 特殊形式的旅游收费。特殊形式的旅游是指旅行社开展的新婚旅游、会议旅游、学术交流旅游等特殊形式的旅游项目，在执行组团包价时，要按客人的特殊要求收取特殊服务费用，并扣除没有发生的费用。

【思考题】

1. 什么是旅游企业营业收入？
2. 试述对营业收入进行管理的重要性？
3. 影响旅游企业价格制定的因素有哪些？
4. 旅游企业价格制定的目标有哪些？
5. 旅游企业价格制定的策略有哪些？方法有哪些？

【经验性训练】

分析和评价某一酒店价格的合理性

【概述】

通过对某一酒店定价策略的分析，评价该酒店定价的合理性。

【步骤】

1. 为便于实习，将同学们分为若干小组，并推选一名小组长。

2. 由指导老师选定一家酒店，组织同学们对该酒店的住宿、餐饮价格进行分析。

3. 小组长带领小组成员，分别从影响价格的因素、定价目标、订价策略等方面对酒店目前价格的合理性进行分析。

4. 通过分析，每小组都要对定价合理与否提出意见。

5. 定价合理的说明理由；对定价不合理的，说明理由并提出合理化建议。

【案例分析】

国内航空价格的变革

从2002年10月到2003年4月，中国国内航空价格几经起伏，引起了社会各方的关注。先是在2002年10月，由于美国对伊拉克采取军事行动等诸多原因，导致国际市场油价一路飙升接近19个月来的最高价，到10月2日已升至每桶28.51美元。民航总局参照《国家计委关于国内航线实行浮动票价问题的批复》中关于国内航线票价与航空燃油价格变动联动机制的精神，根据出台的“国内机票价格与燃油价格联动，征收燃油附加费”的政策，决定自2002年10月10日起，将国内航线票价中“燃油加价”上浮幅度由现行不得超过公布票价的8%上升为14%。民航总局发出通知，各运输航空公司可根据市场情况，按2000年10月31日国内公布的经济舱票价来上浮票价；公务舱和头等场票价分别以此为基础，按上调后经济舱票价的130%和150%计算；儿童、婴儿票分别按上浮后经济舱、公务舱、头等舱的50%和10%计算。另外，A票价（在境内销售）不上浮，上浮后的B票价（在境内销售）不得超过A票价。与此同时，中国六大民航集团当天在北京正式挂牌。重组后的集团将与民航总局脱钩，民航总局的职能转为行业管理。不再直接承担企业的盈亏责任。

2002年10月上旬，民航总局向各航空公司下发《关于国内航线联营问题的通知》，取消已经实行了2年多的国内航线联营。民航总局表示不再组织进行航线联营，同时取消联营航线结算、清算，按现行国内航线票证结算规则及程序执行。航线联营出现在2000年4月，民航总局在禁止机票打折但无济于事的情况下，对国内25家航空公司102条航线实行航线联营，并于2001年3月将联营航线增至50余条，占到全国民航航线总量的60%以上。民航总局将同飞一条航线的航空公司联合起来，按照民航总局统一核定的票价售价，然后再按各参运公司投入的座位数和机型，确定其收入比例。参加联营的航空公司如果再超出底线多打折扣，只能使自己吃亏，因为不论所售机票是否打折都得按照民航总局规定的票价，汇总到本条航线上运营的航空公司的总盘子内，再进行具体分配。民航总局希望此项措施能够阻止屡禁不止的机票乱打折现象。但是，联营并没有取得意想的效果，反而使机票暗折暗扣行为更加猖狂。从2002年11月1日起，各航空公司取消联营政策，不再采取先统一票款、再按比例分配的结算方法，而是由各航空公司到结算中心自主结算，收入多少都归航空公司自己。有了自主权以后，各航空公司的票价管理及市场营销就更灵活、更具有弹性。取消联营后，各航空公司可以在国家指导价的基础上，根据市场供求及变化情况自主定价，竞争激烈的航线可以适当降价，经营惨淡的航线可以停飞，客源充足的紧俏航线则可以适当提价。这样，航空公司就掌握了主动权，彰显了各航空公司的优势和特色，调动了各航空公司的积极性，有利于进一步挖掘市场潜力。

民航总局向航空公司下发通知，要求从2002年12月10日起，以航班执行日期为准，统一将国内公布经济舱票价的上浮幅度由14%调整为11%（个别航线除外），原按14%幅度上浮票价的规定同日废止。头等舱、公务舱票价以调整后的经济舱票价的150%和130%计算；儿童、婴儿票分别按上浮后经济舱、公务舱、头等舱的50%和10%计算。这是国家民航总局第4次调整机票价格。今后，国内机票价格仍将看航空燃油的“脸色”而定，油价涨则票价涨，油价跌则票价跌，但幅度都不会太大。按照新的票价规定，国内航班经济舱的票价普遍下跌30~60元。

2003年4月15日，民航国内航空运输界各改革方案出台，具体措施主要包括：对国内航空运价实行政府指导价，价格主管部门由核定航线具体票价的直接管理改为确定航空公司运输基准价和浮动幅度的间接管理，以1997年经国务院批准公布的民航境内折扣票价（平均0.75元/人·km），国内航线、国际航线国内段公布票价（平均0.94元/人·km）为基准结合浮动上限，以航空运输企业社会平均成本为浮动下限。方案允许航空公司在境内外销售国内航线客票时，以基准价为基础，在上浮25%、下浮40%的幅度内确定具体价格；允许航空运输企业按1997年公布票价水平，作为境外销售国内航线票价对外报价。由航空运输企业独家经营的航段，实行票价上、下限管理，航空运输企业在政府规定的幅度内，引入多级票价制度，对革命伤残军人（含因公致残的人民警察）、教师、学生继续实行优惠票价。由国家发展和改革委员会、民航总局委托具备资质的社会中介机构，适时对民航运输社会平均成本的合理性进行评审，作为民航基准运价调整和监管的依据。

【案例思考题】

1. 航空票价的制定依据是什么？其高低对销售量的影响如何？

2. 航空票价降低对航空公司收益最大化会产生什么影响？你认为我国航空票价制定中存在什么问题？

3. 通过以上案例，分析影响航空公司价格的主要因素是什么？价格的上升会引起航空公司哪些联动指标的改变？

4. 民航总局与航空公司脱钩，转为行业管理，不再直接承担企业的盈亏责任，对民航总局和航空公司有何意义？

【本章推荐阅读书目】

1. 旅游饭店财务管理. 徐虹. 南开大学出版社，2004.

2. 现代旅行社管理研究. 姚延波. 高等教育出版社，2004.

3. 饭店财务管理. 郑红，徐虹，张超. 中国人民大学出版社，2001.

第 11 章

旅游企业成本费用管理

【本章概要】

本章就旅游企业成本费用的内容、分类、管理原则、成本费用控制的概念、基本方法及经营保本点的预测等内容进行了阐述和分析，重点讨论了经营保本点的预测及成本费用控制。

【学习目标】

- 了解成本费用的内容、分类和管理原则；
- 了解经营保本点的概念；
- 了解成本费用控制的概念；
- 掌握经营保本点的预测方法；
- 掌握成本费用控制方法。

【关键性术语】

成本费用、固定成本、变动成本、经营保本点、成本费用控制、标准成本。

【章首案例】

控制成本是企业管理的头等大事

某市一酒店每天虽顾客盈门，但经营业绩却总也上不去，去年竟然在上座率大好的情况下出现了亏损，酒店不得不从外聘入职业经理。新经理一上任就提出新的理念：在餐饮业竞争日趋激烈的今天，开源节流，降低经营费用，提高资金效率、控制成本应作为管理者的头等大事。管理者应在了解企业的成本费用的特点的基础上本着开源节流、查堵漏洞的态度，去有效地控制开支。于是企业推出了以下一系列措施：首先，酒店的管理者严格预算制度，减少一些不必要的费用开支。酒店所有的开支必须事先提出预算，不得随意添置和选购，如要临时追加费用开支，则必须控制在一定范围内，不得超出预算太多。此外，酒店还严格落实各种责任制，责任落实到人，做到分工明确、建立完善的激励机制，个人奖励与工作绩效挂钩。其次，在财务上，建立严格的核算制度，定期分析费用开支情况。如计划与实际相比，与同行的对比，费用结构的分析等，以便及时掌握费用的开支情况，及时发现存在的问题，提出降低费用支出的途径。另外，为了控制餐饮成本，企业在餐饮细节上大做文章。把好采购、库房、厨房、吧台等环节，防止其中出现漏洞，防患于未然。如采购环节，酒店在日常采购进货中采用货比三家、多家选择的方式，节约采购成本。食品成本管理和控制，关系到企业的预期利润，从采购、验收、入库到领料、材料控制、备餐烹煮和剩余材料的充分利用的每一个细节入手创造性地去节约成本，经过一段时间的努力，企业很快改变了长期亏损的局面，并实现了增长利润的目标。

11.1 旅游企业成本费用管理

旅游企业成本费用的管理是企业管理的重要内容，也是财务管理的主要内容。成本费用直接影响旅游企业的利润，任何企业要提高利润水平都要开源节流，而节流的主要内容就是企业成本费用管理。加强成本费用管理是提高经济效益的根本途径。

11.1.1 旅游企业成本费用概述

旅游企业的成本费用是指向顾客提供产品及劳务过程中发生的各项资产耗费和直接支出。

(1) 营业成本

营业成本指企业在生产经营过程中发生的各项直接支出，主要有以下几种。

原材料耗用成本 指旅游饮食服务企业在生产经营过程中直接耗用的原材料的价值。包括饭店、餐饮部、餐馆耗用的食品、饮料的原材料、调料、配料等成本；餐馆、浴池耗用的燃料成本；饭店、洗衣房、照相馆、修理店耗用的原材料、辅料成本。

旅行社营业成本 是指旅行社为接待旅游团体和个人所支付的费用。具体有以下几种。

综合服务成本 是指旅行社接待包价的旅游团体或个人按规定开支的住房费、餐费、旅游交通费、陪同费、文杂费和其他费用等。

组团外联成本 是指由组团社自组外联，接待包价旅行团或个人按规定开支的房费、餐费、旅游交通费、陪同费、文杂费和其他费用等。

零星服务成本 是指接待零星旅游者和接待有关单位委托代办的零星宾客，按规定开支的房费、餐费、旅游交通费和其他费用等。

劳动成本 是指总社借调翻译、导游人员的劳务费以及分、支社从所得的劳务费中支付给该全陪人员的洗衣费、伙食补助费。总社支付借调全陪人员的房费、交通费应在陪同费中列支。

票务成本 是指订票手续费、包车费用、退票损失等。

地游及加项成本 是指加收计划外旅游团去地方参观点的综合服务费和增加游江、游湖、风味餐费支出以及超里程费等。

商品进价成本 该成本分为国内购进商品进价成本和国外购进商品进价成本。① 国内购进商品进价成本包括国内购进商品的原始进价、企业可以直接认定的运杂费和交纳的税金等。② 国外购进商品进价成本是指进口商品在到达目的港以前发生的各项支出，包括进价、进口税金、购进外汇价差、支付委托外贸代理进口的手续费。

其他成本 指其他营业项目支出的直接成本，例如，企业出售无形资产的实际成本以及商务中心的消耗支出等。

(2) 营业费用

营业费用指各营业部门在经营中发生的各项费用，包括运输费、装卸费、包装费、保管费、保险费、燃料费、水电费、展览费、广告宣传费、邮电费、差旅费、洗涤费、清洁卫生费、低值易耗品摊销、物料消耗、经营人员的工资、职工福利费、工作餐费、服装费以及其他营业费用。

工作餐费是指按规定为职工提供工作餐而支付的费用。

服装费是指按规定为职工制作工作服装而发生的费用。

（3）管理费用

管理费用是指企业为管理生产经营活动而发生的费用以及由企业统一负担的费用，包括公司经费、工会经费、待业保险费、劳动保险费、劳动保护费、董事会费、外事费、租赁费、咨询费、审计费、诉讼费、排污费、绿化费、土地使用费、土地损失补偿费、技术转让费、税金、燃料费、水电费、折旧费、修理费、无形资产摊销、开办费、交际应酬费、存货盘亏和毁损、上级管理费、其他管理费用等。

公司经费　包括行政管理部门人员工资、职工福利费、工作餐费、服装费、会议费、差旅费、物料消耗以及其他行政经费。

待业保险费　指按国家规定交纳的待业保险费。

劳动保险费　是指退休职工的退休金、价格补助、医药费（包括离退休职工参加医疗保险和医疗保险基金）、异地安家补助、职工退休金、职工死亡丧葬补助费、抚恤费、按规定支付给离退休人员的各项经费，以及实行社会统筹办法的企业按规定提取的退休统筹基金。

董事会费　指最高权力机构及其成员为执行职能而发生的各项经费。

咨询费　指聘请经济顾问、法律顾问等支付的费用。

审计费　聘请中国注册会计师进行查账、验资以及进行资产评估等发生的各项费用。

诉讼费　指因起诉或应诉而发生的各项费用。

排污费　指按规定交纳的排污费用。

土地使用费　指使用土地而支付的费用。

土地损失补偿费　指在生产经营过程中破坏国家不征用的土地所支付的费用。

技术转让费　指使用非专利技术而支付的费用。

上级管理费　指上交集团公司和管理公司的费用。

企业在经营过程中发生的交际应酬费，按全年营业收入净额的一定比例控制使用，据实列支：全年营业收入净额在1500万元以下的，不超过全年营业收入净额的0.5%；全年营业收入净额超过1500万元（含1500万元）不足5000万元的部分，不超过该部分的0.3%；全年营业收入净额超过5000万元（含5000万元）不足1亿元部分，不超过该部分的0.2%；全年营业收入净额在1亿元以上（含1亿元），不超过该部分的0.1%。

列入企业费用中的有关项目按下列比例提取：职工福利费按职工工资总额的14%提取。它用于职工福利和补助职工生活困难，包括职工的医药费、医护人员的工资、医务经费、职工因公负伤赴外地就医路费、生活困难补助、职工浴室、理发室、幼儿园和托儿所人员的工资等。职工教育经费按职工工资总额的1.5%提取。工会经费按职工工资总额的2%提取。

（4）财务费用

财务费用指企业经营期间发生的利息净支出、汇兑净损失、金融机构手续费、加息及为筹集经营所需资金所发生的费用。

11.1.2 成本费用的分类

为了对成本费用进行管理，根据不同的管理要求按照一定的标准，企业的成本费用可以分为以下几类。

（1）按照成本习性不同划分为固定成本、变动成本和混合成本

成本习性是指成本总额对业务量的依存关系。旅游企业的成本费用按照成本习性的不同划分为固定成本、变动成本和混合成本。

固定成本 是指一定业务量范围内，其总额不随经营业务量的增减变化而发生变化的成本费用。一般包括工资、租金、折旧费、利息费、保险费等。例如，企业的客房的折旧费不会因为出租客房的数量增减而增减。虽然固定成本总额不随业务量的变化而变化，但单位固定成本却会随业务量的增加而减少，即企业一定时期的固定成本总额不变，单位固定成本是下降的。

变动成本 是指在一定时期内，其总额随着经营业务量的增减变化而发生变化的成本费用。例如，餐饮部门的食品原材料支出会随着就餐客人的增加而增加；客房用品的消耗总额会随着客房出租数量的增加而增加。虽然变动成本总额随业务量的变动而变动，但单位变动成本却不随业务量的变动而变动。这是因为单位消耗定额是固定不变的，如出租客房，每间客房用品是固定的，即单位变动成本固定不变，客房用品的消耗总额即变动成本总额是成比例变化的。

混合成本 即总额中既包括固定成本也包括变动成本，混合成本主要包括电话费、汽车租赁费、行政报酬、维修保养费等。混合成本可以采用一定的方法，将其分解为固定成本和变动成本。

（2）按照计入方式不同分为直接成本和间接成本

直接成本 是指旅游企业在旅游经营、服务过程中所发生的各项直接支出，也就是直接用于客人的费用。根据成本费用凭证直接计入各部门“成本”账户，即“营业成本”。主要包括旅游饭店营业成本（餐饮成本、商品成本、洗涤成本、其他成本）、旅行社营业成本、旅游汽车公司营业成本、游船公司营业成本等。

间接成本 是指一定会计期间发生的，与生产经营没有直接关系和关系不密切的成本费用。间接成本不计入营业成本，直接体现为期间费用。包括营业费用、管理费用、财务费用。

（3）按照成本是否可控分为可控成本和不可控成本

可控成本 凡成本的发生能明确归属某一单位权责范围内，而且能加以控制的成本。例如，采购费用属于采购部门的可控成本，办公费对管理部门来说也是可控的。

不可控成本 凡成本的发生不能明确归属某一单位权责范围内，而且不能加以控制的成本。例如，折旧费用对采购部门来说就是不可控成本。

一般来说，可控成本和不可控成本是相对而言的，应视具体情况而定。这是因为，在企业内部，某些成本对有些部门是可控成本，而对另一个部门则是不可控成本。某些成本对下一级责任中心而言是不可控的，对上一级责任中心而言又是可控的。某些成本从局部看来是不可控的，但从全局看来又是可控的。所以划分可控成本和不可控成本是相对一定时间和一定空间范围而言的，是为了明确各责任单位的职责，起到更有效的控制成本的目的。

11.1.3　成本费用管理原则

旅游企业成本费用管理要结合自身特点，严格遵守国家的财经制度及有关的方针政策，按下列原则实施管理。

(1) 严格成本费用开支范围

成本费用的归集是计算利润的基础，只有严格遵守成本费用开支范围，才能正确计算利润。旅游企业要根据各项支出发生的不同用途，在国家规定的成本开支范围内列支相关的成本费用，不得随意扩大开支范围。

根据旅游企业财务制度规定，企业的下列支出不得计入成本费用：① 为购置和建造固定资产、购入无形资产和其他资产发生的支出；② 对外投资支出和给投资者分配的利润；③ 被没收的财物损失；④ 支付的各种滞纳金、违约金、罚款、各种赔偿金及赞助、捐赠支出；⑤ 国家规定的不得列入成本费用的其他开支。

(2) 正确处理降低成本费用与保持服务水平的关系

要努力做到在不降低服务质量甚至提高服务质量的前提下，尽可能地降低企业内部人、财、物的消耗，提高企业的经济效益。旅游企业是以销售非物质的服务为特点的企业，其“服务产品”不同于一般的有形商品，发现质量不好可以退换，这种“服务产品”不可以退换，因此，服务质量的好坏对旅游企业的声誉乃至生存具有极其重要的意义。如果不考虑产品质量而单纯以降低成本费用为目的，即使经过努力把成本费用降下来，也失去了降低成本费用的实际意义。正确处理成本与产品质量的关系就是要求在保证和提高产品质量的前提下，寻求降低成本的途径，企业既不能为了降低成本费用而不注意服务产品质量，也不能片面追求高质量而增加不必要的开支。应从内部挖掘潜力，力求节约，减少浪费，做到好中求省。

(3) 实现全面成本费用管理

成本费用管理要实行全员、全过程、全方位的综合性管理。旅游企业要建立健全成本管理责任制，将成本费用计划指标分解落实到有关部门、班组和个人，将成本费用管理方面的责、权、利结合起来。只有人人都关注成本，人人都关心成本的降低，企业的成本费用才能得到真正的控制。

11.2　旅游企业经营保本的预测

11.2.1　保本点的确定及保本点预测的意义

经营保本点是指企业在业务经营过程中，营业收入和营业成本相等的经营状态，此时不盈不亏，因此也被称为盈亏临界点。此时的销售量为保本销售量，销售额为保本销售额。保本经营用公式表示为

$$营业收入-成本费用-营业税金及附加=0$$

旅游企业在财务管理中做好经营保本预测具有重要的意义：① 经营保本是企业进行简单再生产的保证。任何一个企业存在的目的就是生存、发展、盈利，为了取得更多的利润企业必须要不断有新的投入，进行扩大再生产。如果企业不能盈利，要想生存下去，其最基本的条件应是保本。如果企业收支不能相抵，就不能补偿消耗的原材料、不能支付员工的工资、不能进行设备的更新，等等，这样

的最终结果势必导致企业无法维持正常的生产经营活动，从而导致企业的破产倒闭。② 通过保本经营预测，可了解企业经营状况，改善经营管理水平，提高企业经济效益。保本经营预测实际是本量利分析的一个特例，它是在利润为零的情况下研究营业量（额）与成本之间的变动关系，但对企业来说保本并不是目的，而是要盈利。而企业只有保本才能有利润可赚。因此，通过保本经营预测把企业的收入、成本、营业量有机地结合起来，不仅可以对企业的经济效益进行事前分析，还有助于解决企业经营管理上存在的诸多问题。从财务上说保本是经营活动的最低要求。在保本的基础上确定企业的目标利润，从而为实现目标利润而努力，最终提高企业的经济效益。

11.2.2 经营保本预测的方法

在进行经营保本点预测时，首先要将成本按照其与业务量的关系划分为固定成本和变动成本。企业获得的营业收入减去变动成本后的余额，要先来补偿固定成本；余额与固定成本相等的点即为保本点。

在进行经营保本点预测时，还要明确边际贡献这一概念。边际贡献是指每增加一个单位销售量所得到的销售收入扣除单位变动成本后的余额。边际贡献首先要补偿固定成本，其余额才能为企业提供利润。边际贡献正好等于固定成本时，企业的经营活动处于保本状态。

例 11－1 某饭店拥有客房300间，每天分摊的固定费用15 000元，客房出租的房价是180元，单位变动费用为30元，则客房的保本状况见表11－1。

表11－1 客房盈亏情况

客房出租数	变动费用	固定费用	总费用	收入	盈亏状况
1	30	15 000	15 030	180	亏损
50	1 500	15 000	16 500	9 000	亏损
70	2 100	15 000	17 100	12 600	亏损
100	3 000	15 000	18 000	18 000	平衡（保本）
150	4 500	15 000	19 500	27 000	盈利

从表11－1可以看出，当客房出租量达到100间时，收入与费用相等，此时正好保本。即100间是保本点的销售量，18 000是保本点的销售额。超过100间企业处于盈利状态。

企业的保本状况还可以盈亏平衡图（本、量、利图）分析。通过盈亏平衡图可以清楚、直观地看到营业量、成本、利润之间的变动关系（图11－1）。

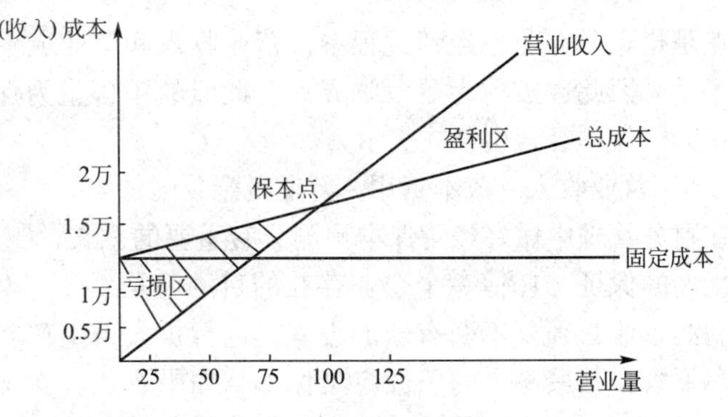

图11－1 盈亏平衡图

从图11-1可以看到，阴影区表示亏损，当客房的营业量达到100间时，企业是保本的，营业量超过100间，就处于盈利区间，表示企业是盈利的。

企业在进行经营保本预测时，一般可通过下列公式计算求得：

$$经营保本点收入(盈亏临界点收入)=\frac{固定成本总额}{边际贡献率}$$

$$边际贡献率=\frac{单位售价-单位变动成本}{单位售价}$$

$$或边际贡献率=1-变动成本率-税率$$

$$保本接待量(盈亏临界点接待量)=\frac{固定成本总额}{单位边际贡献}$$

但由于旅游企业各部门经营的业务不同，在进行经营保本预测时，会略有不同，下面分别予以介绍。

(1) 客房经营保本的预测

$$保本收入=\frac{固定成本总额}{1-变动成本率-税率}$$

例11-2　某饭店拥有客房300间，年固定成本总额450万元，变动成本率是12%，主营业务税金及附加的税率是5.5%，每间客房的平均房价是150元。则：

$$年保本收入=\frac{4\ 500\ 000}{1-12\%-5.5\%}=5\ 454\ 545\ (元)$$

通过计算可知，当饭店的客房销售收入达5 454 545元时，此时饭店是保本的。客房要想盈利，必须增加营业收入。

在预测保本收入的时候可以预测一下保本出租率，保本出租率可以直观地反映出客房的经营状况。

$$保本出租率=\frac{保本收入/平均房价}{可供出租客房间天数}\times 100\%$$

$$年保本出租率=\frac{5\ 454\ 545/150}{300\times 365}\times 100\%=33.21\%$$

通过计算可知，当饭店的客房出租率达33.21%时，此时饭店是保本的。客房要想盈利，必须广招客源，出租率提高到33.21%以上，才能实现盈利。

(2) 餐饮经营保本的预测

$$保本收入=\frac{固定成本总额}{毛利率-其他变动成本率-税率}$$

$$毛利率=\frac{毛利}{营业收入}$$

式中　毛利=营业收入-食品原材料成本。

由于餐饮部门经营的种类不同，所以毛利率也不同，因此，这里的毛利率是用综合毛利率计算。其他变动成本率是指除去食品原材料成本以外的其他变动成本占营业收入的百分比。

同客房一样，餐饮部门可通过计算保本上座率这一指标来更好地反映企业的经营保本状况。

$$保本上座率=\frac{保本收入/餐位平均消费水平}{餐位数量\times 餐次\times 报告期天数}$$

例11-3　某餐厅年固定成本总额为180万元，综合毛利率为50%，其他变动成本率为12%，营业税金及附加的综合税率是5.5%，该餐厅人均消费水平40

元，一日三餐，餐位数量300个。则：

$$\text{年保本收入}=\frac{1\ 800\ 000}{50\%-12\%-5.5\%}=5\ 538\ 462\text{（元）}$$

$$\text{年保本上座率}=\frac{5\ 538\ 462/40}{300\times3\times365}\times100\%=42.15\%$$

通过计算可知，餐厅的保本收入是5 538 462元，保本出租率是42.15%

这意味着当餐厅的销售收入是5 538 462元，保本出租率是42.15%时，餐厅是保本的。餐厅若想盈利必须在此基础上，努力提高销售收入及上座率。企业还可以利用保本上座率与实际情况进行比较，从而了解企业的经营情况，及时发现问题，解决问题。

（3）商场经营保本预测

$$\text{保本收入}=\sum\left(\frac{\text{某类商品固定成本总额}}{1-\text{某类商品变动成本率}-\text{税率}}\right)$$

这里的变动成本率为某类商品变动成本占营业收入的百分比。

或

$$\text{保本收入}=\sum\left(\frac{\text{某类商品固定成本总额}}{\text{毛利率}-\text{变动成本率}-\text{税率}}\right)$$

这里的变动成本率为某类商品变动成本扣除商品进价成本以外的其他变动成本占营业收入的百分比。

由于商场经营各类商品，而各类商品的进销差价率不同，因此，应当分类计算各类商品的保本收入。各类商品的保本收入之和即为商场总的保本收入。

（4）旅行社经营保本预测

旅行社从事接团业务保本收入的测算可用以下2个指标：

$$\text{保本收入}=\frac{\text{固定成本总额}}{\text{人天边际利润}}\times\text{人天拨款标准}$$

$$\text{保本接待人次}=\frac{\text{保本收入}}{\text{人天拨款标准}-\text{人均停留日数}}$$

式中，人天边际利润是指在一天的时间内接待一位客人所能实现的边际利润；人天拨款标准是指在一天的时间内接待一位客人，组团社向接团社的拨款标准。

例11-4　某旅行社全年的固定成本总额为150万元，每一天接待一位客人的边际利润是15元，组团社向接团社的人天拨款标准为180元，该旅行社每位客人人均停留4天，则：

$$\text{年保本收入}=\frac{1\ 500\ 000}{15}\times180=18\ 000\ 000\text{（元）}$$

$$\text{年保本接待人次}=\frac{18\ 000\ 000}{180\times4}=25\ 000\text{（人次）}$$

由计算结果可知，该旅行社的年保本收入是18 000 000元；如果该旅行社每位客人人均停留4天，则该旅行社只要接待25 000人次就能保本。该旅行社若要盈利必须超过此接待量；如果不能达到此接待量，该旅行社将会亏损。

11.3　旅游企业成本费用控制

11.3.1　成本控制的含义

成本费用控制是指在成本费用形成的全过程，按照国家成本费用制度的有关规定和成本费用预算的要求，通过经常性监督和及时纠正偏差，把各项费用的发生和成本的形成限制在成本费用预算之内，以保证成本目标和成本计划的实现。

11.3.2 成本控制的原则

(1) 经济原则

经济原则是指因推行成本控制而发生的成本，不应超过因缺少控制而丧失的收益。成本费用控制的最终目的是为了降低成本，提高经济效益，增加企业利润。因此，在成本费用控制过程中，应坚持经济原则。在设置控制环节时，要考虑控制措施所引起的费用与由此避免的损失之间的比例是否恰当。不恰当的控制会造成企业办事效率低下，不仅达不到降低成本费用的目的，还会加大企业成本费用，甚至会使员工失去工作的积极性和主动性。

(2) 因地制宜原则

成本控制目标要适应特定岗位和成本项目的实际情况，不可照搬别人的做法。例如，采购部门成本控制目标不能和客房部一样。同样餐饮部门的控制标准也不能等同客房部门。

(3) 全员参与原则

成本控制是全体职工的共同任务，每个职工都应负有成本责任。企业应建立归口分级管理责任制，由财务部门把成本费用控制指标分解落实到各个有关部门，各部门再把指标进一步分解落实到各个班组和个人，并结合每个班组和个人的经济责任制，考核指标的执行情况。各部门、各班组及每个人都清楚各自的成本费用目标，关心成本费用指标的完成情况，使成本费用管理真正成为全员管理。

(4) 领导推动原则

由于成本控制涉及全体员工，并且不是一件令人欢迎的事情，因此，必须由“最高当局”来推动。企业的最高领导要以身作则，调动员工的积极性，在总经理的领导下，以各部门为基础，全体员工共同努力，才能达到成本费用不断降低的目的。

11.3.3 成本费用控制的基本程序

旅游企业成本费用控制是实现成本费用管理的主要手段，同时又适应管理质量化要求。一般应遵循下列程序。

(1) 制定成本费用控制的标准

成本费用控制标准是指对各项成本费用开支和资源消耗规定的数量界限，是成本费用控制和成本费用考核的依据。成本费用控制标准分为以下3种。

理想标准成本 指企业内部人、财、物的利用与管理均处于最佳状态下所确定的成本控制标准。这一标准定位是很高的，它需要企业经营管理水平、员工素质都很高，并且还需要进一步努力才能达到的标准成本。理想标准成本能使企业在同行业的竞争中取得有利地位。

正常标准成本 指企业内部人、财、物的利用与管理处于较佳状态所确定的成本控制标准。这一标准的定位应在同行业当中是较先进的，是需要充分调动员工的积极性才能达到的标准成本。

预计实际标准成本 是根据企业内部人、财、物的利用与管理的现有状态所确定的成本费用标准。

制定标准成本是极其重要的一项工作，标准制定的过高或过低，都不利于成本费用的控制，应该掌握在平均先进的水平上，即在过去一定时期平均实际成本的基础上考虑未来变动趋势，经过努力达到的成本水平。为使标准成本制定得合理科学，必须广泛吸收有关人员参加，既要有财务管理人员参加，又要有各部门标准成本的执行者参加。

（2）控制成本费用的形成过程

在成本费用的形成过程中，经常将企业成本费用发生的实际情况与控制标准对比，及时纠正偏差，以保证成本费用的降低。以餐饮成本为例，为了控制餐饮成本，企业要从采购环节、验收入库环节、储藏环节、领发料环节、生产环节、楼面服务环节等都要有严格的控制方法和标准。实际耗费小于控制标准为顺差，表明成本费用控制取得良好成效；反之为逆差，表明成本费用控制的成效不好，企业应分析成本费用偏差的程度和性质，找出原因，为纠正偏差提供依据。

（3）控制成本费用发展趋势

根据企业成本费用与其相关因素指标的内在联系，掌握成本费用变动趋势和水平，以便更好地进行成本费用的控制。

（4）及时处理成本费用偏差

在成本控制过程中，要及时总结经验，对于成绩应总结推广，对于问题应及时纠正，不断完善成本费用控制措施，提高企业的经济效益。

11.3.4 成本费用控制的基本方法

旅游企业成本费用控制的主要方法有预算控制法、标准成本控制法和主要消耗指标控制法。

（1）预算控制法

预算控制法是以预算指标作为控制成本费用开支的依据，通过分析对比，找出差距，采取相应的改进措施，保证成本费用预算的顺利实现。具体做法是：首先制定科学合理的预算指标，然后把每个报告期实际发生的各项成本费用总额与预算指标相比，在接待业务量不变的情况下，要求成本不超过预算。可采用弹性预算法、滚动预算法、零基预算法等，具体采用何种方法由企业根据自身情况确定。

（2）标准成本控制法

标准成本是指正常条件下某营业项目的标准消耗。标准成本控制就是以各营业项目的标准成本作为依据对实际成本进行控制的方法。

由于旅游企业经营的项目较多，因此，各部门的标准成本的确定及计算方法也不相同。下面分别以饭店、旅行社为例来说明。

人天成本 即以“人天”为单位，对旅行社实际成本进行控制。

$$\text{每人每天成本} = \frac{\text{旅行社计算期接团成本预计总额}}{\sum(\text{接待某类旅行社预计总人次} \times \text{平均停留天数})}$$

人天成本是指一个客人一天所发生的成本费用。为了有效地控制旅行社的成本费用，还可以把“人天成本”分解为“人天直接成本”“人天营业费用”“人天管理费用”作为成本控制的标准。通过标准化的控制管理，发现实际成本费用管理中出现的问题，及时纠正，保证成本费用管理的有效进行。

间天出租成本 是指一间客房出租一天的成本。用公式表示为：

$$\text{客房间天出租成本} = \text{间天固定成本} + \text{间天变动成本}$$

或 $$客房间天出租成本=\frac{计算期全年客房成本费用总额}{可出租客房数量\times出租率\times365}$$

如前所述，客房的成本费用可以分为固定成本和变动成本2部分。固定成本总额不会随着出租率的高低而变化，但间天固定成本（单位固定成本）会随着出租率的提高而减少。变动成本总额会随着出租率的提高而增加，但间天变动成本（单位变动成本）是一个常数。因此，客房成本费用的控制，降低消耗可从两方面入手：一方面提高客房出租率，降低间天固定成本（单位固定成本）；另一方面确定科学合理的消耗定额（客房消耗品标准费用），消耗定额是对可变成本进行控制的依据。按照消耗定额控制单位变动成本支出。通过对固定成本和变动成本的有效控制，达到降低消耗，增加盈利的目的。

百元营业额营业成本 是指百元营业收入中营业成本的支出限额。该指标用于餐饮、康乐、商品等部门。餐饮、康乐、商品部门经营的项目多样，品种繁多，不便对每一项目核定成本。所以这些部门可以用百元营业额营业成本这样综合的数量指标作为成本控制的依据。百元营业额营业成本计算公式如下

$$百元营业额营业成本=\frac{计算期营业成本}{计算期营业收入}\times100\%$$

公式中营业成本指餐饮部门的食品原材料成本，商品部门的进价成本，康乐部门的直接支出。

为了使上述指标制定得科学合理，确保标准的先进性及可行性，必须经过各部门参与、反复论证，并调动全员参与执行的积极性。

（3）主要消耗指标控制法

主要消耗指标控制法就是在企业经营活动中，对企业成本费用有着重要影响的主要消耗指标实施控制的方法。在企业的成本费用中各种消耗对成本费用数额的影响是不相同的，有的支出数额较大，有的则较小。而那些支出数额很大的成本费用项目对于成本费用的控制起着重要的作用。因此，需要对主要消耗进行重点控制。主要消耗和支出的指标的计算方法与标准成本计算方法很相似。下面分别介绍：

旅行社人、天、房、餐、车费支出额 其计算公式如下

$$\begin{matrix}人、天、房、餐、\\车费平均支出数\end{matrix}=\frac{计算期某等级旅行团房、餐、车费支出总额}{计算期某等级旅行团人次\times平均停留天数}$$

房费是指为旅游者支付的房费、夜房费、退房损失费等。房费开支的多少取决于预算期接待人数的多少、人均停留日数及间天房价等内容。

餐费是指为旅游者支付的餐费、风味费、餐车费、退餐损失费、旅途中饮料费。餐费开支的多少取决于预算期接待人数的多少、人均停留日数及日餐费标准等。

车费是指为旅游者支付的市内和市郊的车船费、超里程费、游江湖费、接送补贴等。车费开支的多少取决于团队的数量和每个团队的人数及停留日数、日标准车费、日超里程车费等内容。

旅行社接待的客人中的消耗又各不相同，因此，必须按照不同等级的团队计算其主要消耗指标。

客房间天物料用品消耗额 物料用品是饭店客房部门费用支出中的主要一项。为了避免物料用品的不必要的损失和浪费，严格控制物料用品的支出，

必须制定相应的控制标准，并结合有关的管理制度进行管理。可用下列指标进行控制：

$$客房间天物料用品消耗额=\frac{计算期物料用品消耗额}{可出租客房数量\times计算期天数\times出租率}$$

百元营业额燃料消耗额 餐饮部门的主要支出除了食品原材料、人工成本等外，燃料消耗也是一项重要开支，为了更好地对燃料实施管理控制，通过百元营业额燃料消耗额进行控制，计算公式如下：

$$百元营业额燃料消耗额=\frac{计算期燃料消耗额}{计算期营业收入总额}\times100\%$$

当然这些指标不是一成不变的，旅游企业可以根据自身的经营特点，结合本部门的主要消耗，制定行之有效的控制标准。以保证成本费用的有效管理，从而不断提高企业的经济效益。

【思考题】

1. 成本费用控制的方法有哪些？
2. 成本费用控制的原则是什么？
3. 如何进行经营保本点的预测？
4. 旅游企业的成本费用如何控制？

【经验性训练】

一、选择题

1. 下列费用对采购部门来说属于可控成本的有（　　）。

A. 企业的利息支出　B. 企业清洁卫生费用　C. 采购费用　D. 折旧费

2. 成本按其性态可划分为（　　）。

A. 直接成本和间接成本　B. 可控成本和不可控成本

C. 固定成本、变动成本和混合成本　D. 相关成本和无关成本

3. 根据企业内部人、财、物的利用与管理的现状所确定的成本费用标准是（　　）。

A. 理想标准成本　B. 正常标准成本

C. 预计实际标准成本　D. 阶段标准成本

4. 电话费属于（　　）。

A. 固定成本　B. 变动成本　C. 混合成本　D. 不可控成本

5. 企业存在的根本目的是（　　）。

A. 保本　B. 生存　C. 盈利　D. 发展

6. 成本费用控制的主要方法有（　　）。

A. 预算控制法　B. 标准成本控制法

C. 主要消耗指标控制法　D. 制度控制法

7. 当（　　）时，企业正好保本。

A. 收入与成本相等　B. 边际贡献等于固定成本

C. 利润等于零　D. 固定成本等于变动成本

8. 下列不属于企业主要消耗控制指标的是（　　）。

A. 百元营业额燃料消耗额　B. 人、天、房、餐、车费支出额

C. 间天物料用品消耗额　D. 百元营业额营业成本

9. 提高出租率可以降低客房的（　　）。

A. 变动成本总额　B. 固定成本总额

C. 单位固定成本　D. 单位变动成本

10. 百元营业额营业成本指标主要适用于（　　）。

A. 餐饮部门　　B. 客房部门　　C. 康乐部门　　D. 商品部门

二、判断题

1. 企业的固定成本就是永远都不会随业务量的变化而变化的成本。（　　）
2. 实行成本费用控制就是为了降低成本。（　　）
3. 餐饮原材料支出就是典型的变动成本。（　　）
4. 企业的可控成本和不可控成本是相对一定时间和空间而言的。（　　）
5. 混合成本采用一定的方法都可以分解为固定成本和变动成本。（　　）

三、计算题

1. 某饭店拥有客饭 300 间，每天分摊固定费用 15 000 元，客房出租的平均房价是 160 元，变动成本费用率是 20%，营业税金及附加的税率是 5.5%，计算客房的月保本收入，月保本出租率。

2. 某旅行社全年的固定成本总额为 150 万元，每一天接待一位客人的边际利润是 15 元，组团社向接团社的人天拨款标准为 150 元，该旅行社每位客人人均停留 5 天，计算该旅行社的年保本收入，年保本出租率。

3. 某餐厅年固定成本总额为 150 万元，综合毛利率为 50%，其他变动成本率为 12%，主营业务税金及附加的税率是 5.5%，该餐厅人均消费水平 30 元，一日三餐，餐位数量 280 个。计算该餐厅的年保本收入和年保本出租率。

【案例分析】

成功企业如何做好成本费用管理

在电冰箱市场饱和、平均利润率下降的环境下，美菱集团为在激烈的市场竞争中站稳脚跟，眼睛向内，苦练内功，强化管理，采取了 6 种措施，实现了成本管理市场化、内部供需买卖化，从而有效地降低了成本，增强了市场竞争力。

1. 确定目标成本

目标成本管理的基础工作是制定科学合理的成本标准和定额，完善目标考核体系。美菱按照成本管理精细化的原则，对所有的经济活动实行成本控制，对 8 个成本管理要素逐项确定成本目标。除管理费用专题定期研究下达以外，美菱把其他费用分解为 166 项，分项下达了控制指标，明确归口分级管理的责任部门，对主要指标确定了管理和控制办法，大到购买设备，小到打电话、发传真都有指标管制，各部门建立费用控制台账，对费用申请、使用、登记、结算严格按计划控制、不得超支。在全面分解的同时，还重点抓影响成本的关键因素，重新确定了配套件价格目标；对销售和服务费用的 11 大类 44 项逐项核定新的控制目标，并分解到各驻外办事处。

2. 实施“三全”成本控制

“三全”即全过程、全要素、全员参与。所谓“全过程”，即对设计、采购、制造、质量、管理、销售、售后服务、财务等 8 个方面的费用进行全过程跟踪核算、控制；“全要素”控制即对成本和获利能力有重大影响的制造成本和关键费用进行全要素的剖析，逐项逐件进行核算控制；全员参与，即从总经理到公司每一位职工都自觉参与成本管理活动。为了使工作落到实处，美菱先后完善了从公司、分厂、车间、班组到工位的一整套核算体制，抽调 21 名财会人员派驻到各核算单位，以确保核算信息的公正性；同时为了确保车间物料存量最小，美菱实行了限额发料、定额送料、看板供货和工位卡制度，谁超耗谁负责，使生产经营活动形成了一个统一、高效的整体。

3. 推行内部管理市场化

成本控制目标确定后关键是要把目标责任落到实处。美菱通过在企业内部形成企业与职工、企业部门之间和上下工序之间的买卖关系，建立相应的内部市场，从而实现了“管理机制市场化、经济关系买卖化”。如材料采购市场，产品生产或其他工程所需原、辅材料均实行定价采购、招标采购并实行优质优价，以价定量，在确定的使用范围内，使用单位可以自由选择。又如人才市场，定员定岗前可以双向选择；定员定岗后可以拿出该岗位的效益工资进行岗位替代、岗位兼并。这样既促进了人力资源的有效配置，又为满负荷工作和兼职人员提供了多得收入的机会。

4. 实现管理手段价值化

既然把企业内部管理市场化，把目标管理责任单位之间的关系视为供应方与顾客之间的关系，那么就要在供应方和顾客之间实行货币化结算。过去成本核算采取的是货物转移考核办法，现在逐步转变为价值化管理。如采购部门为制造车间采购材料和配件，每个品种都要分别定价，由采购部门按期按价提供，因提供不及时造成缺货而用高价料代用的，差额由采购部门承担。

5. 建立严格的内部索赔制度

确认谁造成的损失，就要向谁索赔。如某一车间当月没完成生产计划，或者因产品质量问题造成损失，公司按照损失的价值量，开出索赔单据向车间索赔。因职工的失误增加成本或减少收益的，则向该职工索赔。

6. 健全监督保证系统

管理贵在坚持，有效实施目标成本管理必须坚持不懈地抓落实。一方面公司动员全体职工积极参与管理；另一方面充分发挥职能部门的作用，即成本中心负责成本核算与控制，管理信息中心负责相关制度的制定与考核等。为此，美菱专门成立了督察部，对包括成本管理制度在内的所有制度执行情况进行不间断督察，发现问题及时处理。

【案例思考题】

1. 美菱集团在进行成本费用管理时成功地坚持了哪些原则？
2. 你认为美菱集团成本管理的成功经验对旅游企业有借鉴意义吗？
3. 从本案例中你能得到什么启示？

【本章推荐阅读书目】

1. 旅游企业财务管理．张玉凤．北京大学出版社，2006.
2. 旅游企业财务管理．徐虹，康晓梅．东北财经大学出版社，2007.
3. 现代旅游企业财务管理．龚韵笙．东北财经大学出版社，2002.

第12章

旅游企业利税管理

【本章概要】

本章就旅游企业的税金种类及计算、利润的形成、分配及股份公司的股利支付方式、股利政策、股票分割及股票回购、利润的考核等内容进行了阐述和分析，重点讲述了各种税金的计算方法、利润的分配内容及分配顺序、股利政策等问题。

【学习目标】

- 了解旅游企业向国家缴纳的税金种类；
- 了解利润的形成过程及利润的分配原则；
- 掌握各种税金的计算方法及税金的日常管理工作；
- 掌握利润的分配内容及分配顺序；
- 掌握股利政策的有关内容。

【关键性术语】

税金、营业税、增值税、城市维护建设税、车船税、房产税、城镇土地使用税、印花税、所得税、利润、净利润、股利政策、股票分割、股票回购。

【章首案例】

税收筹划能合理降低企业税负

某市一知名太阳能公司主要从事太阳能热水器产品的研制、生产、销售及安装维修等售后全方位配套服务，其安装维修业务除为热水器提供免费服务外，其他安装、移机、维修服务年收入高达40万元左右。2003年以前由公司统一核算，按现行税法规定统一按17%缴纳增值税款6.8万元。2003年底，公司为了进一步加强对安装维修业务的经营管理，经筹划成立了一个独立核算的安装维修服务部，专门从事安装维修业务，并取得了营业执照和税务登记证，独立申报纳税。按现行税法规定安装维修服务公司的业务收入不属于增值税的征收范围，而应按3%的税率缴纳营业税。倘若按2003年安装维修服务的业务收入40万元计算的话，企业只需要缴纳1.2万元的营业税，与之前相比，少负担了5.6万元的税款，税收负担减轻了82.35%。企业经过税收筹划降低了税负，提高了经济效益，这样使企业实现了更多的利润。

12.1 旅游企业利税管理

12.1.1 税金概述

税金是国家为实现其职能，凭借政治权力，依照法律规定的标准，强制地、无偿地参与社会剩余产品分配，以取得财政收入的一种重要形式。同时，税金是企业依法向国家缴纳的各种税收，是企业向社会提供的积累。

旅游税收是各国政府取得财政收入的“软黄金”。根据世界旅游组织的不完全统计，目前世界上旅游税收大约有40种。我国的现行税制由23种税组成，与饭店、旅行社、饮食服务业等旅游企业密切相关的主要有3类：一是可以计入企业成本费用的车船税、房产税、城镇土地使用税、印花税；二是实现收入过程中缴纳的增值税、营业税、城市维护建设税；三是实现利润以后缴纳的企业所得税。

（1）车船税

车船税是指在中国境内拥有并且使用车船这一特定行为，按车船种类、大小，实行定额征收的一种税。

车船税的纳税人是在我国境内拥有或者管理车辆、船舶的单位和个人。其课税对象为在公共道路或航道上行驶的车辆和船舶。

车船税的计税依据按车船的种类和性能，分别确定为辆、自重吨位和净吨位3种。具体规定为：载客汽车、电车、摩托车，以每辆为计税依据；载货汽车、三轮汽车、低速汽车，按自重每吨为计税依据；船舶，按净吨位每吨为计税依据。

车船税采用定额税率，又称固定税额。根据《车船税暂行条例》的规定对应税车船实行有幅度的定额税率，即对各类车船分别规定一个最低到最高的年税额，同时授权国务院财政部、税务主管部门可以根据实际情况在法定的税目范围和税额幅度内，划分子税目，并明确车辆的子税目税额幅度和船舶的具体适用税额；车辆的具体适用税额由省级人民政府在规定的子税目税额幅度内确定。车船税税目税额见表12－1。

表12－1　车船税税目税额

税　目	计税单位	每年税额	备　注
载客汽车	每　辆	60～660元	包括电车
载货汽车	按自重吨位	16～120元	包括半挂牵引车、挂车
三轮汽车低速汽车	按自重吨位	24～120元	
摩托车	每　辆	36～180元	
船舶	按净吨位每吨	3～6元	拖船和非机动驳船分别按车船税额的50%计算

车船税的各种计算公式为：

- 载客汽车和摩托车的应纳税额＝辆数×适用年税额；
- 载货汽车、三轮汽车、低速货车的应纳税额＝自重吨位数×适用年税额；
- 船舶的应纳税额＝净吨位数×适用年税额；
- 拖船和非机动驳船的应纳税额＝净吨位数×适用年税额×50%。

车船税按年申报缴纳。具体纳税期限由各省、自治区、直辖市人民政府确定。

（2）房产税

房产税是以房屋为征税对象，按照房屋的原值或房屋租金向产权所有人征收的一种税。

房产税的纳税人是房产的产权所有人，如果产权属于国有，以经营管理的单位为纳税人。

房产税的计税依据分为2种情况：一种是依照房产原值一次减去一定比例

（10%~30%）自然损耗因素后的余值计算征收，具体由各省、自治区、直辖市人民政府确定。在没有房产原值作为依照的，由房产所在地税务机关参照同类房产核定。另一种是房产出租的，以房产租金收入为计税依据。

房产税的税率有2种：一是按房产原值一次减除10%~30%后的余值计征，税率为1.2%；计算公式为：

应纳税额 = 房产余值 × 1.2%

二是按房产出租的租金收入计征，税率为12%。计算公式为：

应纳税额 = 房产租金收入 × 12%

房产税由房产所在地税务机关征收。房产税按年征收、按期缴纳，具体纳税期限由各省、自治区、直辖市人民政府确定。

（3）城镇土地使用税

土地使用税是对在城市、县城、建制镇和工矿区范围内使用土地的单位和个人，以其实际占用的土地面积为计税依据，实行从量定额征收的一种税。

土地使用税采用按大、中、小城市和县城、建制镇、工矿区分别规定幅度税额的办法，土地使用税每平方米年税额标准如下：大城市1.5~30元；中等城市1.2~24元；小城市0.9~18元；县城、建制镇、工矿区0.6~12元。

各地可根据本地区市政建设和经济繁荣程度，将土地划分为若干等级，在统一规定的税额幅度内，确定各个等级的适用税额。其计算公式为：

年应纳税额 = 实际占用应税土地面积（平方米）× 适用税额

土地使用税实行按年计算、分期缴纳的征收方法。具体纳税期限由各省、自治区、直辖市人民政府确定。

（4）印花税

印花税是国家对企业在经济活动和经济交往中书立、领受的凭证征收的一种税。凡是发生书立、领受、使用应税凭证行为的，都应按照规定缴纳印花税。

印花税的纳税人是我国境内书立、领受印花税法所列举凭证的单位和个人。这些书立、领受的凭证包括赊销、财产租赁、具有合同性质的凭证、营业账簿等。印花税的税率采用比例税率和定额税率2种。除了权力许可证照和营业账簿中的其他账簿部分适用定额税率外，其余11种税目均采用比例税目。

印花税的各种计算公式如下：

- 实行比例税率的凭证，印花税应纳税额的计算公式为：

  应纳税额 = 应税凭证计税金额 × 比例税率

- 实行定额税率的凭证，印花税应纳税额的计算公式为：

  应纳税额 = 应税凭证计税件数 × 定额税率

- 营业账簿中记载资金的账簿，印花税应纳税额的计算公式为：

  应纳税额 =（实收资本 + 资本公积）× 0.05%

- 其他账簿按件贴花，每件5元。

印花税的缴纳方法较其他税种不同，其特点是由纳税人根据税法规定，自行计算应纳税额，自行购买印花税票，自行完成纳税义务。同时，对特殊情况采取特定的纳税贴花方法。

（5）增值税

增值税是对我国境内销售货物或者提供加工、修理修配劳务，以及进口货物的单位和个人，就其取得的货物或应税劳务销售额，以及进口货物金额计算税款，并实行税款抵扣制的一种流转税。饭店的商场或购物中心对客人销售商品，要缴纳增值税。

增值税的纳税人有一般纳税人和小规模纳税人之分。年应征增值税销售额超过增值税暂行条例实施细则规定的小规模纳税人标准的单位，为增值税的一般纳税人；年销售额在规定标准以下的，并且会计核算不健全不能按规定报送有关税务资料的，为增值税小规模纳税人。

一般纳税人通常适用17%的基本税率，准许实行税款抵扣制度。小规模纳税人实行6%的税率。

增值税实行价外计税法，以不含增值税的价格为计税依据，其应纳税额为销项税减去进项税的余额。其计算公式为：

应纳增值税额 = 当期销项税额 - 当期进项税额

当期进项税额是指当期购进货物或应税劳务缴纳的增值税，通常从销货方取得的增值税专用发票上注明的增值税额。当期销项税额是按税率计算并向买方收取的增值税额。其计算公式为

销项税额 = 销售额 × 税率

（6）营业税

营业税是对在我国境内从事应税劳务、转让无形资产或销售不动产的单位和个人，就其营业收入征收的一种税。

营业税是以营业额为计税依据的，因此，只要有营业行为并且有营业收入就应纳税，而不管盈利多少。旅游饮食服务企业缴纳的营业税是以营业收入乘以适用的税率。其计算公式为

应纳营业税 = 营业收入 × 适用税率

但需要指出，旅行社营业税是以营业收入净额为计税依据的，而非收入的全额。其计算公式为

应纳营业税 = 营业收入净额 × 适用税率

按税法规定，不同的营业收入适用不同的营业税率。餐饮、客房收入适用税率为5%，代销商品手续费收入适用税率为10%，旅行社适用税率为5%。

营业税的纳税期限分别为5日、10日、15日或1个月。纳税人是以1个月为期纳税的，自期满之日起10日内申报纳税；以5日、10日、15日为期纳税的，自期满之日起5日内预交税款，次月1日起10日内申报纳税并结清上月应纳税款。

（7）城市维护建设税

城市维护建设税是对缴纳增值税、消费税、营业税的单位和个人，按其实际缴纳的税额的一定比例征收的一种税。它属于地方附加税。

城市维护建设税以纳税人实际缴纳的增值税、消费税、营业税为计税依据。城市维护建设税根据纳税人所在地的不同，分别规定不同的比例税率。纳税人所在地在市区的，税率为7%；纳税人所在地在县城、建制镇的税率为5%；纳税人所在地不在城市市区、县城、建制镇的税率为1%。其计算公式为

城市维护建设税 =（营业税 + 消费税 + 增值税）× 适用税率

城市维护建设税与增值税、消费税、营业税同时缴纳。

（8）企业所得税

企业所得税是指国家对企业和组织的生产经营所得和其他所得征收的一种税，

是企业利润分配的一种形式。

生产经营所得是指从事物质生产、交通运输、商品经营、劳务服务和其他盈利性事业取得的纯利润，其他所得是指从联营企业分得的利润和取得的股息，除购买国库券以外的各种债券的利息以及营业外收入等。

所得税的计税依据是企业的应纳税所得额。应纳税所得额不是企业的利润总额，而是纳税人每一年度的收入总额减去准予扣除项目后的余额。其计算公式为

应纳税所得额 = 每一纳税年度的收入总额 - 不征税收入 - 免税收入
- 准予扣除项目 - 允许弥补的以前年度亏损

收入总额 是指纳税人所取得的下列各项收入：生产经营收入；财产转让收入；利息收入；租赁收入；特许权使用费收入；股息收入；其他收入等。

不征税收入 财政拨款；依法收取并纳入财政管理的行政事业性收费、政府性基金；国务院规定的其他不征税收入。

免税收入 国债利息收入；符合规定条件的居民企业之间的股息、红利等权益性投资收益；符合规定条件的非营利组织的收入等。

准予扣除项目 是指在计算所得税时，准予从收入总额中扣除的项目包括：① 成本，即生产、经营成本，是指纳税人为生产、经营商品和提供劳务等所发生的各项直接费用和各项间接费用。② 费用，即纳税人为生产、经营商品和提供劳务等所发生的销售费用、管理费用和财务费用。③ 税金，即纳税人按规定缴纳的消费税、营业税、城市维护建设税等各种税金。④ 损失，即纳税人生产、经营过程中的各项营业外支出、已发生的经营亏损和投资损失以及其他损失。

纳税人的上述各项扣除项目，应严格按照税法规定的范围、标准扣除，不得任意扩大扣除范围。不准从收入总额中扣除的项目，如资本性支出，违法经营的罚款和被没收财务的损失，各项税收的滞纳金、罚金和罚款，自然灾害或意外事故损失的有偿部分，各项赞助支出等。

根据税法规定，纳税人发生年度亏损的，可以用下一年度所得弥补，下一年度的所得不足弥补的，可以逐年延续弥补，但延续弥补期限最长不得超过 5 年。这是国家为了保证企业的均衡发展，而采取的一项重要措施，有利于企业扭亏为盈，尽快提高经济效益。在 5 年内未弥补完亏损的企业，也应从第 6 年起，就其生产经营的应纳税所得缴纳企业所得税，未弥补完的亏损应以企业的税后利润或盈余公积来弥补。

旅游企业的应纳所得税额是根据应纳税所得额与规定的税率计算的。其计算公式为

应纳所得税额 = 应纳税所得额 × 适用税率 - 减免和抵免税额

长期以来，我国企业所得税按内资、外资企业分别立法，2007 年 3 月 16 日第十届全国人民代表大会第五次会议通过了《中华人民共和国企业所得税法》，自 2008 年 1 月 1 日起施行。新实行的《企业所得税法》实现了内资、外资企业适用统一的企业所得税法，统一企业所得税税率。企业所得税的税率统一实行比例税率，税率为 25%。

此外，国家为了重点扶持和鼓励发展特定的产业和项目，还规定了 2 档优惠税率：① 符合条件的小型微利企业，减按 20% 的税率征收企业所得税。② 国家需要重点扶持的高新科技企业，减按 15% 的税率征收企业所得税。

企业所得税实行按年计算、按月（季）预缴、年终汇算清缴、多退少补的办

法。月份或季度终了后的15日内预缴，年度终了后的5个月内汇算清缴。

12.1.2 纳税筹划

(1) 纳税筹划的含义

纳税筹划又称税务筹划或税收筹划，是指在不违反税法的前提下，通过对经营、投资、理财活动中涉税事项的筹划和安排，尽可能地减轻税负以实现财务目标。我们可以从以下几方面理解这一概念。

不违法性 纳税筹划与偷逃税款的最大区别在于它的合法性，因此，做好纳税筹划需要深入了解和熟练运用国家有关政策法规。

计划性 纳税筹划与偷逃税款的另一区别是事前事后的区别。纳税筹划强调纳税行为发生之前要有税收筹划意识和一定的方法准备；而偷逃税款是到该纳税时，才想起采用什么手段少上税的问题。两者的效果决然不同。

目的性 前者目的明确，即减轻税负以实现企业目标，企业目标既有财务目标也有非财务目标；而后者只关注如何少上税、少支出。可见前者更强调整体效应，后者更强调个别效应。

(2) 纳税筹划的目标

纳税筹划的整体目标是追求税务管理工作中风险最低化，收益最高化。根据理财原则中成本收益相均衡、收益风险相均衡的要求，具体来说包括以下2个方面。

第一，纳税成本最低化，收益最高化。一方面要努力降低纳税成本，包括税务登记、纳税申报、税款缴纳、税务检查等整个纳税过程中的时间耗费、经济耗费及心理耗费成本。另一方面要努力降低纳税结果成本，即降低税收负担。例如，绝对减少纳税额，或相对降低纳税额，或推迟纳税时间，获取时间价值等。

第二，规避纳税风险，处理好纳税义务和权力之间的关系。

(3) 纳税筹划的原则和基本技术

坚持不违法原则 这条原则是区别任何偷、逃、欠、抗、骗税的关键点，也是企业谋求长远生存的基础。

坚持整体性原则 纳税筹划要着眼于长远的理财目标，决不能局限于个别税负的降低，要综合平衡、全面衡量。

坚持动态性原则 纳税筹划有着明显的实效性和针对性，要随着环境的变化和企业的需要适时进行调整。

坚持成本效益均衡原则 要对纳税筹划中的成本进行全面的评价，不能只看显性成本，还要评估隐性成本的高低，以避免节约了税金却付出了更大的代价的情况出现。

纳税筹划的基本技术是指在遵守法律的前提下，利用合理的手段使纳税人尽量少缴纳税款的知识和技巧。它一般包括减免税技术、分割技术、扣除技术、税率差异技术、抵免技术、退税技术、延期纳税技术、会计政策选择技术等。

12.1.3 旅游企业税金的日常管理

旅游企业税金管理是旅游企业财务管理的重要内容，既关系到旅游企业自身的发展，也是政策性极强的一项工作，必须制定专人负责税金的计缴工作。

（1）办理税务登记

旅游企业经工商行政管理部门批准，在取得营业执照后30日内，应向税务机关申报办理税务登记。符合条件的税务机关予以登记，核发税务登记证。

（2）申报纳税鉴定

旅游企业应向税务机关填写纳税鉴定表，经税务机关审核后，确定其适用的税种、税目、税率、纳税环节、计税依据、纳税期限、征收方式等，领取纳税鉴定书。经税务机关批准的纳税鉴定书具有与税法同等的效力。纳税人经营新的项目或国家修订税法时，都需要在1个月内对原纳税鉴定书做出修订。

（3）办理纳税申报

旅游企业要按规定向税务机关进行纳税申报，一般在每月终了10天内、年度终了35天内向税务机关报送纳税申报表和会计报表。如因特殊情况不能按期办理纳税申报的，需上报税务机关，酌情予以延期，先缴纳税款，待申报后结算。

（4）按期缴纳税金

旅游企业应按照规定对不同税种采取不同的缴纳方式，如实按期缴纳税款。缴纳时间可以按日、旬、月预交，最长不得超过30天，按季度或半年结算，年终清缴，多退少补。财务部门必须加强对税金的管理，严格遵守各项税收制度，不得偷税、漏税，在缴税期内及时足额地结算并缴纳税款。

12.2 旅游企业利润管理

12.2.1 利润的概念

利润是指企业在一定会计期间的经营成果。利润包括收入减去费用后的净额、直接计入当期利润的利得和损失等。企业的利润有利润总额和净利润2种表示方法。

（1）利润总额

利润总额由营业利润和营业外收支组成。其计算公式为

利润总额 = 营业利润 + 营业外收入 − 营业外支出

营业利润 = 营业收入 − 营业成本 − 营业税费 − 销售费用 − 管理费用 − 财务费用 − 资产减值损失 + 公允价值变动净收益 + 投资净收益

旅游企业的营业外收入和营业外支出是指与企业生产经营无直接关系的各项收入和支出。营业外收入包括固定资产的盘盈和变卖的净收益、罚款净收入、确实无法支付而按规定程序经批准后转作营业外收入的应付款、礼品折价收入、其他收入等。营业外支出包括固定资产盘亏和毁损、报废的净损失、非常损失、技工学校经费、违约金、赔偿金、罚息、公益救助性捐赠等。

旅游企业的投资净收益是指投资收益与投资损失之间的差额。投资收益包括对外投资分得利润、取得的股利和债权利息等。

（2）净利润

净利润是企业当期利润总额减去所得税以后的余额，即企业的税后利润。其计算公式为

净利润 = 利润总额 − 所得税

12.2.2 利润的分配

12.2.2.1 利润分配原则

利润分配是旅游企业财务管理的重要组成部分，它涉及国家、企业、所有者、职工四者之间的利益关系。这些关系处理得好，可以促进企业经济的健康发展；处理不好就会阻碍企业经济发展。因此，旅游企业利润分配应当兼顾各方利益，一般要遵循以下几项原则。

（1）合法性原则

企业的利润分配必须贯彻合法性原则，严格遵守国家的财经法律法规，依据法定的程序进行分配。旅游企业在进行利润分配之前，应按照国家有关政策法规，按时足额上缴国家规定的各种税金和应缴款项。这是企业应尽的义务，也是国家机器正常运转的财力保证。企业缴纳所得税之后的净利润属于所有者权益，应当按投资比例在所有者之间进行分配。但是，按照有关法律法规的规定，在分配之前企业应当按一定比例提取法定盈余公积金和公益金，作为企业扩大再生产和抵御经营风险的财力保障。

（2）四兼顾原则

四兼顾原则即兼顾国家、企业、投资者和职工四者的利益，保证国家财政收入有稳定可靠的资金来源。利润分配并不是简简单单的投资收益分配，它涉及国家、企业、投资者和职工等方方面面的经济利益关系。因此，有人将其形象地比喻为“分蛋糕”。同一块蛋糕，如果国家分多了，企业、所有者、职工等必然少分，这样必然影响到经营者和生产者的积极性，最终还阻碍社会经济的发展；如果企业和职工分多了，国家必然少分，虽然会提高企业和职工的积极性，但国家的财政收入会减少。另外，企业的税后利润从性质上看，都属于所有者权益，可以全部分给投资者，也可部分分配给投资者，部分留在企业；如何去分就要视企业未来对资金的需求而定，既要满足企业对资金的需求，又要不伤害投资者的投资热情，从而保证企业的健康发展。因此，利润分配的关键在于处理好这种分配关系；合理的分配比例，不仅能调动各方面的积极性，而且能使蛋糕越做越大。

（3）抵补亏损原则

为了保护投资者的利益，应及时抵补亏损。企业如果在本年度或以前年度发生亏损，应首先抵补亏损。

12.2.2.2 利润分配程序

企业缴纳所得税后的利润，除国家另有规定者外，按下列顺序分配：① 支付被没收财物损失和各项税收滞纳金、罚款；② 弥补企业以前年度亏损，是指超过用所得税前的利润弥补亏损的期限仍未补足的亏损。③ 提取法定盈余公积金，按当年税后利润的10%提取。当法定盈余公积金已达注册资金的50%时，不再提取。盈余公积金用于弥补亏损，按照国家规定转增资本等，但转增资本后法定盈余公积金不得低于注册资本的25%。④ 提取法定公益金。公益金主要用于职工集体福利设施的支出，按当年税后利润的5%提取。⑤ 向投资者分配利润。按照股东的出资比例或按照股东持有的股份比例分配。企业弥补亏损和提取法定盈余公积、公益金后所剩余的利润，才是可供投资者分配的利润。

对于股份制企业在提取公益金后按照下列顺序分配：① 支付优先股股利；② 按公司章程或股东会议决议提取任意盈余公积金；③ 支付普通股股利。

企业若当年无利润时，不得向投资者分配“利润”。但股份有限公司在用盈余公积弥补亏损后，经股东会特别决议，可以按照不超过股票面值的6%的比率用盈余公积金分配股利，在分配股利后法定盈余公积金不得低于注册资本的25%。

12.2.3 股利支付的程序和方式

12.2.3.1 股利支付程序

股份公司支付股利必须遵循法定的程序，一般由董事会提出分配预案，然后提交股东大会决议通过才能进行分配。

(1) 董事会关于股利支付的决议

股利支付的程序通常是在每个营业年度结束时，董事会根据公司的资产和盈利情况，以及企业近期内的财务状况和财务方针等，综合各种因素向股东大会提交合乎股利分配原则的分配方案，经股东大会审议，确定是否发放股利，发放股利的形式、金额和日期。

(2) 股利支付的有关日期

股东大会决议通过股利分配预案之后，要向股东宣布发放股利的方案，并确定股权登记日、除息日和股利发放日。

股利宣告日 即股东大会决议通过并由董事会宣布发放股利的日期，亦即公司董事会将股利支付情况予以公告的日期。在宣告分配方案时，要公告股权登记日、除息日和股利支付日。

股权登记日 是有权领取本期股利的股东资格登记截止日期。凡是在股权登记日这一天登记在册的股东才有资格领取本期股利；而在这一天后登记在册的股东，即使是在股利发放日之前买到的股票，也无权领取本次分配的股利。

除息日 是指除去股利的日期，亦即领取股利的权力与股票分开的日期。在除息日之前购买的股票，才能领取本次股利；在除息日当天或以后购买的股票，则不能领取本次股利。

股利支付日 也称付息日，即将股利正式发放给股东的日期。在这一天，企业应将股利通过邮寄等方式支付给股东，计算机交易系统可以通过中央结算系统将股利直接打入股东资金账户，由股东向证券代理商领取股利。

例 12－1 某公司 2007 年 11 月 15 日发布公告：“本公司董事会在 2007 年 11 月 15 日的会议上决定，本年度发放每股为 5 元的股利；本公司将于 2008 年 1 月 2 日将上述股利支付给已在 2007 年 12 月 15 日之前登记为本公司股东的人士。”

该例中，2007 年 11 月 15 日为该公司的股利宣告日；2007 年 12 月 15 日为其股权登记日；2008 年 1 月 2 日则为其股利支付日。

12.2.3.2 股利支付方式

股利支付方式较多，常见的有以下几种。

(1) 现金股利

现金股利是股份公司以现金的形式发放给股东的股利。这是最常用的股利分配形式。现金股利的发放会对股票的价格产生直接的影响。现金股利发放的多少主要取决于公司的股利政策和经营业绩。

（2）股票股利

股票股利是股份公司将应分配给股东的股利以股票的形式发放。它一般是根据普通股股东持有的普通股股数，按一定比例发放的。股票股利并没有改变公司账面的股东权益总额，同时也没有改变股东的持股结构。但会增加市场上流通的股票数量，因此，股份公司发行股票股利会使股票价格相应下降。

（3）财产股利

财产股利是以现金以外的资产支付的股利，主要以公司所拥有的其他企业的有价证券（如债券、股票等）作为股利支付给股东。

（4）负债股利

负债股利是公司以负债支付的股利，通常以公司的应付票据支付给股东，在不得已的情况下也有发行公司以债券抵付股利的。

财产股利和负债股利实际上是现金股利的替代。这2种股利支付方式目前在我国公司实务中很少使用，但并非法律所禁止。

12.2.4 股利分配政策

支付给股东的盈余与留在企业的保留盈余存在此消彼长的关系。所以，股利分配既决定给股东分配多少红利，也决定有多少净利留在企业。减少股利分配，会增加保留盈余。

在进行股利分配时，公司经常采用的股利政策如下。

（1）剩余股利政策

剩余股利政策就是在公司确定的最佳资本结构下，税后净利首先满足投资的需求，然后若有剩余才用于分配股利。采用剩余股利政策的先决条件是公司必须有良好的投资机会，并且该投资机会的预期报酬率必须高于股东要求的必要报酬率，这样股东才会接受。采用剩余股利政策的公司，因其有良好的投资机会，投资者会对公司未来的获利能力有较好的预期，因而股票价格会上升，并且可以保持最佳的资本结构，使加权资本成本最低。但采用剩余股利政策往往会导致各期股利忽高忽低。

采取剩余股利政策的基本步骤是：① 确定最佳资本支出水平。根据投资计划和确定的企业目标资金结构，以及企业的加权平均资金成本，确定最佳资本支出水平。② 确定目标资本结构下投资所需的股东权益数额。③ 确定所需的自有资金数额。最大限度地使用保留盈余来满足投资方案所需的自有资金数额。④ 将剩余利润分配给投资者。投资方案所需权益资本已经满足后若有剩余盈余，再将剩余利润分配给投资者。

例12－2 某公司2007年税后利润3200万元，盈余公积的计提比例为15%。根据公司的计划，2008年公司需投资2000万元，公司当前的目标资本结构是权益资本占60%，债务资本占40%，今年继续保持。按照剩余股利政策确定2008年公司可分配的股利。

由题意知，2007年可供分配的利润为3200×(1－15%)＝2720（万元）

满足2008年投资所需的权益资金＝2000×60%＝1200（万元）

公司2008年利润能够用于分配的数额为：2720－1200＝1520（万元）。

采用剩余股利政策，公司只将剩余的盈余用于发放股利。这样做的理由是为了保持理想的资本结构，使加权平均资本成本最低。如上例，如果公司不按剩余股利政策发放股利，将税后利润全部留用于投资或全部作为股利发放给股东，然后再去筹借债务，这2种做法都会破坏目标资本结构，导致加权平均资本成本提高，不利于提高公司的价值（股票价格）。

(2) 固定或持续增长的股利政策

这一股利政策是将每年发放的股利固定在某一固定的水平上，并在较长的时期内不变，只有当公司对未来利润增长确有把握，并且这种增长被认为是不会发生逆转时，才增加每股股利额。

采用这种股利政策的优点有：① 固定或持续增长的股利向市场传递公司正常发展的信息，有利于树立公司良好的形象，增强投资者对公司的信心，稳定股票的价格。② 固定或持续增长的股利有利于投资者安排股利收入和支出，特别是那些对股利有着很高依赖性的股东。③ 稳定的股利政策可能背离剩余股利理论，使资本结构偏离目标资本结构。但由于股票市场受到多种因素的影响，尤其是股东的心理状态和股东对股利的要求等对股票市场的影响更深刻。因此，为了稳定股票市场，使股利维持在稳定的水平上，即使推迟某些投资方案或者暂时偏离目标资本结构，也可能要比降低股利或降低股利增长率更为有利。

该股利政策的缺点是股利的支付与盈余相脱节。当盈余较低的时候仍要支付固定的股利，这可能导致资金短缺，财务状况恶化；同时不能像剩余股利政策那样保持较低的资本成本。

(3) 固定股利支付率政策

固定股利支付率政策是指公司确定一个股利占盈余的比率，长期按此比率支付股利的政策。这一股利政策使公司的股利支付与盈余状况密切相关，盈利状况好，每股股利额就增加，盈利状况差，每股股利额就下降，真正体现了多盈多分、少盈少分、无盈不分的原则。该股利政策不会给公司造成较大的财务负担。但其股利随公司的盈亏状况忽高忽低，变化较大，这样可能传递给投资者该公司经营不稳定的信息，容易使股票价格产生较大的波动，不利于树立良好的企业形象。

(4) 低正常股利加额外股利政策

这是一种介于稳定股利政策与变动股利政策之间的折中股利分配政策。这种股利政策是公司每期都支付稳定但较低的正常股利额，当公司盈利较多时，再根据实际情况发放额外股利。额外股利并不固定化，不意味着公司永久地提高了规定的股利率。

该股利政策具有较大的灵活性，在公司盈利较少或投资需要较多资金时，可以支付较低的正常股利，在公司盈利较多或不需要较多投资资金时，除向股东支付设定的固定股利外，还可以向股东发放额外股利。这样既不会给公司造成较大的财务负担，又能保证股东得到一笔固定的股利收入，因而为许多公司采用。同时，由于这种股利政策每期都有固定的股利，可使那些依靠股利度日的股东每年至少可以得到虽然较低，但比较稳定的股利收入，从而吸引住这部分股东。

以上各种股利政策各有所长，公司在分配股利时应借鉴其基本决策思路，制定适合企业具体情况的股利政策。

12.2.5 股票分割与回购

12.2.5.1 股票分割

（1）股票分割的含义

股票分割是指通过按比例减少股票面值来增加股数。股票分割使公司发行在外的流通股数成倍增加，而每股面额则等比例减少，每股盈余下降；但公司价值不变，股东权益总额、权益各项目的金额及其相互间的比例也不会改变。股票分割对企业的财务结构不会产生任何影响。股票分割一般用“一拆二股票分割”“一拆三股票分割”等表示。“一拆二股票分割”就是以原有1股股票换到新股票2股；“一拆三股票分割”就是以原有1股股票换到新股票3股。股票分割不属于某种股利方式，但其所产生的效果与发放股票股利近似。

股票分割对公司来说，一是增加股票股数，降低股价，有利于吸引更多的中小投资者购买；二是能在一定程度上树立成长公司的形象。

例如，某股份公司将原来发行的每股面值为10元的普通股股票100万股，按每一旧股换发每股面值1元的新股10股，共分成1000万股。分割后的股东权益见表12－2。

表12－2 股票分割前后股东权益变化表

分割前：	
普通股（面值10元，共100万股）	10 000 000
资本公积	8 000 000
未分配利润	2 000 000
股东权益合计	20 000 000
分割后：	
普通股（面值1元，共1000万股）	10 000 000
资本公积	8 000 000
未分配利润	2 000 000
股东权益合计	20 000 000

假定公司本年净利润400万元，那么股票分割前的每股收益为4元；假定股票分割后公司净利润不变，分割后的每股收益为0.4元，每股市价也会因此而下降。

（2）股票分割的主要作用

股票分割多发生在公司经营非常成功，股票价格高涨时。这时股票的市场价格比较高，往往不受投资者的欢迎，在股票市场上流通比较困难，这就需要将股票进行分割，将一股较大面值的股票分割成几张较小面值的股票，降低股票的市价，从而引起广大投资者的投资兴趣，使股票更加大众化。一般而言，股票分割还能传播有利于公司的信息。股票分割往往被认为是股票行市看涨，它反映公司将来盈利情况较好，股利的支付也随之增加，股票价格会增长。成长性公司往往会利用股票分割的方式扩大持有公司股票的股东人数，以达到在证券交易所挂牌上市的条件。

对于股东来讲，股票分割后各股东持有的股数增加，但持股比例不变，持有股票的总价值不变。但只要股票分割后每股现金股利的下降幅度小于股票分割幅度，股东仍能多获现金股利。例如，假定某公司股票分割前每股现金股利2元，某股东持有100股，可分得现金股利200元（即2×100）；公司按1换2的比例进行股票分割后，该股东股数增为200股（即100×2），若现金股利降为每股1.1元，该股东可得现金股利220元（即1.1×200），仍大于其股票分割前所得的现金股利。另外，股票分割向社会传播的有利信息和降低了的股价，可能导致购买该股票的人数增加，反使其价格上升，进而增加股东财富。

一般只有在公司股价暴涨且预期难以下降时，才采用股票分割的办法降低股价。

12.2.5.2 股票回购

（1）股票回购的含义

股票回购是指公司出资购回其本身所发行的流通在外的股票，将其流通在外的股票收回作为库藏股。

（2）股票回购的动机

股票回购的动机主要有以下几种。

用于企业兼并或收购 在收购或兼并的情况下，产权交换的支付方式无非是现金购买或以股票换股票2种。如果公司有库藏股票，即可以使用公司本身的库藏股票来交换被购并公司的股票。由此可以减少公司的现金支出。

满足可转换条款和有助于认股权的行使 在公司发行可转换或附认股权证证券的情况下，公司通过回购股票，即可使用库藏股票来满足认股权证持有人以特定的价格认购的股票，以及可转换证券持有人将可转换证券转换成普通股的要求，而不必另行发行新股票。

分配公司超额现金 当公司有丰富的现金时，发放现金股利存在较高的所得税，出于股东避税的考虑，公司可能会选择股票回购而非现金股利的方式分配。

改善公司的资本结构 当公司认为其权益资金在它的资本结构中所占的比例过大、负债对权益的比率失衡时，就有可能对外举债，用举债所得资金回购其自身的股票，由此实现资本结构的合理化。

（3）股票回购的影响

第一，股票回购是上市公司通过一定的途径买回本公司对外发行的部分股票。这在国内属于一种金融创新，它使证券市场在一贯性的扩张中增加了收缩股本的功能，从而有利于社会资源的合理配置。

第二，回购股票对股东财富增加的作用表现在：公司通过回购向市场传达利好信号，使市场对公司的预期好转。由于公司宣布回购股票，常会被理解为公司的股票被严重低估的信息，市场通常会做出积极的反映。投资者对此的心理预期将促使市场看好该股，从而挽回人气，使公司股票价格随之提高。

第三，回购股票与派发现金股利的比较。公司的股利政策一般要求有一定的连续性、稳定性。否则，会引起市场对公司产生不利猜测。一旦派发了现金股利就会对公司产生未来的派现压力。同时如果次年现金股利达不到上年的水平，市场就会形成较大压力。而股份回购是一种非股利政策，不会对公司未来产生派现压力。另外，派发现金股利时，股东要缴纳个人所得税。而通过正常交易回购股票，资本利得税率低于股利收入税率，股票回购可使股东获得更多实惠。再有，若公司派发现金股利，对股东来讲是没有选择权的，但有的股东并不希望公司派现。采用回购股份方式可以使需要公司派现的股东获得现金股利，不需要现金股利的股东则继续持有股票。可见回购股票有时可以达到派现的效果又比直接派现更加有利于股东。

（4）股票回购的方式

股票回购的方式主要有公开市场购买、投标出价购买和议价购买等方式。

公开市场购买 是指上市公司通过经纪人在公开市场上回购自己的股票。当公司向公开市场回购股票时，应注意披露回购股票的意图、数量等信息。

投标出价购买 指公司按某一特定价格向股东提出回购若干股份的正式出价。投标出价通常高于当时市价，以吸引股东出售其持有的股票。投标出价的时间一般为2~3个星期。如果各股东愿意出售的总股数，多于公司原计划购买的股数，则公司可自行决定购买部分或全部超额股数。相反，如果投标出价未能购买满足公司计划要回购的股数，则公司可能通过公开市场回购余下的不足数。由于公司披露了回购股票的意图，同时股东有依据投标出价选择出售其股票或继续持有其股票的机会，因此，当公司想回购大量股票时，投标出价购买方式比较适用。

议价购买 指公司以议价为基础，直接向一个或一个以上的股东回购股票。在此购买方式下，公司同样必须披露其回购股票的目的、数量等信息，并使其他股东相信公司的购买价格是公平的，而且他们的利益和机会并未受到损害。

12.2.6 旅游企业利润的考核

利润是一项能全面体现企业经营状况和最终财务成果的综合指标，对旅游企业利润的考核可以通过以下几个指标来进行。

（1）利润额

这是反映企业经营成果的绝对指标。通过利润额指标可以综合反映旅游企业经营活动的经济效益，考核企业利润预算完成的情况，并据以确定企业以所得税形式为国家提供的资金积累数额以及企业税后利润的分配额。但由于旅游企业的经营规模或其他条件不同，不同的旅游企业之间有时很难从绝对值上进行比较。

（2）人均利润额

这是旅游企业在一定时期内利润总额与旅游企业全部职工平均人数之间的比率，表示在一定时期内每人平均实现的利润额。其计算公式为

$$\text{人均利润额}=\frac{\text{利润总额}}{\text{企业全部职工平均人数}}$$

人均利润额是一项侧重从业人员潜力利用角度评价旅游企业经营效益的综合性指标。旅游企业要提高人均利润额，必须在增加利润的同时，充分挖掘职工的劳动潜力，提高职工的劳动效率。

（3）营业收入利润率

这是利润总额与营业收入总额之比，用以反映旅游企业经营成果的相对值指标。其计算公式为

$$\text{营业收入利润率}=\frac{\text{利润总额}}{\text{营业收入总额}}$$

营业收入利润率表明每百元营业收入所获得的利润额。这一指标一方面可以反映利润额与营业收入之间的比例关系，用它来说明在影响利润的其他各个因素不变的条件下，由于企业销售额的扩大应该增加多少利润。采用这一指标，就可

以联系企业营业任务的完成情况来考核企业经营活动的经济效益。从另一方面来看，这一指标还可以反映利润和企业各项开支之间的关系，用它来说明企业经营管理水平的高低。我们知道，利润额的大小是受很多因素影响的，在企业的销售价格和税率等其他因素不变的条件下，营业收入利润率就反映着利润和营业成本、营业费用、企业管理费以及其他开支之间的关系。因为利润额的大小和这些开支的多少是成反比例的，即各项开支越多，利润额就越小，营业收入利润率也就越低；反之，各项开支越少，利润额就越大，营业收入利润率也就越高。可见，利用这一指标进行考核，还可以促使旅游企业提高经营管理水平。

（4）总资产利润率

总资产利润率是指利润总额与总资产平均占用额的比率，反映了利润额与总资产占用额之间的比例关系。其计算公式为

$$总资产利润率=\frac{利润总额}{总资产平均占用额}$$

总资产利润率表明占用每百元资产所获得的利润额，这一指标反映着利用额和资金占用额之间的比例关系。在资金占用额不变的条件下，利润额越大，资产利用率就越高；反之，利润额越小，资产利用率也就越低。这样，通过资产利润率指标的高低，就可以说明企业是否有效地管理和使用了资产。对于一个企业来说，资金使用上的浪费是最大的浪费。改进资金管理，提高资金利用效率是提高企业盈利水平的关键所在。利用资产利润率指标就可以联系企业资金使用情况，来考核企业经营活动的经济效益，从而促使企业采取措施，努力提高资金使用效率，以便用较少的资金占用，为国家提供较多的资金积累。

【思考题】

1. 试述旅游企业的利润分配顺序。
2. 旅游企业进行利润分配时应遵循什么样的原则？
3. 旅游企业的税金有哪几种？如何做好税金的日常管理？
4. 股利政策有哪几种类型？

【练习题】

一、选择题

1. 下列各项目中，构成企业利润总额的有（　　）。

A. 营业利润　B. 投资收益净额　C. 营业外收支净额　D. 其他业务利润

2. 所得税的计税依据是（　　）。

A. 营业利润　B. 利润总额　C. 净利润　D. 应纳税所得额

3. 计提盈余公积的比例是税后利润的（　　）。

A. 10%　B. 5%　C. 15%　D. 20%

4. 旅游企业进行利润分配时应遵循的原则有（　　）。

A. 合法性原则　B. 量入为出原则　C. 四兼顾原则　D. 弥补亏损原则

5. 对旅游企业利润的考核可以利用（　　）等指标。

A. 利润额　B. 总资产利润率　C. 营业收入利润率　D. 应纳所得税额

6. 企业如果发生亏损，可以用税前利润补亏，但连续补亏的时间不得超过（　　）。

A. 3年　B. 4年　C. 5年　D. 6年

7. 可以计入企业管理费用的税金有（　　）。

A. 车船税　B. 房产税　C. 城镇土地使用税　D. 印花税

8. 下列可计入营业外支出的项目有（　　）。

A. 固定资产盘亏和毁损　　B. 报废的净损失

C. 违约金、赔偿金　　D. 借款利息

9. 我国旅游企业主要采取的股利支付方式有（　　）。

A. 现金股利　　B. 股票股利　　C. 财产股利　　D. 负债股利

10. 企业缴纳所得税不允许扣除的项目有（　　）。

A. 资本性支出

B. 税收的滞纳金

C. 分给其他单位的利润

D. 购买国库券取得的利息收入

二、判断题

1. 所得税是企业的一项费用。（　　）
2. 股票分割和股票股利是一回事。（　　）
3. 企业进行利润分配时要绝对照顾投资者的利益，坚持投资者的利益优先原则。（　　）
4. 如果企业本年度没有实现盈利，就不用缴纳营业税。（　　）
5. 股份制企业向投资者分配利润时，首先要支付优先股股利。（　　）

【经验性训练】

1. 某饭店客房部每年的固定成本1 450 000元，客房每间的平均售价是240元，每间客房的变动成本为80元。

问题：① 如果客房的预期利润是998 000元，饭店本年度要销售多少间客房才能实现其预期利润？② 试分析饭店除提高销售量外，还可用什么办法实现其目标利润？

2. 某饭店拥有客房300间，每天分摊固定费用15 000元，客房出租的平均房价是160元，变动成本费用率是20%，营业税金及附加的税率是5.5%。

问题：计算客房的月保本收入、月保本出租率。

3. 某旅行社全年的固定成本总额为150万元，每天接待一位客人的边际利润是15元，组团社向接团社的人天拨付标准为150元，该旅行社每位客人人均停留5天。

问题：计算该旅行社的年保本收入、年保本出租率。

4. 某餐厅年固定成本总额为150万元，综合毛利率为50%，其他变动成本率为12%，营业税金及附加的税率是5.5%；该餐厅人均消费水平30元，一日三餐，餐位数量280个。

问题：计算该餐厅的年保本收入、年保本出租率。

【案例分析】

准确计算企业应纳税所得额

李铭是某旅游企业财务部的新员工，他上岗后的第一件任务就是计算出2007年度企业的应纳税所得额，李铭找到企业2007年度的财务报表的相关资料：2007年度取得营业收入11 000 000元，营业成本4 600 000元，营业税金及附加300 000元，管理费用2 500 000元，销售费用500 000元，财务费用1 100 000元，投资收益400 000元，营业外收入20 000元，营业外支出700 000元，企业的利润总额是1 900 000元，企业的所得税率为25%。于是经李铭计算得出企业的应纳所得税额是1 900 000×25% =475 000元，但企业的财务部经理张杉却认为李铭计算有误，并提出下列补充意见，让他多考虑一下以便得出正确结论。

1. 本年度企业取得国库券的利息收入20 000元，计入投资收益；

2. 年度企业交纳各种税金的滞纳金6000元，企业将其计入营业外支出；

3. 企业为提高自身形象向所在地区的一所高校赞助500 000元，计入营业外支出。

【案例思考题】

1. 你认为企业的利润总额和应纳税所得额是一回事吗？李铭计算的正确吗？你认为张杉的提议合理吗？

2. 请帮助李铭正确计算企业的应纳所得税额。

【本章推荐阅读书目】

1. 旅游企业财务管理．张玉凤．北京大学出版社，2006.

2. 经济法基础．财政部会计资格评价中心．经济科学出版社，2007.

3. 旅游企业财务管理．徐虹，康晓梅．东北财经大学出版社，2007.

4. 旅游企业财务管理．师萍．旅游教育出版社，2007.

第 13 章

旅游企业财务预算

【本章概要】

财务预算是企业对经营期间企业财务状况和经营成果，以及现金收支等价值指标的各种规划。本章主要介绍旅游企业财务预算的编制方法。

【学习目标】

- 掌握旅游企业预算的含义、种类及其作用；
- 了解预算编制的程序；
- 掌握预算编制的方法；
- 掌握旅游企业营业收入、成本费用、利润预算的编制方法。

【关键性术语】

财务预算、固定预算、弹性预算、零基预算、滚动预算。

【章首案例】

9·11 事件对雅高集团的影响

雅高是一个总部设在巴黎的多品牌的酒店网络，产业已经遍布全球，特别是美洲、欧洲和亚洲都有它的分店。

2001 年春季，旅游业就已经显示出了明显的滑坡，接着 9·11 恐怖袭击事件又使已经不景气的旅游业遭受了历史上最为惨重的打击。这一事件产生了 2 种结果：第一个是前所未有的、巨大的心理震撼；第二是波及美洲、欧洲、亚洲的全球经济衰退。由于这一事件，有些酒店投资被推迟了。尽管如此，雅高集团仍然计划在未来 10 年开设 250 家新酒店。

【案例思考题】

9·11 属于突发事件，雅高集团在编制预算时很难预见到这类事件的发生，但一旦发生了这样的事件后，必然会对预算的实施结果产生影响。你认为面对这种不可预见事件的发生，雅高集团在编制预算时应做些什么准备才能更有利于预算管理的实施？

【分析提示】

从预算编制方法进行探讨，例如，为了应对旅游企业太多的突发事件，必须编制弹性预算，实行柔性预算管理或滚动预算管理，以确保预算真正起到应有的控制和考核作用。

13.1 旅游企业预算概述

20 世纪初，预算管理就开始在美国通用汽车公司中进行运用，他们把预算管理作为“对分部责任进行集中控制”的重要工具。自 20 世纪 80 年代以来，预算的管理理念开始引入我国，并在国内许多大中型企业广泛运用。

韩愈曾说过："凡事预则立，不预则废。"与其仓促地盲目做事，不如从容地周全做事。兵法中说："胜兵先胜而后求战，败兵先战而后求胜。"即作战只是完成一个过程而已，胜败在开战之前就已确立。胜败的关键是开战前是否做好了周密的研究和计划，并对形势和对手了然于胸。旅游企业要发展，要取得较好的经济效益，实现预定的目标，就必须重视财务预算工作。只有搞好预算工作，才能很好地筹划未来，明确奋斗目标，实施目标管理，有效地控制企业的经营活动。

13.1.1 旅游企业预算的概念

财务预算是对旅游企业未来某个时期财务报表所列项目计划的一种数量反映，是以货币或者现金流量的形式对企业未来某一特定时期生产经营活动所作的系统而详细的表述，是对各项经济活动进行有效控制的一种工具。财务预算的含义包括以下内容：① 财务预算是用数量形式反映出来的正式计划。② 预算所反映的是未来时期的经营活动和财务状况，所以旅游企业预算应表明其在未来某一特定时期内实施某些行动所获取的预期财务成果。③ 旅游企业财务预算作为总预算或全面预算是由各部门的预算汇总而成的。④ 财务预算以财务预测为前提，二者既有联系又有区别，只有做出正确的预测，才有可能做出正确的预算。

预算的编制通常是以一年为一期。这样使预算期间与会计年度一致，以利于预算执行结果的分析、评价和考核。当然，在年度预算的基础上，还必须再分成更短期的预算，如季度预算、月份预算，有些甚至还有周预算或日预算。这一方面是为了更有效地实施控制，另一方面也反映了旅游企业经营的波动性。

13.1.2 旅游企业预算的作用

（1）提供决策依据

在现代企业财务管理中，财务预算严格服从决策目标的要求，全面、综合地协调、规划企业内部各部门、各层次的经济关系与职能，使之统一服从于未来经营总体目标的要求；同时，财务预算又能使决策目标具体化、系统化和定量化，能够明确规定企业有关生产经营人员各自职责及相应的奋斗目标，做到人人心中有数。

（2）明确奋斗目标

预算的编制过程实际上是将旅游企业确定的经营目标具体化为各部门预算的过程，通过编制预算将旅游企业各部门的工作目标及其制定依据、落实的措施等明确提出来，从而使每个部门、每位员工都知道预算期内应该达到什么目标、应该做什么以及如何去做等。

（3）控制财务活动

预算所规定的各项指标是控制生产经营活动的依据。在执行预算的过程中，以预算指标为依据，分析预算与实际之间的差异，采取措施加以改进，保证预算指标顺利完成，从而使预算起到控制日常财务活动的作用。

（4）协调部门工作

为了实现总的战略目标，各部门的行动必须密切配合，相互协调。为此，必须将各部门的预算进行综合平衡。而预算编制过程正是各部门反复协商、反复平衡的过程。通过这一过程，使各部门加深彼此的理解与协调。

13.1.3 旅游企业预算的分类

(1) 短期预算和长期预算

财务预算按预算使用时间的长短，可分为短期预算和长期预算。

短期预算 一般指年度预算，或者是更短的季度预算、月度预算，是对企业一定时期经营、财务等方面的预算。比如，销售的预算、客房收入的预算、成本预算、资金需要量预算、现金收支预算、直接材料预算、结算款项预算、费用预算、预算会计报表等。

长期预算 一般是指一年以上的预算。比如，购置大型设备预算，改建、扩建、新建大型固定资产长期投资预算，按年度划分的长期资本收支预算，长期科研经费预算等。通常情况下短期预算和长期预算的划分以一年为界，有时也把2～3年的预算称为中期预算。

(2) 资本预算和经营预算

资本预算 企业为购置长期使用的资产而编制的预算。资本预算的预算期较长，因此，要随着时间的推移不断进行调整。

经营预算 分为营业预算和财务预算，前者反映营业决策的结果，包括损益表的各项内容；后者反映财务决策的结果，包括预算现金表及资产负债表。经营预算的期限为1年，通常还包括更短时间的预算，如分季或分月预算，以便于进行财务控制。

(3) 全面预算和专门预算

财务预算按涉及的内容，可分为全面预算和专门预算。

全面预算 是对企业总体情况的预算。比如，预计资产负债表、预计利润表等会计报表。

专门预算 是对其他某一方面经济活动的预算。比如，现金预算、信贷预算等。

(4) 期间预算和项目预算

期间预算 是以一定的期间为对象编制的预算。例如，营业费用、管理费用、财务费用的预算就属于期间预算。

项目预算 是以特定项目的全过程为对象编制的预算。比如，固定资产的扩建预算、更新改造项目预算等。

(5) 部门预算和总预算

部门预算 是旅游企业内部某一部门的预算。比如，客房部、餐饮部的预算等。

总预算 是指由各部门预算汇总而成的预算。

13.2 旅游企业财务预算编制的原则和方法

13.2.1 旅游企业财务预算编制的原则

(1) 以经营目标为前提的原则

旅游企业在编制财务预算时，应以企业明确的经营目标为前提。例如，对已确定的投资目标，在资金预算时，就要考虑投资目标的实现；确定了目标利润和目标成本，据此编制有关营业收入、费用成本的预算。

（2）统筹兼顾的原则

在编制预算时，统筹考虑企业业务经营活动各个方面资金的需要与可能，以及资金的投入和产出，全面安排各项财务活动；不仅仅是财务收支问题，而是使整个企业的财务活动紧紧围绕着实现企业经营目标而有序地进行的重大问题。

（3）实事求是的原则

要根据企业业务经营的现实情况，如客房数量、出租率情况、餐饮接待能力，以及企业未来预算期的市场情况、企业对市场的适应能力等情况，实事求是地分析研究，编制出符合自身实际情况的预算指标，不允许为着某种需要，凭空虚拟数字。

（4）先进合理的原则

在编制预算时，不要把预算指标定得过低或过高，发挥预算在实际执行中的指导和控制作用。既要根据企业现有的业务经营条件，又要充分考虑预算期的不利条件，使其指标既先进，又合理。所谓指标先进，就是指标要反映本企业的先进水平和同行业的先进水平。所谓指标合理，就是指指标经过努力是可以完成的，不是高不可攀的。

13.2.2 财务预算的编制方法

旅游企业财务预算有固定预算、弹性预算、零基预算、滚动预算等，企业可根据不同情况和管理上的要求选择使用。

（1）固定预算

固定预算也叫静态预算，是以预算期内正常的、可实现的某一固定业务量（如生产量、销售量）水平为基础编制的预算，一般适用于固定费用或者数额比较稳定的预算项目。

固定预算的特点是：除特殊情况外，一般对预算不予修改或调整，具有相对固定性。固定预算的缺点是当实际情况发生变化，实际销售水平与预算发生差异时，其控制和评价标准只能凭主观判断加以调节。

（2）弹性预算

弹性预算也叫变动预算，是以业务量、成本和利润之间的依存关系为依据，以预算期可预计的不同经济活动规模和业务量为基础，编制出不同水平的预算。

弹性预算的编制程序为：① 确定预算期内各种业务量发生波动的相关范围，一般控制在正常业务量的70%~120%，范围过大会加大工作量，范围过小又可能找不到相近似的数值进行比较，不便于日常的费用控制。② 根据成本和业务量之间的依存关系，将成本划分为固定成本和变动成本。③ 确定各个成本项目的成本特性模式，基本预算模式为

销售收入预算 = $\sum$（预计销售量 × 单位售价）

变动成本费用预算 = $\sum$（销售量 × 单位变动成本预算）

成本费用预算 = 固定成本预算 + 变动成本预算

利润预算 = 预计销售量 × 预计单位售价 -（固定成本费用 + 变动成本费用）

弹性预算的编制方法包括公式法和多水平法。

公式法 是指通过确定成本公式 $y_i = a_i + b_i x_i$ 中的 a_i 和 b_i 来编制弹性预算的

方法。在成本性态分析的基础上，可将任何成本项目近似地表示为：$y_i = a_i + b_i x_i$。编制预算时，只要事先确定了有关业务量的变动范围，根据有关成本项目的 a 和 b 参数，就可以推算出业务量在允许范围内任何水平上的各项预算成本。

这种方法的优点是在一定范围内不受业务量波动影响，编制预算的工作量较小；缺点是在进行预算控制和考核时，不能直接查出特定业务量下的总成本预算额，而且按细目分解成本比较麻烦，同时又有一定误差。

多水平法 也叫列表法，是在确定的业务量范围内划分出若干个不同的水平，然后分别计算各项预算成本，汇总后列入一个预算表格的一种预算编制方法。

业务量间距越小，实际业务量水平出现在预算表中的可能性就越大，但工作量也就越大。业务量的间距通常为10%。

列表法的主要优点是可以直接从表中查得各种业务量下的成本预算，便于预算的控制和考核，可以在一定程度上弥补公式法的不足。但这种方法工作量较大，且不能包括所有业务量条件下的费用预算，故适用面较窄。

(3) 零基预算

零基预算是指对预算收支项目以零为基点，不考虑以往会计期间所发生的费用项目或数额，一切从实际需要与可能出发，逐项审议预算期内各项费用的内容及开支标准是否合理，在综合平衡的基础上编制费用预算的一种方法。

零基预算的编制程序是：首先要确定各个费用项目是否应该存在，然后按项目的轻重缓急，安排企业的费用预算。

在实际工作中，某些成本项目的成本-效益关系不容易确定，按零基预算方法编制预算时，不能机械地平均分配资金，而应根据企业的实际情况，有重点、有选择地确定项目，保证重点项目的资金需要。

(4) 滚动预算

滚动预算也称永续预算，是随着预算的执行不断延伸补充预算，逐期向后滚动，使预算期永远保持为一个固定期间的一种预算编制方法。滚动预算按其预算编制和滚动的时间单位不同可分为逐月滚动、逐季滚动和混合滚动3种方式。

如2007年全年费用预算已编制完毕，当2007年第一季度的预算已执行完毕时，又续上2008年第一季度的预算，这样始终保持4个季度的预算。采用这种预算方法，由于需要逐期修改编制，因而工作量较大。但正由于它逐期修改，不断适应变化了的情况，从而使费用预算更加符合实际，更加便于控制。

采用滚动预算，必须有一个与之相适应的外部条件，如上级下达的经营指标，旅游淡旺季的变化等。如果这些外部条件仍然是以自然年为基础，一年一安排的，则企业要编制滚动预算是有困难的。随着我国市场经济的发展，这些条件的限制越来越小，将为滚动预算编制创造有利条件。

13.3 旅游企业财务预算的编制

13.3.1 旅游企业营业收入预算的编制

在销售预测的基础上，编制营业收入预算，营业收入预算是财务预算的起点，是根据年度目标利润所规定的销售量和销售单价来编制的。

(1) 房务(客房)营业收入预算的编制

房务营业收入 = ∑(某种类型客房平均单价 × 某种类型客房可供出租的套数 × 预算期内某种类型客房平均出租率 × 预算期内天数)

例 13-1 松江饭店有客房200间,预计2008年5月出租率可达到75%,预计平均房价为300元,则5月份客房收入预计为:

客房部预算营业收入 = 200 × 75% × 300 × 31 = 1 395 000(元)

决定客房收入的因素主要有客房出租率和房价2个因素。一般情况下,出租率越高,客房收入应该越多,但有时出租率很高,而客房收入并没有增加多少,这是因为饭店常常要给一些客人优惠甚至免费。因此,在编制客房营业收入预算时,要结合最近几年的收入情况,以及预算期对收入的影响因素,这样才能使预算更符合实际。

上例中,以往3年的5月份客房营业收入额分别为1 270 693元、1 294 705元、1 328 571元,销售量每年基本上递增2%。按照以往的销售资料分析,2008年5月将达到销售的高峰值,而同期在该城市将举办一次世界性体育大赛,这将促使客房销售量在正常增加的基础上进一步增加,预计可比上年同期增长大约5%,从而使销售额达到1 395 000元的水平。

如果考虑价格调整因素则营业收入也会发生变化。如果有8间客房经过重新装修增添了设备,房价由300元/间·天上升为350元/间·天,从5月1日起出租,则会增加收入12 400元(50 × 8 × 31)。

如果再考虑住房客人消费结构则营业收入还会发生变化。按规定房价为300元/间·天,但如果其中按80%收费的客人占出租的10%,则

5月份客房营业收入 = (300 × 180 + 300 × 20 × 80%) × 75% × 31 = 1 367 100(元)

考虑了以上2个因素后,5月份客房预算收入是1 379 500元,比上次计算少了15 500元,所以制定预算一定要考虑全面。

将各月营业收入预算额填列在营业收入预算表中,则客房部全年营业收入预算就做好了。为了进一步编制现金预算,通常在营业收入预算表下面附上现金收入预算表,它包括从本期销售中获得的现金和从上期应收款中获得的现金。房务(客房)营业收入预算见表13-1。

表 13-1 房务营业收入预算

项目		间数/间	平均开房率/%	平均房价/元	天数/天	金额/万元
住宿楼	豪华套房	4	50	580	300	34.8
	单人套房	10	50	400	300	60.00
	普通套房	4	50	420	300	25.2
	标准套房	50	60	380	300	342.00
	小计	68			300	462.00

(2) 餐饮营业收入预算的编制

制定餐饮营业收入预算,要结合客房出租量、客人数量及消费水平,还要结合各种促销手段综合考虑。由于早、中、晚餐的座位周转率和人均消费额差别很大,所以应该针对不同餐厅、不同就餐时间分别计算,然后再汇总。具体步骤为:① 按餐厅分餐次分别预测各个餐厅的人均消费水平,然后预测营业收入。② 依据前几年餐饮部销售实际和各月份的销售水平来计算平均上座率。③ 根据前几年的历史

资料和餐厅接待能力、市场趋势等因素，分餐厅、按餐次分别预测各个餐厅的就餐人次。④ 依据不同餐厅的座位数和上座率来计算餐厅就餐人次。其计算公式为：

餐厅就餐人次 = 餐厅座位数 × 上座率 × 预算期营业天数

⑤ 计算餐饮部营业收入，其公式为：

餐饮部营业收入 = $\sum$（某餐厅人均消费额 × 某餐厅餐位数 × 某餐厅餐位上座率 × 预算期营业天数）

餐饮部营业收入预算见表 13 – 2。

表 13 – 2 餐饮部营业收入预算表

餐 厅	餐位数/位	平均消费水平/元	餐位上座率/%	天数/天	小计/万元
中餐厅	200	60	90	300	324.00
大堂酒吧	50	20	10	300	3.00
中餐包厢	60	100	40	300	72.00
西餐厅	60	80	20	300	28.80
宴会厅	200	75	20	300	90
合 计	570				517.80

（3）商品营业收入预算的编制

商品部营业收入预算的编制，可以根据各类商品预计销售数量和预计售价来计算。其计算公式为：

商品部营业收入预算 = $\sum$（某类商品预计销售价 × 商品预计销售数量）

商品部营业收入预算也可以用另一种方式编制。如将商品部划分为不同营业柜组，分不同营业柜组编制预算，然后再汇总到一起。

例 13 – 2 松江饭店商品部大体分百货营业柜组、工艺品营业柜组、食品营业柜组、医药营业柜组，各营业柜组 2003 ~ 2007 年营业收入统计资料如表 13 – 3 所示。

表 13 – 3 松江饭店商品部历年营业收入表 单位：元

营业收入 部门 \ 年份	2003	2004	2005	2006	2007
百货柜组	512 000	674 000	685 130	742 100	763 920
工艺品柜组	819 300	847 400	36 910	939 750	991 450
食品柜组	436 700	529 100	537 000	561 300	594 400
医药柜组	641 800	653 730	665 410	718 430	982 730
合 计	2 409 800	2 704 530	2 824 450	2 961 580	3 332 500

根据上述统计资料，用平均发展速度计算方法预测下一年度各营业柜组营业收入，预测计算公式为：

$$营业收入预算值 = T_n \cdot \sqrt[(n-1)]{T_n/T_1}$$

式中 T_n——第 n 年营业收入额（离预测年最近的一年）；

T_1——第 1 年营业收入额（离预测年最远的一年）。

$$百货柜组营业收入预算值 = 763\ 920 \times \sqrt[4]{763\ 920/512\ 000} = 844\ 291（元）$$

$$工艺品柜组营业收入预算值 = 991\ 450 \times \sqrt[4]{991\ 450/819\ 300} = 1\ 039\ 866（元）$$

$$食品柜组营业收入预算值 = 594\ 400 \times \sqrt[4]{594\ 400/436\ 700} = 642\ 026（元）$$

医药柜组营业收入预算值 $=982\ 730\times\sqrt[4]{982\ 730/641\ 800}=1\ 093\ 182$（元）

商品部 2008 年营业收入预算值 $=844\ 291+1\ 099\ 866+642\ 026+1\ 093\ 182$

$=3\ 619\ 365$（元）

采用分柜组进行预算，便于实行经营承包责任制，便于对柜组进行考核和评价。年度预算编制出来后，可结合不同季度指数，将指标分解为月度预算指标，落实到各柜组。

（4）康乐中心营业收入预算的编制

饭店康乐中心设保龄球、桑拿浴按摩、美容美发、卡拉 OK、KTV 包房、桌球、壁球、网球、影视、会议、健身等。康乐中心营业收入预算方法同商品部。

例 13－3 如某旅游饭店前几年有关资料如表 13－4，表 13－5 所示。

表 13－4 某旅游饭店康乐中心前几年营业收入统计表 单位：万元

年份 / 营业额 / 部门	×××1 年	×××2 年	×××3 年	×××4 年	×××5 年
保龄球	36.40	35.50	40.10	30.20	44.40
桑拿浴按摩	2.40	2.60	3.20	2.20	4.60
美容、美发	24.40	26.20	30.40	18.20	40.20
桌　球	3.40	3.60	4.20	2.80	5.40
卡拉 OK、KTV	40.40	48.20	54.60	20.80	62.40
…	…	…	…	…	…
合　计	107.00	116.10	132.50	74.20	157.00

表 13－5 某旅游饭店康乐中心季节指数表 （%）

月份 / 指数 / 部门	1	2	3	4	5	6	7	8	9	10	11	12	合计
保龄球	6.2	6.0	6.4	7.6	7.8	8.4	9.2	10.2	11.2	11.8	9.8	5.4	100
桑拿浴按摩	7.4	7.8	6.8	7.7	8.2	8.6	9.5	9.6	10.0	10.2	8.7	5.5	100
美容、美发	6.7	7.2	7.8	7.9	8.3	8.8	9.2	9.8	10.8	11.4	6.8	5.3	100
桌　球	7.2	6.8	6.4	7.8	8.4	8.5	9.6	9.8	10.2	10.4	7.6	7.3	100
卡拉 OK、KTV	5.6	6.8	6.4	7.8	8.2	8.6	9.4	9.6	11.3	11.8	6.9	7.6	100
…	…	…	…	…	…	…	…	…	…	…	…	…	…

据上述资料，用平均发展速度计算方法可预测下年度康乐中心各部门的营业收入额。预测值结果如表 13－6 所示。

表 13－6 某旅游饭店康乐中心营业收入预测值 单位：万元

部　门	保龄球	桑拿浴按摩	美容、美发	桌球	卡拉 OK、KTV	总　计
预测值	46.67	5.42	45.55	6.06	69.10	172.80

根据预测值和季节指数，分析预算指标，分解到各个月份，即为康乐中心月度预算，见表 13－7 所示。

表13-7 某旅游饭店康乐中心营业收入额分解表

年份 营业额 部门	1	2	…	12	合计
保龄球	2.89	2.80	…	2.52	46.67
桑拿浴按摩	1.40	0.42	…	0.30	5.42
美容、美发	3.05	3.28	…	2.42	45.55
桌球	0.44	0.41	…	0.44	6.06
卡拉OK、KTV	3.12	4.70	…	5.25	69.10
合计	10.90	11.61	…	10.93	172.80

(5) 出租汽车营业收入预算编制

目前我国旅游饭店出租汽车常采用包车制方式，规定了每种车型每月包价。计算公式为：

出租汽车营业收入预算 = $\sum$(某车型每月包价 × 该车型车辆数 × 12)

(6) 其他营业收入预算编制

其他营业收入，如洗衣收入、商务收入等，可根据住店客人的比例计算，也可以按历史水平递增或递减的方法计算。

将各部门营业收入预算汇总起来即为旅游企业营业收入预算。

13.3.2 成本费用预算的编制

旅游企业成本费用预算是在销售预算的基础上，通过事前调查研究和分析，对未来的成本费用的发展趋势做出一种符合客观实际的定期预算。企业成本费用管理着眼于未来，根据目标成本费用对日常发生的各项支出加以控制。目标成本费用可以是计划成本费用、标准成本费用、定额成本费用，也可以是国内外先进水平、本企业最好历史水平、平均先进水平等。大多数旅游企业都在目标利润基础上测算目标成本费用，即营业收入扣除税金和目标利润后的余额。企业成本费用预算是成本费用控制、成本分析、成本考核的依据，也是企业编制财务预算的重要依据。正确编制、认真执行成本费用预算有利于挖掘降低成本的潜力，贯彻经济责任制，改善经营管理，提高经济效益。

(1) 房务成本费用预算

客房部的营业费用按照与出租率的关系可以分为固定费用和变动费用，在编制预算时，可分为变动预算费用和固定预算费用2部分进行编制。

变动预算费用的编制 变动费用是随客房出租量的变化而变化的，客房部的变动费用包括燃料费、针织品消耗、物料用品消耗等。以物料用品消耗为例，其公式为

物料用品成本预算 = $\sum$(客房数量 × 出租率 × 某类消耗品每间客房配备量 × 某类消耗品平均单价 × 预算期天数)

固定预算费用的编制 客房部固定费用主要是指与部门经营活动直接有关的固定费用，包括固定工资、折旧、大修理费、保险费等。计算公式为

某月季节指数 = (某月客房费用总额/全年客房费用总额) × 100%

或 某月季节指数 = (某月客房出租天数/全年客房出租天数) × 100%

某月预算费用 = 全年预算费用总额 × 该月季节指数

（2）餐饮部成本费用预算的编制

餐饮部成本费用由2部分组成：一部分是直接成本，另一部分为营业费用。餐饮营业成本主要是指制作食品菜肴的原材料、调配料及直接销售的饮料的购入成本。对于这部分直接成本的支出总额来说，由于它是随着接待客人的数量及客人消费水平的不同而变化的，所以能通过预计的营业收入额和已核定的毛利率来确定。餐饮部的直接成本预算用以下公式计算

$$预算期餐饮成本=\sum[预算期预计餐饮营业收入\times(1-预计餐饮毛利率)]$$

分别不同的餐厅和不同地点销售的毛利率，分别计算不同餐厅和各类饮料的成本，然后汇总为餐饮成本。

例13-4 某旅游饭店餐饮部中餐厅预算营业收入为600万元，毛利率为55%；西餐厅预算营业收入为480万元，毛利率为60%；风味厅预算营业收入300万元，毛利率为65%；自助餐厅预算营业收入360万元，毛利率为40%。计算该餐饮部餐饮成本为多少？

解：

$$餐饮成本=600\times(1-55\%)+480\times(1-60\%)+300\times(1-65\%)+360\times(1-40\%)$$

$$=270-192+105+216=783\ （万元）$$

$$平均成本率=783\div(600+480+300+360)=45\%$$

即

$$平均毛利率=1-45\%=55\%$$

由于餐饮部经营的制成品种类繁多，饭店应对每一品种或主要品种的成本编制预算，并以此作为控制和考核的依据。根据标准菜谱上列明的每一品种的主料、辅料、调味料的用量和预算净料成本来制定单位产品预算成本。其计算公式为

$$每一品种预算单位成本=预算主料单位耗用成本+预算辅料单位耗用成本+预算调味料单位耗用成本$$

主要原材料耗用成本，其计算公式为

$$主要原材料耗用成本额=预算期某主要原材料耗用量\times预算期该原料购进成本$$

（3）商品部成本费用预算的编制

商品部的营业成本是指已售商品的进价。商品部经营商品种类较多，且进销差价率各不相同。如果按综合进销差价率来制定成本预算，可能会使预算与实际产生很大的距离，因为不同进销差价率的商品在总销售量中所占比例不同，所以一般采用分类进销差价率，即按经营柜组确定该柜组进销差价率，分别计算然后再汇总，即为营业成本总额。其计算公式为

$$商品部营业成本预算额=\sum预算期某类商品预计销售额\times(1-该类商品进销差价率)$$

$$商品进销差价率=\frac{月末某类商品进销差价余额}{月末某类商品库存余额+本月该类商品销售额}$$

（4）管理费用和财务费用预算的编制

管理费用是旅游企业为组织和管理经营活动而发生以及应由企业统一负担的费用。在编制管理费用预算时，要分析企业的业绩和经济状况，力争使费用合理化。财务费用是指旅游企业经营期间所发生的利息净支出、汇兑净损益等筹资发生的费用。在编制预算时，应根据预算年度企业预计借款数额、利率水平等具体情况进行预算。管理费用和财务费用按成本性态又可分为固定费用和变动费用。固定费用可以根据上一年度成本费用开支情况，结合预算期内各项费用开支降低

的潜力以及各相关因素，综合调整。变动费用则可结合上一年度的变动费用率与本年度的预算期收入加以确定。管理费用预算见表13－8。

表13－8 饭店管理费用预算表

（××××年××月××日） 单位：万元

项目	金额	部门					
		总经理室	销售部	人事部	财务部	工程部	安保部
一、固定费用							
1. 工资							
2. 福利费							
3. 养老金（统筹金）							
4. 工作餐							
5. 服务费							
6. 折旧费							
7. 保险费							
8. 工会和教育费							
9. 无形资产摊销							
10. 有关税金							
二、变动费用							
1. 物料消耗							
2. 水费							
3. 电费							
4. 燃料费							
5. 办公费							
6. 邮电费							
7. 差旅费							
8. 日常维修费							
9. 交际应酬							
10. 绿化费							
11. 培训费							
12. 董事会会费							
13. 其他费用							
合计							

（5）饭店成本费用预算的编制

将以上各部门的成本费用预算及管理费用和财务费用预算加以汇总，即为饭店成本费用预算。

13.3.3 利润预算的编制

利润预算是在收入预算和成本预算的基础上编制而成的。利润预算的编制主要采用以下几种方法。

（1）直接计算法

直接计算法是根据预算期的营业收入预算、成本费用预算、税金预算，直接计算出利润额的大小。运用这种方法需要区别不同的营业项目，分别计算各项目的预算利润额，再汇总为饭店总的利润预算额。其计算公式为

某营业部门利润预算额 = 某营业部门收入预算 - 某营业部门成本费用预算 - - 某营业部门税金预算

例 13-5 客房部 2008 年预算营业收入为 12 715 300 元，营业费用为 3 565 324元，营业税为 692 984 元，则

客房部利润预算额 = 12 715 300 - 3 565 324 - 692 984 = 8 456 992（元）

（2）指标计算法

指标计算法是利用相关指标来预测利润的一种方法。如利用营业收入利润率、费用率来预测利润。

（3）变动成本法

变动成本法是在保本点分析的基础上，运用以下公式预测利润：

预计经营利润 =（预计营业收入 - 保本点收入）× 边际贡献率

例 13-6 某饭店客房部有客房 200 间，固定费用每月为 150 000 元，客房出租房价为 200 元，每出租一间客房变动费用（即单位变动费用）为 45 元，客房保本点收入为 194 000 元。如果客房部预算营业收入为 350 000 元，则

$$预计经营利润 = (350\ 000 - 194\ 000) \times \frac{200 - 45}{200} = 120\ 900（元）$$

餐饮部也可用这种方法来预算利润。其计算公式为

预计经营利润 =（预计营业收入 - 保本点收入）× 调整后的毛利率

例 13-7 餐饮部固定费用 120 000 元。调整后毛利率为 50%，保本点为 240 000元，如果预算营业收入为 500 000 元，则

预计经营利润 =（500 000 - 240 000）× 50% = 130 000（元）

无论用哪种方法预算利润，将各部门预算制定出来后汇总在一起即为饭店总的利润预算。

13.3.4 预计利润表

预计利润表是以货币为计量单位，全面、综合地反映旅游企业预算期内经营成果，以及利润分配的预算数。其中，利润各指标应根据各有关财务预算编制而成，而利润分配各指标则根据企业利润分配预计数预算。

例如，S 饭店 2008 年预计利润及利润分配表，根据前述各财务预算及利润分配预计数编制，见表 13-9。

表 13-9 S 饭店 2008 年预计利润表

项　目	行　次	金　额
一、营业收入	1	
减：营业成本	2	
营业税金及附加	3	
销售费用	4	
管理费用	5	
财务费用（收益以“-”号填列）	6	
资产减值损失	7	
加：公允价值变动损益（损失以“-”号填列）	8	
投资收益（损失以“-”号填列）	9	

（续表）

项　目	行　次	金　额
二、营业利润（亏损以“－”号填列）	10	
加：营业外收入	11	
减：营业外支出	12	
其中：非流动资产处置损失	13	
三、利润总额（亏损总额以“－”号填列）	14	
减：所得税费用	15	
四、净利润（净亏损以“－”号填列）	16	
五、每股收益：	17	
（一）基本每股收益	18	
（二）稀释每股收益	19	

通过编制预计利润表，可以了解企业预期的盈利水平。如果预算利润与最初编制方案中的目标利润有较大的不一致，就需要调整部门预算，力争达到利润目标，或者经企业经理办公会并报董事会同意后修改目标利润。

13.3.5 预计资产负债表

预计资产负债表是以货币形式反映的企业预算期期末财务状况的总括性预算。编制预计资产负债表的目的，在于判断预算期财务状况的稳定性和流动性。如果通过预计资产负债表的分析，发现某些财务比率不佳，必要时可修改有关预算，以保证预算的科学性、合理性。

预计资产负债表的“年初数”，根据上年期末数填写；其余项目，有些是根据企业原会计报表中的预计期末数填列，有些是根据前面所做的各项预算的数字分析后填列。例如，S饭店2008年预计资产负债表（表13－10）。

表13－10　S饭店2008年预计资产负债表

资　产	年初数	年末数	负债及其所有者权益	年初数	年末数
货币资金	100	267	短期借款	100	
交易性金融资产		50	应付账款	500	180
应收账款	60	80	应付职工薪酬	20	28
其他应收款	30	35	其他应付款	420	125
存货	360	450	应交税费	128	19
其他流动资产	120	150	长期借款	4 000	3 700
长期股权投资		1 000	实收资本	12 000	12 000
固定资产	23 300	23 615	资本公积	200	159
在建工程	6 200	8 950	盈余公积	297	322.2
无形资产			未分配利润	105	163.8
资产总额	17 770	16 697	负债及所有者权益	17 770	16 697

【思考题】

1. 什么是弹性预算？它的特点是什么？

2. 什么是固定预算、滚动预算和零基预算？特点各是什么？

3. 如何编制营业收入预算和成本费用预算？

4. 某公司编制2008年9月份的收支计划，预计2008年9月份现金余额为10 000元，月初应收账款为5000元，预计月内可收回70%，本月销货30 000万元，预计月内收款比为60%，本月采购材料10 000万元，预计月内付款80%，月初应付账款余额4000元，需在月内全部付清，月内以现金支付工资9000元，本月制造费用付现17 000元，其他经营性支出1000元，购买设备支付现金12 000元，企业现金不足时可向银行贷款，借款金额为1000元的倍数，要求月末现金余额不低于6000元。

要求：

(1) 计算经营现金收入。

(2) 计算经营现金支出。

(3) 计算现金余缺。

(4) 确定最佳资金筹措或运用数额。

(5) 确定现金月末余额。

【经验性训练】

为某旅游企业编制一份年度财务预算

【概述】

利用所学知识，为企业编制财务预算。

【步骤】

1. 将学生分为若干小组，推举小组长一名。小组长根据组员的专长和兴趣，对组员进行分工。

2. 每个小组根据组长分工，分别编制营业收入预算、成本费用预算、利润预算、预计利润表和预计资产负债表。

3. 指导老师负责提供相关数据和资料。

4. 利用所学知识，小组成员对本组所编制的预算进行审核和完善、修改。

5. 实习老师对每组所编预算进行指导和评价。

【案例分析】

根据资料编制年度预算

某汽车旅馆一年营业365天，由80间客房的汽车旅馆和60个座位的小餐厅组成。现向你提供以下信息：

(1) 80间客房中，有60间是双人房，20间是单人房。

(2) 双人房每间售价22美元，单人房每间售价18美元。

(3) 双人房的住房率预测为84%，单人房为78%。

(4) 每间客房平均住房率为1.8（单人房里只住1人，但是22美元1夜的双人房里可能有2人或更多的人住宿）。

(5) 住宿在单人房里的有40%的人在外面小餐馆里吃早饭，而住在双人房里的有20%在汽车旅馆吃早饭，其平均账单为2.80美元。

(6) 午餐和正餐交易的周转率和平均账单情况如下：

	午餐		正餐	
	周转率	平均账单	周转率	平均账单
星期一至星期五	$1\frac{1}{4}$	$4.20	1	$10.75
星期六	$\frac{1}{2}$	4.50	$\frac{1}{2}$	12.50
星期日	$1\frac{1}{2}$	5.50	$\frac{1}{2}$	11.25

(7) 估计食品成本百分数为35%。

(8) 人工成本百分数如下：客房为20%；饮食为38%。

(9) 营业部门的其他直接费用如下：客房为10%；饮食为12%。

(10) 营业费用包括：固定费用100 000美元，剩余部分是收入总额的10%。

(11) 其他固定成本包括以下几项：财产税为30 000美元，折旧为60 000美元，利息为50 000美元。

(12) 汽车旅馆的所得税率为30%。

请以适当的形式编制该年的预算。

【本章推荐阅读书目】

1. 旅游企业财务管理. 田岗，常永翔，薛永刚. 中国市场出版社，2005.
2. 旅游企业财务管理. 曹军辉. 湖南人民出版社，2004.
3. 旅游企业财务管理. 何惠. 郑州大学出版社，2002.
4. 现代旅游企业财务管理（第二版）. 龚韵笙. 东北财经大学出版社，2002.
5. 经理人员的财务预算. Kemp. S.，Dunbar. E 著. 刘晓静，李覃译. 电子工业出版社，2003.
6. 财务管理学. 刘建民. 中国电力出版社，2006.
7. 财务管理学. 刘迪. 中国电力出版社，2004.

第 14 章

旅游企业财务分析

【本章摘要】

本章主要阐述了旅游企业财务分析的概念、目的、方法和依据。重点讲解了旅游企业财务分析的方法。

【学习目标】

- 了解旅游企业财务分析的目的和依据；
- 了解旅游企业财务分析的概念和方法；
- 掌握旅游企业财务指标分析方法。

【关键性术语】

财务分析、指标分析、流动性比率、营运能力比率、财务杠杆比率、盈利能力比率、市场价值比率、趋势分析、ROE 和杜邦分析体系、增长能力指标。

【章首案例】

低成本航空成为客运新热点

1. 让普通大众坐得起飞机

2005 年的今天，春秋航空的上海—烟台航班起航，标志着中国首家低成本航空投入运营，全新的国际航空客运概念和服务模式以及由此带来的低廉机票价格，使更多的旅客可以享受到质优价廉的服务。春秋航空公司董事长王正华在接受记者采访时说："'低成本航空'是通俗的说法，我更愿意把它表述为'新概念航空'。简单地说，坐飞机不再是高贵、身份的象征，老百姓也能轻松登机，享受飞行。"王正华表示："开航至今，我们没有卖过一张全价票，最高也只是全价票的 8 折，平均价实际低于国家公布价的 55%。"在每条航线上，都长期投放 199、299 等令人心动的超低价格。春秋也会实行多级票价机制，但绝不会有全票价。

2. 低价在看得见的地方

春秋航空的票价可谓是低得有道理，并且全都低在看得见的地方。首先，春秋的飞机一概没有头等舱和经济舱之分，而是同一型号、同样间隔的统一舱位。因为这样的设置，一架 A320 飞机可以满满当当地安排 180 个座位，达到了这种型号的飞机所能安排的最多座位数，而传统的航空公司由于有头等舱、公务舱和经济舱的区分，只能安排 158 到 164 个座位。其次，由于依托母公司春秋国旅的网点优势，公司将团队票与旅游产品进行打包销售，在很大程度上保证了飞机的上座率，这也是降低成本的一个重要途径。再次，不用票务代理为春秋航空省去了大量的代理费用，不进中航信的订票系统，又为春秋省下了每年 1 亿元左右的开支。此外，低价格带来的高客座率，以及高飞机日利用率和航班不提供餐饮等差异化服务也是春秋能够保证低价的一个重要因素。

3."低成本航空"前景看好

低成本廉价航空业务通过取消非必要服务项目、减少航班周转时间、开拓网上直销售票渠道等方法降低运营成本。澳大利亚亚太航空中心总经理哈尔宾逊说："低成本航空业务的增长潜力相当巨大，最终将推动整个航空业市场发展。"他预测，未来5年内将涌现出数十家低成本航空公司。

对于许多廉价航空公司来说，亚洲市场无疑是一块大蛋糕，在这种情况下，春秋也在积极走向国际市场的发展战略。7月20日，春秋将与亚洲最成功的廉价航空公司——马来西亚亚洲航空联合推介"经济之旅"，它们分别开辟了上海—厦门与曼谷—厦门航线，双方都以网上直销作为主要销售手段，让旅客得到最大的实惠与便利。

今天，20名上海盲童学校的师生将由春秋航空公司CEO张秀智亲自带队，乘坐春秋航班赴厦门体验长空飞翔、海边踏浪，聆听鼓浪屿琴声等活动，圆孩子们的飞上蓝天之梦，这是春秋航空公司开航一周年举办的回馈社会的活动。从2005年7月到现在，春秋航空抓牢低成本、低价格这块棋子，在短短的一年时间里，实现了平均客座率94.2%，顾客服务满意率95%，公司自2006年1月至今实现盈利，成功地成为了国内民营航空业第一个"吃低成本螃蟹"的人。

【案例思考题】

1. 春秋航空敢于执行低票价对公司财务管理能力、运营能力、盈利能力有什么样的考验？

2. 根据春秋航空实施低票价策略，从市场价值分析、趋势分析、ROE和杜邦分析、增长能力分析等方面对其进行企业财务管理分析。

14.1 旅游企业财务分析

14.1.1 旅游企业财务分析的概念

一般认为，财务分析产生于19世纪末20世纪初。最早的财务分析主要是为银行服务的信用分析。当时，借贷资本在企业资本中的比重不断增加，银行家需要对贷款人进行信用调查和分析，据以判断客户的偿债能力。

资本市场形成后，产生盈利分析，财务分析则主要由为贷款银行服务扩展到为投资人服务。随着社会筹资范围扩大，非银行的贷款人和股权投资人增加，公众进入资本市场和债务市场，投资人要求的信息更为广泛。财务报表分析开始对企业的盈利能力、筹资结构、利润分配进行分析，发展为比较完善的外部分析体系。

公司组织发展起来以后，财务分析由外部分析扩展到内部分析，目的是为改善内部管理服务。经理人员为改善盈利能力和偿债能力，以取得投资人和债权人的支持，开展了内部分析。内部分析不仅可以使用公开报表的数据，而且可以利用内部的数据（预算、成本数据等）进行分析，找出管理行为和报表数据的关系，通过管理来改善未来的财务状况。

财务分析也称为财务报表分析，是指以财务报表和其他资料为依据和起点，采用专门方法，系统分析和评价企业的过去和现在的经营成果、财务状况及其变动，目的是了解过去、评价现在、预测未来，为利益关系集团决策提供依据。财务分析最基本的功能，是将大量的报表数据转换成对特定决策有用的信息，减少财务决策的不确定性。

财务分析的起点是财务报表，分析使用的数据大部分来源于公开发布的财务报表。因此，财务分析的前提是正确理解财务报表。

财务报表分析的结果是对企业的偿债能力、盈利能力和抵抗风险能力做出评价，或找出存在的问题。

财务分析是个过程，是把整个财务报表的数据，分成不同部分和指标，并找出有关指标间的关系，以达到认识企业偿债能力、盈利能力和抵抗风险能力的目的。财务分析只是检查的手段，通常只能发现问题而不能提供解决问题的现成答案，只能做出评价而不能改善企业的状况，这如同医疗上的诊断不能代替治疗是一样的道理。

旅游企业财务分析的对象是企业的各项资金活动。旅游企业的任何资金活动都体现为款项的收付和收入费用的发生，并形成各种经济业务（即会计事项）。这些会计事项经过分类、计算和汇总等处理，被编制成财务报表。旅游企业的财务报表分析是从报表中获取符合报表使用人分析目的的信息，认识旅游企业经济活动的特点，评价其业绩，发现存在的问题。因此，旅游企业财务分析的对象是财务报表所反映的企业活动。

旅游企业经济活动的内容丰富，形式多样，财务报表并不反映旅游企业的全部活动，而只是反映其基本活动。旅游企业财务分析的起点是阅读财务报表，终点是做出某种判断，包括评价和找出问题。中间的财务报表分析过程，由比较、分类、类比、归纳、演绎、分析和综合等认识事物的步骤和方法组成。其中分析和综合是2种最基本的逻辑思维方法。因此，旅游企业财务分析的过程也可以说是分析与综合的统一。

例如，旅游企业在进行财务分析时需要把整个财务报表的数据重新进行组织，分成偿债能力的信息、收益能力的信息、财务风险的信息、投资报酬的分析等若干部分，以便分门别类地认清事物的本质和发展情况。

14.1.2 旅游企业财务分析的目的

旅游企业财务分析具有广泛的用途。人们用它来寻找投资对象和兼并对象，预测企业未来的财务状况和经营成果，判断投资、筹资和经营成果的成效，评价旅游企业管理业绩的好坏和企业决策的科学性。旅游企业财务分析帮助企业改善了决策，减少了盲目性。

旅游企业财务分析的目的决定于分析主体，不同利益相关者所处立场的不同，其关心的侧重点也有所区别，从财务报表分析中获得益处的人主要是报表使用者即企业的利益关系人。他们拿到报表后，要进行分析，获得对自己决策有用的信息。旅游企业的财务报表的使用者包括旅游企业的投资人、债权人、经理人员、政府机构和其他与企业利益关系的人士。他们出于不同目的使用财务报表，需要不同的信息，采用不同的分析程序。

旅游企业财务信息的使用者大致可以分为以下7种。

(1) 投资者

作为投资人，为决定是否投资，分析企业的资产和盈利能力；为决定是否转让股份，分析盈利状况、股价变动和发展前景；为考察经营者业绩，要分析资产盈利水平、破产风险和竞争能力；为决定股利分配政策，要分析筹资状况等。

(2) 企业债权人

债权人是指借款给企业并得到企业还款承诺的人。债权人因为不能参与企业剩余收益分享，决定了债权人必须对其投资的安全性予以关注。因此，债权人在进行企业财务分析时，最关心的是企业是否有足够的获利能力转化为支付能力，以保证其债务本息能够及时、足额地得以偿还。至于商业信用客户，则特别关注企业的现金支付能力。具体来说，债权人为决定是否给企业贷款，要分析贷款的报酬和风险；为了解债务人的短期偿债能力，要分析其资产流动状况；为了解债务人的长期偿债能力，要分析其盈利状况；为决定是否出让债券，要评价其价值。

(3) 企业经营者

为满足不同利益主体的需要，协调各方面的利益关系，企业经营者必须对企业经营理财的各个方面，包括营运能力、偿债能力、盈利能力及社会贡献能力的全部信息予以了解和掌握，以便及时发现问题，采取对策，规划和调整市场定位目标、策略，以进一步挖掘潜力，为经济效益的持续稳定增长奠定基础。

企业经营决策者可以获取外部使用人无法得到的内部信息。但是，他们对于公开的财务报表的重视程度并不小于外部使用人。由于存在解雇和收购威胁，他们不得不从外部使用人（债权人和投资人）的角度看待企业。他们通过财务报表分析，发现有价值的线索，设法改善业绩，使得财务报表能让投资者和债权人满意。他们分析报表的主要目的是完善报表。

(4) 雇员和工会

雇员和工会是指企业的职工和代表雇员利益的工会组织，旅游行业的经营特点决定了员工的自身利益与经营成果密切相关，旅游企业的雇员、职工和工会主要关心他们的劳动报酬、保险、福利等是否符合劳务合同及政府法规的要求，工资和福利是否与企业的盈利相适应。

(5) 政府经济管理机构

政府对国有企业投资的目的，除关注投资所产生的社会效益外，还必须对投资的经济效益予以考虑。在谋求资本保全的前提下，期望能够带来稳定增长的财政收入。因此，政府考核企业经营理财状况，不仅需要了解企业资金占用的使用效率，预测财政收入增长情况，有效地组织和调整社会资源的配置，而且还要借助财务分析，检查企业是否存在违法违纪、浪费国家财产的问题、职工收入和就业状况等情况，最后通过综合分析，对企业的发展后劲以及对社会的贡献程度进行分析考察。

(6) 中介机构

中介机构是指审计师、财务分析师和注册会计师事务所等社会机构。按照国家法律规定，旅游企业的有关信息需要经过公证的社会中介机构审计和核查，才具有公信力，审计师通过财务分析可以确定审计的重点。他们通过分析性检测程序，发现异常变动，并对引起变动的项目实施更细致的审计程序。专业的财务分析师，以其专业能力为报表使用者服务，为各类报表使用人提供专业咨询。

(7) 企业的竞争对手

企业的竞争对手希望尽量了解企业产品或服务的供应信息，以改进产品、改善服务，增强竞争能力；希望通过获取企业经营信息，不断改进经营管理水平；并通过充分掌握企业的信用、偿债能力、获利能力、发展能力以及风险等信息，为企业并购提供依据。

尽管不同利益主体进行财务分析的侧重点不同，但就企业总体来看，财务分析可归纳为3个主要方面：偿债能力分析、营运能力分析、盈利能力分析。其中偿债能力是财务目标实现的稳健保证；营运能力是财务目标实现的物质基础；盈利能力是两者共同作用的结果，同时也对两者起着推动作用。三者相辅相成，共同构成企业财务分析的基本内容。

14.1.3 旅游企业财务分析的方法

财务分析的方法主要有趋势分析法、比率分析法和因素分析法。

14.1.3.1 趋势分析法

趋势分析法又称水平分析法，是通过对比2期或连续数期财务报告中的相同指标，确定其增减变动的方向、数额和幅度，来说明企业财务状况或经营成果变动趋势的一种方法。采用这种方法，可以分析引起变化的主要原因、变动的性质，并预测企业未来的发展前景。

趋势分析法的具体运用主要有3种方法：一是重要财务指标的比较；二是会计报表的比较；三是会计报表项目构成的比较。

(1) 重要财务指标的比较

重要财务指标的比较是将不同时期财务报告中的相同指标或比率进行比较，直接观察其增减变动情况及变动幅度，考察其发展趋势，预测其发展前景。

对不同时期财务指标的比较，可以有以下2种方法。

定基动态比率 是以某一时期的数额为固定的基期数额而计算出来的动态比率。其计算公式为

$$定基动态比率=\frac{分析期数额}{固定基期数额}\times 100\%$$

环比动态比率 是以每一分析期的前期数额为基期数额而计算出来的动态比率。其计算公式为

$$环比动态比率=\frac{分析期数额}{前期数额}\times 100\%$$

(2) 会计报表的比较

会计报表的比较是将连续数期的会计报表的金额并列起来，比较其相同指标的增减变动情况，据以判断企业财务状况和经营成果发展变化的一种方法。会计报表的比较，具体包括资产负债表比较、利润表比较和现金流量表比较等。比较时，既要计算出表中有关项目增减变动的绝对额，又要计算出其增减变动的百分比。

(3) 会计报表项目构成的比较

这是在会计报表比较的基础上发展而来的。它是以会计报表中的某个总体指标作为100%，再计算出各组成指标占该总体指标的百分比，从而来比较各个项目百分比的增减变动，以此来判断有关财务活动的变化趋势。这种方法比前述2种方法更能准确地分析企业财务活动的发展趋势。它既可用于同一企业不同时期财

务状况的纵向比较，又可用于不同企业之间的横向比较。同时，这种方法能消除不同时期（不同企业）之间业务规模差异的影响，有利于分析企业的耗费水平和盈利水平。

但在采用趋势分析法时，必须注意以下问题：① 用于进行对比的各个时期的指标，在计算口径上必须一致；② 剔除偶发性项目的影响，使作为分析的数据能反映正常的经营状况；③ 应运用例外原则，对某项有显著变动的指标作重点分析，研究其产生的原因，以便采取对策，趋利避害。

14.1.3.2 比率分析法

比率分析法是通过计算各种比率指标来确定经济活动变动程度的分析方法。比率是相对数，采用这种方法，能够把某些条件下的不可比指标变为可以比较的指标，以利于进行分析。

比率指标可以有不同的类型，主要有3类：① 构成比率；② 效率比率；③ 相关比率。

（1）构成比率

构成比率又称结构比率，它是某项财务指标的各组成部分数值占总体数值的百分比，反映部分与总体的关系。其计算公式为

$$构成比率=\frac{某个组成部分数值}{总体数值}\times 100\%$$

比如，企业资产中的流动资产、固定资产和无形资产占资产总额的百分比（资产构成比率），企业负债中流动负债和长期负债占负债总额的百分比（负债构成比率）等。利用构成比率，可以考虑总体中某个部分的形成和安排是否合理，以便协调各项财务活动。

（2）效率比率

效率比率是某项财务活动中所费与所得的比例，反映投入与产出的关系。利用效率比率指标，可以进行得失比较，考察经营成果，评价经济效益。比如，将利润项目与销售成本、销售收入、资本金等项目加以对比，可计算出成本利润率、销售利润率以及资本金利润率等利润率指标；可以从不同角度观察比较企业获利能力的高低及其增减变化情况。

（3）相关比率

相关比率是以某个项目和与其有关的项目加以对比所得的比率，反映有关经济活动的相互关系。利用相关比率指标，可以考察企业有联系的相关业务安排得是否合理，以保障运营活动顺畅进行。比如，将流动资产与流动负债加以对比，计算出流动比率，据以判断企业的短期偿债能力。

比率分析法的优点是计算简便，计算结果也比较容易判断，而且可以使某些指标在不同规模的企业之间进行比较，甚至也能在一定程度上超越行业间的差别进行比较。但采用这一方法时应该注意以下几点。

对比项目的相关性 计算比率的子项和母项必须具有相关性，把不相关的项目进行对比是没有意义的。在构成比率指标中，部分指标必须是总体指标这个大系统中的一个小系统；在效率比率指标中，投入与产出必须有因果关系；在相关比率指标分析中，2个对比指标也要有内在联系，才能评价有关经济活动之间是否协调均衡，安排是否合理。

对比口径的一致性 计算比率的子项和母项必须在计算时间、范围等方面保持口径一致。

衡量标准的科学性 运用比率分析，需要选用一定的标准与之对比，以便对企业的财务状况做出评价。通常而言，科学合理的对比标准有：① 预定目标，如预算指标、设计指标、定额指标、理论指标等；② 历史标准，如上期实际、上年同期实际、历史先进水平以及有典型意义时期的实际水平等；③ 行业标准，如主管部门或行业协会颁布的技术标准、国内外同类企业的先进水平、国内外同类企业的平均水平等；④ 公认标准。

14.1.3.3 因素分析法

因素分析法是依据分析指标与其影响因素的关系，从数量上确定各因素对分析指标的影响方向和影响程度的一种方法。采用这种方法的出发点在于，当有若干因素对分析指标产生影响时，假定其他各个因素都无变化，顺序确定每一个因素单独变化所产生的影响。

因素分析法具体有2种：一是连环替代法；二是差额分析法。

(1) 连环替代法

连环替代法是将分析指标分解为各个可以计量的因素，并根据各个因素之间的依存关系，顺次用各因素的比较值（通常即实际值）替代基准值（通常即标准值或计划值），据以测定各因素对分析指标的影响。

例14－1 某饭店餐饮部××年××月有关餐具损耗资料如表14－1所示。

表14－1 餐具损耗资料表

项目	计划数	实际数	差异数
营业收入额（元）	1 000 000	1 200 000	+200 000
餐具损耗率（%）	0.3	0.4	+0.10
餐具损耗额（元）	3000	4800	+1800

餐具损耗额＝餐饮收入×餐具损耗率。

第一步，餐具计划损耗额

$$1\,000\,000 \times 0.3\% = 3000\ （元） \qquad (1)$$

第二步，逐项替代，先替代营业收入（设餐具损耗率不变）

$$1\,200\,000 \times 0.3\% = 3600\ （元） \qquad (2)$$

再替代餐具损耗率（设营业收入不变）

$$1\,200\,000 \times 0.4\% = 4800\ （元） \qquad (3)$$

第三步，分析各因素对餐具损耗的影响程度：

由于营业收入变动的影响：(2)－(1)

$$3600 - 3000 = 600\ （元）$$

由于餐具损耗率变动的影响：(3)－(2)

$$4800 - 3600 = 1200\ （元）$$

第四步，验证，2个因素共同影响餐具损耗额1800元：

$$600 + 1200 = 1800\ （元）$$

(2) 差额分析法

差额分析法是连环替代法的一种简化形式，它是利用各个因素的比较值与基准值之间的差额，来计算各因素对分析指标的影响。

仍以上例为例：

第一步，由于营业收入额变动而影响餐具损耗额

$$(1\ 200\ 000-1\ 000\ 000)\times 0.3\%=600\text{（元）}$$

第二步，由于餐具损耗率变动而影响餐具损耗额

$$1\ 200\ 000\times(0.4\%-0.3\%)=1200\text{（元）}$$

第三步，2个因素共同影响，使餐具损耗额发生的差异为

$$600+1200=1800\text{（元）}$$

因素分析法既可以全面分析各因素对某一经济指标的影响，又可以单独分析某个因素对某一经济指标的影响，在财务分析中应用颇为广泛。但在应用这一方法时必须注意以下几个问题。

因素分解的关联性 即构成经济指标的因素，必须是客观上存在着因果关系的因素，要能够反映形成该项指标差异的内在原因，否则就失去了其存在的价值。

因素替代的顺序性 替代因素时，必须按照各因素的依存关系，排列成一定的顺序并依次替代，不可随意颠倒顺序，否则就会得出不同的计算结果。一般而言，确定正确排列因素替代顺序的原则时，按分析对象的性质，从诸因素相互依存关系出发，并使分析结果有助于分清责任。

顺序替代的连环性 因素分析法在计算每一个因素变动的影响时，都是在前一次计算的基础上进行的，并采用连环比较的方法确定因素变化影响的结果。因为只有保持计算程序上的连环性，才能使各个因素影响之和等于分析指标变动的差异，以全面说明分析指标变动的原因。

计算结果的假定性 由于因素分析法计算的各因素变动对指标的影响结果，因替代顺序的不同而有差别，因而计算结果不免带有假定性，即它不可能使每个因素计算的结果都达到绝对的准确。它只是在某种假定前提下的影响结果，离开了这种假定，也就不会是这种影响结果。为此，分析时应力求使这种假定合乎逻辑，具有实际经济意义。这样，使计算结果的假定性不至于妨碍分析的有效性。

14.1.4 旅游企业财务分析的依据

进行企业财务分析，需要大量真实可靠的资料，这是财务分析的基本依据。财务分析资料主要来自企业编制的财务报表，包括资产负债表、利润表、现金流量表等。

14.1.4.1 资产负债表及其构成

资产负债表是反映企业一定日期财务状况的会计报表。它是以会计恒等式“资产=负债+所有者权益”为依据，按照一定的分类标准和次序，把资产、负债及所有者权益各项目进行适当排列并对有关数据进行整理编制而成的，反映企业在某一时点上的资产、负债及所有者权益的基本状况。资产负债表的结构见表14-2（以某公司的资料为例）。

表 14-2 资产负债表

会企 01 表

编制单位： 2007 年 12 月 31 日 单位：万元

资 产	年初数	期末数	负债及所有者权益	年初数	期末数
流动资产：			流动负债：		
货币资金	80	90	短期借款	200	230
交易性金融资产	0	0	应付账款	100	120
应收票据	100	50	预收账款	30	40
应收账款	120	130	应付职工薪酬	10	10
预付账款	4	7	流动负债合计	340	400
存货	406	528	非流动负债：		
一年内到期的非流动资产			长期负债：	200	250
流动资产合计：	710	805	非流动负债合计	200	250
非流动资产：	0	0	负债合计	540	650
持有至到期收益	40	40	股东权益：		
固定资产净值	1200	1400	实收资本	1200	1200
无形资产	50	55	盈余公积	160	160
非流动资产合计	1290	1495	未分配利润	100	290
			股东权益合计	1460	1650
资产总计	2000	2300	负债及股东权益总计	2000	2300

从资产负债表的结构来看，它主要包括资产、负债与所有者权益三大类项目，资产负债表的左方反映企业的资产状况；资产按其流动性从大到小分项列示，依次为流动资产和非流动资产。资产负债表的右方反映企业的负债与所有者权益状况，它反映了企业资金的来源情况，即有多少来源于债权人，有多少来源于企业所有者的投资。

资产负债表是进行财务分析的一张重要财务报表，利用资产负债表的资料可以分析、评价企业资产的分布状况和资金的营运情况是否合理，分析和评价企业负债和权益资本构成的结构是否正常，等等。资产负债表分析主要能提供有关资产的流动和变现能力、企业负债结构及偿债能力、权益资本组成与资本结构、企业潜在财务风险等信息。同时该表也为分析企业盈利能力和资产管理水平，以及评价企业经营业绩提供依据。

14.1.4.2 利润表及其构成

利润表是反映企业在一定期间生产经营成果的财务报表，是以“利润=收入-费用”这一会计等式为依据编制而成的，反映企业一定期间内收入以及与之相配比费用的情况，总结企业经营业绩。通过利润表可以考核企业利润计划的完成情况，分析企业的获利能力以及利润增减变化的原因，预测企业利润的发展趋势，为投资者及企业管理者等提供财务信息。

我国的利润表采用多步式格式，分为营业收入、营业利润、利润总额、净利润和每股收益 5 个步骤，分步反映净利润的形成过程。利润表的结构见表 14-3（以某公司的资料为例）。

表14－3　利　润　表

会企02表

编制单位：　　2007年12月21日　　单位：万元

项　　目	本期金额	上年数
一、营业收入	2000	1800
减：营业成本	1220	1070
营业税金及附加	120	108
销售费用	162	162
管理费用	100	80
财务费用	190	162
资产减值损失	0	0
加：公允价值变动损益（损失以“－”号填列	30	30
投资收益（损失以“－”号填列）	30	30
其中：对联营企业和合营企业的投资收益	0	0
二、营业利润（亏损以“－”号填列）	440	420
加：营业外收入	15	10
减：营业外支出	65	60
其中：非流动资产处理损失	0	0
三、利润总额	420	400
减：所得税费用	168	160
四、净利润	252	240
五、每股收益：		
（一）基本每股收益		
（二）稀释每股收益		

通过分析利润表，可以了解以下资料：反映企业财务成果的实现和构成情况，分析企业的盈利目标是否完成，评价其经营活动的绩效；通过与资产负债表有关项目的比较，能计算企业所占与所得、成本费用与所得的比较关系，能为投资者分析资本的获利能力，为债权人分析债务的安全性，为经管当局分析企业资产利用水平等提供资料；能完整地提供企业收入对利润的影响，分析企业财务成果形成的基本原因，并能反映企业从事对外投资等特殊经济事项的盈亏情况。

14.1.4.3　现金流量表及其构成

现金流量表是反映企业在一定期间现金流入和流出及现金增减变动原因的会计报表。编制现金流量表，主要是为企业提供一定期间内现金和现金等价物流入和流出的信息，以便于报表使用者了解和评价企业获得现金和现金等价物的能力、企业偿债能力、支付能力和周转能力，并据以预测企业未来现金流量，分析企业投资和理财活动对经营成果和财务状况的影响，评价企业收益的质量。

该表的项目，按经营活动、投资活动和筹资活动3项基本活动分别列示。

现金流量表是对资产负债表和利润表的补充说明。它的补充，主要表现在反映现金流量状况方面。对于经营活动业绩，利润表以权责发生制为基础进行反映，而现金流量表以收付实现制为基础进行反映。对于筹资和投资活动，资产负债表反映其在会计期末的“存量”，而现金流量表反映其整个会计期间的“流量”。现金流量表的结构见表14－4。

表14－4 现金流量表

会企03表

编制单位： 年 月 单位：元

项 目	本期金额	上期金额
一、经营活动产生的现金流量：		
销售商品、提供劳务收到的现金		
收到的税费返还		
收到其他与经营活动有关的现金		
经营活动现金流入小计		
购买商品、接受劳务支付的现金		
支付给职工以及为职工支付的现金		
支付的各项税费		
支付其他与经营活动有关的现金		
经营活动现金流出小计		
经营活动产生的现金流量净额		
二、投资活动产生的现金流量：		
收回投资收到的现金		
取得投资收益收到的现金		
处置固定资产、无形资产和其他长期资产收回的现金净额		
处置子公司及其他营业单位收到的现金净额		
收到其他与投资活动有关的现金		
投资活动现金流入小计		
购建固定资产、无形资产和其他长期资产支付的现金		
投资支付的现金		
取得子公司及其他营业单位支付的现金净额		
支付其他与投资活动有关的现金		
投资活动现金流出小计		
投资活动产生的现金流量净额		
三、筹资活动产生的现金流量：		
吸收投资收到的现金		
取得借款收到的现金		
收到其他与筹资活动有关的现金		
筹资活动现金流入小计		
偿还债务支付的现金		
分配股利、利润或偿付利息支付的现金		
支付其他与筹资活动有关的现金		
筹资活动现金流出小计		
筹资活动产生的现金流量净额		
四、汇率变动对现金及现金等价物的影响		
五、现金及现金等价物净增加额		
加：期初现金及现金等价物余额		
六、期末现金及现金等价物余额		

通过分析现金流量表，有助于评价企业的支付能力、偿债能力和周转能力。通过计算现金比率、每股现金流量等指标，可以判断企业的现金能否偿还到期债务、支付股利等，评价企业现金流转效率和效果；有助于预测企业未来现金流量。通过比较企业过去一定期间现金流量和其他经营指标，可以了解和判断企业现金流入和现金流出的数量是否合理，并可以在依赖外部资金的基础上，预测企业未来现金流量；有助于分析企业的收益质量和影响现金净流量的因素。通过将经营活动的现金流量与净利润相比较，可以从现金流量的角度了解净利润的质量，并逐个分析哪些因素影响现金流入与现金流出。

14.2 旅游企业财务指标分析

14.2.1 流动性比率

流动性比率由于反映偿还企业短期负债的能力，因而，有时也被称为短期偿债能力比率。流动性比率主要有流动比率、速动比率和现金比率等。

（1）流动比率

流动比率是流动资产与流动负债的比率，它表明企业每1元流动负债有多少流动资产作为偿还的保证，反映企业在短期内用转变为现金的流动资产偿还到期流动负债的能力。其计算公式为：

$$流动比率=\frac{流动资产}{流动负债}\times 100\%$$

一般情况下，流动比率越高，反映企业短期偿债能力越强，债权人的权益越有保证。按照西方企业的长期经验，一般认为2∶1的比例比较适宜。它表明企业财务状况稳定可靠，除了满足日常生产经营的流动资金需要外，还有足够的财力偿付到期短期债务。如果比例过低，则表示企业可能捉襟见肘，难以如期偿还债务。但是，流动比率也不可能过高，过高则表明企业流动资产占用较多，会影响资金的使用效率和企业的筹资成本进而影响获利能力。究竟应保持多高水平的比率，主要视企业对待风险与收益的态度予以确定。

运用流动比率时，必须注意以下几个问题：① 虽然流动比率越高，企业偿还短期债务的保证程度越强，但这并不等于说企业已有足够的现金或存款用来偿债。流动比率高也可能是存货积压、应收账款增多且收账期延长所致，而真正可用来偿债的现金和存款却严重短缺。所以，企业应在分析流动比率的基础上，进一步对现金流量加以考察。② 从短期债权人的角度看，自然希望流动比率越高越好。但从企业经营角度看，过高的流动比率通常意味着企业闲置现金的持有量过多，必然造成企业机会成本的增加和获利能力的降低。因此，企业应尽可能将流动比率维持在不使货币资金闲置的水平。③ 流动比率是否合理，不同的企业以及同一企业不同时期的评价标准是不同的，因此，不应用统一的标准来评价各企业流动比率合理与否。④ 在分析流动比率时应剔除一些虚假因素的影响。

如表14-2中资料，该企业2007年的流动比率为

$$年初流动比率=710\div 340=2.0882$$

$$年末流动比率=805\div 400=2.0125$$

该企业本年年初、年末流动比率均超过一般公认标准，反映该企业具有较强

的短期偿债能力。

(2) 速动比率

速动比率是企业速动资产与流动负债的比率。所谓速动资产，是用流动资产减去变现能力较差且不稳定的存货等后的余额。由于剔除了存货等变现能力较弱且不稳定的资产，因此，速动比率较之流动比率能够更加准确、可靠地评价企业资产的流动性及其偿还短期负债的能力。其计算公式为

$$速动比率=\frac{速动资产}{流动负债}$$

西方企业传统经验认为，速动比率为 1 是安全边际。因为如果速动比率小于1，必使企业面临很大的偿债风险；如果速动比率大于1，尽管债务偿还的安全性很高，但却会因企业现金及应收账款资金占用过多而大大增加企业的机会成本。

根据表 14－2 资料，该企业 2007 年的速动比率为

$$年初速动比率=(80+100+120+4)\div 340=0.8941$$

$$年末速动比率=(90+50+130+7)\div 400=0.6925$$

计算结果分析表明，该企业年末的速动比率比年初有所降低，虽然该企业流动比率超过一般公认标准，但由于流动资产中存货所占比重过大，导致企业速动比率未达到一般公认标准，企业的实际短期偿债能力并不理想，需采取措施加以扭转。

在分析时须注意的是：尽管速动比率比流动比率更能反映出流动负债偿还的安全性和稳定性，但并不能认为速动比率较低企业的流动负债到期绝对不能偿还。实际上，如果企业存货流转顺畅，变现能力较强，即使速动比率较低，只要流动比率高，企业仍有希望偿还到期债务本息。

虽然大多数旅游企业存货数额并不大，但部分企业由于经营上的需要，还是有一部分存货的，尤其是一些综合经营的旅游企业，存货也客观存在。在计算速动比率时要把存货从流动资产中剔除，其主要原因如下：

● 在流动资产中存货的变现速度最慢；

● 由于某种原因，存货中可能含有已损失报废但还没做处理的不能变现的存货；

● 部分存货可能已抵押给某债权人；

● 存货估价还存在着成本与合理市价相差悬殊的问题。

计算速动比率时，要注意货币资金、短期投资和应收账款的计算口径和计算价格的调整。速动比率也有其局限性，原因如下：

● 速动比率只是揭示了速动资产与流动负债的关系，是一个静态指标；

● 速动资产中包含了流动性较差的应收账款，使速动比率所反映的偿债能力受到怀疑；特别是当速动资产中含有大量不良应收账款时，必然会削弱企业的短期偿债能力；

● 各种预付款项及预付费用的变现能力也很差。

(3) 现金流动负债比率

现金流动负债比率是企业一定时期的经营现金净流量同流动负债的比率，它可以从现金流量角度来反映企业当期偿付短期负债的能力。其计算公式为：

$$现金流动负债比例 = \frac{年经营现金净流量}{年末流动负债} \times 100\%$$

式中，年经营现金净流量指一定时期内，企业经营活动所产生的现金及现金等价物流入量与流出量的差额。

现金流动负债比率从现金流入和流出的动态角度对企业的实际偿付能力进行考察。该指标越大，表明企业经营活动产生的现金净流量越多，越能保障企业按期偿还到期债务；但也不是越大越好，该指标过大则表明企业流动资金利用不充分，获利能力不强。

14.2.2 营运能力比率

营运能力是用来分析企业在资产管理方面效率的财务指标，指企业营运资产的效率性和充分性。效率性是指使用的后果，是一种产出的概念；充分性是指使用的情况，是一种投入概念。主要指标有总资产周转率、应收账款周转率、存货周转率和流动资产周转率。

（1）总资产周转率

总资产周转率是指企业一定时期的营业收入与平均资产总额的比率，它说明企业的总资产在一定时期内（通常为1年）周转的次数。其计算公式为

$$总资产周转率 = \frac{营业收入}{总资产平均余额} \times 100\%$$

$$总资产平均余额 = \frac{期初总资产 + 期末总资产}{2}$$

总资产周转率也可用周转天数表示，其计算公式为

$$总资产周转天数 = \frac{计算期天数}{总资产周转率}$$

这一比率用来表示企业对总资产的运用是否有效。该比率越高表示企业对资产的利用效率越高，也就意味着同样规模的资产产生了更大的销售收入，或是同样大小的销售量占用了更少的资产。

总资产周转率的高低，取决于营业收入和资产2个因素。增加收入或减少资产占用，都可以提高总资产周转率。

在旅游企业全部资产中，流动资产占的比重较大，周转速度最快的也是流动资产，因此，大多数旅游企业的资产周转速度较一般企业要快，从全部资产周转速度与流动资产的关系也可以确定影响流动资产周转率的因素。

全部资产周转次数 = 流动资产周转天数 × 流动资产占总资产的比重。

由上不难看出，全部资产周转率的快慢取决于流动资产周转率和流动资产所占的比重，企业流动资产比重越大，总资产周转速度就越快，反之则慢，比率则低。

根据表14-2、14-3资料，计算该企业2007年的总资产周转率为

$$总资产周转率 = 2000 \div [(2000 + 2300) \div 2] = 0.93\ （次）$$

（2）应收账款周转率

应收账款周转率反映企业应收账款周转的快慢。应收账款在流动资产中也有着举足轻重的地位。及时收回应收账款，不仅可以反映出企业管理应收账款方面的效率，也可以反映出企业的短期偿债能力。

反映应收账款周转速度的指标是应收账款周转率，也就是年度内应收账款转变为现金的平均次数。用时间表示的周转速度是应收账款周转天数，也叫平均应收账款回收期或平均收现期，表示企业从取得应收账款的权利到收回款项、转换为现金所需要的时间。其计算公式为

$$应收账款周转率(次数)=\frac{营业收入}{平均应收账款}\times 100\%$$

$$应收账款周转期(天数)=\frac{360}{应收账款周转率}=\frac{平均应收账款\times 360}{营业收入}$$

根据表 14－2、14－3 的资料，计算该企业 2007 年的应收账款周转率为

$$应收账款周转率=2000\div[(120+130)\div 2]=16\ (次)$$

一般来说，应收账款周转率越高，平均收账期越短，说明应收账款的收回越快，企业应收账款的管理效率越高，流动性越强，短期偿债能力越强。同时，较高的应收账款周转率可有效地减少收费费用和坏账损失，从而相对增加企业流动资产的收益能力。

平均收账期也可作为一个单独的指标计算和分析。平均收账期与应收账款周转率的关系如下

$$平均收账期=\frac{360}{应收账款周转率}\times 100\%$$

平均收账期的对比只有在给定信用条件的情况下才有意义。如一家企业的平均收账期为 40 天，这是否表示有效率呢？这种判断是没有意义的。如果在告知该企业给出的信用条件为（2/10，*n*/30），40 天的收账期是没有效率的；但如果信用条件是（2/10，*n*/60），则 40 天的收账期则是有效率的。

（3）存货周转率

存货周转率是衡量和评价企业购入存货、投入生产、销售收回等各环节中存货运营效率的一个综合性指标。它是营业成本被平均存货所除而得到的比率，或叫存货的周转次数。用时间表示的存货周转率就是存货周转天数。旅游企业的部分商场、公司，存在必不可少的经营性存货，其存货周转率的计算就显得非常必要。其计算公式为

$$存货周转率(周转次数)=\frac{营业成本}{平均存货余额}$$

$$存货周转期(周转天数)=\frac{平均存货余额\times 360}{营业成本}$$

一般而言，存货周转率越高越好，存货周转率越高，表明其变现的速度越快。因此，通过存货周转分析，首先，有利于找出存货管理中存在的问题，尽可能降低资金占用水平。存货既不能储存过少（否则可能造成生产中断或销售紧张），又不能储存过多（而形成呆滞、积压）。一定要保持结构合理、质量可靠。其次，存货是流动资产的重要组成部分，其质量和流动性对企业流动比率具有举足轻重的影响，并进而影响企业的短期偿债能力。因此，一定要加强存货的管理，提高其投资的变现能力和获利能力。

在计算存货周转率时应注意以下问题：① 存货计价方法对存货周转率具有较大的影响，因此，在分析企业不同时期或不同企业的存货周转率时，应注意存货计价方法的口径是否一致；② 分子、分母的数据应注意时间上的对应性。

根据表 14－2 和表 14－3 的资料，计算该企业 2007 年的存货周转率为

$$存货周转率 = 1220 \div [(406 + 528) \div 2] = 2.61\ (次)$$

(4) 流动资产周转率

流动资产周转率是营业收入与全部流动资产的平均余额的比值。其计算公式为

$$流动资产周转率 = \frac{营业收入}{平均流动资产}$$

式中，$平均流动资产 = \frac{期初流动资产 + 期末流动资产}{2}$

根据表 14－2 和表 14－3 的资料，计算该企业 2007 年的流动资产周转率为

$$流动资产周转率 = 2000 \div [(710 + 805) \div 2] = 2.64\ (次)$$

流动资产周转率反映流动资产的周转速度。周转速度快，会相对节约流动资金，等于相对扩大资金投入，增强企业盈利能力；而延缓周转速度，需要补充流动资金参加周转，会形成资金浪费，降低企业盈利能力。

14.2.3　财务杠杆比率

财务杠杆比率是反映企业负债筹资的规模和程度的财务指标。企业利用负债资金，既具有积极影响，也有负面影响。企业当前利用的债务资金越多，在以后企业因要偿还到期的本金及定期支付利息的现金压力就越大。如此一来，企业债务越大，企业出现财务危机甚至破产的可能性就越大。但尽管如此，负债仍然是企业的主要筹资方式，这是因为负债的利息费用可以在税前列支，具有减税作用，再之，负债的交易成本较低并且易于获得。

财务杠杆比率主要有资产负债率、产权比率和已获利息倍数。

(1) 资产负债率

资产负债率又称负债比率，是企业负债总额与资产总额的比率，它表明在企业总资产中，债权人提供的资金所占比例，以及企业资产对债权人权益的保障程度。这一比率越小，说明企业的长期偿债能力越强。

$$资产负债率 = \frac{负债总额}{资产总额} \times 100\%$$

如果此项比率较大，从企业所有者来说，利用较少的自有资金投资，形成较多的生产经营用资产，不仅扩大了生产经营规模，而且在经营状况良好的情况下，还可以利用财务杠杆作用，得到较多的投资利润。但如果这一比率过大，则表明企业的债务负担过重，企业自有资金实力不强，不仅对债权人不利，而且企业也有濒临倒闭的危险。

负债总额不仅包括长期负债，还包括短期负债。这是因为，短期负债作为一个整体，企业总是长期占用着，可以视同企业长期性资本来源的一部分。

一般认为，企业资产负债率的适宜水平是 40%～60%。对于经营风险比较高的企业，为减少财务风险，应选择比较低的资产负债率；对于经营风险低的企业，为增加股东收益应选择比较高的资产负债比率。

在分析资产负债率时，可以从以下几个方面进行：① 从债权人的角度看，资产负债率越低越好。资产负债率低，债权人提供的资金与企业资本总额相比，所占比率低，企业不能偿债的可能性小，企业的风险主要由股东承担，这对债权人

来讲，是十分有利的。② 从股东的角度看，他们希望保持较高的资产负债率水平。站在股东的立场上，在全部资本利润率高于借款利息率时，负债比率越高越好。③ 从经营者的角度看，他们最关心的是在充分利用借入资本给企业带来好处的同时，尽可能降低财务风险。

根据表 14 －2 资料，该企业 2007 年度的资产负债率为

$$年初资产负债率 = 540 \div 2000 = 0.27$$

$$年末资产负债率 = 650 \div 2300 = 0.283$$

该企业年初、年末的资产负债率均不高，说明企业长期偿债能力较强，这样有助于增强债权人对企业出借资金的信心。

（2）产权比率

产权比率是指负债总额与所有者权益的比率，是企业财务结构稳健与否的重要标志，也称资本负债率。其计算公式为

$$产权比率 = \frac{负债总额}{所有者权益总额} \times 100\%$$

它反映企业所有者权益对债权人权益的保障程度。这一比率越低，表明企业的长期偿债能力越强。产权比率较低，说明企业的财务结构是低风险、低报酬。产权比率较高，财务结构是风险高、报酬高。所以，企业在评价产权比率适度与否时，应从提高获利能力与增强偿债能力 2 个方面综合进行，即在保障债务偿还安全的前提下，应尽可能提高产权比率。一般，产权比率应该小于 1。

根据表 14 －2 资料，该企业 2007 年度的产权比率为

$$年初产权比率 = 540 \div 1460 = 0.37$$

$$年末产权比率 = 650 \div 1650 = 0.394$$

该企业年初、年末的产权比率都不高，同资产负债率的计算结果可相互印证，表明企业的长期还款能力较强，债权人的保障程度较高。

产权比率与资产负债率对评价偿债能力的作用基本相同，主要区别是：资产负债率侧重于分析债务偿付安全性的物质保障程度，产权比率则侧重于揭示财务结构的稳健程度以及自有资金对偿债风险的承受能力。

产权比率越小，表明企业的长期偿债能力越强，债权人的风险越小，但也说明企业未充分发挥负债的财务杠杆作用；如果产权比率越大，说明企业的长期偿债能力越差。

（3）已获利息倍数

已获利息倍数又称利息保障倍数，是指企业息税前利润与利息费用的比率。反映了获利能力对债务偿付的保证程度。其计算公式为

$$已获利息倍数 = \frac{息税前利润总额}{利息支出}$$

式中，息税前利润总额 = 利润总额 + 利息支出 = 净利润 + 所得税 + 利息支出。

息税前利润是指包括债务利息与所得税前的正常业务经营利润，不包括非正常项目。这是由于由负债与资本支持的项目一般属于正常业务经营范围，因此，计算已获利息倍数时就应当以正常业务经营的息税前利润为基础。为了更加准确地反映已获利息倍数，债务利息应包括财务费用中的利息和资本化的利息 2 部分。

已获利息倍数不仅反映企业获利能力的大小，而且反映了获利能力对偿还到期债务的保证程度，它既是企业举债经营的前提依据，也是衡量企业长期偿债能

力的重要标志。一般情况下，已获利息倍数越高，表明企业长期偿债能力越强。国际上通常认为，该指标为3时较为适当。从长期看，若要维持正常偿债能力，已获利息倍数至少应当大于1，如果已获利息倍数过小，企业将面临亏损、偿债的安全性与稳定性下降的风险。究竟企业已获利息倍数应是利息的多少倍，才算偿付能力强，这要根据实际情况来判断。

从以上计算来看，应当说企业上年和本年的已获利息倍数都较高，有较强的偿付负债利息的能力，具体还须进一步结合企业往年的情况和行业的特点进行判断。

14.2.4 盈利能力比率

盈利能力就是企业的资金增值能力，它通常体现为企业收益数额的大小与水平的高低。盈利能力比率是反映企业赚取利润的能力指标，主要有：营业利润率、成本费用率、资产收益率和净资产收益率、盈余现金保障倍数等。

（1）营业利润率

营业利润率是企业一定时期营业利润与营业收入的比率。其计算公式为

$$营业利润率=\frac{营业利润}{营业收入}\times 100\%$$

营业利润率越高，表明企业市场竞争力越强，发展潜力越大，从而获利能力越强。

（2）成本费用利润率

成本费用利润率是指企业一定时期利润总额与成本费用总额的比率。其计算公式为

$$成本费用利润率=\frac{利润总额}{成本费用总额}\times 100\%$$

式中，成本费用总额=营业成本+营业税金及附加+销售费用+管理费用+财务费用。，

该指标越高，表明企业为取得利润而付出的代价越小，成本费用控制得越好，获利能力越强。

在评价成本费用开支效果时，应当注意成本费用与利润之间在计算层次和口径上的对应关系。

（3）资产收益率和净资产收益率

资产收益率 亦称为投资收益率，反映企业运用全部资产获利的能力，是净利润与平均资产总额的百分比。其计算公式为

$$资产收益率=\frac{净利润}{平均资产总额}\times 100\%$$

一般来说，资产收益率越高，说明资产带来的利润越多，资产利用效果越好。如果资本金收益率高于银行利息率，则适当举债对投资者是有利的，反之则不利。

根据表14-2和14-3的资料，该企业2007年度的资产收益率为

$$资产收益率=\frac{252}{(2000+2300)/2}\times 100\%=11.7\%$$

净资产收益率 是企业一定时期净利润与平均净资产的比率。它是反映自有资金收益水平的指标，是企业获利能力指标的核心。其计算公式为

$$净资产收益率 = \frac{净利润}{平均净资产} \times 100\%$$

式中，$平均净资产 = \frac{所有者权益年初数 + 所有者权益年末数}{2}$

净资产收益率是评价企业自有资本及其积累获取报酬水平的最具综合性与代表性的指标，反映企业资本运营的综合效益。该指标能用性强，适应范围广，不受行业局限，使用率非常高。通过对该指标的综合对比分析，可以看出企业获利能力在同行业中所处的地位，以及与同类企业的差异水平。一般认为，净资产收益率越高，企业自有资本获取收益的能力越强，运营效益越好，对企业投资人和债权人权益的保证程度越高。

根据表 14－2 和 14－3 的资料，该企业 2007 年度净资产收益率为

$$平均净资产 = \frac{1460 + 1650}{2} = 1555（万元）$$

$$净资产收益率 = \frac{252}{1555} \times 100\% = 16.21\%$$

14.2.5 市场价值比率

（1）市盈率和每股收益

市盈率 亦称本益比，是股票价格除以每股收益的比率。其计算公式为

$$市盈率 = \frac{普通股每股市价}{普通股每股利益}$$

市盈率是反映上市公司获利能力的一个重要财务比率。这一比率是投资者做出投资决策的重要参考因素之一。一般来说，市盈率高，说明投资者对该公司的发展前景看好，愿意出较高的价格购买该公司股票，所以一些成长性较好的高科技公司股票的市盈率通常要高一些。但是，也应注意，如果某一种股票的市盈率过高，则也意味着这种股票具有较高的投资风险。市盈率的作用还体现在可以作为确定新发行股票初始价格的参照标准。如果股票按照溢价发行的话，要考虑按市场平均投资潜力状况来确定溢价幅度，这时股市类似股票的平均市盈率便可作为参照标准。

每股收益 也称每股利润或每股盈余，反映企业普通股股东持有每一股份所享有的企业利润和承担的企业亏损，是衡量上市公司获利能力时最常用的财务分析指标。每股收益越高，说明公司的获利能力越强。

每股收益的计算包括基本每股收益和稀释每股收益。

企业应当按照归属于普通股股东的当期净利润，除以发行在外的普通股的加权平均数，计算基本每股收益。其计算公式为

$$基本每股收益 = \frac{归属于普通股股东的当期净利润}{当期发生在外普通股的加权平均数}$$

$$当期发生在外普通股的加权平均数 = \frac{期初发行在外普通股数 + 当期新发行普通股股数 \times 已发行时间}{报告期时间} - \frac{当期回购普通股股数 \times 已回购时间}{报告期时间}$$

式中，已发行时间、报告期时间和已回购时间一般按天数计算，在不影响计算结

果的前提下，也可以按月份简化计算。

企业存在稀释性潜在普通股的，应当分别调整归属于普通股股东的当期净利润和发行在外的普通股的加权平均数，据以计算稀释每股收益。其中，稀释性潜在普通股，是指假设当期转换为普通股会减少每股收益的潜在普通股，主要包括可转换公司债券、认股权证和股票期权等。

计算稀释每股收益时，对基本每股收益分子的调整项目如下。

第一，当期已确认为费用的稀释性潜在普通股的利息。

第二，稀释性潜在普通股转换时产生的收益或费用。同时，将基本每股收益分母调整为当期发行在外普通股的加权平均数与假定稀释性潜在普通股转换为已发行普通股而增加的普通股的加权平均数之和。

每股收益是分析上市公司获利能力的一个综合性较强的财务指标，可以分解为若干个相互联系的财务指标。因此，在对每股收益进行分析时，可以运用前面介绍的连环替代法来分析各个要素对该指标的影响。下面是一个简化的分解公式，只是为了说明各财务指标之间的关系，并不是精确的计算公式

$$\begin{aligned}
\text{每股收益} &= \frac{\text{净利润}}{\text{普通股平均股数}} = \frac{\text{净利润}}{\text{平均股东权益}} \times \frac{\text{平均股东权益}}{\text{普通股平均股数}} \\
&= \text{股东权益收益率} \times \text{平均每股净资产} \\
&= \frac{\text{净利润}}{\text{资产平均总额}} \times \frac{\text{资产平均总额}}{\text{平均股东权益}} \times \frac{\text{平均股东权益}}{\text{普通股平均股数}} \\
&= \text{总资产收益率} \times \text{股东权益比率} \times \text{平均每股净资产} \\
&= \frac{\text{净利润}}{\text{营业收入}} \times \frac{\text{营业收入}}{\text{资产平均总额}} \times \frac{\text{资产平均总额}}{\text{平均股东权益}} \times \frac{\text{平均股东权益}}{\text{普通股平均股数}} \\
&= \text{营业净利润} \times \text{总资产周转率} \times \text{股东权益比率} \times \text{平均每股净资产}
\end{aligned}$$

例14－2 某公司2007年末发行在外的普通股股数为20 000万股，2007年12月31日该股收盘价为5元，当年该公司实现净利润为4000万元，据此计算该公司的每股收益和市盈率分别为

$$\text{每股收益} = \frac{4000}{20\ 000} = 0.2\ \text{（元）}$$

$$\text{市盈率} = \frac{5}{0.2} = 25$$

（2）盈余报酬率

盈余报酬率是市盈率的倒数，其计算公式为

$$\text{盈余报酬率} = \frac{\text{每股收益}}{\text{每股市价}} \times 100\%$$

以上例资料，2007年末该公司的盈余报酬率为

$$\text{盈余报酬率} = \frac{0.2}{5} \times 100\% = 4\%$$

14.2.6 增长能力指标

增长能力是指企业在可预见的未来不断扩大经营规模，获取更多经济收益的潜力。主要包括旅游企业的资产、营业收入、收益等方面的增长趋势和增长速度。

从现代企业发展看，企业的价值很大程度上取决于企业未来的获利能力，取决于企业净收益、营业收入以及资产的未来的发展。因此，从动态的角度分析和预测企业增长能力，是更全面地衡量一个企业价值的重要方面。

(1) 营业增长率

营业增长率是企业本年营业收入与上年营业收入总额的比率。它反映企业营业收入的增减变动情况，既可以计算本年营业收入与上一年营业收入的增长情况，也可以计算连续几年内的营业收入增长情况。其计算公式为

$$营业增长率=\frac{本年营业收入增长额}{上年营业收入总额}\times 100\%$$

营业增长率是衡量企业经营状况和市场占有能力，预测企业经营业务拓展趋势的重要标志。不断增加的营业收入，是企业生存的基础和发展的条件。该指标若大于0，表示企业本年的营业收入有所增长，指标值越高，表明增长速度越快，企业市场前景越好；若该指标小于0，则说明产品或服务不适销对路、质次价高，或是在售后服务等方面存在问题，市场份额萎缩。该指标在实际操作时，应结合企业历年的营业收入水平、企业市场占有情况、行业未来发展及其他影响企业发展的潜在因素进行前瞻性预测，或者结合企业前3年的营业收入增长率做出趋势性分析判断。

根据表14－3资料，计算该公司的营业增长率为

$$营业增长率=\frac{2000-1800}{1800}100\% =11.11\%$$

(2) 资产增长率

资产增长率是企业本年资产增长额同年初资产总额的比率，它反映企业本期资产规模的增长情况。其计算公式为

$$资产增长率=\frac{本年资产增长额}{年初资产总额}\times 100\%$$

式中，本年资产增长额＝资产总额年末数－资产总额年初数。

资产增长率是从企业资产总量扩张方面衡量企业的发展能力，表明企业规模增长水平对企业发展后劲的影响。该指标越高，表明企业一定时期内资产经营规模扩张的速度越快。但在实际分析时，应考虑资产规模扩张的质和量的关系，以及企业的后续发展能力，避免资产盲目扩张。

根据表14－2资料，计算该企业2007年的资产增长率

$$资产增长率=(2300-2000)\div 2000\times 100\% =14\%$$

(3) 资本积累率

资本积累率是企业本年所有者权益增长额与年初所有者权益的比率。它反映企业当年资本的积累能力，是评价企业发展潜力的重要指标。其计算公式为

$$资本积累率=\frac{本年所有者权益增长额}{年初所有者权益}\times 100\%$$

式中，本年所有者权益增长额＝所有者权益年末数－所有者权益年初数。

资本积累率反映了企业所有者权益在当年变动水平，体现了企业资本的积累情况，是企业发展强盛的标志，也是企业扩大再生产的源泉，展示了企业的发展潜力。资本积累率还反映了投资者投入企业资本的保全性和增长性。该指标若大于0，则指标值越高，表明企业的资本积累越多，应付风险、持续发展的能力越

大；该指标若为负值，表明企业资本受到侵蚀，所有者利益受到损害，应予以充分重视。

根据表14－3的资料，计算该公司2007年的资本积累率为

$$资本积累率=\frac{1650-1460}{1460}\times100\%=13.01\%$$

14.2.7 ROE和杜邦分析体系

如何实现公司价值最大化是旅游企业财务管理的重要目标。为了让企业领导者更直观地了解经营成果，就需要一套有效的财务指标体系，以便据此评价和判断企业的经营绩效、经营风险、财务状况、获利能力和发展状况。杜邦财务分析体系（The Du Pont System）就是一种比较实用和常用的财务比率分析体系。杜邦财务分析方法是由美国杜邦化学公司的经理创造的，故称之为杜邦系统。

杜邦财务分析体系法是利用各财务比率指标之间的内在联系，对企业综合经营理财及经济效益进行系统评价的方法。杜邦财务分析方法从评价企业绩效最具综合性和代表性的指标——净资产收益率出发，层层分解至企业最基本生产要素的使用，成本与费用的构成，从而满足经营者通过财务分析进行绩效监控的需要，在经营目标发生异动时能及时查明原因并加以修正。具体关系如图14－1所示。

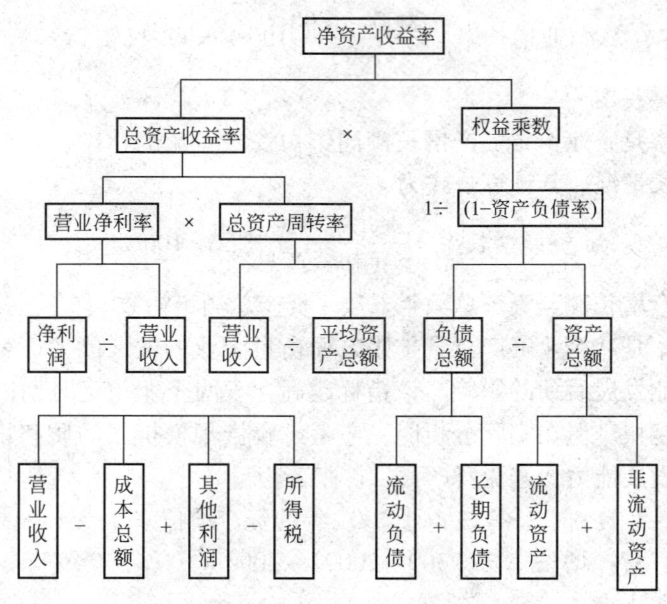

图14－1 杜邦体系分析图

杜邦财务分析体系的作用是揭示各比率指标变动的原因和变动趋势，为采取相应措施指明方向。按照权益乘数对净资产收益率的分解，对体系中的相互关系可分为以下几个公式：

$$净资产收益率=\frac{净利润}{所有者权益}\times100\%=\left(\frac{净利润}{资产总额}\times\frac{资产总额}{所有者权益}\right)\times100\%$$

$$资产净利率=\frac{净利润}{资产总额}\times100\%=\left(\frac{净利润}{营业收入}\times\frac{营业收入}{资产总额}\right)\times100\%$$

$$=营业净利率\times资产周转率$$

$$营业净利率 = \frac{净利润}{营业收入} \times 100\%$$

$$= \frac{营业收入 - 营业成本 - 期间费用 - 税金 - 其他支出}{营业收入} \times 100\%$$

$$净资产收益率 = 营业净利率 \times 总资产周转率 \times 权益乘数$$

$$权益乘数 = 1 \div (1 - 资产负债率)$$

权益乘数表示企业的负债程度。权益乘数越大，企业负债程度越高。

从公式可以看出，决定净资产收益率的基本因素有3个：权益乘数、营业净利率和总资产周转率。它们分别反映了企业的负债比率、盈利能力比率和资产管理比率。这样分解之后，可以把净资产收益率这样一项综合性指标发生升降的原因具体化，比单项指标能提供更明确、更有价值的信息。

权益乘数主要受资产负债比率的影响。负债比例大，权益乘数就高，说明企业有较高的负债程度，能给企业带来较大的杠杆利益，同时也给企业带来较大的风险。

营业净利率的分析，需要从营业收入和营业成本两方面考虑。这方面的分析是有关盈利能力分析的内容，可参见有关盈利能力指标的分析。企业管理当局还可以根据企业的内部报表和资料进行更详尽的分析。

总资产周转率是反映运用资产以产生销售收入的能力指标。对总资产周转率的分析，需对影响资产周转的各因素进行分析。除了对资产的各构成部分从占用量上是否合理进行分析以外，还可以通过对流动资产周转率、存货周转率、应收账款周转率等有关资产组成部分使用效率进行分析，判明影响资产周转的问题出在哪里。

总资产净利率把企业一定期间的净利与企业的资产相比较，表明企业资产利用的综合效果。

14.3 旅游企业现金流量分析

现金流量分析是以现金流量表为基础进行的分析，它不仅依靠现金流量表，还要结合资产负债表和利润表，对企业本期收益质量、财务弹性、企业获取现金的能力等进行评价。

现金流量分析主要对现金流量的结构进行分析。现金流量的结构分析分为现金流入结构分析、现金流出结构分析及现金净额结构分析。

例14-3 华晨旅游公司现金流量结构分析见表14-5。

表14-5 华晨旅游公司现金流量结构分析表

类 别	流入（万元）	流出（万元）	净流量（万元）	内部结构	流入结构	流出结构	结构百分比
一、经营活动							
销售商品、提供劳务	13 425			100%			
现金流入小计	13 425			100%	64%		
购买商品和劳务		4 923		51%			
支付给职工		3 000		31%			

（续表）

类　别	流入（万元）	流出（万元）	净流量（万元）	内部结构	流入结构	流出结构	结构百分比
支付所得税		971		10%			
其他税费		20		0			
其他现金支出		700		8%			
现金流出小计		9 614		100%		36%	
经营流量净额			3 811				-0.65
二、投资活动							
投资收回	165			5%			
分得股利	300			9%			
处置固定资产	3 003			86%			
现金流入小计	3 468			100%	17%		
购置固定资产		4 510		100%			
现金流出小计		4 510		100%		17%	
净额			-1 042				0.18
三、筹资活动							
借款	4 000			100%			
现金流入小计	4 000			100%	19%		
偿还债务		12 500		99%			
支付利息		125		1%			
现金流出小计		12 625		100%		47%	
净额			-8 625				1.47
合　计	20 893	26 749	-5 856		100%	100%	100%

（1）现金流入结构分析

现金流入结构分析是反映企业的各项业务活动产生的现金流入。例如，经营活动、投资活动和筹资活动产生的现金流入等在全部现金流入中的比重以及各项业务活动产生的现金流入中具体项目的构成情况，明确企业的现金来自何方，要增加企业的现金流入主要应在哪些方面采取措施，等等。

由表14-5可知，该公司的总流入中经营流入占64%，是其主要来源；投资流入占17%，筹资流入占19%，也占有重要地位。

经营活动流入中销售收入（含税）占了100%，比较正常；投资活动的流入中，股利占9%，投资收回和处置固定资产占91%，大部分是回收资金而非获利；筹资活动的4000万元全部是借款。

总体来说，每个企业的现金流量中，经营活动的现金流入应当占有较大的比重，特别是其主营业务活动产生的现金流入应明显高于其他经营活动产生的现金流入。但是，对于经营业务不同的企业，这个比例也可以有较大的差异。

（2）现金流出结构分析

现金流出结构分析是指企业的各项现金支出占企业当期全部现金支出的百分

比。一般情况下，经营活动如购买商品、接受劳务和经营活动等所支出的现金往往要占较大的比重，投资和筹资活动的现金流出则因企业的财务政策不同而存在更大的差异。

由表14－5可知，该公司的总流出中经营活动流出占36%，投资流出占17%，筹资流出占47%，说明公司现金流出中偿还债务占很大比重并使负债大量减少。

经营活动现金流出中，购买商品和劳务占了51%，支付给职工的以及为职工支付的占31%，比重较大。投资活动流出全部是购置固定资产。筹资流出中偿还债务本金占99%，是绝大部分。

在企业正常的经营活动中，其经营活动的现金流出应当具有一定的稳定性，投资和筹资活动的现金流出的稳定性较差，甚至具有偶发性、随意性。随着支付投资款、偿还到期债务、支付股利等活动的发生，当期该类活动的现金流出便会剧增。因此，分析企业的现金流出结构在不同期间难以采用统一的标准，应当具体情况具体分析。

（3）现金净额结构分析

现金净额的结构反映企业各项活动产生的现金净流量与企业全部现金净流量的百分比，明确企业现金余额的构成情况，即3类活动对现金净流量的贡献程度。

由表14－5可知，企业经营活动、投资活动和筹资活动产生的现金流量分别占企业全部现金净流量的百分比为－0.65%、0.18%和1.47%。企业经营活动的现金流入大于现金流出，投资和筹资活动产生的现金流入小于现金流出，形成企业现金的净流出。说明企业处于成长阶段，用经营活动产生的现金流量进行投资和偿还债务。

【思考题】

1. 什么是旅游企业财务分析？
2. 旅游企业财务分析的方法具体有哪些？
3. 旅游企业财务指标分析方法有哪些？
4. 什么是营运能力比率？什么是盈利能力比率？
5. 什么是现金流量分析？

【练习题】

一、不定项选择题

1. 定量分析的比较分析法包括以下哪几种？（　　）

A. 绝对数比较　B. 比率分析　C. 相对数比较　D. 比重分析

2. 运营能力比率包括哪几类？（　　）

A. 总资产周转率　B. 应收账款周转率　C. 财务杠杆比率　D. 存货周转率

二、计算题

1. 现有一家旅游企业，已知其权益年初数1000万元、权益年末数1560万元和净利润500万元，根据盈利能力比率求其净资产收益率。

2. 现有一家旅行社，由于其业务范围的拓展，在2006年营业收入500万元的基础上，2007年销售业绩达到了1200万元，根据增长能力指标求其营业收入增长率。

【经验性训练】

已知某企业2007年财务报表的有关数据如下。

资产负债表：资产总额为2000万元，其中流动资产为700万元，而流动资产中，存货为119万元（其期初数为326万元）；应收账款为400万元（其期初数为200万元）。负债总额为1060万元，其中流动负债为300万元。所有者权益期初数为880万元。

利润表：营业收入为3000万元，营业成本为2644万元，营业利润为306万元，净利润为136万元。

此外，该企业不存在折让、折扣和退回，无优先股，普通股股数为400万元，市价为6.8元。

根据以上数据，分别计算如下指标：流动比率、速动比率、资产负债率、股东权益收益率、权益乘数、销售利润率、净资产收益率、应收账款周转率、存货周转率、每股收益、市盈率。

【案例分析】

增长能力体现企业的增长活力

丽江玉龙旅游股份有限公司成立于2001年10月18日，是由原丽江玉龙雪山旅游索道有限公司整体变更设立的。为了建立旅游实业经营与旅游文化相结合的综合性旅游企业集团，构筑起精品旅游产品开发、至善至美服务体系的配置、体现特色经济发展的战略宗旨，公司于2004年8月在深圳证券交易所中小企业板成功上市。上市以来，公司运作情况良好，公司治理结构进一步完善，公司股票在资本市场的表现良好。

2005年末期营业收入情况

	营业收入	同比增长	营业成本	同比增长	毛利率	同比增长
按行业 旅游服务	10 465.57	2.98%	1 633.47	10.42%	84.39%	-1.05%
按产品 索道运输	10 066.05	3.37%	1 309.27	8.63%	86.29%	-0.63%

【分析】

2005年我国宏观经济继续平稳高速增长，国民收入进一步提高，在此背景下，丽江地区旅游业继续保持良好的增长态势。公司克服了2005年第一季度玉龙雪山雪崩造成的大索道停运对公司业绩的不利影响，强化索道安全运营，加强成本控制，使公司年初各项工作目标得以实现，2005年实现营业收入（旅游服务）10 465.57万元，比2004年增长2.98%。并且就索道运输一项来讲，其营业收入就达到10 066.05万元，比2004年增长3.37%。尽管公司主营成本同比都有所增加，但其毛利率按行业和按产品核算都达到了80%以上。说明企业总体经营活动情况良好。

【本章推荐阅读书目】

1. 旅游企业财务管理．师萍．旅游教育出版社，2004.
2. 旅游企业财务管理实务．杨敏、段九利．清华大学出版社，2006.
3. 旅游企业财务管理．何惠．郑州大学出版社，2002.
4. 现代旅游企业财务管理．龚韵笙．东北财经大学出版社，2002.

参考文献

财政部会计资格评价中心．2007．经济法基础［M］．北京：经济科学出版社．

曹军辉．2004．旅游企业财务管理［M］．长沙：湖南人民出版社．

戴书松．2006．财务管理［M］．北京：经济管理出版社．

董正英，王静刚．2006．财务管理高级教程［M］．北京：科学出版社．

龚韵笙．2007．现代旅游企业财务管理［M］．大连：东北财经大学出版社．

龚韵笙．2002．现代旅游企业财务管理（第二版）［M］．大连：东北财经大学出版社．

何惠．2002．旅游企业财务管理［M］．郑州：郑州大学出版社．

荆新，王化成，刘俊彦．2007．财务管理学［M］．北京：中国人民大学出版社．

荆新，王化成．2005．财务管理学（第四版）［M］．北京：中国人民大学出版社．

李艳萍．2006．财务管理［M］．北京：经济科学出版社．

刘迪．2004．财务管理学［M］．北京：中国电力出版社．

刘建民．2006．财务管理学［M］．北京：中国电力出版社．

刘树密．2005．财务管理［M］．上海：上海交通大学出版社．

马润洪，梁智．2004．饭店财务管理［M］．北京：旅游教育出版社．

马元兴．2002．财务管理［M］．北京：高等教育出版社．

聂旺．2007．旅游企业财务管理［M］．北京：化学工业出版社．

秦志敏．2005．财务管理习题与案例［M］．大连：东北财经大学出版社．

师萍．2007．旅游企业财务管理［M］．北京：旅游教育出版社．

师萍．2004．旅游企业财务管理［M］．北京：旅游教育出版社．

田岗，常永翔，薛永刚．2005．旅游企业财务管理［M］．北京：中国市场出版社．

谢邦柱，沈烈．2006．财务管理［M］．武汉：湖北科学技术出版社．

徐虹，康晓梅．2007．旅游企业财务管理［M］．大连：东北财经大学出版社．

徐虹．2004．旅游饭店财务管理［M］．天津：南开大学出版社．

杨敏，段九利．2006．旅游企业财务管理实务［M］．北京：清华大学出版社．

姚延波．2004．现代旅行社管理研究［M］．北京：高等教育出版社．

张玉凤．2006．旅游企业财务管理［M］．北京：北京大学出版社．

郑红，徐虹，张超．2001．饭店财务管理［M］．北京：中国人民大学出版社．

中国注册会计师协会．2006．财务成本管理［M］．北京：经济科学出版社．

Kemp. S.，Dunbar". E. 2003．经理人员的财务预算［M］．刘晓静，李覃 译．北京：电子 工业出版社．

附表一 复利终值系数表

期数	1%	2%	3%	4%	5%	6%	7%	8%	9%	10%
1	1.0100	1.0200	1.0300	1.0400	1.0500	1.0600	1.0700	1.0800	1.0900	1.1000
2	1.0201	1.0404	1.0609	1.0816	1.1025	1.1236	1.1449	1.1664	1.1881	1.2100
3	1.0303	1.0612	1.0927	1.1249	1.1576	1.1910	1.2250	1.2597	1.2950	1.3310
4	1.0406	1.0824	1.1255	1.1699	1.2155	1.2625	1.3108	1.3605	1.4116	1.4641
5	1.0510	1.1041	1.1593	1.2167	1.2763	1.3382	1.4026	1.4693	1.5386	1.6105
6	1.0615	1.1262	1.1941	1.2653	1.3401	1.4185	1.5007	1.5809	1.6771	1.7716
7	1.0721	1.1487	1.2299	1.3159	1.4071	1.5036	1.6058	1.7738	1.8280	1.9487
8	1.0829	1.1717	1.2668	1.3686	1.4775	1.5938	1.7182	1.8509	1.9926	2.1436
9	1.0937	1.1951	1.3048	1.4233	1.5513	1.6895	1.8385	1.9990	2.1719	2.3579
10	1.1046	1.2190	1.3439	1.4802	1.6289	1.7908	1.9672	2.1589	2.3674	2.5937
11	1.1157	1.2434	1.3842	1.5395	1.7103	1.8983	2.1049	2.3316	2.5804	2.8531
12	1.1268	1.2682	1.4258	1.6010	1.7959	2.0122	2.2522	2.5182	2.8127	3.1384
13	1.1381	1.2936	1.4685	1.6651	1.8856	2.1329	2.4098	2.7196	3.0658	3.4523
14	1.1495	1.3195	1.5126	1.7317	1.9799	2.2609	2.5785	2.9372	3.3417	3.7975
15	1.1610	1.3459	1.5580	1.8009	2.0789	2.3966	2.7590	3.1722	3.6425	4.1722
16	1.1726	1.3728	1.6047	1.8730	2.1829	2.5404	2.9522	3.4259	3.9703	4.5950
17	1.1843	1.4002	1.6528	1.9479	2.2920	2.6928	3.1588	3.7000	4.3276	5.0545
18	1.1961	1.4282	1.7024	2.0258	2.4066	2.8543	3.3799	3.9960	4.7171	5.5599
19	1.2081	1.4568	1.7535	2.1068	2.5270	3.0256	3.6165	4.3157	5.1417	6.1159
20	1.2202	1.4859	1.8061	2.1911	2.6533	3.2071	3.8697	4.6610	5.6044	6.7275
21	1.2324	1.5157	1.8603	2.2788	2.7860	3.3996	4.1406	5.0338	6.1088	7.4002
22	1.2447	1.5460	1.9161	2.3699	2.9253	3.6035	4.4304	5.4365	6.6586	8.1403
23	1.2572	1.5769	1.9736	2.4647	3.0715	3.8197	4.7405	5.8715	7.2579	8.2543
24	1.2697	1.6084	2.0328	2.5633	3.2251	4.0489	5.0724	6.3412	7.9111	9.8497
25	1.2824	1.6406	2.0938	2.6658	3.3864	4.2919	5.4274	6.8485	8.6231	10.835
26	1.2953	1.6734	2.1566	2.7725	3.5557	4.5494	5.8076	7.3964	9.3992	11.918
27	1.3082	1.7069	2.2213	2.8834	3.7335	4.8823	6.2139	7.9881	10.245	13.110
28	1.3213	1.7410	2.2879	2.9987	3.9201	5.1117	6.6488	8.6271	11.167	14.421
29	1.3345	1.7758	2.3566	3.1187	4.1161	5.4184	7.1143	9.3137	12.172	15.863
30	1.3478	1.8114	2.4273	3.2434	4.3219	5.7435	7.6123	10.063	13.268	17.449
40	1.4889	2.2080	3.2620	4.8010	7.0400	10.286	14.794	21.725	31.408	45.259
45	1.5648	2.4379	3.7816	5.8412	8.9850	13.765	21.002	31.920	48.327	72.890
50	1.6446	2.6916	4.3839	7.1067	11.467	18.420	29.457	46.902	74.358	117.39
55	1.7285	2.9717	5.0821	8.6464	14.636	24.650	41.315	68.914	114.41	189.06
60	1.8167	3.2810	5.8916	10.520	18.679	32.988	57.946	101.26	176.03	304.48

（续表）

期数	12%	14%	16%	18%	20%	24%	28%	32%	36%
1	1. 1200	1. 1400	1. 1600	1. 1800	1. 2000	1. 2400	1. 2800	1. 3200	1. 3600
2	1. 2544	1. 2996	1. 3456	1. 3924	1. 4400	1. 5376	1. 6384	1. 7424	1. 8496
3	1. 4049	1. 4815	1. 5609	1. 6430	1. 7280	1. 9066	2. 0872	2. 3000	2. 5155
4	1. 5735	1. 6890	1. 8106	1. 9388	2. 0736	2. 3642	2. 6844	3. 0360	3. 4210
5	1. 7623	1. 9254	2. 1003	2. 2878	2. 4883	2. 9316	3. 4360	4. 0075	4. 6526
6	1. 9738	2. 1950	2. 4364	2. 6996	2. 9860	3. 6352	4. 3980	5. 2899	6. 3275
7	2. 2107	2. 5023	2. 8262	3. 1855	3. 5832	4. 5077	5. 6295	6. 9826	8. 6054
8	2. 4760	2. 8526	3. 2784	3. 7589	4. 2998	5. 5895	7. 2508	9. 2170	11. 703
9	2. 7731	3. 2519	3. 8030	4. 4355	5. 1598	6. 9310	9. 2234	12. 167	15. 917
10	3. 1058	3. 7072	4. 4114	5. 2338	6. 1917	8. 5944	11. 806	16. 060	21. 647
11	3. 4785	4. 2262	5. 1173	6. 1759	7. 4301	10. 657	15. 112	21. 199	29. 439
12	3. 8960	4. 8179	5. 9360	7. 2876	8. 9161	13. 215	19. 343	27. 983	40. 037
13	4. 3635	5. 4924	6. 8858	8. 5994	10. 699	16. 386	24. 759	36. 937	54. 451
14	4. 8871	6. 2613	7. 9875	10. 147	12. 839	20. 319	31. 691	48. 757	74. 053
15	5. 4736	7. 1379	9. 2655	11. 974	15. 407	25. 196	40. 565	64. 359	100. 71
16	6. 1304	8. 1372	10. 748	14. 129	18. 488	31. 243	51. 923	84. 954	136. 97
17	6. 8660	9. 2765	12. 468	16. 672	22. 186	38. 741	66. 461	112. 14	186. 28
18	7. 6900	10. 575	14. 463	19. 673	26. 623	48. 039	85. 071	148. 02	253. 34
19	8. 6128	12. 056	16. 777	23. 214	31. 948	59. 568	108. 89	195. 39	344. 54
20	9. 6463	13. 743	19. 461	27. 393	38. 338	73. 864	139. 38	257. 92	468. 57
21	10. 804	15. 668	22. 574	32. 324	46. 005	91. 592	178. 41	340. 45	637. 26
22	12. 100	17. 861	26. 186	38. 142	55. 206	113. 57	228. 36	449. 39	866. 67
23	13. 552	20. 362	30. 376	45. 008	66. 247	140. 83	292. 30	593. 20	1178. 7
24	15. 179	23. 212	35. 236	53. 109	79. 497	174. 63	374. 14	783. 02	1603. 0
25	17. 000	26. 462	40. 874	62. 669	95. 396	216. 54	478. 90	1033. 6	2180. 1
26	19. 040	30. 167	47. 414	73. 949	114. 48	268. 51	613. 00	1364. 3	2964. 9
27	21. 325	34. 390	55. 000	87. 260	137. 37	332. 95	784. 64	1800. 9	4032. 3
28	23. 884	39. 204	63. 800	102. 97	164. 84	412. 86	1004. 3	2377. 2	5483. 9
29	26. 750	44. 693	74. 009	121. 50	197. 81	511. 95	1285. 6	3137. 9	7458. 1
30	29. 960	50. 950	85. 850	143. 37	237. 38	634. 82	1645. 5	4142. 1	1 0143
40	93. 051	188. 83	378. 72	750. 38	1469. 8	5455. 9	19 427	66 521	*
45	163. 99	363. 68	795. 44	1716. 7	3657. 3	15 995	66 750	*	*
50	289. 00	700. 23	1670. 7	3927. 4	9100. 4	46 890	*	*	*
55	509. 32	1348. 2	3509. 0	8984. 8	22 645	*	*	*	*
60	897. 60	2595. 9	7370. 2	20 555	56 348	*	*	*	*

附表二 复利现值系数表

期数	1%	2%	3%	4%	5%	6%	7%	8%	9%	10%
1	0. 9901	0. 9804	0. 9709	0. 9615	0. 9524	0. 9434	0. 9346	0. 9259	0. 9174	0. 9091
2	0. 9803	0. 9712	0. 9426	0. 9246	0. 9070	0. 8900	0. 8734	0. 8573	0. 8417	0. 8264
3	0. 9706	0. 9423	0. 9151	0. 8890	0. 8638	0. 8396	0. 8163	0. 7938	0. 7722	0. 7513
4	0. 9610	0. 9238	0. 8885	0. 8548	0. 8227	0. 7921	0. 7629	0. 7350	0. 7084	0. 6830
5	0. 9515	0. 9057	0. 8626	0. 8219	0. 7835	0. 7473	0. 7130	0. 6806	0. 6499	0. 6209
6	0. 9420	0. 8880	0. 8375	0. 7903	0. 7462	0. 7050	0. 6663	0. 6302	0. 5963	0. 5645
7	0. 9327	0. 8706	0. 8131	0. 7599	0. 7107	0. 6651	0. 6227	0. 5835	0. 5470	0. 5132
8	0. 9235	0. 8535	0. 7874	0. 7307	0. 6768	0. 6274	0. 5820	0. 5403	0. 5019	0. 4665
9	0. 9143	0. 8368	0. 7664	0. 7026	0. 6446	0. 5919	0. 5439	0. 5002	0. 4604	0. 4241
10	0. 9053	0. 8203	0. 7441	0. 6756	0. 6139	0. 5584	0. 5083	0. 4632	0. 4224	0. 3855
11	0. 8963	0. 8043	0. 7224	0. 6496	0. 5847	0. 5268	0. 4751	0. 4289	0. 3875	0. 3505
12	0. 8874	0. 7885	0. 7014	0. 6246	0. 5568	0. 4970	0. 4440	0. 3971	0. 3555	0. 3186
13	0. 8787	0. 7730	0. 6810	0. 6006	0. 5303	0. 4688	0. 4150	0. 3677	0. 3262	0. 2897
14	0. 8700	0. 7579	0. 6611	0. 5775	0. 5051	0. 4423	0. 3878	0. 3405	0. 2992	0. 2633
15	0. 8613	0. 7430	0. 6419	0. 5553	0. 4810	0. 4173	0. 3624	0. 3152	0. 2745	0. 2394
16	0. 8528	0. 7284	0. 6232	0. 5339	0. 4581	0. 3936	0. 3387	0. 2919	0. 2519	0. 2176
17	0. 8444	0. 7142	0. 6050	0. 5134	0. 4363	0. 3714	0. 3166	0. 2703	0. 2311	0. 1978
18	0. 8360	0. 7002	0. 5874	0. 4936	0. 4155	0. 3503	0. 2959	0. 2502	0. 2120	0. 1799
19	0. 8277	0. 6864	0. 5703	0. 4746	0. 3957	0. 3305	0. 2765	0. 2317	0. 1945	0. 1635
20	0. 8195	0. 6730	0. 5537	0. 4564	0. 3769	0. 3118	0. 2584	0. 2145	0. 1784	0. 1486
21	0. 8114	0. 6598	0. 5375	0. 4388	0. 3589	0. 2942	0. 2415	0. 1987	0. 1637	0. 1351
22	0. 8034	0. 6468	0. 5219	0. 4220	0. 3418	0. 2775	0. 2257	0. 1839	0. 1502	0. 1228
23	0. 7954	0. 6342	0. 5067	0. 4057	0. 3256	0. 2618	0. 2109	0. 1703	0. 1378	0. 1117
24	0. 7876	0. 6217	0. 4919	0. 3901	0. 3101	0. 2470	0. 1971	0. 1577	0. 1264	0. 1015
25	0. 7798	0. 6095	0. 4776	0. 3751	0. 2953	0. 2330	0. 1842	0. 1460	0. 1160	0. 0923
26	0. 7720	0. 5976	0. 4637	0. 3604	0. 2812	0. 2198	0. 1722	0. 1352	0. 1064	0. 0839
27	0. 7644	0. 5859	0. 4502	0. 3468	0. 2678	0. 2074	0. 1609	0. 1252	0. 0976	0. 0763
28	0. 7568	0. 5744	0. 4371	0. 3335	0. 2551	0. 1956	0. 1504	0. 1159	0. 0895	0. 0693
29	0. 7493	0. 5631	0. 4243	0. 3207	0. 2429	0. 1846	0. 1406	0. 1073	0. 0822	0. 0630
30	0. 7419	0. 5521	0. 4120	0. 3083	0. 2314	0. 1741	0. 1314	0. 0994	0. 0754	0. 0573
40	0. 6717	0. 4529	0. 3066	0. 2083	0. 1420	0. 0972	0. 0668	0. 0460	0. 0318	0. 0221
45	0. 6391	0. 4102	0. 2644	0. 1712	0. 1113	0. 0727	0. 0476	0. 0313	0. 0207	0. 0137
50	0. 6080	0. 3715	0. 2281	0. 1407	0. 0872	0. 0543	0. 0339	0. 0213	0. 0134	0. 0085
55	0. 5785	0. 3365	0. 1968	0. 1157	0. 0683	0. 0406	0. 0242	0. 0145	0. 0087	0. 0053
60	0. 5504	0. 3048	0. 1697	0. 0951	0. 0535	0. 0303	0. 0173	0. 0099	0. 0057	0. 0033

（续表）

期数	12%	14%	16%	18%	20%	24%	28%	32%	36%
1	0. 8929	0. 8772	0. 8621	0. 8475	0. 8333	0. 8065	0. 7813	0. 7576	0. 7353
2	0. 7972	0. 7695	0. 7432	0. 7182	0. 6944	0. 6504	0. 6104	0. 5739	0. 5407
3	0. 7118	0. 6750	0. 6407	0. 6086	0. 5787	0. 5245	0. 4768	0. 4348	0. 3975
4	0. 6355	0. 5921	0. 5523	0. 5158	0. 4823	0. 4230	0. 3725	0. 3294	0. 2923
5	0. 5674	0. 5194	0. 4762	0. 4371	0. 4019	0. 3411	0. 2910	0. 2495	0. 2149
6	0. 5066	0. 4556	0. 4104	0. 3704	0. 3349	0. 2751	0. 2274	0. 1890	0. 1580
7	0. 4523	0. 3996	0. 3538	0. 3139	0. 2791	0. 2218	0. 1776	0. 1432	0. 1162
8	0. 4039	0. 3506	0. 3050	0. 2660	0. 2326	0. 1789	0. 1388	0. 1085	0. 0854
9	0. 3606	0. 3075	0. 2630	0. 2255	0. 1938	0. 1443	0. 1084	0. 0822	0. 0628
10	0. 3220	0. 2697	0. 2267	0. 1911	0. 1615	0. 1164	0. 0847	0. 0623	0. 0462
11	0. 2875	0. 2366	0. 1954	0. 1619	0. 1346	0. 0938	0. 0662	0. 0472	0. 0340
12	0. 2567	0. 2076	0. 1685	0. 1373	0. 1122	0. 0757	0. 0517	0. 0357	0. 0250
13	0. 2292	0. 1821	0. 1452	0. 1163	0. 0935	0. 0610	0. 0404	0. 0271	0. 0184
14	0. 2046	0. 1597	0. 1252	0. 0985	0. 0779	0. 0492	0. 0316	0. 0205	0. 0135
15	0. 1827	0. 1401	0. 1079	0. 0825	0. 0649	0. 0397	0. 0247	0. 0155	0. 0099
16	0. 1631	0. 1229	0. 0930	0. 0708	0. 0540	0. 0320	0. 0193	0. 0118	0. 0073
17	0. 1456	0. 1078	0. 0802	0. 0600	0. 0451	0. 0258	0. 0150	0. 0089	0. 0054
18	0. 1300	0. 0946	0. 0691	0. 0508	0. 0376	0. 0208	0. 0118	0. 0068	0. 0039
19	0. 1161	0. 0829	0. 0596	0. 0431	0. 0313	0. 0168	0. 0092	0. 0051	0. 0029
20	0. 1037	0. 0728	0. 0514	0. 0365	0. 0261	0. 0135	0. 0072	0. 0039	0. 0021
21	0. 0926	0. 0638	0. 0443	0. 0309	0. 0217	0. 0109	0. 0056	0. 0029	0. 0016
22	0. 0826	0. 0560	0. 0382	0. 0262	0. 0181	0. 0088	0. 0044	0. 0022	0. 0012
23	0. 0738	0. 0491	0. 0329	0. 0222	0. 0151	0. 0071	0. 0034	0. 0017	0. 0008
24	0. 0659	0. 0431	0. 0284	0. 0188	0. 0126	0. 0057	0. 0027	0. 0013	0. 0006
25	0. 0588	0. 0378	0. 0245	0. 0160	0. 0105	0. 0046	0. 0021	0. 0010	0. 0005
26	0. 0525	0. 0331	0. 0211	0. 0135	0. 0087	0. 0037	0. 0016	0. 0007	0. 0003
27	0. 0469	0. 0291	0. 0182	0. 0115	0. 0073	0. 0030	0. 0013	0. 0006	0. 0002
28	0. 0419	0. 0255	0. 0157	0. 0097	0. 0061	0. 0024	0. 0010	0. 0004	0. 0002
29	0. 0374	0. 0224	0. 0135	0. 0082	0. 0051	0. 0020	0. 0008	0. 0003	0. 0001
30	0. 0334	0. 0196	0. 0116	0. 0070	0. 0042	0. 0016	0. 0006	0. 0002	0. 0001
40	0. 0107	0. 0053	0. 0026	0. 0013	0. 0007	0. 0002	0. 0001	*	*
45	0. 0061	0. 0027	0. 0013	0. 0006	0. 0003	0. 0001	*		*
50	0. 0035	0. 0014	0. 0006	0. 0003	0. 0001	*		*	*
55	0. 0020	0. 0007	0. 0003	0. 0001	*	*	*	*	*
60	0. 0011	0. 0004	0. 0001	*	*	*	*	*	*

附表三 年金终值系数表

期数	1%	2%	3%	4%	5%	6%	7%	8%	9%	10%
1	1.0000	1.0000	1.0000	1.0000	1.0000	1.0000	1.0000	1.0000	1.0000	1.0000
2	2.0100	2.0200	2.0300	20.400	2.0500	2.0600	2.0700	2.0800	2.0800	2.1000
3	3.0301	3.0604	3.0909	3.1216	3.1525	3.1836	3.2149	3.2464	3.2781	3.3100
4	4.0604	4.1216	4.1836	4.2465	4.3101	4.3746	4.4399	4.5061	4.5731	4.6410
5	5.1010	5.2040	5.3091	5.4163	5.5256	5.6371	5.7507	5.8666	5.9847	6.1051
6	6.1520	6.3081	6.4684	6.6330	6.8019	6.9753	7.1533	7.3359	7.5233	7.7156
7	7.2135	7.4343	7.6625	7.8983	8.1420	8.3938	8.6540	8.9228	9.2004	9.4872
8	8.2857	8.5830	8.8923	9.2142	9.5491	9.8975	10.260	10.637	11.028	11.436
9	9.3685	9.7546	10.159	10.583	11.027	11.491	11.978	12.488	13.021	13.579
10	10.462	10.950	11.464	12.006	12.578	13.181	13.816	14.487	15.193	15.937
11	11.567	12.169	12.808	13.486	14.207	14.972	15.784	16.645	17.560	18.531
12	12.683	13.412	14.192	15.026	15.917	16.870	17.888	18.977	20.141	21.384
13	13.809	14.680	15.618	16.627	17.713	18.882	20.141	21.495	22.953	24.523
14	14.947	15.974	17.086	18.292	19.599	21.015	22.550	24.215	26.019	27.975
15	16.097	17.293	18.599	20.024	21.579	23.276	25.129	27.152	29.361	31.772
16	17.258	18.639	20.157	21.825	23.657	25.673	27.888	30.324	33.003	35.950
17	18.430	20.012	21.762	23.698	25.840	28.213	30.840	33.750	36.974	40.545
18	19.615	21.412	23.414	25.645	28.132	30.906	33.999	37.450	41.301	45.599
19	20.811	22.841	25.117	27.671	30.539	33.760	37.379	41.446	46.018	51.159
20	22.019	24.297	26.870	29.778	33.066	36.786	40.995	45.762	51.160	57.275
21	23.239	25.783	28.676	31.969	35.719	39.993	44.865	50.423	56.765	64.002
22	24.472	27.299	30.537	34.248	38.505	43.392	49.006	55.457	62.873	71.403
23	25.716	28.845	32.453	36.618	41.430	46.996	53.436	60.893	69.532	79.543
24	26.973	30.422	34.426	39.083	44.502	50.816	58.177	66.765	76.790	88.497
25	28.243	32.030	36.459	41.646	47.727	54.863	63.249	73.106	84.701	98.347
26	29.526	33.671	38.553	44.312	51.113	59.156	68.767	79.954	93.324	109.18
27	30.821	35.344	40.710	47.084	54.669	63.706	74.484	87.351	102.72	121.10
28	32.129	37.051	42.931	49.968	58.403	68.528	80.698	95.339	112.97	134.21
29	33.450	38.792	45.219	52.966	62.323	73.640	87.347	103.97	124.14	148.63
30	34.785	40.568	47.575	56.085	66.439	79.058	94.461	113.18	136.31	164.49
40	48.886	64.402	75.401	95.026	120.80	154.76	199.64	259.06	337.88	442.59
45	56.481	71.893	92.720	121.03	159.70	212.74	285.75	386.51	525.86	718.90
50	64.463	84.579	112.80	152.67	209.35	290.34	406.53	573.77	815.08	1163.9
55	72.852	98.587	136.07	191.16	272.71	394.17	575.93	848.92	1260.1	1880.6
60	81.670	114.05	163.05	237.99	353.58	533.13	813.52	1253.2	1944.8	3034.8

（续表）

期数	12%	14%	16%	18%	20%	24%	28%	32%	36%
1	1.0000	1.0000	1.0000	1.0000	1.0000	1.0000	1.0000	1.0000	1.0000
2	2.1200	2.1400	2.1600	2.1800	2.2000	2.2400	2.2800	2.3200	2.3600
3	3.3744	3.4396	3.5056	3.5724	3.6400	3.7776	3.9184	3.0624	3.2096
4	4.7793	4.9211	5.0665	5.2154	5.3680	5.6842	6.0156	6.3624	6.7251
5	6.3528	6.6101	6.8771	7.1542	7.4416	8.0484	8.6999	9.3983	10.146
6	8.1152	8.5355	8.9775	9.4420	9.9299	10.980	12.136	13.406	14.799
7	10.089	10.730	11.414	12.142	12.916	14.615	16.534	18.696	21.126
8	12.230	13.233	14.240	15.327	16.499	19.123	22.163	25.678	29.732
9	14.776	16.085	17.519	19.086	20.799	24.713	29.369	34.895	41.435
10	17.549	19.337	21.321	23.521	25.959	31.643	38.593	47.062	57.352
11	20.655	23.045	25.733	28.755	32.150	40.238	50.398	63.122	78.998
12	24.133	27.271	30.850	34.931	39.581	50.895	65.510	84.320	108.44
13	28.029	32.089	36.786	42.219	48.497	64.110	84.853	112.30	148.47
14	32.393	37.581	43.672	50.818	59.196	80.496	109.61	149.24	202.93
15	37.280	43.842	51.660	60.965	72.035	100.82	141.30	198.00	276.98
16	42.753	50.980	60.925	72.939	87.442	126.01	181.87	262.36	377.69
17	48.884	59.118	71.673	87.068	105.93	157.25	233.79	347.31	514.66
18	55.750	68.394	84.141	103.74	128.12	195.99	300.25	459.45	770.94
19	63.440	78.969	98.603	123.41	154.74	244.03	385.32	607.47	954.28
20	72.052	91.025	115.38	146.63	186.69	303.60	494.21	802.86	1298.8
21	81.699	104.77	134.84	174.02	225.03	377.46	633.59	1060.8	1767.1
22	92.503	120.44	157.41	206.34	271.03	469.06	812.00	1401.2	2404.7
23	104.60	138.30	183.60	244.49	326.24	582.63	1040.4	1850.6	3271.3
24	118.16	158.66	213.98	289.49	392.48	723.46	1332.7	2443.8	4450.0
25	133.33	181.87	249.21	342.60	471.98	898.09	1706.8	3226.8	6053.0
26	150.33	208.33	290.09	405.27	567.38	1114.6	2185.7	4260.4	8233.1
27	169.37	238.50	337.50	479.22	681.85	1383.1	2798.7	5624.8	11 198.0
28	190.70	272.89	392.50	566.48	819.22	1716.1	3583.3	7425.7	15 230.3
29	214.58	312.09	456.30	669.45	984.07	2129.0	4587.7	9802.9	20 714.2
30	241.33	356.79	530.31	790.95	1181.9	2640.9	5873.2	12941	28 172.3
40	767.09	1342.0	2360.8	4163.2	7343.2	27 290	69 377	*	*
45	1358.2	2590.6	4965.3	9531.6	18 281	66 640	*		*
50	2400.0	4994.5	10 436	21 813	45 497	*	*		*
55	4236.0	9623.1	21 925	49 910	*	*	*	*	*
60	7471.6	18 535	46 058	*	*	*	*	*	*

附表四 年金现值系数表

期数	1%	2%	3%	4%	5%	6%	7%	8%	9%	10%
1	0.9901	0.9804	0.9709	0.9615	0.9524	0.9434	0.9346	0.9259	0.9174	0.9091
2	1.9704	1.9416	1.9135	1.8861	1.8594	1.8334	1.8080	1.7833	1.7591	1.7355
3	2.9410	2.8839	2.8286	2.7751	2.7232	2.6730	2.6243	2.5771	2.5313	2.4869
4	3.9020	3.8077	3.7171	3.6299	3.5460	3.4651	3.3872	3.3121	3.2397	3.1699
5	4.8534	4.7135	4.5797	4.4518	4.3295	4.2124	4.1002	3.9927	3.8897	3.7908
6	5.7955	5.6014	5.4172	5.2421	5.0757	4.9173	4.7665	4.6229	4.4859	4.3553
7	6.7282	6.4720	6.2303	6.0021	5.7864	5.5824	5.3893	5.2064	5.0330	4.8684
8	7.6517	7.3255	7.0197	6.7327	6.4632	6.2098	5.9713	5.7466	5.5348	5.3349
9	8.5660	8.1622	7.7861	7.4353	7.1078	6.8017	6.5152	6.2469	5.9952	5.7590
10	9.4713	8.9826	8.5302	8.1109	7.7217	7.3601	7.0236	6.7101	6.4177	6.1446
11	10.368	9.7868	9.2526	8.7605	8.3064	7.8869	7.4987	7.1390	6.8052	6.4951
12	11.255	10.575	9.9540	9.3850	8.8630	8.3838	7.9427	7.5361	7.1607	6.8137
13	12.134	11.348	10.635	9.9860	9.3936	8.8527	8.3577	7.9038	7.4869	7.1034
14	13.004	12.106	11.296	10.563	9.8986	9.2950	8.7455	8.2442	7.7862	7.3667
15	13.865	12.849	11.938	11.118	10.380	9.7122	9.1079	8.5595	8.0607	7.6061
16	14.718	13.578	12.561	11.652	10.838	10.106	9.4466	8.8514	8.3126	7.8237
17	15.562	14.292	13.166	12.166	11.274	10.477	9.7632	9.1216	8.5436	8.0216
18	16.398	14.992	13.754	12.690	11.690	10.828	10.059	9.3719	8.7556	8.2014
19	17.226	15.678	14.324	13.134	12.085	11.158	10.336	9.6036	8.9601	8.3649
20	18.046	16.351	14.877	13.590	12.462	11.470	10.594	9.8181	9.1285	8.5136
21	18.857	17.011	15.415	14.029	12.821	11.764	10.836	10.017	9.2922	8.6487
22	19.660	17.658	15.937	14.451	13.163	12.042	11.061	10.201	9.4424	8.7715
23	20.456	18.292	16.444	14.857	13.489	12.303	11.272	10.371	9.5802	8.8832
24	21.243	18.914	16.936	15.247	13.799	12.550	11.469	10.529	9.7066	8.9847
25	22.023	19.523	17.413	15.622	14.094	12.783	11.654	10.675	9.8226	9.0770
26	22.795	20.121	17.877	15.983	14.375	13.003	11.826	10.810	9.9290	9.1609
27	23.560	20.706	18.327	16.330	14.643	13.211	11.987	10.935	10.027	9.2372
28	24.316	21.281	18.764	16.663	14.898	13.406	12.137	11.051	10.116	9.3066
29	25.066	21.844	19.188	16.984	15.141	13.591	12.278	11.158	10.198	9.3696
30	25.808	22.396	19.600	17.292	15.372	13.765	12.409	11.258	10.274	9.4269
40	32.835	27.355	23.115	19.793	17.159	15.046	13.332	11.925	10.757	9.7791
45	36.095	29.490	24.519	20.720	17.774	15.456	13.606	12.108	10.881	9.8628
50	39.196	31.424	25.730	21.482	18.256	15.762	13.801	12.233	10.962	9.9148
55	42.147	33.175	26.774	22.109	18.633	15.991	13.940	12.319	11.014	9.9471
60	44.955	34.761	27.676	22.623	18.929	16.161	14.039	12.377	11.048	9.9672

（续表）

期数	12%	14%	16%	18%	20%	24%	28%	32%	36%
1	0.8929	0.8772	0.8621	0.8475	0.8333	0.8065	0.7813	0.7576	0.7353
2	1.6901	1.6467	1.6052	1.5656	1.5278	1.4568	1.3916	1.3315	1.2760
3	2.4018	2.3216	2.2459	2.1743	2.1065	1.9813	1.8684	1.7663	1.6735
4	3.0373	2.9173	2.7982	2.6901	2.5887	2.4043	2.2410	2.0957	1.9658
5	3.6048	3.4331	3.2743	3.1272	2.9906	2.7454	2.5320	2.3452	2.1807
6	4.1114	3.8887	3.6847	3.4976	3.3255	3.0205	2.7594	2.5342	2.3388
7	4.5638	4.2882	4.0386	3.8115	3.6046	3.2423	2.9370	2.6775	2.4550
8	4.9676	4.6389	4.3436	4.0776	3.8372	3.4212	3.0758	2.7860	2.5404
9	5.3282	4.9164	4.6065	4.3030	4.0310	3.5655	3.1842	2.8681	2.6033
10	5.6502	5.2161	4.8332	4.4941	4.1925	3.6819	3.2689	2.9304	2.6495
11	5.9377	5.4527	5.0286	4.6560	4.3271	3.7757	3.3351	2.9776	2.6834
12	6.1944	5.6603	5.1971	4.7932	4.4392	3.8514	3.3868	3.0133	2.7084
13	6.4235	5.8424	5.3423	4.9095	4.5327	3.9124	3.4272	3.0404	2.7268
14	6.6282	6.0021	5.4675	5.0081	4.6106	3.9616	3.4587	3.0609	2.7403
15	6.8109	6.1422	5.5755	5.0916	4.6755	4.0013	3.4834	3.0764	2.7502
16	6.9740	6.2651	5.6685	5.1624	4.7296	4.0333	3.5026	3.0882	2.7575
17	7.1196	6.3729	5.7487	5.2223	4.7746	4.0591	3.5177	3.0971	2.7629
18	7.2497	6.4674	5.8178	5.2732	4.8122	4.0799	3.5294	3.1039	2.7668
19	7.3658	6.5504	5.8775	5.3162	4.8435	4.0967	3.5386	3.1090	2.7697
20	7.4694	6.6231	5.9288	6.3527	4.8696	4.1103	3.5458	3.1129	2.7718
21	7.5620	6.6870	5.9731	5.3837	4.8913	4.1212	3.5514	3.1158	2.7734
22	7.6446	6.7429	6.0113	5.4099	4.9094	4.1300	3.5558	3.1180	2.7746
23	7.7184	6.7921	6.0442	5.4321	4.9245	4.1371	3.5592	3.1197	2.7754
24	7.7843	6.8351	6.0726	5.4509	4.9371	4.1428	3.5619	3.1210	2.7760
25	7.8431	6.8729	6.0971	5.4669	4.9476	4.1474	3.5640	3.1220	2.7765
26	7.8957	6.9061	6.1182	5.4804	4.9563	4.1511	3.5656	3.1227	2.7768
27	7.9426	6.9352	6.1364	5.4919	4.9636	4.1542	3.5669	3.1233	2.7771
28	7.9844	6.9607	6.1520	5.5016	4.9697	4.1566	3.5679	3.1237	2.7773
29	8.0218	6.9830	6.1656	5.5098	4.9747	4.1585	3.5687	3.1240	2.7774
30	8.0552	7.0027	6.1772	5.5168	4.9789	4.1601	3.5693	3.1242	2.7775
40	8.2438	7.1050	6.2335	5.5482	4.9966	4.1659	3.5712	3.1250	2.7778
45	8.2825	7.1232	6.2421	5.5523	4.9986	4.1664	3.5714	3.1250	2.7778
50	8.3045	7.1327	6.2463	5.5541	4.9995	4.1666	3.5714	3.1250	2.7778
55	8.3170	7.1376	6.2482	5.5549	4.9998	4.1666	3.5714	3.1250	2.7778
60	8.3240	7.1401	6.2492	5.5553	4.9999	4.1667	3.5714	3.1250	2.7778